KB253836

다시 써야할
한국기독교사

이 선 교 저

의인과 어용이
국가에 미친 영향과
하나님의 역사

도서출판 **현대사포럼**

조 만 식 장로

1919년 3.1운동에 가담하기 위하여 오산학교 교장을
        사임하고 3.1운동에 가담. 1년 옥고를 치름.

1922년 조선물산장려회 조직. 국산품애용운동에 적극 활용.

1941년 평양경찰서의 징병제 권장요구 거절.

1946년 신탁통치 반대로 연금. 주위에서 월남할 것을
        권하였으나 거절.

1950년 10월 13일 김일성이 평양을 떠나 피난할 것을 권유.
        이를 거절. 결국 내무서원에 의해 총살당함.
        그는 기독교인이 어떻게 살아야 하는가를 자신의
        삶을 통해 우리에게 보여 주었다.

머 리 말

기독교 100년의 역사는 순교의 영광과 어용의 부끄러움이 섞인 비극이었다. 일제 식민지시대 기독교에서는 성결교회 박봉진 목사 외 2,000여 명이 구속되어 50여 명의 목사님들이 혹독한 고문에도 불구하고 신앙을 지키기 위해 목숨을 내놓았고 그러한 많은 희생 속에 하나님께서 역사하셔서 일본을 패전하게 하셨다.

일본 과격파 군부는 1931년 9월 18일 '유조구사건'을 도발하여 만주 전역을 점령하였다. 그리고 일본 국력으로는 도저히 불가능한 중국 전역을 점령하기 위하여 1937년 7월 7일 '노구교사건'을 유발하여 중국 장개석 정부와 전쟁을 시작하였다. 이 전쟁을 끝내지도 않고 1941년 12월 8일 진주만의 미군을 기습 공격하여 태평양전쟁을 유발하였다. 정상적인 판단을 가지고 있는 사람이라면 도저히 상상도 할 수 없는 확전이었다. 일본의 국력으로는 한반도와 만주, 중국과 동남아시아, 그리고 미국을 상대해서 전쟁을 한다는 것이 매우 어리석은 일로서 도저히 승리할 수 없으며 방어할 수도 없었다.

태평양전쟁은 정상적인 정신을 소유하지 못한 자들의 발작에 의해서 발생된 광전으로 15년 만에 일본의 패망을 자초하였고 그 결과 한국은 해방되었다. 이 일은 진실로 하나님의 역사로 판단된다. 일본 군부가 냉정을 되찾아 국력의 한계를 깨닫고 한반도만 점령하고 중구, 소련, 미국과 유대관계를 맺었다면 한국의 해방은 현재까지도 어려웠을 것으로 판단된다. 그런데 친일파 목사들은 신사참배를 하고 황국신민이 된 것을 감사하며 대동아 공영권과 징병제를 찬양하였다. 전필순 목사 외 9명은 태평양전쟁의 발발을 찬양하였다. 그리고 그들은 "미국을 타도하자."고 외쳤으며 한국이 영구히 일본 식민지에 있기를 원하여 "일본은 망하지 않는다."고 찬양하였다. 그들은 일본을 그들의 조국이라 불렀다. 대한민국이 하나님의 도움으로 해방이 되었음에도 불구하고 그들은 회개는커녕 교권을 장악하기 위한 변명으로 일관하여 교계의 분열을 불러왔다.

목사들이 사회의 정의와 민족정기에 대해서는 아랑곳하지 않고 또 하나님의 뜻을 이룸보다 자기 세력 확장에 전력을 다하여 세인들을 탄식하게 하였다. 이로 인해 이만규, 최문식, 이재복 목사 등 다수의 목사들은, 하나님께 영광과 찬양을 드리며 하나님의 뜻을 이루기 위하여 십자가의 고난의 길을 걸어야할 목사들이 교권을 목적으로 분열과 다툼을 일삼자 이 모든 일의 해결하는 방법은 오직 사회주의적 혁명밖에 없다고 판단하였다. 그리하여 최문식 목사는 1946년 10월 1일 대구 폭동을 주동하였고 이재복 목사는 이중업과 함께 1948년 10월 19일 국군 14연대, 6연대 반란을 주동하였으며 국군 내 좌익 4,500여 명을 포섭하여 한때 국군을 위기에 몰아넣었다.

14연대의 반란으로 인해 국군의 허점이 보이자 김일성은 남침의 자신을 갖고 1948년 말부터 남침을 위한 군비확장에 전력을 다하였다. 김일성은 최용건의 전면전쟁 반대에도 불구하고 남로당 박헌영의 적극적 남침 권고에 의해 인력은 중공에서, 무력은 소련에서 지원 받아 1950년 6월 25일 일요일 새벽예배 시간에 38선 전(全)지역에서 일제히 공격을 감행하였다. 그리하여 25일 오전 9시 30분 개성이 점령되었고 오전 11시 포천이 점령되어 수라장 가운데 주일예배를 드리지 못하는 비극이 발생하였다.

이승만 정부와 국군 수뇌부는 부패하여 인민군의 공격을 막지도 못하고 개전 4일만에 서울이 점령되었으며 국군의 절반인 44,000여 명의 병력을 잃게 되었다. 또한 국군 전체 장비의 2/3이상을 잃어 재기불능 상태의 국군을 만드는 참으로 어처구니없는 현상이 일어났다.

인민군은 남한을 완전히 점령할 정호의 기회가 네 번 있었다.

첫째, 1950년 6월 25일 11시, 포천에 입성한 인민군이 쉬지 않고 공격했다면 25일 안으로 서울을 점령대승했을 것이다.

둘째, 1950년 6월 25일 오후 6시, 송우리를 점령한 인민군이 쉬지 않고 공격했다면 25일 안으로 서울을 점령하여 대승했을 것이다.

셋째, 1950년 6월 26일 오후 1시, 의정부에 입성한 인민군이 쉬지 않고 공격했다면 26일 안으로 서울을 점령하여 대승했을 것이다.

넷째, 1950년 6월 28일 11시 30분, 인민군이 서울을 완전 점령했을 때 쉬지 않고 공격했다면 미군이 부산에 상륙하기 전 남한을 완전히 점령하여 적어도 1950년 7월 10일까지는 전쟁을 끝내고 한반도 전역에는 붉은기가 펄럭였을 것이며 교회는 자취를 감추었을 것이다.

그러나 김일성은 이 절호의 기회에 작전 실패로 대패하였다. 특히 서울을 점령했을 3일 동안 공격하지 않은 것은 결정적인 실수였다. 김일성은 전쟁이 끝난 것으로 착각하였다고 유성철은 증언하고 있다. 이 모든 사건이 진실로 하나님의 역사로 판단되며 전쟁의 승패가 하나님께 달려있음을 확증하였다(삼상 17:40, 왕하 19:35). 그러므로 대한민국이 있게 된 것이다.

6.25 전쟁이 발발하자 서울의 기독교 대표들은 서울시 사수를 결의하였고, 이승만 대통령은 6월 27일 밤 9시, 정기 뉴스시간에 "서울을 사수한다."라고 방송했다. 그러나 4시간 30분 후에 한강대교를 폭파하고 국군과 서울시민 거의 다 피난을 하지 못하게 하여 인민군 치하에서 많은 고생을 하게 하였다. 환난의 현장에서 몸소 환난을 당하면서 현재의 고난을 하나님께 호소하여 하나님의 도움으로 환난을 해결하려는 믿음의 노력은 하지 않고 자기만 살기 위하여 북한에서 양을 버리고 도망쳐 온 한경직 목사와 다수의 목사들이 또 서울에서 도망쳐 고난에 동참하는 종의 모습은 찾아 볼 수가 없었다. 미군의 도움으로 9월 28일 서울이

수복되자 도강파와 잔류파는 서로가 부끄러운 줄 모르고 치열한 싸움을 벌였다. 국군이 북진 중에 있었으나 아직도 전쟁 중이었기에 서로 힘을 모아 국군의 승리를 위해 금식하며 기도해야 할 목사들이 싸움만 하고 있었다. 국군은 평양을 점령하고 압록강 초산을 점령하여 통일의 꿈이 눈앞의 현시로 나타났으나 무능한 국군은 팽덕회의 중공군에 밀려 통일의 꿈은 산산조각이 났고 북한은 선교60년 만에 교회의 문이 닫히는 비극에 처하였다.

6.25 동란을 막을 수도 있었고 통일할 수도 있었는데 이승만 정부가 부패하여 막지도 못하고 통일도 이룩하지 못하였다. 그리하여 이북에 고향을 둔 많은 사람들은 긴 세월을 한과 눈물로 보내야 했고, 국민은 분단을 빌미로한 집권자들의 독재로 인해 지금까지 큰 아픔을 당하고 있다.

국민방위군 20여만 명의 장정들을 굶어 죽게하였고 부산정치파동, 3선 개헌, 3.15 부정선거 등 장로로서 도저히 있을 수 없는 일들을 자행하여 4.19의거가 일어나 기독교 정부는 학생에 의해 타도되었다. 그리하여 학생184명의 죽음과 부상자 6,000여 명을 내었다.

하나님은 이승만 장로를 통하여 이 땅에 하나님의 뜻을 이루려 하였으나 그는 하나님의 뜻을 외면하고 권력유지에 전력을 다했다. 이때 목사들을 그에게 죄를 지적하기보다 찬양하여 공범자가 되어 하나님의 영광을 가리고 역사적 비극을 부채질했다. 박정희는 군 반란을 통하여 헌법을 파괴하고 국민에 의한 장면정부를 폭력으로 몰아내고 정권을 찬탈하였다. 그가 미국의 지지를 받지 못하고 있을 때, 한경직 목사는 민간사절단의 일원이 되어 미국에 5.16 지지요청을 하였다. 박정희는 혁명공약도, 2.27 선언의 약속도 뭉개버리고 대통령이 되었고 3선 개헌과 유신을 통하여 이 땅에 정의를 짓밟고 민족정기를 말살하고 있을 때 조용기 목사 외 다수의 목사는 3선 개헌을 지지하였고, 김윤찬 목사외 다수는 유신을 지지하여 공범자가 되었다. 전두환 앞잡이들은 상관인 정승화 육군참모총장을 무력으로 불법 강제 연행하여 감금하였고 정병주·장태완 소장 등도 무력으로 강제 연행하였으며 5월 18일 광주에서는 국군으로서는 도저히 있을 수 없는 살인의 만행과 남녀노소를 가리지 않는 학살을 자행하여 212명을 죽게 하고 6,000여 명의 부상자를 내었다. 또 최규하 대통령을 몰아내고 정권을 찬탈하였다. 이러한 전두환 소장을 정진경 목사 외 22명의 기독교 대표 목사들은 그를 찬양하여 공범자가 되었다.

사람 한 명을 죽이면 살인자가 되어 처형되고 수백 명을 죽도록 한 사람은 대통령이 되는 세상이 되었어도 기독교 대표 목사들은 이 일을 지지해 주고 찬양을 하였다. 예수의 이름을 팔아 부귀영화를 누리고 교회가 권력의 앞잡이가 된다면 교회의 존재 의미는 이미 상실된 것이다. 목사들이 독재자들에게 협력함으로 독재자들은 더욱더 사기 충전하여 부패하였다. 정의와 용기 있는 자는 살아남을 수 없고 마귀가 춤을 추고 하나님이 숨어 계시는 (사 45:15) 사회는 어느 한 구석 썩지 않은 곳이 없어 사람이 살 수 없는 사회가 되었다. 목사들의 사명이 무엇인가 "악인에게 경고하여 악한 길에서 떠나게 하는 것이다."(겔 33:8). 목사들은 사회가 부패해 가도 침묵과 외면함으로 일관하여 더 큰 공범자가 되었다(암 5:13, 잠 16:30).

회개와 반성 없이 우리의 참 존재가 인식될 수 있을까? 헌신과 용기와 정직함이 없이 하나님의 뜻을 이 땅에 이룰 수 있단 말인가? 침묵과 망각과 무관심으로 우리의 과거와 현실을 잊을 수 있단 말인가? 그리고 하나님의 뜻을 이 땅에 실현시킬 수 있다고 보는가? 이것은 바로 우리의 현재를 부정하는 것이다. 오늘날 기독교는 역사가 없는 종교라고 비판을 받고 있지 않은가? 많은 목사가 해방이 되자 북한 땅에서 기독교도연맹에 가담하여 김일성을 찬양하였고 남한의 기독교 대표들은 인민군이 서울에 입성했을때 환영대회를 하지 않았는가! 오늘의 문제가 독재자와 그의 집단에 의해서 저질러진 결과라고 하여도 그 책임은 빛과 소금의 역할을 못한 우리 기독교가 져야 한다.

어용과 출세주의는 하나님의 영광을 가리고 국가를 파멸로 몰아넣고 기독교를 부패하게 하는 사탄의 역사로 우리의 최대의 적이다. 오늘날 기독교가 부패하고 사회가 부패한 원인은 친일 어용과 독재자들의 앞잡이들을 청산하지 못하였기 때문이며 또한 3.1운동 이후 일본의 기독교 탄압에 의해 현실도피사상이 지금까지 내려오기 때문이다. 그리고 어용들이 기독교의 사회참여가 비성서적이라고 잘못 교육시킨 데 그 원인이 있다(마 15:8). 전도와 사회참여는 기독교인의 의무요 하나님의 명령이며 (마 5:13-14)기독교인의 성결의 삶의 연장이고 웨슬레 신학사상이며 로잔언약이다.

우리는 세상의 소금이며 빛이다. 웨슬레는"사회적 성결이 아닌 성결은 성결이 아니다."라고 강조하였다. 교회와 사회의 부패를 막기 위하여 먼저 전교인을 성결하게 교육시키는 것이 절대 요청된다(엡 2:10). 정의롭고 용기있고 헌신적인 자세로 선한 삶을 살아 이 사회에서 그리스도의 증인들이 될 때 교회와 사회가 개혁되고 하나님의 뜻이 하늘에서 이루어짐 같이 이 땅에도 이루어져 우리 사회는 정의로운 사회가 되고(엡 2:10) 하나님의 자녀들이 살기 좋은 사회가 되도록 하는 것이 우리 기독인의 사명이 아니겠는가!

2017년 3월 15일

이 선 교 저

목 차

제1장
일본의 한국 침략

제 1장 일본의 한국침략

Ⅰ. 일본

1860년 경 일본은 한국과 큰 차이가 없는 후진국이었으나 일본은 국민이 단결하여 재빨리 서양의 공업, 군사, 과학기술 등 문명을 받아들여 근대화 개혁을 단행하였다. 일본은 동학란 때 청국군이 한국에 상륙한 것을 빙자하여 1894년 7월 1만여 명의 병력을 강제로 조선에 상륙시켰다.

Ⅱ. 청·일 전쟁

1894년 7월 25일, 조선에 상륙한 일본군은 서해 앞바다에 있는 청국 함대를 기습 파괴하였고,8월 1일 청국에 선전포고를 하였다. 일본은 9월 평양 전투에서 승리하였고 10월 압록강 전투에서도 승리하였으며 11월에는 여순을 점령하였고 1895년 1월 웨이하이웨이를 점령, 대한해엽에서 청나라 함대를 전멸시켰다. 일본군이 북경을 향해 진격하려고 하자 청국은 강화회담을 요청하였다. 결국 일본이 대승하였고 조선 땅에서 청국을 몰아낸 일본의 횡포는 갈수록 포악해졌다.

Ⅲ. 러·일전쟁

한국의 39도선 이북의 만주까지를 놓고 러시아와 일본은 협상을 하였으나 협상은 결렬되었다. 일본은 전쟁의 불가피성을 깨달아 먼저 군비 지출을 위해 국채를 발행 하였고 한국 정부에 압력을 넣어 철도와 통신을 장악하였다.

1904년 9월 한국에서 만주로 싸움터가 옮겨져 요양에서 전투가 벌여졌고 10월 본격적으로 사할린에서 전투가 벌어졌다. 양국은 결정적 승리가 없었다. 일본군은 1주일 안에 여순 요새를 점령하려고 하였으나 봄, 여름, 가을이 지나 겨우 1905년 1월, 11개월만에 함락시켰다. 1905년 3월 10일 러·일 전쟁 중 봉천에서 최대의 격전이 벌어졌을 때 일본이 승리함으로 대세는 일본에 유리하게 펼쳐졌다. 그러나 러시아군을 완전히 제압하지는 못하였다.

1905년 5월 27일~29일 무적을 자랑하는 러시아의 발트함대는 대한해협 해전에서 예상을 뒤엎고 일본 함대에 의해 대패하고 말았다. 이때 일본정부에서는 더 싸울 여력이 없어 1905년 5월 31일 미국 루즈벨트 대통령에게 휴전 교섭을 제의하였다. 1905년 9월 5일 일본과 러시아의 강화조약이 조인되었다. 강화내용은 "일본은 한국에 정치·경제·군사의 우월군을 취득한다."는 내용이었다.

한국 땅에서 청국과 러시아를 몰아낸 일본은 한국을 와전 독점하게 된다. 일본이 러시아와 강화를 서둔 것은 두 번에 걸친 전쟁의 장기화에 따른 극심한 경제 고갈 때문이었다. 일본은 전쟁 중에 미국과 영국에서 외채를 발행하여 전쟁비용 78%를 공채로 충당하였다. 일본은 1905년 3월 1일 봉천전투가 끝나자 더 이상 싸울 여력이 없었다. 봉천의 일본군 25만 명은 장교가 태부족이어서 보충병으로 충당하였고 전쟁을 위해 군수품 조달이 한계에 있었다. 일본은 이 때문에 할빈공약과 전쟁 보상금을 포기하고 강화조약을 맺었다.

이때 한국에서는 전 국민과 의병, 해체된 군인들이 일제히 이러나 철도와 통신시설을 파괴하고 만주 일본군을 위해 군수물자를 보급하는 보급로를 완전히 차단하여 러시아군에 의해 봉천의 일본군 25만 명이 전멸하도록 했어야 했다. 조선군이 러시아군과 협공하여 일본군을 대패시켰다면 우리 국민은 단결되고 국가도 서양의 근대문명을 빠르게 받아들여 국력이 튼튼해져 강국이 될 가능성이 있었다.

IV. 친일파와 한일합방

한국은 이 절호의 기회를 이용하지 못했다. 오히려 친일파 이용구는 러 · 일전쟁 때 일진회원 3,000여 명을 이끌고 일본 군수물자의 운반을 지원해 일본이 승리하는데 결정적인 공헌을 하였다. 송병준은 러 · 일전쟁 때 통역으로 일본군을 도왔다. 이용구는 고종황제의 헤이그 밀사 사건을 트집 잡아 퇴위를 협박하였고, 송병준은 일본에 건너가 일본 총리대신에게 1억원을 주면 책임지고 한일합방을 시키겠다고 요청하였다. 일진회 대표 이용구는 일진회 회원을 이끌고 왕실과 통감에게 한일합방 청원서를 제출하였다.

1904년 6월 14일 주한 일본 공사 사이또는 "병제개혁" 이란 미명으로 한국군을 대폭 감축시켜 한국이 일본의 군사력에 의존하도록 계획하고, 1905년 4월 한국 원수부를 해체시켰다. 또한 한국군 7개 연대 1만 6천 명의 병력을 8천 명으로 감축시켜 버렸으며, 1905년 11월 17일 '을사5조약' 을 체결하였다. 그리고 1906년 2월 조선통감부가 설치되었다. 1907년 7월 18일 일본군은 강제로 고종황제를 퇴위시키고 아들 순종을 제위에 오르게 하였다. 1907년 7월 24일 한국 정부에 강제적으로 '정미 7조약' 을 체결하고 1907년 8월 1일 한국군 사병 전체를 해산시켜 한국의 병권을 완전히 장악하였다.

1910년 8월 22일 외무대신 박제순, 내무대신 이지용, 군부대신 이근택, 학부대신 이완용, 농사공부대신 권중현 등이 한일 병탄을 찬성하여 한국은 일본에 의해 완전히 점령되고 한국민의 생사는 일본에 의해 결

정되게 되었다. 이완용, 이근택, 이지용, 박제순, 권중현을 '을사 5적'
이라고 하는데 6.25동란 때 참모총장을 지낸 이종찬 장군은 이지용의
장손이다. 1910년 8월 29일 한일병탄이 이루어지자 대한제국을 조선으
로 격하시키고 조선통감부를 조선총독부로 승격시켰다. 이토오 히로부
미가 안중근 의사에게 암살되자 육군대신 데라우찌가 초대 총독이 되
었다.

　일진회 친일 어용단체는 진본회측 손병희, 이용구, 일진회측 윤시병,
유학주가 1904년 합동하여 구성되었다. 윤시병이 초대 회장이 되었고,
13도 총회장은 이용구, 평의원장에는 송병준이 발탁되었다. 이들은 일
본군으로부터 막대한 자금의 원조를 받아 일본이 한국 침략을 할 때 앞
잡이가 되어 국가를 팔아먹은 어용들이다.
　일본은 1910년 9월 7년간이나 일진회를 이용해먹고 가치가 없자 무
자비하게 일진회를 해산시켰다. 그들은 어용 노릇한 것을 후회했으나
그로 인해 수백만의 자기 민족이 죽음같은 고통을 당해야 했다. 한국 안
에서 모든 항일단체가 뿌리가 뽑혔으나 교회는 현존하고 있어 데라우
찌 총독은 '교회가 두려워 말살 정책' 을 펼때 폭력, 어용, 압력 등 세가
지를 이용하였다.

제 2 장
일본의 기독교 박해

제2장 일본의 기독교 박해

I. 항일운동과 105인 사건

한말의 독립주의를 고취하기 위하여 기독교인들인 서재필, 윤치호, 이상재, 남궁 억, 주시경, 이승만, 신흥우 등은 독립협회를 조직하였다. 그러나 일본의 강압과 1898년 이승만, 신흥우, 남궁 억 등 기독교인이 체포되어 해체되었다. 전덕기 목사는 서울 상도교회 목사로서 1904년 10월 미국의 교포 강천명이 자금을 보내주어 청년학원을 세워 이준, 안창호, 이동휘, 김구, 이상재, 이승만, 박은식, 이갑, 신채호, 양기탁, 최재학, 이상설, 윤치호, 박용만 등에게 협력을 하면서 같이 조국의 독립운동에 전력을 다하였다.

1907년 전덕기 목사는 이질려인 박상궁을 통하여 고종의 신임장을 이준열사에게 건너 주었고 이준 열사는 전덕기 목사의 뒷방에서 준비하여 헤이그로 떠났다. 전덕기 목사는 1912년 105인 사건에 투옥되어 고문 끝에 1914년 39세로 순교하였다. 1908년 김구, 최광옥, 도인권, 이승길, 김홍량 등 기독교 지도자들은 "해서교육총회"를 조직하고 1면에 1교제를 내걸고 계몽운동에 노력하였다. 안중근의 동생 안명근의 안악 사건으로 교육총회원 전원 체포되어 혹독한 고문을 받았고 안명근은 종신형, 김구 김홍량 등 7명은 15년, 도인권은 10년, 그 외는 7년, 5년, 나머지 40여명은 섬 등으로 유배되었다. 이렇게 되어 황해도 지역 기독교 지도자들은 치명타를 당하였다.

1905년 9월 길선주 장로가 제창하여 그해 11월 감사절부터 7일간 전국 교회에서 '나라를 위한 기도회' 를 가졌다. 1905년 11월 17일 전덕기, 정순만 목사 등이 주동하여 서울시내 교회가 연합으로 상동감리교회에서 '나라를 위한 기도회' 를 일주일간 계속할 때 수천 명의 성도들이 모여 위기에 처한 국가를 보고 통곡하며 하나님께 기도하였다. 해외 의병들은 의병자금을 모금하기 위하여 국내에 오게되면 먼저 교회에 몸을 숨겼다. 1897년 서울 상도교회에 출석하는 구연영은 전덕기 목사와 함께 기독교 민족운동에 헌신하였고 동대문교회 전도사로 칙접된 아들 구정서와 함께 애국운동을 벌이면서 경기도에서 의병 3백 명을 일으켜 민승천부대에 합류하여 중군장으로 싸우다 1907년 7월 16일 일본군에 의해 총살당하였다. 을사5조약이 발표되자 양주군의 홍태순 목사와 정재홍 성도는 자결함으로 하나님께 나라의 위기를 호소하였고, 최재학과 이시영은 조약철패 주장을 밝힌 유인물을 뿌렸다.

안창호, 전덕기, 이승훈 등은 비밀결사단체인 신민회를 조직하여 일본에 대항하였다. 신민회는 1908년 대성학교, 정주 오산에 오산중학을, 이승훈 선생이 평양에 숭실학교, 선천에 신성중학 등의 기독교 학교를 세우고 학생들에게 독립사상을 고취시켰다. 일본의 강압으로 순종을 폐위시키고 대한제국을 병합시키자 온 성도들이 일어나 대성통곡하며 하나님께 호소하였다.

1910년 한일병탄 때 한국의 학교는 2,088개였으며 기독교 학교는 755개였다. 장인환은 일본의 한국 침략을 찬양한 미국인 스티븐슨을 살해했으며 이재명은 이완용을 암살하려다 미수에 그쳤다. 그들은 모두 기독교인으로 여기에는 이학필, 전태선 목사 등도 가담하였다. 1909년 10월 26일 하르빈 역에서 이등박문을 저격한 사람은 천주교 신자 안중근 의사였으나 기독교인 우연준도 준비하고 있었다. 이에 놀란 일본 정부 아까이시 경감총감과 구니모도 고등경찰과장은 항일세력을 말살하기 위하여 105인 사건을 조작하였다. 1910년 12월 27일 안태국, 이승훈이 평양에서 60여 명을 인솔하고 신우혁이 신천역에서 20여 명을 인솔하고 황해도에서 20명을 인솔하여 총 100명이 선천역에서 합류여 권총 75정을 가지고 데라우찌가 압록강 철교 낙성식에 참석하기 위하여 잠시 선천역에 하차하여 유지들을 만나 악수할 때 선천 신성중학교교장 윤상온 선생(선교사 매퀸)이 악수하는 것을 암호로 암살하려고 계획을 세웠다고 사건을 날조하여 전국의 항일 지도자 700명을 체포, 구속하였다 구속자 중 전덕기, 김근영, 정희순, 한필호 목사 등은 고문으로 사망하였고 최광옥 목사는 고문 끝에 병을 얻어 사망하였으며 조덕찬 목사는 재판장에서 옷을 벗어 일본 경찰의 잔인한 고문 사실을 만천하에 공개하여 많은 이를 통곡하게 하였다.

1911년 11월 11일 평북 신천 신성중학교 학생 20여 명과 선생 7명이 검거되어 압송되었고 그해 10월 12일 경신하교 학생 3명과, 초등학교 교사도 검거되었다. 1912년 9월 28일 경성지방법원 제1심 재판공판에서 122명의 피고 가운데 105명에게 유죄판결을 내렸다. 판결내용은 이승훈 회 5명 징역 10년, 옥관빈 외18명 징역 7년, 이덕환 외 39명 6년, 오대영 외 42명 5년, 이창식외 17명 무죄였다.

이 사건이 선교사들을 통하여 전세계의 언론에 언급되자 2심에서는 형이 약해졌다. 2심에서는 윤치호, 안태국, 양기탁, 이훈, 임치정 징역 6년 옥관빈 징역 5년 나머지 99명은 무혐의로 석방되었고, 1915년 2월에는 나머지 전원이 석방되었다. 123명 기소자중에 기독교인이 81명이며 신민회원은 57명이었다. 여기에 참여된 목사는 김창건, 안경록, 양순백, 장광선, 조덕찬, 최성주 목사 등이었고 기독교인은 이승훈, 유동열, 안태국 등 장로교인 79명 감리교 6명 기타 2명 계 81명이다.

105인 사건이 일제에 의해 조작된 증거는 주동자라고 하는 안태국씨가 1911년 12월 26일 평양에서 하룻밤을 자고 27일 정주에서 동지 60명을 인솔하여 아침 6시 차로 선천에 도착하였다고 하는데 그때 안태국씨는 서울에 있었다고 한다. 피고 유동열씨가 치안유지법 위반으로 서대문 감옥에서 복역하고 12월 26일 만기 출옥하여 그날 저녁 위로하기 위하여 명월관에서 양기탁, 이승훈 등 7명이 식사를 하고 식사대금 27원을 지불하고 안태국씨 이름으로 영수증을 받았고 정주에서 아침 6시 기차로 60명을 인솔해 선천에 도착하였다고 하나 철도국 서기 보고에는 정주에서 아침 6시 승차한 분은 5명밖에 없었다고 보고하였고 하루종일 11명이 승차하였다고 보고하여 모든 공소 사실이 허위임이 드러났기 때문에 일제 재판소는 변호인이 신청한 증거와 증인 채택을 하지 않고 판결하였다. 105인 사건으로 신민회가 해체되었는데 신민회는 비밀조직이었다. 신민회는 1906년 상도교회 전덕기 목사를 중심한 국내조직과 1907년 안창호, 송석준, 이강, 정재관을 중심한 공립협회의 귀국한 분들로 조직되었는데 회원수는 약 300-800여 명이었다.

회장에 윤치호, 부회장 유동선, 경기 양기탁, 평남 안태국, 평북 이승훈, 재무 전덕기 목사 등의 임원으로 조직되었다. 회원을 보면 언론인 출신 양기탁, 신재호, 박은식, 군인출신 이갑, 이동휘, 노백린, 유동설, 조성환, 상도교회출신 전덕기, 이동녕, 정치인 이종호, 최석하, 상업인 이승훈, 이덕환, 교육계 안창호, 임치정, 안태국, 최광옥, 김지간, 이강, 김홍서, 김동원, 민족주의자 김구, 김홍량, 관리 출신 이회영, 이시영 등이다.

1919년 6월 3.1운동 후 신민회 회원들이 국외로 탈출하여 중국 산동성 청도에 모였을 때 이동휘의 급진 실력행동파와 안창호를 중심한 점진 실력 양성파로 분열되었다. 일본정부에서 105사건을 조작한 이유는 ①신민회의 근절 ②기독교의 탄압과 선교사 추방 ③애국지사 및 청년의 사기 제압 등이다. 선교사들이 전한 근본주의와 복음주의는 국가나 사회에 대해서 전혀 관심을 주지 않게 하고 오직 개인구원에만 역점을 두었지만 1907년 대 부흥때 은혜 받은 성도들은 이웃과 조국사랑으로 발전되어 민족의식과 독립사상을 갖게 되었다. 그들은 신앙인이 왜 이 땅에서 살아야할 필요성을 확실하게 입증해 주었다.

II. 기독교인과 3·1운동

　1918년 8월 20일 평양신학교 출신인 여운형이 중심이 되어 장덕수, 김철, 선우혁, 조용은, 한진교, 조동우 등이 상해에서 신한청년당을 조직하여 여운형이 총무가 되었다. 여운형은 윌슨 대통령 특사 크레인을 통하여 1918년 11월 28일 한국 독립에 관한 2통의 진정서를 미국 윌슨 대통령과 파리 평화회의 의장에게 전달하였다. 그리고 파리 평화회의에 새문안교회 장로 김규식씨를 파견하였다.

　이 사실을 선우혁, 김철을 통하여 평양의 기독교인 길선주, 이승훈, 강규찬, 안세환, 변인서, 이덕환, 김동원, 도인권 등에게 알리었다. 미국 윌슨 대통령이 파리강화회의에서 민족자격주의를 제창하여 우리도 독립을 외치면 미국의 도움으로 해방이 될까해서 기독교인과 학생들은 이 소식을 듣고 평안도에서 강력한 시위를 하려고 하였으나 천도교측 최남선씨의 연합으로 하자는 제의가 있어 연기하였다.

　또 서병환 경상도, 백남규 호남지방, 김철은 서울지방대표를 맡아 파리평화회의 내용을 설명하였다. 조용은 장덕수를 일본에 파견하여 제일 조선인 학생들에게 설명하여 2.8독립선언문을 낭독케 하였다. 여운형은 직접 간도와 노령과 연해주를 찾아가 이동휘, 박은식, 문창범, 이동녕, 조완구, 강우규, 정재관, 오영선, 심영구 등을 만나 파리평화회의담 내용과 적극적인 독립운동을 종용하였다.

　이로인해 1919년 2월 간도 노령 연해주의 독립운동가들은 여준을 중심으로 39명이 모여 대한독립선언을 발표하여 한국의 독립을 선언하였다. 신한청년당의 선우혁이 이승훈을 만난후 이승훈, 양전백, 윤원삼, 안세환, 함석원, 등의 기독교인들은 기독교인들을 동원시켜 독자적으로 시위를 하려다가 2월 7일 천도교측 최남선의 연합으로 하자는 제의를 받고 합의를 보았다. 감리교는 기독청년회 총무 박희도 목사가 중심이 되어 1월 27일부터 서울시내 전문대학교 학생을 동원 독립운동 준비를 하였다. 장로교는 이갑성을 중심해서 2월 12일과 14일 세브란스 전문학생을 동원하여 독립운동을 준비하였다. 학생들이 3.1운동에 적극적이었는데 연희전문학교 김원벽, 경성의전의 한위건, 보성전문 강기덕·주익, 경성의학전문 김형기, 경성공업전문 주종의, 경성 전수학교 이공후 윤자영, 연희전문의 윤화정, 배화여고 윤화 등 이다.

　3.1운동은 서울에서 함태영 박희도 이갑성, 평양에서 김선두 변인서 도인권 이덕환, 정주에서 이승희 김병근 이명룡 등이 주도적으로 하였다. 1919년 2월 20일 서대문구 협성학교 사무실에서 서울 기독교 지도자 5,6명이 모여 조선독립청원서를 내기로 하였다. 이 소식을 들은 천도교측은 최린을 통하여 이승훈에게 함께 하자고 간곡한 부탁을 하여 기독교 대표들은 2월 24일 연합으로 하기로 다시 합의를 보았다.

　1919년 2월 21일 세브란스전무의 대학생이며 재무주임인 이갑성 집에서 감리교 장로교 지도자들의 2차 모임을 가졌을 때 천도교측과 교리가 같지 않으니 단독으로 하자는 것을 함태영, 이갑성, 안선환 등이 주장하여 연합으로 하기로 한 것에 대하여 재론을 않기로 하였다. 기독교 대표는 함태영, 천도교 대표 최린, 불교대표 한용운이 결정되어 그들을 중심해서 본격적인 거사준비를 하였고 독립선언서는 최남선이 중심이 되어 작성이 되었고 독립선언서는 21,000장을 인쇄하였다. 1919년 2월 28일 손병희 집에서 33인이 모여 최종 점검을 하였을 때 양전택, 길선주, 정춘수, 유여대 등이 불참하였다 원래 독립선언서를 낭독하기로 한 장소는 파고다 공원이었는데 연희전문학교 선교사 베이커 교수가 YMCA간사 박희도에게 33인은 별도로 옥내에서 갖도록 권고하였다. 박희도는 최종 점검하는 자리에서 파고다 공원보다 다른 곳으로 정하자고 하여 태화관으로 결정되어 당초의 계획이 변경되었다. 1919년 3월 1일 고종의 국장일을 택하여 독립만세운동을 하기로 약속한 시민과 학생은 파고다 공원에 모여들기 시작하였다. 약 5천여 명이 모여 33인 대표가 나타나기를 기다려도 나타나기 않자 보성전문학생 대표 강기덕은 태화관에 도착 33인 대표들에게 격렬한 항의를 하였다.

강기덕은 33인 대표가 파고다공원으로 가지 않으면 권총으로 모조리 죽이겠다고 위협할 정도였다. 이 사실을 보고있던 평야감리교 이규갑 전도사는 사태의 심각성을 깨닫고 해주교회 교사 정재용을 데리고 파고다공원에 도착 팔각정에서 정재용으로 하여금 독립선언서를 낭독하게 하고 태극기를 들고 만세를 불렀다.

이렇게 되어 3.1운동은 시작되었다. 오후 2시 태화관에 모인 29명의 대표들은 독립선언서를 낭독하고 한용운의 식사연설과 독립만세를 불렀다. 이때부터 학생들과 어른들이 분리되어 독립만세운동을 하였는데 만일 이때 분리되지 않고 파고다 공원에서 33인 대표가 나타나 독립선언을 했다면 3.1운동의 양상은 달랐을 것이다.

서울에서 만세를 부르자 독립만세운동은 전국적으로 퍼졌다. 평양, 진남포, 안주, 의주, 선천, 원산, 함흥 등에서 만세를 불렀다. 서울과 충청은 감리교가, 나머지 전국은 장로교가 주도적으로 활동하였다. 평양은 3월 1일 오후 1시 교회 종소리를 신호로하여 장로교는 숭덕학교 교정에 감리교는 남산현교회에 천도교는 본부에서 각각 모여 독립만세를 부르기로 하였다. 종소리가 교회에서 울리자 평양시민과 기독교인은 숭덕학교에 모여 찬송과 기도를 한 후 도인권이 "왜 우리는 독립을 해야하는가"라는 취지를 설명하고 강규찬이 연설을 하고 정일선 전도사가 독립선언서를 발표하고 태극기를 들고 만세를 불렀다. 평양 시내의 10여만 명은 독립만세를 부르며 시내로 향하였다.

여기에서 즉시 체포된 사람이 김선두, 강규찬, 주기원, 이일영, 김이제, 정일선, 박성훈, 김찬여, 곽권응 등 수백명이었다. 조선총독 하세가와는 조선주차 일본군 사령관 노미야에게 즉시 발포명령을 내렸고 일본정부에서 3월 7일 시위를 미연에 방지하도록 조선총독에게 지시하였다. 평양과 서울의 연락은 주로 안세환이 담당하였고 여타지역은 장로교 노회를 통하여 동원하였다. 1919년 3월 31일 정주에서 최석일씨가 태극기를 들고 만세를 부르자 일제 헌병은 태극기를 든 손을 단칼에 잘라 최석일씨는 그 자리에서 온몸에 피가 낭자한 채 쓰러지고 말았다.

1919년 3.1운동후 4월 중순경 평양 남산현교회 이규갑 전도사, 공주 감리교회 현석철목사, 의주교회 장붕 장로등이 중심이 되어 한성 임시정부를 세웠다. 독립운동가들은 한성 임시정부와 노령의 대한 국민회의 두 단체를 통합하여 1919년 4월 11일 상해에 임시정부를 세웠다. 이토록 3.1운동은 기독교에 의해 전국적으로 확산된 증거는 3.1운동때 수감자 분포상황을 보면 알 수 있다.

경기 291명, 충청 39명, 강원 6명, 황해 212명, 평안 730명, 함경 123명, 전라 237명, 경상 389명, 계 2,032명으로 전체 수감사 9,059명의 22.4%이다. 1919년 3월 1일 독립만세 운동당시 독립선언서에 서명한 33인중 16명이 기독교인이었다. 김선두, 김병조, 양전택, 유여대, 이명룡, 이승훈, 이필주, 이갑성, 박희도, 신홍식, 오화영, 정춘수, 최성모, 양한묵, 신석구등 이다.

3 · 1운동시 기독교의 피해는 피검자 3,426명 중 교역자가 244명이며 여성 신자가 309명이었다. 이들중 35명(교역자 4명)이 사망을 당했으며 18명이 부상당했고 악형 142명, 태형 795명, 구속 719명, 미결 44명, 구료 20명, 보석 2명, 예심 3명 등이 있었다. 피검자 중 151명이 교역자들이었다. 교회 소실 8개, 파괴 4개 등 피해액이 약 4만여 원에 달했다. 많은 사람들이 무기를 들고 대항하자고 할 때 이상재 선생과 길선주 목사는 "네 원수를 사랑하라. 칼을 쓰는 자는 칼로 망한다."는 하나님 말씀으로 권고하여 쇠붙이 하나 들지 않고 비폭력으로 일본에 항거하여 기독교 정신을 여실히 발휘하였다. 이 비폭력 항거는 중국의 5.4운동과 인도의 간디에게 형향을 주었다.

1919년 3월 4월 전국에서 1,214회 모임을 갖고 340회 항의 만세를 불렀다. 그러자 일본은 경찰과 헌병을 동원하여 교회를 부수고 성경책을 압수 소각하였다.

평남 강서군 성대면 사천교회 송형근 목사, 모란장교회 김해진 목사 등은 모란장 날을 기하여 만세를 부르려다가 정양구 목사와 같이 예비 검속 되었다. 이 소식을 들은 교인들과 모란청년들은 헌병대를 습격 전원 석방을 시켰다.

1919년 3월 3일 사천교회(노죽동교회) 송영근 목사는 교인 130여 명과 같이 원장 장날을 기하여 오후 1시 그곳 보통학교에 모였다. 용암동교회 박인설 장로가 독립선언서를 낭독하고 이어서 독립에 대한 연설을 마친 후 교인과 시민들은 독립만세를 부르며 시내로 향하였다.

일본 헌병대장과 한국 헌병보조원 강병일, 김성규, 박요섭 등이 대기하고 있다가 교문을 나서는 이들에게 집중 사격하여 1명이 즉사하고 여러 명이 쓰러지고 8명이 체포되었다. 원장교회 윤형도 손종숙 집사, 가주동교회 김광연 집사, 차병규 장로, 반석교회 이지백 등이 같이 쓰러졌다. 이 현장을 본 원장교회 차병규 장로는 지석용, 임인걸 등과 같이 3,000여 명이 만세를 부르며 30세 이하의 40여명 결사대를 즉석에서 조직하여 사격하는 헌병을 향하여 돌진하여 43명이 현장에서 즉사하였으나 일본 헌병의 총을 탈취하여 개머리판으로 일제 헌병을 내리치니 머리가 두 쪽 나버렸다. 조선인 헌병보조원 강병일, 박요섭도 그 자리에서 맞아 즉사하였다. 청년들은 도망치는 헌병을 추격하였으나 잡지 못하고 분견대를 습격 불 질러 버렸다.

이 일로 병원에 입원한 후 20명이 사망하고 중상이 20여 명 발생하였다. 평양 헌병대가 즉시 출동하여 원장과 반석마을의 남자는 모조리 체포해 가버렸다. 체포된 반석교회 최명흠 집사, 기리교회 김정현 장로 등이 헌병대에서 맞아 사망하였다. 주모자 최응현, 송형근, 조진택, 백이

옥 등 4명은 재빨리 도망쳐 결석재판에서 사형이 선고되었고 최능찬, 서영석, 윤상열, 이준배, 고영덕, 황재운 등은 무기징역등 3명이 징역을 받았다. 정주교회, 강계교회, 위원교회, 북간도 노루바교회 등의 대학살 사건은 참으로 있을 수 없는 학살이었다. 일본군은 오산학교를 아예 불태워 없애버렸다. 1920년 일본은 청산리 전투와 백운평 전투에서 독립군에게 대패한 보복으로 만주의 한인을 무차별 살해하였다.

이때 피해를 본 교회가 금당촌교회 10명 피살, 간장동교회 14명 피살, 청산리교회 15명, 명동교회 토성포교회 1명, 백운평교회 9명, 양무정자교회 의란구교회 훈춘남별교회 50명, 장은평교회 구속 10명, 합막당교회 3명 구세동교회 등 12개 교회가 방화되고 피살되고 교인들 가정집도 불질렀다. 이때 민간인 집 6천호 교포 3,000여명이 학살당하였다. 수원 제암리교회는 1919년 4월 15일 낮 14시경 일본군 아리다 중위가 제암리교회에 도착, 교인들은 교회당에 집합시키고 일본군으로 하여금 교회를 포위하게 하고 교회에 불을 질렀다. 여기서 살아서 나오는 교인에게 무차별 사격을 가하였다. 교회 안에서 30여 명을 불에 타 죽었다. 이런 식으로 만행을 저지른 곳이 15곳이나 되었다. 일본의 조합교회에서는 조선총독에게 조선인에 대해서는 "정부가 더 강력한 무력으로 위압해야 한다."라고 권고하였다.

1920년 10월 30일 일본군의 만주 독립군 토벌대 스즈모토 대위가 지휘하는 77명의 일본군이 용정촌 동북 25리 지점에 위치한 한인 기독교 마을인 간장암동을 포위하여 전 주민을 교회에 집합시킨 후 40대 남자 33명을 포박하여 교회 안에 꿇어 앉힌다음 교회 안에 석유를 뿌리고 불을 질렀다. 그리하여 사람이 타는 냄새가 천지에 진동하였고 묶어놓은 끈이 타서 사력을 다해 교회에서 탈출하면 무차별 사격을 가하였다. 교회 안의 조선인은 숯이 되고 재가 되었다.

1920년 12월 5일 용정촌 와룡동에 살고 있는 전기선 교사는 일본 헌병에 체포되어 "독립군 근거지를 말하라"고 하며 고문을 해도 말을 듣지 않자 얼굴 가죽을 몽땅 칼로 벗겨내고 칼로 눈을 도려내는 고문을 당하였다. 그러나 그는 무서운 고문 앞에서도 무릎을 꿇지 않았다. 고문 후 전기선 교사도 비참한 죽음을 당하기까지 일본인 앞에서 비겁한 행동을 하지 않았다. 이러한 엄청난 사건을 취재하려고 동아일보 장덕준 기자가 용정촌을 향해 떠났으나 일본군에 의해 그도 비참하게 일생을 마쳤다. 1920년 10월 31일 선교사들이 축성에서 13야드 떨어진 찬남 파워촌에 이 사실을 확인하기 위하여 도착하였다.

목격자들의 말에 의하면 29일 새벽 무장한 일본군 1개 대대 정도가 예수교 마을을 포위한 채 밀집더미에 불을 지른 다음 눈에 띄는 남자는 무조건 체포하여 총살하였고, 채 죽지 않은 자는 불 속에 넣어 태워 죽였다는 것이다. 집안에서 이 광경을 보고 있는 사람들까지 가차없이 구타하고 집에 불을 질러 잿더미가 되게하였다. 잿더미 속에는 수 없이 많은 시체가 타고 있었고, 시체 타는 냄새가 하늘을 진동하였다. 방화한지 35시간이 지났는데도 시체가 타고 있었다.

잿더미 속에 타다 남은 뼈, 이그러진 고깃덩이가 엉겨 있었다.(미국 장로교 선교사 마팅의 수기에서) 1920년 11월 4일 선교사들은 누루마촌에서 마을 사람들의 증언을 들었다. 1920년 10월 30일 일본군이 31명의 조선인이 사는 마을에 도착, 집집마다 불을 지르고 총질하여 민가 9채와 교회와 학교가 잿더미로 변하였다. 11월 1일 일본군 17명, 일본 경찰 2명, 조선인 경찰 1명이 이 마을 조선인 남자를 모조리 끌어다가 살해한 후 죽은 사람의 아내를 불러내어 남편들에 대해 조사하고 선교사의 행적에 대해서 조사를 하였다. 그들은 시체를 한 곳에 모으게 하고 시체에 기름을 붓고 불을 질러 시체는 재가 되고 재는 바람에 날려 흔적도 없게 만드는 잔인한 학살을 하였다.

이런 일본군의 만행이 홍경현, 관청, 동대, 파자대황구, 탁반구, 용정,

화룡 등지에서도 있었다. 경기도 화성군 장안면 수촌리 수촌감리교회 김교철 전도사는 교인들을 이끌고 읍내 만세운동에 참여하였다. 그러자 1919년 4월 15일 일본헌병이 수촌리 마을에 난입하여 방화, 살인 등 만행을 저질렀다.

일본군의 방화로 수촌리 마을 42호 중 38호가 전소되었다. 일본군은 불길을 피해 마을에서 뛰어나오는 주민들에게 무차별 사격을 하였다. 물론 교회도 전소되었으며 많은 교인들이 희생되었다. 이런 식으로 정주, 곽산, 삭주, 의주, 창성, 위원, 강계, 강서, 맹산, 천안 등의 교회가 환난을 당하였다. 1919년 3월 3일 평남 강서군 사천교회 교인들은 독립운동 시위를 하다가 일본군의 무차별 사격을 받아 43명이 즉사하고 20여명이 중상을 입었다. 1919년 3월 9일 일본 경찰은 서울에서 많은 기독인들을 체포해 십자가에 동여매어 놓고 "너희들은 기독교인이니 십자가에서 죽는 것이 소원일 것이다"라고 하면서 총검으로 난자하여 숨지게 하였다. 일본군은 1919년 3월~4월 정주에서 학살 및 방화사건을 저질렀고 1919년 3월 하순 의주교회 파괴 및 방화사건, 그리고 1919년 4월 1일 천안 병천교회 교인들을 무참히 학살하였다.

3·1운동 후 상해 임시정부가 수립되자 임시정부와 독립군을 돕기 위하여 기독교의 많은 단체가 조직되었다. 장로교 교인인 한영신, 김보원, 김용복 등과 감리교 교인인 박승일, 이성실, 손진실 등이 중심이 되어 대한애국부인회라는 여성단체를 조직하였다. 이들은 총재에 오신도, 회장에 안정석을 선출하고 7개의 지회를 선출하였다. 이 단체는 1920년 10월 일제에 의해 해산될 때까지 2,400여 원을 모금하여 임시정부와 독립군을 돕다 중심인물 106명이 일본의 경찰에 의해 체포되어 나체로 고문을 당하기도 하였다. 상당수의 여성들이 옥고를 치르었다. 1919년 6월 임시정부로부터 직접 지시를 받은 김인서, 박원혁 등 기독교인들은 독립운동 지원단체를 조직하다 12월 경에 발각되어 일본 경

찰에 체포되었고, 연루자 47명도 함께 많은 고초와 옥고를 치렀다. 1919년 5월 신현구, 박연서, 김상덕, 조종대 등의 기독교인들이 중심이 되어 충청도와 전라도인을 상대로 대한독립애국단을 조직하고 신현구가 초대 단장이 되었다. 그들은 임시정부와 독립군을 도왔고 관공서에 출근하는 조선인들을 조직하여 일제히 출근을 거부하여 행정을 마비시키려다 사전에 발각되어 무산되었다.

이 단체도 1920년 1월 일본에 의해 강제해산당하고 말았다. 대한민국 청년외교단은 상해의 조용주, 연병호 등이 국내에 들어와 안재홍, 이병철 등과 연합하여 1919년 5월 조직하였는데 이들은 모두 기독교인이며 기독교인을 중심으로 조직되었다. 대한민국 애국부인회는 정신여고 교사와 기독교인이 중심이 되어 조직 되었으며 이 조직은 전국에 2,000여 명의 회원을 갖고 있었다. 이 단체에서는 2,300여 원을 모금하여 임시정부와 독립군을 도왔다. 이 단체는 1919년 11월 28일 간부들이 체포되면서 조직이 해체되고 상당수가 수감되어 많은 고문을 당하였다.

강우규는 장로교 전도사로서 나라가 일본에 의해 점령되자 국권회복에 대한 마음을 한시도 잊지 않고 있다가 1919년 6월 무기를 가지고 국내에 잠입하여 9월 20일 남대문 역에서 새로 부임한 사이또의 마차에 폭탄을 던져 수행원 37명을 죽였다. 그는 1920년 11월 29일 교수형을 당하였다. 1919년 4월 2일 대황구교회에서 약 3백여 명이 모여 총기 구입을 위하여 모금하였고, 통화현의 최봉석, 홍경현의 오대규 목사등도 무력으로 일제와 대항하였다.

박치의, 김상옥 등 무장투쟁을 벌인 기독교인도 있었다. 3·1운동 때 맨주먹으로 그토록 만세를 불러도 독립도 되지 않고 외국에서도 도와주지 않아 희생자만 많아지자 이러한 희생을 당할 경우 차라리 무기를 들고 싸워 이기자고 하여 기독교인들도 무기를 들기 시작했다. 특히 북간도에서 대한구민회를 조직하면서 무장하기 시작하였다. 대한국민회

회장에는 구춘선이 선출되어 133개 지회를 둔 북간도 최대 독립운동단체가 되었다. 이 단체는 주로 북간도, 함경도 등에서 군자금을 모금하여 연해주에서 무기를 구입하였다. 1920년 7월에는 징병제를 실시하여 연길현에서 사관학교까지 설립할 정도였다.

이 단체는 대한독립군의 홍범도 장군과 군부 도독부의 최진동 부대와 연합하여 1920년 7월 7일 봉오동 전투에서 일본군 157명을 사살하고 중상 200여 명의 전과를 올렸다. 1920년 10월 13일 대한신민단, 대한의민단, 훈춘 한미회 등의 기독교 단체와 협력하여 1920년 10월 21일 완루구 전투에서, 22일에는 어란촌 전투에서, 25일에는 고동곡 전투에서 큰 전과를 올렸다. 청산리 전투에서 대승한 독립군은 일본군의 집중공격을 피하여 러시아의 자유시로 철수하였으나 자유시에서 독립군은 비참하게 해체되어 전력이 크게 약해졌다.

일본군은 만주에 있는 한인들에게 독립군을 도왔다는 이류로 무참히 학살하였다. 일본군은 20사단, 11사단, 13사단, 일부, 14사다, 28여단 등 합 5만여 명으로 만주에서 독립군을 러시아 지역으로 몰아내고 만주의 조선족 약 3만여 명을 무참히 학살하였으며, 6천호 정도의 집을 소각하는 잔인한 대학살을 자행하였다. 물론 후에도 조국의 도립을 위해 항일투쟁을 계속하였으나 1925년 미쓰야 협정 후에 독립운동은 결정적으로 치명타를 입고 소원이던 자주독립을 못하고 외국에 의해 독립을 얻게 되는 비극을 맞이하였다.

기독교인들은 3 · 1운동 후부터 조국의 독립에 대한 소망이 없어지자 조국의 독립보다 생존을 우선으로 여기게 되었다. 그리하여 신앙생활에 몰두하고 경건주의적 비사회 참여의 경향으로 흐르고 있었다. 바로 이때 1926년 6 · 10 만세 사건이 일어났다. 6 · 10 만세사건은 조선학생 사회과학연구회와 신흥청년동맹과 조선공산청년회 등이 중심이 되어 일어났으나 기독교에서는 3 · 1운동 때 보여주었던 그 많은 열기가 보이지 않았다. 다만 경성성서학원(현 서울신학대학) 2학년에 재학 중인

천세봉 신학생은 기숙사에 있는 동료들과 같이 만세를 부르자고 권하였으나 아무도 호응이 없자 단독으로 태극기를 준비하여 조선의 마지막 왕 순종의 인산일을 맞아 "근화신국 만세"라 써서 청계천의 오간수교 밑에 숨어 있다가 인산 행렬이 다리를 통과할 때 만세를 불러 행령을 따르는 많은 사람들의 심금을 울렸다. 천세봉 신학생은 즉시 체포되어 징역 8개월 집행유예 3년을 선고 받고 1개월만에 석방되었다. (1926년 6월 25일 동아일보) 3·1운동은 국내외를 막론하고 거의 기독교인들이 관여하여 전국적으로 확산되었다. 기독교의 적극적인 참여가 없었다면 3·1운동이 전국적으로 확산되기는 어려웠을 것이다.

　3·1운동을 통하여 기독교가 외세의조적인 종교가 아니라 민족종교로 인정을 받게 되었다. 기도교는 3·1운동 후 그 많은 피해를 당했음에도 불구하고 계속 성장한 것이 이를 증명하였고, 지금까지 기독교가 이 땅에 존재한 이유가 되었다.

　그러나 3·1운동 후 기독교의 엄청난 피해와 맨주먹으로 만세를 불렀으나 조국이 독립되지 못하고 외국의 지원도 없으며 독립의 소망이 보이지 않자 기독교는 점점 현실도피주의, 조국의 독립에 대한 절망, 그로인해 개인의 안전만을 추구하면서 신앙생활에만 전념하게 되어 현실도피주의 신비주의가 극성을 부리게 되었다. 이런 분위기를 타고 김익두, 길선주, 이용도 등이 주로 신비주의 신앙운동을 하였고, 이것은 재림 및 종말신앙으로 연결되어 백백교사건과 기독교사회주의가 번창하기 시작하였다. 3·1운동후 기독교가 현실도피, 신비주의에만 집착하고 독립운동을 포기하자 이 공백을 사회주의자들이 이끌어 갔다.

　사회주의자들은 노동운동과 농민운동을 계속하였고 6·10만세도 주도하였다. 농민운동은 20년도에 25건에서 25년도에는 204건이며 학생운동은 21년에 33건에서 28년에는 83건이었고 노동운동은 20년에 31건에 30년에는 160건으로 증가하여 이를 입증해 주었다. 이렇게 된 이유의 하나는 선교사들이 근본주의와 복음주의에 입각하여 개인구원에만 집착하게 하고 한국기독교인의 독립사상과 애국심을 위험시하고 있었다. 이런 맥락에서 기독교는 나라가 일본에 의해 한일병탄이 되어 점령되어도 성명서 한 장이 없었고 3·1운동시에도 신앙고백에 입각한 성명서 한 장이 없었다. 특히 선교사 베이커는 박희도를 조종하여 3·1운동을 엉망으로 만들었고 박희도는 결국 하나님을 배신하고 민족을 배신한 민족반역자가 되고 말았다.

   겨우 지옥이나 면하려고 하는 개인구원에 집착한 근본주의에 입각한 선교사들의 잘못된 교육은 1938년 신사참배 결의로 한국기독교는 일본 천조 대신에게 항복하고 말았고 3·1정신은 온데 간데없이 한국기독교는 일제의 앞장이 단체로 전락하여 용서받을 수 없는 단체들이 되었다. 1930년대에 들어서면서 개량주의, 타협주의, 어용기회주의가 극성을 부리게 되자 3·1운동 때 용감했던 기독교정신이 사라지고 일본의 앞잡이가 되었다.

   그리하여 신사참배를 권유할 때 아무런 저항도 없이 기독교는 신사참배를 하게 되어 기독교의 정신을 병들게 하였으며 이것이 한국기독교의 분열의 원인이 되었던 것이다. 이광수는 1917년 11월호 〈청춘〉에서 한국 기독교를 '정통의 폭군' 이라고 비판하면서 교역자들이 성경 외에는 사상이나 과학을 경시하여 공부하려고 하지 않아 무식하게 되어 교인들을 미신적으로 이끌어 문명의 발전을 막는다고 하였다.

   그로 인해 현세보다는 내세를 중시함으로 현실을 도피하게 되었다고 혹평하였는데 그의 지적은 지금까지도 타당성이 있다고 본다. 왜정때 기독교는 많은 박해를 받았는데 그중 1911년 105인 사건은 기독교의 지도자들이 박해를 받았고, 1919년 3·1운동때는 교회의 박해와 1936-45년 때는 신사참배로 개인의 신앙과 양심을 마비시키는 박해를 받았다. 사회주의자들도 기독교가 일제에 협력하였고 독립정신이 말살되었으며 사상이나 과학을 경시하고 교역자들은 무식하여 국민을 미신적으로 이끌고 간다고 비판하였다. 이 비판에 대해서 한석원 목사와 같은 분들은 전혀 가치가 없다고 하였고, 신흥우 목사 같은 분들은 기독교도 잘못이 있다고 하면서 비판을 귀담아 듣고 반성해야 한다고 하였다. 그러나 기독교 대다수의 교역자들은 그들을 비판하면서 "그들은 그들이고 우리는 우리다"라고 하면서 반성을 하지 않고, 오히려 그들을 매도하고 배척하였다. 이로 인해 한국 최초의 사회주의 단체인 한인사회당에 기독교인들이 많이 참석하게 되었다.

특히 이동휘가 여기에 주동하였고, 평양신학교를 중퇴한 여운형은 장로교 전도사로서 기독교의 각성이 없는 것을 보고 전도사직을 포기하고 사회주의자가 되었다. 그가 해방이 되어 인민위원회를 조직했을 때 많은 교역자가 가담한 데는 그럴만한 이유가 있었던 것이다. 여운형은 이재복, 최문식, 이만규 목사 등 많은 교역자들을 길러냈다. 최문식 목사는 대구폭동을 주동하였고, 이재복 목사는 4.3과 14연대 반란을 주동하여 김일성으로 하여금 남침의 자신을 갖게 하였다.

6 · 25때 최문식 목사가 교역자들과 기독교에 대해서 엄청난 박해를 가한 것은 이런 맥락에서이다. 해방 후 기독교는 반성과 각성운동으로 재건되었어야 했다. 그러나 각성 없이 오늘에 이르게 되어 기도교정신은 현실도피주의 기복주의 어용주의로 전락하여 많은 문제점을 낳게 되었다.

III. 민족정기 말살 정책

일본에 의해 나라가 망하자 국민의 생활은 말이 아니었다. 여기에서 조직적으로 일본에 대항할만한 단체는 의병과 기독교 뿐이었으나 1917년 의병은 거의 뿌리가 뽑혔고 기독교만 남게 되었다. 1910년 한일병탄

시 기독교는 1,900여 교회 20만 신자, 755개의 기독교학교와 3만여 학생, 230여 명의 교역자가 있어 일본이 가장 두려워하는 유일한 조직단체였다. 일본은 한민족의 민족정기를 말살시키기 위한 정책으로 신사참배와 조선인을 일본인으로 만들기 위한 황민화정책을 실시하였다. 특히 1919년 8월 21일 사이또 미노루 해군대장이 총독으로 부임하여 문화정책을 실시하였는데 그것이 바로 기독교 말살정책이다. 1915년 8월 조선신사 예배규정을 발표하였다. 1919년 3·1운동 후 일본은 한국인의 정신으로 제압하기 위해 그해 7월 일본군 강령 제12호로 천조대신과 명치제를 제신으로 하는 관폐대사 조선시사를 서울 남산에 창립한다고 발표하였다.

1919년 조선신궁 건설을 시작하여 7년만인 1925년에 157만엔 투입하여 10월에 완공하였다. 1925년 조선내 신궁이 150여개였고, 면 이상에 1개씩 총 2,229개의 신사를 설립하여 전국민에게 신사참배를 강요하였다. 신사의 기원은 일본의 가미(神)에 대한 신앙과 이에 대한 제사의식에서 출발하였다. 신도는 크게 신사신도, 교파신도, 국가신도 등으로 구분하고 있으나 핵심은 신사신도이며 불교와 유교와 도교로부터 일본의 민속종교를 구별하기 위한 용어였다. 제사에는 재계, 헌금, 기도, 제연이 있다. 일본의 신 관념은 산, 불, 바람, 번개 등을 신격화한 자연신도가 있고 생식력을 신격화한 관념신도가 있으며 지배자나 영웅을 신격화한 인간신도가 있고 씨족 공동체의 조상신도가 있다.

신도는 신사신도가 중심이었고, 신사신도의 중심은 씨신이었다. 씨신은 각 씨족을 수호하는 조상신이며, 조상신에는 각자 서로 다른 신사를 갖게 되었다. 예를 들면 황실은 이세징구에다 자기네들의 씨신인 태양의 여신 아미데라스 오미까미를 모시게 되었다. 이것은 7세기 경 천황 중심의 통일국가 이념이 구체화된 때부터이다. 명치이래 신도는 국교가 되었다.

그들은 자연물, 역사적인 인물, 조상, 권력자들을 총칭하여 '가미'라 하였다. 일본에는 8백만 신이 있고 신사참배는 자연숭배와 조상숭배로 일종의 제사의식이다. 다시말하여 신궁이란 일본의 8백만 잡신과 역대 군왕과 무인들과 군상을 신으로 모시고 제사하는 곳이다. 신도는 천황을 태양신의 직계 자손이라고 믿고 현인신(現人神)이라하여 신격화하는 민족종교로서 준 국교화하였다.

일본은 이렇게 천황을 중심해서 하나로 뭉치고 전쟁을 수행하는데 큰 역할을 하였다. 신사참배는 1931년 만주사변 후부터 본격적으로 강요되었고 내선일체, 내선동조론, 국체명칭 등의 미명 아래 "신사참배는 애국적 국가 의식이니 모든 국민이 지켜야 할 마땅한 생활규범이다."라고 하면서 강요하였다. 신도를 만들어 일본의 온 국민에게 신도의 신앙을 의무화시키는 과정에서 기독교인들의 반발이 심하자 기독교인들을 속이려고 "신사참배는 애국적 국가의식이다"라고 강조하면서 신사참배를 거역하는 것은 비애국적이라고 인식시켜 나갔다.

한국 땅에는 일본민족의 씨신인 아마데라스 오미까미와 군국주의 천황신인 메이지덴노의 영이 모셔지게 되었고, 기독교는 이를 지지 찬양하였다. 신도는 일본 조상의 영과 공로자의 영, 순국 군인들의 영을 숭배하는 종교로 한국사람은 자기 조상도 아닌 일본조상에게 신사참배를 강요당한 것이었다. 국가의식이라고 하나 자기 조국도 아닌 침략국인 일본국가에 신사참배를 할 수 있겠는가?

IV. 신사참배 반대운동

1920년 동아일보는 기독교의 제사문제를 다루면서 일본의 3종 신기 숭배를 비판한 일로 무기정간을 당하였다. 1924년 11월 강경 보통공립

학교에서 신사참배를 반대하는 학생 26명이 결석하고 선생을 따라가던 학생 40여 명이 신사참배를 하지 않자 이 일로 여교사가 해직당하고 여러 학생이 퇴학을 당하였다.　1932년 1월 전남 광주지역에서 '만주사변에 대한 기원제'를 개최하고 학생들을 참석하도록 하였으나 기도교계 학교가 이를 거부하여 문제가 되었다.

1932년 9월 평양 서기산상에 전몰장병들의 해골과 제물을 가득히 쌓아놓고 충혼탑 앞에서 만주사변 1주년 전몰장병을 위한 춘기 황령제의 제례가 도지사가 각급학교의 참석을 요구하였으나 숭실전문학교 등 10여개 기독교계 학교에서는 "교리와 신앙에 위배되는 제례이므로 참석할 수 없다"고 거부하여 평남 도지사가 당황하였다. 1933년 9월 원산의 진성여자보통학교가 '만주사변 2주년 기념 위령례' 참가를 거부하여 문제가 되기도 하였다.

1935년 11월 14일 야스다게 평남 도지사는 도내 전학교에 신사참배 명령을 내렸다. 이에 숭실중학교 교장 윤산온 선교사, 숭의여중하교 교장대리 정익성, 순안 의명중학교 교장 이 선교사 등은 신사참배를 할 수 없다고 반대하였다. 1936년 1월 20일 총독부는 윤산온 선교사를 교장직에서 해임시키고 1월 21일 숭의여중학교 교장 스느크도 해임시켰다. 1937년 9월 6일 전남북지사는 신사참배 반대를 하는 광주 숭일학교, 수피아여중학교, 목포의 영흥남중학교, 정명중학교, 순천 매산학교, 전주의 신흥학교, 기전여학교, 군산영명학교 등을 패교시켰다.

1931년 9월 장로교 경남노회와 평양 안주노회에서는 신사참배 반대 결의안을 통과시켰다.　1938년 연차 선교대회에서 어떠한 형태에서든지 신사참배에 반대할 것을 결의하였다. 전 장로회 총회장이였고 봉천 신학교 강사인 김선두 목사는 신사참배 반대 문제를 합법적으로 해결하려다 구속되었고, 출감 후 1938년 4월경 일본에 건너가 일본 정부 요인들을 만나 신사참배 반대운동을 전개하였다. 김선두 목사는 일본 정우회원이며 외무부장관이고 중의원인 마쯔야마 장로와 하비끼 장군, 세끼야 궁내성 차관을 만나 신사참배로 인하여 고통당하는 한국교회 실정을 설명하고 1938년 9월 1일 이들을 서울로 데려와 총회장 이문주, 김익두, 장홍범, 강병주 목사 등 한국교계 지도자들을 만나 설명을 듣게 하였다. 하비찌 장군 일행은 설명을 듣고 이승길 목사의 설명을 들으려고 할 때 갑자기 검거선풍이 일어나 김선두, 이문주, 장홍범, 강병주 목사 등은 종로경찰서에 구금되었다. 그러나 하바찌 장군의 도움으로 곧 석방되었다.

1938년 9월 4일 하비끼 장군 일행은 미나미 총독과 오노 정무총감과의 회담에서 미나미 총독은 9월 9일 평양에서 열리는 제27회 장로회 총회에 신사참배를 결의하도록 경찰에 행정명령 내린 것은 잘못되었다고 인정을 하면서도 철회는 끝내 하지 않았다.

하비끼 장군 일행은 하는 수 없이 대의원전원이 검거가 되어도 신사참배 결의를 하지 않도록 제안을 하였고 검거가 되면 이것은 조선통치에 큰 차질을 가져오므로 중대한 문제가 발생하여 일본 중앙정부에서 이 문제를 바르게 해결하도록 할 것이며 검속된 교역자들에 대해서는 10일 이내에 전원 석방토록 하겠다고 약속하였다.

이 약속을 총회 대의원들에게 알리려고 가는 도중 김선두 목사는 구금되었고 김두영 목사는 평양에 도착했으나 일본경찰의 제지로 대의원들에게 전달되지 못하여 뜻을 이루지 못하고 결국 장로교 제27회 총회에서 신사참배 결의를 하고 말았다.

박관준 장로는 신사참배 반대로 많은 교역자와 성도가 어려움을 당하자 평남지사 시니모도, 전 총독 우가끼, 미나미 총독, 문부대신 아라기에게 진정서를 보내고 13회에 걸쳐 조선총독부를 방문하여 시정을 요구하였다. 그러나 효과가 없었다. 박관준 장로는 일본 국회에 직접 호소하기 위하여 1939년 1월 선천 보성여학교 음악 해임교사인 안이숙과 함께 일본에 도착, 일본 신학교에 유학중이던 장남 박영창과 함께 일본 구세군사령관 야마무로 중장, 일본 기독교회 장로 하비끼 중장, 정우회 대의사 마쯔야마, 전 조선총독 우가끼 등을 방문하여 신사참배의 부당성을 설명하고 이를 철회할 수 있도록 협력을 요청하였다. 1939년 일본 제국의회 제 74회 중의원에서 '종교단체법안'을 심의하는 회의장에 도착, 2층 방청석에서 아래 층 단상을 향해 진정서를 던졌다. 진정서 내용은 다음과 같다.

1. 종교법안 제정반대
2. 국교를 신도에서 기독교로 할 것
3. 신사참배 강요 등 악법실시와 양심적 교역자 투옥 철폐

그러나 한 가지도 시정되지 않고 오히려 동경 경시청에 체포되어 32일간 구금되었다가 조선총독부로 이송되었다.

신사참배 반대운동은 평북 이기선 채정민, 평남의 주기철 박관준 장로, 경남 한상동 이주원 주남선 최덕지 이인재 전도사, 경북 이원형, 전남 손양원, 만주 박의흠, 한부선 선교사 등 약 50여 명이 앞장서서 신사참배 반대운동을 벌렸다.

평북 의주의 북하단동교회에 시무하던 이기선 목사는 장로교 총회가 신사참배를 하기로 결의하자 여기에 분노하여 1938년 9월 북하단동교회를 사임하고 부흥회를 인도하며 전국적으로 신사참배 반대운동을 벌렸다. 신사참배 반대운동에 김의창, 채정민 목사도 같이 동조하였고, 1940년 3월경 만주의 안동을 방문하여 최용삼. 김형락, 박의흠, 계성수, 김성심, 오영은, 김화준, 심을철, 김창인(현 충현교회 원로목사)등과 같이 반대운동을 전개하였다. 그들은 다음과 같이 결의하였다.

1. 신사참배를 하는 학교에 자녀를 입학시키지 말 것.
2. 신사참배 반대운동을 일으켜 현실 교회를 약체화 내지
   해체시킬 것.

  3. 신사참배 반대 신도를 규합하여 가정예배를 가지며 그것을
     육성하여 교회를 신설할 것.
  이 운동을 전개하여 전국 각지에서 교회를 떠나 가정에서 구룹예배를 드렸다.

  1940년 6월 경 이기선 목사는 신사참배 반대운동을 하다 구속되었으며 김인회, 김형락, 박신근, 김화준, 김홍봉, 서정환, 장두희, 당대록 등이 구속되었다.

  이기선 목사는 해방과 함께 평양형무소에서 출옥하였다. 한상동 목사는 1938년 신사참배 반대로 마산 문창교회에서 사임하고 부산으로 갔다. 1939년 8월 그는 윤술용 목사, 이인재 전도사, 김현숙, 조수옥, 이정자, 백영옥, 배학수 등 10여 명과 함께 밀양 마산리교회에서 임시로 목회하면서 신사참배 반대운동을 하면서 다음과 같이 결의하였다.
  1. 신사참배하는 교회에는 출석하지 말 것.
  2. 신사참배한 목사에게 성례를 받지 말 것.
  3. 신사참배하는 교회에 십일조나 연보를 하지 말 것.
  4. 신사참배 반대로 출석하지 않는 교인끼리 모여 예배드리되 특별히
     가정예배를 드릴 것.

  신사참배 반대운동을 조직적으로 하기 위하여 부산지방 한상동, 조수옥 전도사, 손명복 전도사, 배학수 선생, 마산지방 최덕자 전도사, 태메시 선교사, 염애나 전도사, 이찬수 전도사, 거창지방의 주남선 목사. 함안지방 이현숙 전도사, 진주지방 황철도 전도사, 통영지방 최덕지, 김영숙 전도사, 남해지방 최상림 목사, 전남지역 손양원, 백영흠, 박영대, 전북지역의 박은희, 김가전, 충북의 허성도, 손용희, 경남의 조용학, 황해의, 이종구, 박경구 등이 조직이 되어 신사참배 반대운동을 전국적으로 펼쳐나갔다. 그리고 다음과 같이 결의하였다.

1. 신사참배한 현 노회는 해체토록 한다.
2. 신사참배한 목사에게 세례받지 않는다.
3. 신사참배 반대한 신도들만의 새 노회를 조직한다.
4. 신사참배 반대 동지들은 상호 원조를 도모한다.
5. 신사참배 반대 그룹예배를 드리며 동지 획득에 주력한다.

1940년 3월 5일 부산 항서교회에서 경남노회 여전도회가 개회되었을 때 임원진이 신사참배 반대자들에 의해 구성되어 활기를 띠었다. 1940년 4월 3일 채정민 목사의 집에서 주기철 목사를 중심으로 이인재 전도사, 오윤선 장로, 김형락·박의흠 전도사, 김의창 목사, 최봉석 목사, 안이숙 선생이 모여 신사참배를 반대노회를 결성하는 것과 현 노회 해체운동에 힘쓸 것을 결의하였다.

기독교는 신사참배를 찬성하는 목사들과 신사참배를 반대하는 목사들로 분열되어 있었다. 1940년 7월 3일 한상동 목사는 경남 도경찰부 유치장에 투옥되었다. 1940년 6월부터 일본 경찰은 신사참배에 반대하는 3백여 명의 교역자를 검거하여 교직에서 해임시켰다. 1940년 10월 일본경찰은 산정현교회를 폐교시켰다. 1941년 7월 10일 한상동 목사는 평양형무소로 이감되었다가 대동경찰서 유치장으로 옮겨졌으며 다시 평양형무소에 이감된 후 5년만에 해방이 되어 석방되었다.

1943년 3백여 명의 성결교회 교역자를 구속시키고 12월 29일 조선총독부는 성결교회를 해체시켰다. 많은 교역자들은 신사참배를 피하여 교역에서 은퇴하고 이만집 목사가 경영하는 금강산 수양관에서 나날을 보내고 있었고 어떤 교역자는 지하로 숨었으며 어떤 교역자는 해외로 망명하면서 신사참배를 거부하기도 하였다.

1938년 6월 주남선 목사는 신사참배 반대운동을 벌이다가 일경에 의해 거창교회를 사임하게 되었다. 1938년 일본 경찰의 집요한 신사참배 강요를 요구받았으나 그는 결사적으로 반대하였고 전국 각 지역을 다니면서 신사참배 반대운동을 펼쳤다. 그는 1940년 7월 16일 거창경찰서에 구금되었다가 다음날 진주경찰서로 이송되었고, 부산경찰서를 거쳐 평양경찰서로 압송되었다.

이때 최상림, 한상동, 이현숙 장로, 조수옥 전도사 등도 같이 이송되었다가 해방과 함께 출옥하였다. 1938년 4월 이인재 전도사 평양신학교에 입학하였으나 장로교 총회가 신사참배를 가결하자 학업을 중단하고 신사참배 반대운동에 나섰다. 그는 1941년 3월 산정현교회에서 "벧엘로 가지 말자"는 제목의 신사참배 반대설교를 하여 종로경찰서에 구속되었다가 1941년 8월 평양형무소에 이감된후 해방과 함께 출옥하였다.

이기선, 채정민, 주기철, 한상동, 주남선 목사 등 신사참배 반대운동으로 평양형무소에 투옥된 수십명의 교역자들은 6~7년의 긴 옥고를 겪으면서 미 · 일전쟁에서 일본이 반드시 패전하고 한국의 해방이 곧 올 것을 확신하며 서로 위로하였다.

주기철 목사는 평양경찰서 유치장에서 "일본은 4년 안에 반드시 패전한다. 동역자들은 고통을 참고 견디십시오"라고 하면서 위로하였다고 한다. 그의 예언은 참으로 놀라웠다. 구속중에 있는 이분들은 해방에 대비 교회 재건의 방안을 모색하였다.

1. 수도원을 건설하여 일제의 탄압 밑에 신앙 양심을 더럽힌 교역자들을 수양시켜 새출발을 가지게 할 것.
2. 신사참배 반대로 패쇄된 신학교를 복구 재건하여 진리를 위하여 생명을 바칠 수 있는 참된 교역자를 양성 할 것.
3. 대 전도운동을 일으키기 위하여 전도자를 대량 양성할 것.

신사참배 반대로 2천여명의 성도가 구속되어 이중 50여명의 교역자와 성도가 고문 끝에 목숨을 잃어 순교하였고 해방되자 20여 명이 석방되었으며, 나머지는 중간에 석방되었다. 교회는 200여 개가 폐쇄되었다. 아직도 이 분야에 대해서는 연구부족으로 제대로 파악되지 않고 있다. 이것은 기독교의 수치로서 교회사를 연구하는 분들은 이 분야에 더욱더 심혈을 기울여 연구해야 할 것이다. 일본이 패전하여 대한민국이 해방되고, 감옥에 있던 교역자들이 출옥하여 승리의 감격으로 교회에 왔을 때 교회에서는 그들을 대대적으로 환영해 주어야 했다.

그러나 한국 기독교는 거의 일본의 앞잡이가 되어 환영은 커녕 회개하는 기색도 없이 자기 안일만을 위하여 강단과 교권에 집착하였다. 그리고 출옥파와 어용파로 분열이 되었다. 많은 성도들은 교역자들을 보고 탄식을 하지 않을 수 없었다.

V. 구속 및 순교자

① 박봉진 목사(성결교회)

1890년 경기도 평택군 청북면 어소리에서 출생하였다.

1907년 교회에 처음 출석 신앙을 갖고 1910년 집사가 되었다. 그는 고향에 교회가 없는 것을 안타깝게 생각하여 자기 재산을 헌납하여 평택에 평택성결교회를 개척하였다.

1919년 3 · 1독립만세사건 때 투옥되기도 하였다.

1932년 성결교 계통의 서울신학교에 입학하였고 장호원성결교회를 개척하였으며 1938년 목사 안수를 받은후 철원성결교회에서 시무하였다. 1942년 3월 일본은 강제로 한국의 기독교를 일본 기독교 조선혁신교단으로 개명하고 성경과 찬송가도 일부 삭제하였다.

1942년 12월 성결교 교단지 〈활천〉을 폐간시키고 서울신학교를 폐쇄시켰으며 1943년 5월 24일 예수재림을 고조한다고 하여 전국의 성결교 교역자, 장로, 집사 3백여 명을 검거하고 1943년 12월 29일 성결교회를 해체시켰으며 교회는 일본군의 군수공장이 되었다. 철원성결교회에서 시무하는 박봉진 목사도 1943년 5월 27일 형사들에게 연행되어 유치장에서 조사를 받았다.

　　형　　사 ; 너는 무슨 이유로 신사참배를 반대하느냐?
　　박목사 : 하나님 외에 참 신이 없다고 믿기 때문에 신사에 절할 수
　　　　　　　　없다.
　　형　　사 : 천황이 높으냐 예수가 위이냐?
　　박목사 : 천황도 하나님이 내신 사람이다.

　이때 형사는 사정없이 고문하기 시작하였다. 두 다리에 주리를 틀고 코와 입에 물을 퍼 부었다. 또한 천정에 매달고 매질을 하면서 "천황이 높냐, 예수가 높으냐?" 하면서 고문으로 밤을 새웠다. 천황보다 예수님이 높다 하는 사람치고 살아 나온 사람 없었다. 형사는 박목사에게 "천황이 높다고 한 마디만 해라.

　그러면 경찰서에서 나가 목회도 하고 고문도 안 당하는데 왜 고집을 부리느냐? 천황이 높다고 한들 누가 보느냐? 듣느냐? 아무도 없는 곳이니 한마디 하고 어서 집으로 가라"고 강요하였으나 박목사는 끝내 "나는 하나님 앞에서 사는 것이지 인간 앞에서 사는 것이 아니다"라고 하면서 거절하였다. 형사는 화가 잔뜩 나서 더 심한 고문을 시작하였다.

　밤이 새도록 고문을 하고 아침에 다시 "천황이 높으냐, 예수가 높으냐?"라고 물었다. 박목사가 "천황은 우리와 똑같은 사람이요. 예수님은 하나님이신데 어떻게 천황이 하나님보다 높다고 할 수 있겠는가?

　천황은 나보다 높을 뿐이다"라고 대답하자 형사는 노발대발 하면서 다시 고문을 시작하였다. 이제는 형사가 지쳐 박목사에게 사정조로 "한마디만 하면 목사님도 나가고 나도 쉬고 하는데 왜 그리 고집을 부리느냐? 나도 상부의 지시에 의해서 하지 내가 하고 싶어서 하겠느냐?"라면

서 어서 한 마디만 하라고 권했다. 그러나 박목사는 14개월 동안 똑같은 고문이 반복되어도 끝내 천황이 높다는 소리를 하지 않고 "천황은 사람이요. 예수님은 하나님이다"라는 소리만 반복하였다.

결국 14개월 만에 박봉진 목사의 신체에 한계가 왔다. 1944년 8월 10일 의식을 잃고 혼수상태가 되었다. 철원경찰서 형사계에서는 박목사 사모인 신인식씨에게 박목사를 데려가라고 하였다. 경찰서에 가보니 박목사는 이미 기절하였고, 몸에는 고문에 의해 한 군데도 성한 곳이 없이 만신창이가 되어 있었다. 즉시 철원도립병원에 입원시켰으나 1944년 8월 15일 새벽 4시 끝내 숨지니 목사님의 나이 53세로서 해방 1년 전에 한 많은 세상을 떠나게 되었다.

② 이기풍 목사(장로교)

이기풍 목사는 1903년 평양장로회신학교에 입학하였다. 1908년 신학교를 졸업하고 제주도에 도착, 제주읍 서부교회, 모슬포, 법환, 중문, 용수, 한림, 금성, 조천, 삼양, 세화, 성읍교회 등 13년 동안 제주도 복음화에 전력을 다하였다. 광주 제일교회, 양림교회, 순천 중앙교회에서 목회하시다가 신사참배 반대로 광주 형무소에 이감되어 75세의 나이로 순교를 당하였다.

③ 유관순 (감리교)

1904년 3월 26일 충남 천안군 옥천면 지령리 출생.

1918년 14세에 이화학당 보통과 3학년에 편입되었다. 1919년 3월 1일 만세운동이 일어나자 유관순은 파고다공원으로 달려가 만세를 불렀다. 3월 10일 조선총독부에서는 모든 학교에 휴교령을 내렸다. 유관순은 고향으로 내려갔다. 교향에 내려와 보니 고향은 아무 일도 없었다. 유관순은 즉시 오빠와 동네사람들과 군·면 동까지 일본경찰을 피하여 마을 사람들을 설득시키고 연락망을 조직하여 수백의 군민을 장터에 모이게 하였다. 정오를 신호로 하여 유관순이 연설을 하였다. 군중이 미리 준비한 태극기를 들고 만세를 부르자 일본 헌병이 즉시 출동하였다. 출동한 일본 헌병은 군중을 향하여 사격을 가하였다.

군중은 풀잎처럼 쓰러졌다. 이것을 본 유관순의 아버지는 "왜 사람들에게 총질을 하느냐?"고 항의하자 일본 헌병은 한 칼에 목을 쳐 쓰러지게 하였다. 이 광경을 본 유관순의 어머니가 일본 헌병에게 항의하자 일본 헌병은 유관순 어머니 마져 단 칼에 숨지게 하였다. 피는 땅을 적셨다. 유관순은 헌병에 잡혀 경찰서로 끌려갔다.

유관순의 집은 일본 헌병이 불을 질러 살 곳이 없도록 하였다. 일본 헌병은 구속된 유관순에게 3·1운동에 가담한 사람들을 밝히라고 고문을 하였다. 모진 고문을 당한 유관순은 끝내 입을 열지 않았다.

헌병이 "주동자가 누구냐?"고 물으면 유관순은 "하나님이다"라고 대답하였으나 일본 헌병도 하나님만은 체포할 수가 없었다. 일본 헌병은 "하나님 말고 주동자를 대라"고 했다. 유관순은 "하나님이 주동자니 하나님에게 물어보라"라고 하였다. 결국 어떻게 할 도리가 없었던 일본 헌병은 유관순을 공주 검사국으로 이송하였다.

유관순은 재판에서 3년 형을 선고받았으나 감옥에서 만세를 불러 법정모독죄가 적용되어 4년이 추가되어 7년 선고를 받았다. 유관순은 수감생활 중 좋은 세상을 보지 못하고 처녀로서 숨지도 말았다.

교도소에서는 그의 밥에 쇳가루와 모래를 섞어 주어 위장을 파괴시켜 죽게 하였으나 기도할 때 머리를 벽에 치면서 기도하여 뇌의 이상으로 순교하였다.

④ 신석구 목사(감리교)
1875년 5월 3일 충북 청주군 미원면 금관리에서 출생.
1908년 처음 교회에 출석, 신앙을 갖게 되어 감리교 협성신학교에 입학하였다. 서울 수표교회에서 시무하고 있을 때인 1919년, 3·1운동에 가담하였다. 그 후 체포, 구속되었고 많은 고문 끝에 재판을 받았다. 판사가 신목사에게 "한국 독립이 이루어지지 않는 데 대하여 어떻게 생각하느냐?" 하고 질문하자 신목사는 "오늘에 형식상으로 조선 독립이 성립되지는 않고 있으나 씨를 뿌리는 사람이 반드시 추수가 있을 것을 판단하고 일하는 것처럼 반드시 조선 독립의 열매는 거두어질 것임에 틀림없다." 고 대답하였다.

신석구 목사는 2년 형기를 마치고 출감하였으나 2년 동안 형무소에 있으면서 많은 고문을 당하였다. 1942년 평남 용강에서 대동아전쟁 승리 예배를 거부한 것이 죄가 되어 또 구속되었다. 1945년 8월 15일 신석구 목사의 예언대로 전혀 가능성이 보이지 않던 해방이 왔다. 그러나 소련 군정과 횡포가 계속되자 김일성에게 이러한 것들을 중단시키라는 내용의 서한을 보냈다.

1949년 4월 19일 진남포 중앙교회에서 시무중이던 신목사는 정치보위위원에게 체포되어 또 구속되었다.

신석구 목사는 인민공화국 재판에서 10년 징역을 선고받고 복역 중 1950년 10월 10일 국군이 38선을 넘어 평양을 향해 진격하자 인민군은 후퇴하면서 감옥에 있는 신앙인과 우익 인사들을 모조리 처형하였다. 이때 신석구 목사도 순교당하였다.

⑤ 주기철 목사(장로교)

1897년 11월 25일 경남 웅천읍에서 출생. 그곳에서 보통학교를 졸업하고 오산중학교 연희전문학교 졸업.

1926년 평양신학교 제 19회 졸업.

1930년 부산 초량교회에서 시무할 때 신사참배 거절안을 노회에 제출하였다. 1935년 2월 5일 평북노회가 신사참배를 하기로 결의하자

1935년 2월 9일 평북노회장 김일선이 평양신학교에 기념 식수한 것을 학생 장홍련이 벌목해 버렸다. 이 일로 장홍련, 김양선, 안광국, 장윤성, 지형순, 조윤승, 장윤홍 등 신학생이 검거되었고 주기철 목사는 학생선동자로 검거되었다.

박형룡, 김인중 교수도 불구속 조사를 받았다. 1938년 2월 1일 산정현교회에서 신사참배 반대로 교회 헌당식을 앞두고 구속되었다가 가을에 석방되었다. 1938년 8월 20일 유재기 목사 농우회사건으로 2차 검거되어 9개월동안 구속되었다. 1939년 8월 20일 제3차로 검거되고 참혹한 고문을 받았고, 1940년 5월 3일 4차 구속이 되었다. 그는 "현재의 고난은 단 몇 년이지만 천국은 영원하다"고 하면서 주님의 뒤를 따라 고난을 자청하였다.

또 그는 "예수님의 은혜를 저버리는 자는 짐승만도 못하다"고 하면서 예수님의 은혜를 강조하며 신사참배를 거부하였다. 1940년 일본 경찰은 주목사에게 설교를 하지 말 것을 요구할 때 "하나님에게서 받은 설교권인데 경찰이 그만두라고 해서 그만둘 수 있겠느냐?"고 반문하면서 거절하였다.이때 경찰은 "그만두지 않으면 체포한다"라고 협박하자 주목사는 "설교는 내가 할 일이고 체포는 당신이 할 일이다"고 대답하였다. 결국 설교 후 구속되었다.

경찰은 주목사에게 사직서에 도장을 찍으라고 강요하자 주목사는 "하나님께로부터 받은 성직은 못 내놓는다"라고 하면서 거부하였다. 경찰은 평양노회장 최지화 목사에게 주기철 목사를 파면하도록 요구하였다. 최지화 목사가 주기철 목사에게 사직을 권고할 때 주목사는 "당신도 하나님을 섬기느냐?" 하고 반문하였다.

1940년 9월 4일 평양 임시노회가 남대문박교회에서 개최되어 7인 수습위원 장운경, 이인식, 박응율, 심익현, 김선한 목사 등은 주기철 목사를 파면하였다. 이 회의에서 결의한 내용을 보면 다음과 같다.

　1. 주기철 목사를 파면한다.

　2. 일곱 장로들을 정직시킨다.

　3. 이인식 목사를 산정현교회 당회장으로 임명한다.

　4. 편하설 선교사가 산정현교회 강단에 서는 것을 금한다.

산정현교회가 1941년 4월 23일 신사참배 반대로 일경에 의해 강제로 폐쇄될때 오윤선 장로를 비롯한 교인들은 대성통곡하며 "평양노회 목사들아, 7인위원 썩은 목사들아, 회개하라"고 외쳤다.

1941년 11월 신사참배를 한 일본 앞잡이 채필근 목사는 주기철 목사 가족이 거처하는 목사관을 신학교 교수 사택으로 사용할 수 있도록 평양 정기노회에 청원하였다. 그것이 승인되어 노회장과 시찰장 등 3명이 찾아와 주목사 가족과 살림살이를 끌어내고 목사관 문을 봉쇄해 버렸다. 주목사의 어머님과 부인, 식구들은 갈 데가 없어 3일 동안 노상에서 거적을 깔고 지내면서 대성통곡을 할 때 조만식장로가 이들 가족을 도왔다. 이러한 목사들이 현재 장로교회에 목회하고 있으며 공로목사로 추대되기도 하였다.

1944년 4월 21일 오후 9시 주기철 목사는 끝내 밝은 세상을 보지 못하고 49세의 나이로 괴로운 인생을 떠났다.

1940년 9월 평양 임시노회가 주기철 목사를 파면시켰으나 장로교회에서는 그후 지금까지 주기철 목사에 대해서 목사복권을 시키지 않고 있다. 왜 복권을 시키지 않느냐는 질문에 "평양 임시노회가 불법으로 파면시켰기에 복권을 시킬 필요가 없다"는 이해 못할 변명을 하고 있어 평양노회 후예들답다는 생각이 들게 한다. 기독교분열과 38선 분단과 6·25동란은 우연히 온 것이 아니다. 대한민국 정부에서는 국립묘지에

'애국지사 주기철 목사의 묘' 를 세웠다.

1944년 4월 21일 주기철 목사의 죽음이 주사(注射)로 인한 것임이 후일 밝혀졌다.

⑥ 최봉석 목사(장로교)

1938년 9월 평양 서문밖 교회에서 제27회 장로회 총회가 개최되어 신사참배 결의안이 통과되자 최목사는 "신사참배는 죄요, 교회는 우상을 절대로 섬기지 못한다. 신사참배를 가결한 장로교회는 사탄의 집단이다"고 고함을 쳤다. 이렇게 되자 1939년 5월 15일 일경에 의해 체포되어 평양형무소에 수감되었다.

형사가 고문실에서 최목사에게 질문하기를

형　　사 : 천황이 높은가? 하나님이 높은가?

최목사 : 하나님이 높다.

형　　사 : 예수가 두 번째 와서 세상을 심판하는가?

최목사 : 예수님이 두 번째 와서 심판도 하고 천황도 죽는다.

이 소리를 들은 형사들은 노발대발 하면서 최목사를 주리틀기 시작하였다. 그때 당시로서 천황이 죽는다는 말을 하고 살아남은 자가 없었다.형사들은 최목사를 고문하여 기절하면 물을 끼얹고 깨어나면 또 "천황이 죽느냐?고 물었다. 최목사는 여전히 "천황은 죽는다. 일본도 언젠가는 망한다."라고 대답하였다. 그리하여 고문하고 기절하면 물을 끼얹고 하는 일을 계속 반복하게 되었다.

그러나 최목사는 끝까지 "천황은 반드시 죽으며 일본도 망한다."하자 고문하는 형사조차 지쳐버리고 말았다. 형사는 최목사의 강한 의지를 꺾지 못하고 재판부로 이송하였다. 재판장에서 검사가 "당신 직업이 무엇이요?"라고 질문하자 최목사는 "목사다"라고 대답하였다. 검사가 다시 최목사에게 "왜 감방에서 그토록 크게 찬송을 부르면서 항상 소란을 피우시오?"하니 최목사 "예 내 직업이 찬송부르고 전도하는 일이요 "라고 대답하였다.

1944년 4월 11일 최목사는 감옥에서 40일 금식기도가 끝나면서 건강이 악화되어 기독병원에 입원하여 치료를 받았으나 1944년 4월 15일 오후 1시 75세의 나이로 세상을 떠났다.

⑦ 허성도 목사

1902년 8월 경북 영덕군 강구면 삼사동에서 출생하였다.

1919년 3월 8일 정오를 기하여 "동포들아 일어나자 조국은 독립이다"라는 개성학교 학생들의 외침에 서민들도 일어났다. 이때 졸업반에 있던 허성도는 선봉에 나서 시가행진을 하였다. 그는 체포되어 1년 동안 감옥살이를 해야 했다. 그는 출감 후 연희전문학교에 진학하였고, 일본에서 신학을 연구한 후 목사가 되었다.

허목사는 청주교회 시무시 신사참배 반대와 "예수님은 재림한다"는 설교가 문제가 되어 1944년 경찰서에 연행되었다. 허목사를 고문실에서 거꾸로 매달고 코에 물을 부어놓고 고춧가루를 콧속에 넣으면서 그리고 손가락 사이에 연필을 넣고 비틀면서 "예수님이 다시 오느냐?"고 물을 때 허목사는 "성경에 그렇게 기록되었다."라고 계속 대답하였다.

형사들은 송곳으로 허목사 손톱 밑을 쿡쿡 쑤시면서 "예수가 다시 오느냐?"라고 하면서 고문을 가하였다. 이러한 고문에도 굴하지 않자 일본 형사들은 의자에 묶어 놓고 몽둥이로 매질하여 온몸을 만신차이이가 되게 하고 며칠씩 잠을 재우지 않는 고문을 쉬지 않고 계속하면서 "예수가 다시 오느냐?" 하고 질문하였다. 그러나 허목사는 "예수님은 재림한다."고 계속 주장하였다.

일본 경찰은 도저히 어떻게 할 길이 없어 재판부에 이송하였다. 재판부는 허목사에게 10개월의 형을 선고하였다. 허목사는 대전형무소에서 수감생활중 너무나 밥을 적게 주어 견디기 어려운 형편이었다. 너무 배가 고파 정신이 몽롱한 때도 있었다. 이때 형사는 허목사에게 "신사참배를 하고 예수는 재림하지 않는다고 하면 밥도 많이 주고 석방하여 가족에게 보내주겠다"고 하였다.

형사는 또 "신사참배를 하고 예수가 재림하지 않는다고 하면 밥을 먹고 출감 후에 회개하고 강단에 서서 설교한들 누가 알겠느냐? 왜 허목사는 바보같이 고집을 부리느냐?"라고 하자 허목사는 "차라리 죽을지언정 그토록 가증스럽고 위선적인 생활은 하고 싶지 않다."고 거절하였다. 형무소에서는 허성도 목사의 밥에 모래를 많이 넣어주어서 밥을 먹을 수가 없었다. 허성도 목사는 아예 금식을 하였다. 40일이 지난 후 결국 숨지고 말았다. 결국 허목사는 1944년 42세로 죽고 말았다.

⑧ 박관준 장로(장로교)
1875년 4월 13일 평북 영변에서 출생하였다.

박장로는 의사가 되어 십자의원을 경영하고 있었다. 박장로는 총독부에서 신사참배를 강요할 때 숭실전문학교 윤상온 교장(메큔)선생을 만나 신사참배는 절대 반대해야 한다고 강조하고 또 여러 교역자들에게도 신사참배에 절대 반대해야 한다고 강조하였다.

박장로는 조선총독 우가끼를 만나 "한국 기독교인들에게 신사참배를 강요함은 부당하다"고 경고하였다. 그는 새로 부임한 조선총독 미나미 대장을 만나 담판을 하려고 13회나 상경하여 총독 방문 신청을 하였으나 그때마다 거절당하고 오히려 두 번이나 구속되었다.

1939년 3월 22일 종교법안이 상정되는 날 일본 국회에 들어가 2층 방청석에서 "여호와 하나님의 사명자이다"라고 큰소리로 외친 다음 경문 "일본은 유황불에 망한다."를 1층으로 던졌다. 국회 안은 순식간에 수라장이 되었다. 박장로와 그의 아들과 같이 갔던 안이숙은 즉시 체포되어 동경 경시청에 32일간 구류되었다. 박장로 일행 3명은 한국으로 이송되는데 경호원이 50여 명이 동원되었다. 박장로는 신사참배 반대운동을 계속하다 1941년 치안유지법 위반과 황실불경죄 등 죄목으로 평양형무소에 수감되었다.

박장로는 1945년 1월 1일부터 70일간 금식을 계속하다 3월 11일 빈사상태가 되어 집으로 옮겨졌으나 1945년 3월 13일 오전 10시 세상을 떠나고 말았다.

⑨ 한상동 목사

1909년 부산 다대포에서 출생하였다.

24세 때 처음 교회에 출석, 25세 때 피어선성경학교에 입학하였다. 1934년 평양신학교에 입학, 1936년 졸업 후 부산 초량교회 전도사로 시무하였다. 1937년 1월 마산 문창교회 시무시 신사참배 반대로 투옥되어 가혹한 고문을 당하였다. 교인들 가운데도 신사참배를 반대하는 분과 찬성하는 어용신자들이 있었다. 한목사는 문창교회를 떠나 부산에서 1년동안 있으면서 신사참배 반대운동을 하였다.

1940년 7월 3일 마침내 경남도 경찰부 유치장에 구금되어 견디기 어려운 시련을 겪었다. 1940년 일본 모리 검사는 한상동 목사를 취조하였다. 검사는 한목사에게 "금상 천황폐하를 어떻게 생각하느냐?"하고 질문하자 한목사는 "금상 천황도 우리와 같다"라고 대답하였다. 검사는 "불경죄를 범하였다"고 하였다. 검사는 한목사에게 "환란이 일어나면 일본 천황폐하도 죽게 되나?"라고 질문하자 한목사는 "물론이다"라고 대답하였다. 검사는 "너를 치안 위반죄로 구속한다"라고 하여 한목사는 경남 도경 유치장에 구금되었다. 구속되자마자 일본 형사는 몽둥이로 한목사를 후려쳐 기절하게 만들었다.

그러면서 "무엄하게 금상 천황폐하가 사람이며 환란이 일어나면 죽는다고 한 너 같은 놈은 매좀 맞아야 한다.”고 하면서 기절한 후 깨어나면 두들겨 패는 것을 계속 반복하였다. 옷은 피로 젖었다. 일본 형사는 한목사에게 공갈도 치고 고문도 하고 달래기도 하였으나 한목사는 끝까지 “천황도 사람이다”라고 하자 형사는 어떻게 할 도리가 없어 출감시켰다. 1941년 7월 10일 재수감되어 평양경찰서로 이감되어 288번의 죄수 번호가 부착되었다. 감옥에 있는 한목사는 폐병이 악화되어 병보석으로 출감하라는 교도소측으로부터 권유가 있었으나 한목사는 이를 거절하였다. 이유는 “신사참배 반대로 경찰에 잡혀와 고문으로 폐인이 된 사람도 있고, 목숨을 잃은 사람도 있다.

그런데 나만 병보석으로 출감한다면 이것은 도의적으로 있을 수 없는 일이다.”라고 하면서 출감을 거절하였다. 이렇게 되어 1945년 8월 17일 23시에 해방이 되어 출감되었다.

⑩ 안이숙 선생(장로교)

산 위에서 일본 황태신궁을 향해 “최경례”할 때 목사도, 장로도, 관청 조선 공무원도 절을 하는데 선천 보성여학교 교사 안이숙은 최경례를 하지 않았다. 신사참배를 거절한 안이숙은 즉시 학교에서 축출 당하였다. 안이숙이 고향 집에 와 있을 때 박관준 장로가 찾아와 “일본 정부에 같이가 신사참배 반대를 일본 정부에 요청하자”고 제안하였다.

안이숙 선생은 즉시 응락을 하였다. 박장로가 안선생과 같이 일본에 가려고 한 것은 박장로는 일본말을 못하고 안선생은 잘했기 때문에 통역관으로 같이 가자고 한 것이다. 박장로와 안이숙은 일본에 도착, 먼저 박장로 아들을 만나 합세한 후 기독교인이요 전 총독인 우가끼 대장을 찾아가 한국에서 일본 경찰에 의한 기독교인의 핍박을 설명하고 도움을 요청하였다. 또 하비끼 중장을 만나 같은 내용을 설명하였다. 특히 미나미 총독이 부임한 후부터 신사참배의 강요와 일본 경찰의 핍박이

심하여 한국의 기독교가 심히 시련을 겪고 있다고 개선을 요청하였다. 또 마쯔야마 대의사에게도 같은 내용을 설명하였다. 이들은 다 일본 기독교인이었기 때문이다. 이들은 하나같이 한국의 기독교 대표가 다녀갔지만 이런 내용의 어려운 실정을 말하지 않았다고 하면서 개탄과 의분을 하면서 협조를 약속하였다.

하비끼 중장은 안이숙에게 자기 딸이 되어 달라고 요청하였다. 그의 딸이 되면 부귀영화가 따르게 되나, 신사참배를 반대하면 감옥생활을 해야 한다. 안이숙은 부귀영화보다 감옥을 택하고 그의 딸이 되는 것을 거절하였다.

1939년 3월 24일 제 74회 일본제국 중의원이 개원되어 종교법안이 상정 되었다. 박장로는 먹글씨로 쓴 "일본제국은 회개하고 폭정을 철회하라"는 경고문을 몸속에 감추고 친일파 경남출신 박춘금 대의사의 비서를 찾아가 방청권 세 장을 얻어 국회 2층 방청석에 입장하였다. 개회사가 끝나자마자 박장로는 품에 숨겨놓았던 경고문을 재빨리 꺼내어 큰소리로 "여호바 가미 사마노 다이시메이다."(여호와 하나님의 대 사명이다.)라고 고함을 치면서 경고문을 아래층으로 던졌다. 국회는 삽시간에 수라장이 되었고 세사람은 경비원에 의해 체포되었다.

일본 정부는 어떻게 해서 세 사람이 국회에까지 들어와 난장판이 되도록 경찰이 제지를 못한 것인지에 대해서 당황하였다. 박관준 장로와 그의 아들 박영창, 안이숙은 32일간 구금되었다가 한국으로 이송되었다. 안이숙은 고향인 박천경찰서에서 조사를 받는데 일본인 경찰보다 한국인 경찰이 자기를 더 괴롭혔다고 한다.

한국인 경찰의 태도와 언어는 참을 수 없었다고 하며 지금도 그들을 생각하면 진절머리가 나고 한심한 생각이 든다고 하였다. 박천경찰서는 조용하고 심하게 고문을 안 하는 비교적 점잖은 경찰서이나 평양경찰서는 고문으로 유명한 경찰서였다.

안이숙은 이기선, 주기철 목사들이 평양경찰서에 수감되었다는 소식을 듣고 처녀의 몸으로 견디기 어려운 평양경찰서로 이송을 요청하여 평양경찰서에 이송되었다. 평양경찰서에서 이기선, 주기철 목사 등을 감방에서 만나게 되었다. 기독교인들은 살이 찢기고 뼈가 부러지며 피가 마르고 정신착란이 올 정도로 심한 고문을 당하였다.

유치장에는 죄인들로 초만원이었고, 겨울에는 심한 추위로 견디기가 어려웠다. 기독교인들은 일본 경찰의 고문과 폭행으로 죽는 이도 있었다. 단지 신사참배 반대를 하고 천황도 사람이요. 죽는다는 말을 했다는 것 때문에 이토록 고문을 받았던 것이다. 안이숙은 시설이 좋고 조용한 순천경찰서로 이송되었으나 특별히 자기만 그런 대우를 받을 수 없다고 하여 다시 평양경찰서 보내달라고 요청하여 고문이 심한 평양경찰서로 다시 이송되었다. 1941년 9월 4일 신사참배를 반대하는 기독교인을 전국에서 일제히 검거하여 무조건 고문하기 시작하였다.

구둣발로 차고 몽둥이로 치고 사람을 거꾸로 매달아 빙빙 돌리며 코에 고춧가루를 집어넣고 물을 부으며 밤이 새도록 고문하고 며칠씩 잠을 재우지 않고 식사도 주지 않아 기절하게 하였다. 그들은 밤낮을 가리지 않고 교대하면서 고문을 하였다.

이 고문에 견디지 못하고 "천황이 하나님보다 높습니다"라고 하면 즉시 석방되었고 경찰서에서 대우를 받았다. 그리고 일본을 찬양한 친일파들은 극진한 대우를 받고 군림하였으나 이런 고문에도 굴하지 않고 견딘 교역자가 전국에 70여명이 감옥에 있었다. 이중 50여 명은 목숨을 잃었고, 20여명은 해방으로 석방되었으며 교인들은 2천여 명이 구속되었다가 석방되었다.

현재 생존한 분은 불과 몇 분에 불과하다. 경시청의 구가 경시와 부장이 경찰서에 도착하여 안이숙을 취조할 때 구가 경시가 "신사참배하면 일본이 망하는가?"라고 질문하자 안이숙은 "회개하지 아니하면 일본은 망한다. 천황은 사람이며 회개하지 않으면 지옥으로 간다"라고 엄청난 답변을 하였다. 식민지 시대에 이런 말을 하고서 살아남을 자가 없으며 감히 일본 경시 앞에서 이런 말을 할 만한 용기 있는 자가 많지 않았다.

그는 용기 있는 처녀로 모든 삶을 하나님께 맡겼다. 평양경찰서에서 1년이 지난 후 평양형무소로 이송되어 57번의 죄수번호가 그녀 가슴에 부착되었다. 법정에서 검사의 질문에 안이숙은 "죄 없는 목사님, 장로님, 성도들을 잡아다가 미친 개 패듯 때리고 짓밟고 코에 고춧가루를 붓고 팔을 꺾고 다리를 꺾어 죽이고도 일본이 강하게 서리라고 믿어지십니까? 회계하지 않으면 일본은 반드시 망합니다.

경찰의 조서를 그대로 인정 합니다"라고 법정에서 큰 소리로 대답하자 검사도 판사도 놀라버렸다. 그 후 그녀는 끝없는 감옥생활을 하였다. 예수님을 믿는다는 것은 예수님과 같이 자기의 모든 것을 포기하는데 특히 생명까지도 포기해야 한다는 것을 그녀는 주장하고 있었다.

1945년 8월 15일 일본군은 안이숙의 말대로 미군의 반격을 막을 길이 없어 항복하였다. 결국 안이숙도 45년 8월 17일 23시 지겨운 감옥에서 출감하게 되어 햇빛을 보게 되었다. 일본은 45년 8월 18일 교도소에 수감 중인 전(全) 기독교인을 사형 집행할 계획이었다.

⑪ 정태희 장로(성결교)
1910년 충남 공주에서 출생.
정태희는 20세때 강경감리교회에 처음 출석하여 신앙을 갖게 되었다. 그후 군산으로 이사, 군산성결교회로 교적을 옮겼다.
1943년 5월 24일 오후 3시 경 성결교회 교역자 검거령이 일제히 내린 때 정태희 장로도 체포되어 군산경찰서에 연행되었다.

형사들은 담임목사인 김정호 목사(혜화성결교회 원로목사)의 행방을 대라는 것이다. 정장로는 "나는 모른다"고 하였다. 경찰들은 김정호 목사가 나타날 때까지 집에 가지 못한다고 하면서 유치장에 구금하였다. 일주일 후 김정호 목사가 연행되어 두 사람은 조서를 받았다. "왜 신사참배를 반대하는가?"라고 형사가 질문하자 정태희 장로는 "내 생명이 있는 한 나를 버리지 않는 예수를 내 어찌 배신할 수 있겠는가?"라고 대답하여 밤이 새도록 고문을 당하였다.

날이 샌 다음 형사는 "어젯밤 생각을 해보았는냐? 천황이 높은가, 예수가 높은가?"라고 질문하자 정장로는 "천황은 사람이요, 예수님은 하나님이다."라고 대답하였다. 또 밤이 새도록 고문하였다. 다음날 아침 형사는 "잘 생각해 보았는가, 천황이 높은가, 예수가 높은가?"라고 질문하였다. 역시 정장로는 "천황은 사람이요, 예수님은 하나님이다."라고 답하자 몸을 거꾸로 매달아 놓고 코에 고춧가루 물을 부어 정신을 잃을 때까지 빙글빙글 돌려 정신을 잃으면 물을 끼얹어 정신이 들게 한 다음 의자에 묶어 놓고 말가죽 끈으로 후려치기 시작했다. "천황이 높으냐, 예수가 높으냐?"의 반복된 질문에 정장로는 입을 열지 않았다. 그러자 형사는 발로 입을 차며 "말하라"고 고함쳤다.

정태희 장로와 친한 형사는 정장로에게 "나는 예수를 안 믿는다. 교회를 나가지 않겠다. 신사참배를 하겠다. 천황이 높다고 대답만 하면 석방되어 편히 살 수 있는데 무엇 때문에 이 고생을 당하는가?"라고 온갖 방법을 동원하여 회유하였으나 정태희 장로는 끝까지 회유를 거절하였다. 연일 고문과 잠을 안 재우는 것과 밥을 주지 않고 계속 반복된 질문에 정태희 장로도 한계가 왔다. 구속된 지 70일째인 1943년 8월 5일 온 몸은 갈갈이 찢어져서 만신창이가 되었다. 참기 어려운 고문으로 생명이 위태한 상황에 이르렀다. 결국 정태희 장로는 졸도하고 소생하지 못하였다. 그의 나이 33세로 눈을 감아야 했다. 그의 시신은 화장되어 군산 앞바다에 뿌려졌다. 그런데 김정호 목사는 4일만에 경찰서 유치장에서 나왔다. 그리고 그는 5공대 "데모하는 놈은 빨갱이다"라고 강단에서 외쳤다. 태평양전쟁의 패전후 일본 천황은 "나는 신이 아니고 인간이다"고 고백하고 죽었다.

⑫ 조만식 장로(장로교)

1884년 2월 1일 평남 강서군 반석면 반일리에서 출생 1905년 23세때 산정현교회에 등록, 그 교회에서 장로가 되었다. 조만식 장로는 평양 숭실학교를 졸업하고 1913년 일본 명치대 법학부를 졸업하였다. 그는 귀국하여 이승훈의 부탁을 받고 1915년 오산학교 교사로 있다가 2년 후 교감이 되었다.

9년을 재직하면서 백인제, 주기철, 김홍일, 김억, 김소월 등 많은 인재를 길었다. 조만식 장로는 3·1운동에 가담하기 위하여 오산학교 교장직을 사임하였는데, 그것은 그를 통하여 학교에 어려움이 올 것을 방지하기 위함이었다. 그는 1919년 3월 1일 평양 장대현교회와 남산현교회에서 고종황제 추도식을 마치고 곧 거리고 뛰쳐나가 태극기를 흔들며 일본군의 총 칼 앞에서 대한독립만세를 불렀다. 평양에서의 3·1운동은 이승훈의 지휘와 조만식 장로의 협조로 만세를 불렀으며 수많은 평양시민들의 태극기는 숭의여중 박현숙 교사가 여러 사람을 동원 밤샘하여 만든 것이다.

3·1운동에 가담한 조장로는 일경의 체포를 염려해 1919년 3월 4일 상해를 향해 망명길을 떠날 때 독립투사 도인권과 같이 동행하여 대동강 건너 80리 지점 열파의 여인숙에서 잠을 자려고 하였다. 이때 건달들이 돈을 요구했고 이를 거절하자 건달들은 어디론가 사라졌다. 이때 도인권도 말이 없이 사라졌으나 조만식 장로는 태연하게 자고 있었다.

건달들은 헌병에게 신고하여 헌병들은 그들의 안내를 받아 조만식 장로를 체포하여 평양경찰서로 이송, 1년형을 받고 옥살이를 하였다.

1941년 12월 8일 태평양전쟁을 도발시킨 일본은 조선의 젊은이들을 무차별 징집하여 전쟁터의 총알받이로 끌어가고 있을때 윤치호와 이광수가 평양에서 학병지원을 권장하는 연설을 하고 있었다. 평양경찰서 고등계 주임 마쓰모도와 조선인 경부 김호우는 조만식 장로를 찾아와 이광수 윤치호와 함께 연설을 해줄 것을 요청하였다.

이때 조만식 장로는 "나는 남은여생을 입을 다물고 살기로 작정한 사람이오, 그리니 두 말 말고 그만 돌아가시오."라고 강력히 거절하였다. 조만식 장로는 일본 경찰의 압력을 피하려고 박학전씨가 원장인 기독병원에 입원하고 일체의 외부인 출입 금지를 시켰다. 매일신보에서 병실에 있는 조만식 장로를 촬영하여 신문에 실려 경찰들도 더 이상 쫓아오지 않았다.

1922년 YMCA 뒤뜰 백여 평의 공지에서 조선물산장려회를 결성하였다. 그 당시 국민들 생활품 중 80%가 일본산이었다. 이것을 방치하면 영원히 일본에 예속된다는 위기의식을 느꼈다. 그래서 조만식 장로는 오윤선 장로와 같이 조선물산장려회를 조직하여 국산품 애용을 적극 권장하였다. 그는 평생 짧은 두루마기를 입고 살았으며, 그의 아들이 중학교를 졸업하고 기념으로 칠피 구두를 사가지고 집에 들어오자 가위를 가지고 구두를 싹둑싹둑 잘라버리고 구두를 판 양화점 주인에게까지 가서 야단을 쳤다. 많은 사람들이 그가 조선일보 사장으로 있을때 외부인의 접촉이 많으니 양복을 입는 것이 좋겠다고 권고하였다.

그러자 그는 "나 조만식을 만나지, 입은 옷을 만나느냐?"라고 하면서 거절하였다. 그는 평생 검소한 생활과 절제의 생활을 하였다. 그의 딸이 서울로 수학여행을 간다고 돈을 달라고 하자 조장로는 호통을 치면서 "기차값, 여관값, 음식값 등 몽땅 일본사람 호주머니에 들어가게 하여 일본인을 부자되게 하는 것인데 여행을 가려고 하느냐" 면서 야단을 치고 조선옷 한 벌을 맞춰 주면서 달래기도 하였다.

그는 '기독인들이 어떻게 살아야 하는가' 라는 강연에서 첫째, 하나님과는 믿음으로, 둘째 자기와의 관계는 극기(인내), 셋째 대인관계는 헌신이라고 강조하였다.

그는 "내가 죽은 뒤에 비석을 세우려거든 비문을 쓰지 말고 그 대신 커다란 눈동자 두 개를 새겨주오. 그러면 저승에서라도 한눈으로는 일본의 망하는 것을 보고 또 한 눈으로는 조국의 자주 독립을 지켜 볼 거야"라고 하였다. 그는 평생을 "이웃을 내 몸과 같이 사랑하라"는 주님의 명령을 실천하는데 전력을 다하였다.

그는 "오늘날 우리 민족이 이렇게 가난하게 된 원인은 자기 것을 천시하고 남의 것을 귀히 여기는 데 있다. 이것은 외국의 침략을 당하는 중요한 원인이 되는 것이다"라고 하면서 국산품 애용을 호소하였다. 그는 "사소한 일용품부터 일본 물건을 쓰지 말고 우리 물건을 쓰도록 해야 한다. 그래야 경제적으로 자립하여 일본 경제 침략을 막을 수 있다"고 강조하였다. 해마다 정월 대보름을 물산장려일로 정하고 기념행사를 하였다. 이로 인해 국산 직물공장이 크게 성장하여 민족 자본 형성의 선구적인 역할을 하였다.

조장로는 신간회 평양지회장, 조선일보 사장, 건국준비위원회평남위원장, 조선민주당 당수를 역임하였다. 대한민국에서는 조만식 장로에게 대한민국 국장을 수여했고, 1991년 10월 국립묘지에 안장시켰다.

VI. 순교자들의 의의

신사 참배 반대로 구속된 성도는 약 2천여 명으로 그들은 일본 경찰로부터 견딜 수 없는 고문을 당할 때마다 "하나님 저희들을 도와주십시오. 그리고 일본이 속히 망하게 해 주십시오. 우리는 살 수 없습니다."라고 절규하였다.

이 부르짖음에 하나님께서 감동하시고 그들의 기도를 외면하지 않으셨다. 밤이 새도록 예수님 때문에 고문을 당하면서도 변절과 배신을 하지 않고 끝까지 신앙을 지키는 그들의 모습을 보고 또한 신앙 때문에 죽어가는 목사들을 보고 하나님은 한국의 해방을 외면하지 않으시고 결국 하나님은 일본을 패망시키기 위하여 과격파 장교들로 하여금 확전하도록 하여 패전을 자초하도록 역사 하신 것으로 믿어진다.

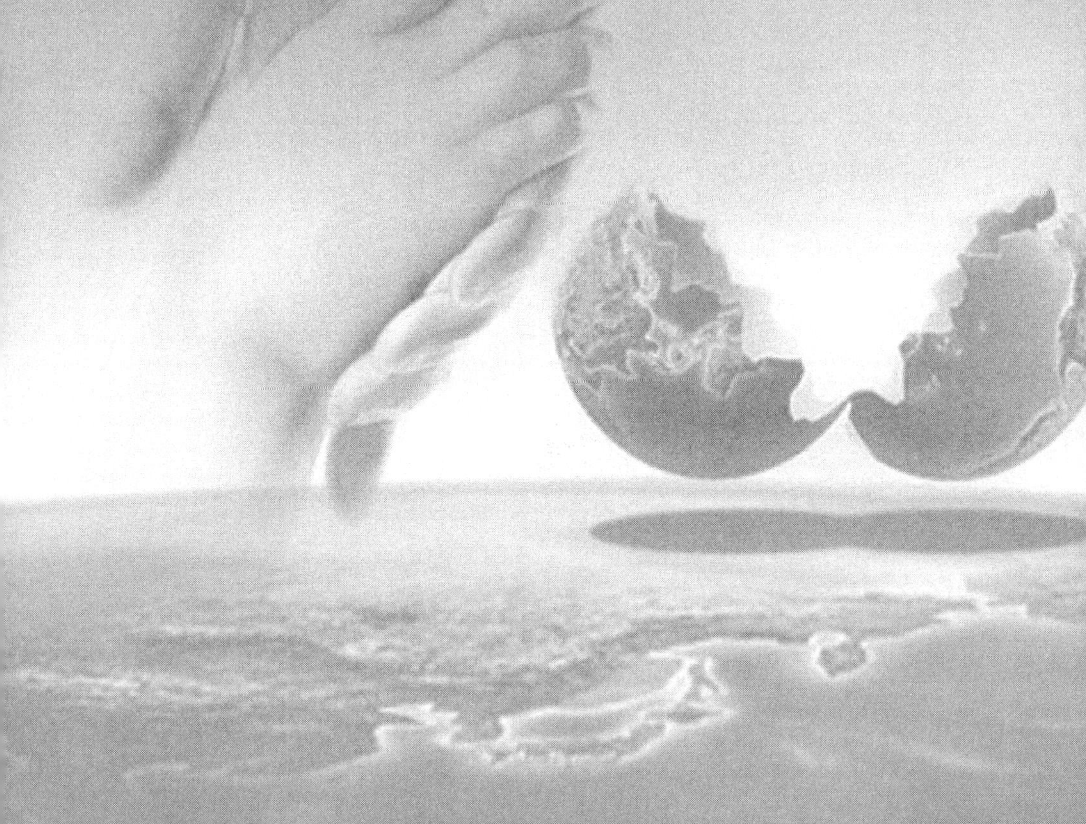

제3장
일본을 패전케 한
하나님의 역사

제3장 일본을 패전케 한 하나님의 역사

I. 일본 육군 내의 과격파 장교

일본 육군 내 과격파 장교들은 일본군 참모본무, 조선군, 관동군 사령부 등에 많이 있었다. 특히 관동군 사령부에 있는 가와모토 다이사꾸 대좌, 이다가끼 세이시로오 대좌, 이시하라 간지 중좌, 도이하라 겐지 대좌 등이다. 1927년 7월 7일 동경외상 관저에서 동방회의가 개최되었다. 이 회의에서 '대지정책 강령' 이 발표되었다. 이 정책은 만주, 몽고, 중국을 분리한 다음 만주를 점령하겠다는 내용이다.

1929년 10월 동경에서 제3회 태평양회의가 개최되기 전 '타나까 메모' 가 신문에 보도 되었다. 그 내용은 중국을 정복하기 위해서는 만주와 몽고를 먼저 점령해야하고 세계를 점령하려면 중국을 점령한 후 동남아시아와 유럽으로 진출해야 한다는 것이었다. 이 안은 정우회 간부와 참모본부 장교 및 관동군 사령부 소장급 장교들의 합작에 의해서 작성된 계획서로 물의를 빚었다.

1931년 3월 26일 일본 참모본부 하시모도 중좌, 네모도 중좌, 다나까 소좌 등의 과격파 장교들은 우가끼 대장을 모시고 육군 장교단과 민간 우익단체가 제휴하여 먼저 의회를 점령하고 다음 내각을 장악해 우가끼 대장을 수반으로 하는 군사 구데타를 일으켜 대륙 침략을 하겠다는 계획이었다. 민간인 오오가와 슈우메리 씨와 세게후지 대좌 등도 가담하였다. 이 사실을 알게 된 우가끼 육군 대신은 깜짝 놀라 스기야마 차관을 불러 전모를 들은 다음 "군은 정치에 개입해서는 안된다. 이 사건을 극비에 부쳐 지체없이 계획을 취소하라."고 명령하였다. 이렇게 되자 우가끼를 받들던 장교들은 우가끼를 '배신자, 비겁자' 라고 규탄하였고 우가끼 반대파들은 이것을 절호의 기회로 삼고 우가끼를 권력에서 몰아내었다. 우가끼는 하루아침에 거세되었고 일본 육군은 정치집단이 되고 말았다. 우가끼는 여기에 가담한 과격파 장교들을 제대시켜야 하는데 그렇게 하지 않고 변방 부대로 전속시킨 것이 화근이 되어 일본 육군과 전일본과 동남아시아에 비극을 자초하였다.

이 장교들이 후일 주동이 되어 이누가이 수상을 암살한 5·15사건을 발생시켰고 2·26 쿠테타를 일으켜 일본의 정치가들은 대량 학살하는 사건을 발생했으며 만주사변, 중일전쟁, 태평양전쟁 등으로 확전하게 하여 일본의 패망을 자초하게 하였다. 이렇게 되어 우가끼는 정치일선에서 밀려 조선총독으로 자리를 옮기게 된다.

II. 확전 만주사변

1931년 9월 15일 만주 관동군 소속 특무대 나까무라 대위가 사복을 입고 흥안령 방면의 중국군을 정탐하던 중 중국군에 체포되어 살해된 사건이 발생하였다. 관동군 특무기관장 도이하라 대좌는 이 사건을 철저히 조사 보고하도록 지시하였다.

살해된 것이 확실한 물적 증거를 수집하여 보고하자 과격파 도이하라 대좌는 만주를 점령하기 위해서 기회만, 보고 있을 때 좋은 명분을 찾았다고 판단하고 과격파 장교 이다가끼 대좌, 이시하라 중좌, 하나야 소좌 등을 참모장실로 소집하여 만주 침략에 대해서 모의하는 중 현재 관동군만 가지고는 장학량 부대와 만주 군벌과 싸워 이길 수 없다고 판단하였다.

그렇다고 본국에서 병력을 보충 받을 수도 없는 상황이었다. 그것은 참모총장 가나야 장군과 작전부장 다데까와 장군은 일본 국력으로 더 이상 전쟁이 확대되어서는 안된다는 것을 잘 알고 있어 전쟁 확대를 적극 반대하고 있었기 때문이다. 결국 병력을 동원하려면 하야시 중장의 조선군 사령부 예하 2개 사단을 이동시키는 길밖에 없었다. 그러나 우가끼 총독이 나 하야시 사령관도 전쟁확대를 적극 반대하고 있어 병력이동을 허락할 까닭이 없었다. 이들은 일을 저지르고 보면 하야시 사령관 밑에 과격파 장교들이 참모로 많이 있고 조선군 사령부 특무부대에도 확전을 고대하고 있는 장교들이 많이 있어 이들을 선동해서 하야시 사령관을 꼼짝 못하게 하여 병력을 이동시키자는 작전을 세웠다.

1931년 9월 18일 10시 25분, 열차가 봉천 근교에 있는 유조구 북방 5백미터 지점을 통과할 때 폭발사건이 발생하였으나 철로는 79센치가 절단되어 열차가 진행되는 데에는 지장이 없었다. 그러므로 열차가 전복되지 않고 부상자도 없는, 일본군은 치밀한 계획적 사건이 발생하였다.

이 폭발사건을 "중국군이 하였다"고 뒤집어 씌우고 만주를 점령하기 위하여 조작극을 벌였던 것이다. 이 폭발사건이 발생하고 한 시간 후 계획대로 일본 관동군은 장학량의 동부군 제 17여단을 기습하였다. 장학량 17여단은 기습에 당황하여 길림으로 후퇴하였다. 관동군에는 제2사단 5천여 명과 보병 2개 여단, 기병 1개 연대, 포병 1개 연대, 공병 1개 중대 독립수비대 6천여명, 여순 포병대, 관동군 헌병대, 해군 등이 있었다. 장학량 부대는 11만 5천 병력과 인근에 45만이 있었다.

도이하라, 이다가끼, 이시하라 등의 과격파 장교들과 특히 우다가끼 대좌는 관동군 사령관이 여순에 순찰차 사령관실을 비운 틈을 타 관동군 사령관 혼조오 대장의 명의를 도용하여 관동군 제2사단에게 장학량 군을 소탕하라는 거짓 명령을 내렸다.

그리고 그들은 거짓으로 하야시 조선군 사령관에게 긴급 전문을 발송하여 "관동군이 장학량 군대의 공격을 받고 교전 중에 있으며 봉천

근교의 철로를 중국군이 폭파했다."라는 내용으로 병력 동원을 요청하였다. 하야시 사령관은 깜짝 놀라 우가끼 총독에게 보고하기 위하여 사령관실에 도착하니 사령관실에는 과격파 간다중좌에 의해 "나남 19사단을 두만강을 건너 국경선으로 긴급 출동하라"는 작전명령서가 작성되었고 과격파 장교들은 하야시 사령관에게 서명을 요구하였다.

하야시 사령관은 상황을 파악하지도 못한 채 서명을 하였다. 조선군 사령부 예하부대가 국경을 넘을 경우 천황의 윤허를 받아야 하는데 하야시 사령관은 정신이 없는 사이에 서명을 하여 실수를 범하고 말았다. 하야시 사령관이 정신이 들었을 때 이내 실수 했다는 것을 알았으나 서명을 한 이상 이제는 빠져나가는 도리밖에 없었다. 그는 실수를 조금이라도 적게 하기 위하여 육군대신과 참모총장에게 긴급 전문을 발송하였다. 전문내용은 "관동군의 요청에 따라 본관은 이제부터 독단으로 월경하려함. 폐하의 윤허가 내리도록 조처하시기 바람"이었다. 육군대신 미나미는 하야시 사령관에게 "독단 월경은 절대 불가함.

윤허가 내릴 때까지 대기할 것" 해놓고 마음이 놓이지 않아 신의주 수비대에게도 "신의주를 넘어가지 않도록 각별한 조치를 취하라"고 하였고, 평양의 39사단에도 "이미 출범한 부대가 있거든 결코 국경을 넘지 못하도록 조처하라"고 하였다. 한편 국경 수비 헌병에게도 "19사단 병력이 국경을 넘지 못하게 하라."는 명령을 내렸다.

그러나 21일 19사단의 1개 여단 4천여명은 두만강을 넘어 만주에 진격하였다. 평양주둔 비행 제6연대 전투기 1개 중대도 관동군에 배속되어 만주로 이동했고 용산주둔 20사단 1개 연대도 만주로 진격하였으며 다음 19사단 주력도 만주로 진격하였다. 가나야 참모총장도 "조선군의 단독 행위는 온당치 못하다"라고 하면서 참모본부는 조선군의 단독행위를 제지하기로 하였고 19일 전쟁확대를 반대하는 결정을 내렸으며 히로히도도 조선군의 행동을 못마땅하게 생각하고 있었다.

그러나 참모본부 안의 과격분자들은 관동군의 현 병력으로 보아 조선군의 증원을 해야 한다고 주장하였다. 결국 각의에서는 9월 22일 단독월경과 경비 지출을 승인하고 말았다. 관동군과 조선군은 신바람이 나서 19일 아침 봉천을 점령하였으며 23일 길림을 점령하고 남만주 일대를 점령하였다. 10월 1일 북만주를 공격, 1932년 2월까지 만주 전 지역을 점령하고 청국 마지막 황제를 끌어다가 괴뢰 만주국을 세웠다.

만주사변은 일본 정부나 참모본부에서 계획적으로 점령한 것이 아니라 과격파 장교들의 공작에 의한 것이었다. 이로써 15년 전쟁이 시작되었으며 결국 일본의 패망을 자초하였다.

Ⅲ. 중 · 일 전쟁

1936년 2월 26일 새벽 일본 육군 제1사단 1연대와 3연대 장교 24명과 하사관 64명, 사병 1,358명, 구리하라 중위 부대 3백 명은 수상 관저를 습격하고, 나까하시 중위 부대는 다가하시 고레기요 대장을 기습하여 총 한방으로 그를 사살하였으며 야스다 소위가 지휘하는 2백 명은 내무대신 집을 공격하여 사이또를 사살하였다.

그리고 교육총감 와다나베의 집을 공격하여 사살하고 안도오 대위는 스스끼 시종장을 사살하여 순식간에 정부 요인들을 해치워 버렸다. 이것이 2 · 26사건이다. 그들은 가와지마 육군대신에 마사기 대장에게 군사정부 수립을 요청하였다.

그러나 진압부대에 의해 반란군이 모조리 체포되었다. 이로인해 고오끼가 수상이 되었고 데라우찌 대장이 육군대신이 되었으며 우가끼 조선 총독이 사임하고 미나미 지로오 육군 대장이 조선 총독이 되었으며 관동군 사령관 고이소가 조선군 사령관이 되었다. 그 후 하야시 센쥬우로우 대장이 수상이 되었다. 1937년 7월 7일 오후 10시 경 노구교 근방 용왕묘 근처에서 일본군 1개 중대가 야간훈련을 하고 있을 때 갑자기 기관총 소리가 났다.

이때 훈련 중 이탈하여 대변을 본 일본군 병사 한 명이 행방불명으로 보고 되자 이찌기 대대장은 북경에 있는 무다구찌 연대장에게 보고하였다. 이찌기 대대장은 자기 부하가 대변을 보고 있는 줄을 모르고 수색에 나갔다. 중국 송철원 부대로부터 가벼운 저항을 받게 되었다.

이 사격으로 인해 이찌기 3대대장은 노구교를 향해 공격명령을 내린 후 무다구찌 연대장에게 보고하자 연대장도 "적대 행위를 한 중국군을 단호히 소탕하라"고 지시하여 이찌기 3대 대장은 7월 8일 새벽4시 용왕묘 부근의 중국군 풍지안이 지휘하는 37사를 공격 점령하여 중일전쟁이 발생하였다. 고노에 수사은 노구교 사건을 보고받고 즉시 관동군 사령관에게 "절대 사건을 더 이상 확대시키기 말 것"이라는 전보명령을 내렸다.

일본 참모본부 작전부장 이시하라 간지는 일본 국력으로는 확대전쟁을 절대 감당하기 어렵다고 판단하고 "내 목이 붙어 있는 한 중국에 대한 파병은 하지 않겠다"고 강력하게 반대 입장을 표명하였다. 확전을 반대하는 이들은 소련의 남진을 대비해야 하는데 중국과 싸운다는 것은 일본에 불리하다고 판단하였고, 전쟁 확대를 원하는 자들은 중국에 일격을 가해 국책을 수행하자고 주장하면서 중일전쟁은 오래가지 않아 승리할 수 있다고 장담하였다.

일본의 정부 각료들도 확전은 일본 국익에 유익이 되지 못하다고 판단 7월 11일 중국군 29사령관 송철원과 가쓰기 관동군 사령관은 회담 끝에 휴전하기로 합의를 보아 노구교사건은 일단 끝난 것 같았다. 그런데 일본 참모본부는 "현지 주둔군의 만일의 경우를 대비해야 한다"고 판다, 9월 12일 중국에 파병을 허락하였다. 결국 관동군에서 2개 여단을 화북지방에 증파하고 용산에 주둔하고 있는 조선군 20사단을 화북지방으로 증파하였다. 그리고 본국에서 3개 사단을 증파하였다. 결국 고노에 수상은 파병을 승인하고 말았다.

1937년 7월 17일 장개석은 전 중국인에게 일본과 싸울 것을 호소하여 북경의 광안문에서 전투가 시작되었으나 7월 28일 가즈끼 사령관이 북경에 있는 송철원 부대를 포위하자 송철원은 사투를 벌려 보정으로 후퇴하였다. 이렇게 일본군은 하루 만에 북경을 점령하였다. 중국의 게릴라부대는 천진, 통주, 타구, 탐구 등에서 일본군에 저항하면서 통주의 특무대장 호소끼와 전 대원을 사살하였다. 일본군은 이것을 명분으로 천진을 공격, 29일 점령하였다.

1937년 12월 1일 마쓰이 현지 사령관은 일본군 10군의 5개 사단으로 하여금 남경을 공격하도록 망령 하였다. 2일 동안 치열한 공방전이 벌어진 후 12일 남경이 일본군에 의해 점령되었다. 남경시내에 있는 중국군이 게릴라가 되어 일본군과 시가전을 벌이자 일본군은 중국인 양민 20만 명을 학살하여 남경시를 지구상의 최대 지옥으로 만들었다.

일본군은 중국군과 싸워 승리를 계속하여 추격은 하고 있으나 가도 가도 끝이 없고, 죽여도 죽여도 끝이 없는 전쟁의 늪에 빠지게 되었다. 이리하여 도망가는 중국군보다 추격하는 일본군이 지쳐 끝이 없는 전쟁 속에서 허우적 거리고 있었다.

일본은 소모전과 장기전으로 국력이 소모되고 있었다. 일본 내각은 휴전을 원하고 있으나 과격파 군부가 반대하여 뜻을 이루지 못하는 실정이었다. 중일전쟁도 과격파 장교들의 공작에 말려 확전되었다.

IV. 태평양 전쟁

1. 진주만 기습

1940년 마쓰오가 외상은 프랑스와 화란이 나치군에 항복하여 베트남, 라오스, 버바, 태국, 캄보디아 등 동남아 지역에서 그들의 군사력을 다하지 못하자 이 기회를 이용, 이 지역을 점령할 남진정책 즉, 동아신질서계획, 대동아 공영권을 도오죠오와 오이가와로의 요구를 수용하여 계획하고 있었다.

군부와 외무성의 요구를 이겨내지 못한 요나이 내각과 코노에 내각이 사임하게 되고 도오쪼오 히데끼가 수상이 되었는데 그는 머리를 박박 깍아 꼭 중과 같으며 야전 사령관과 같은 과격파 수상이었다.

도오쪼오 수상은 구루스 외교관을 통하여 일본이 미국에게 중국의 기득권을 인정해 줄것과 동남아 지역에 대해서 일본의 요구를 들어달라는 것 과 장개석 정부를 지원하지 말 것 등의 것과, 미국이 일본에 수출하는 석유와 철강을 중단하지 말고 원상대로 수출해 줄 것을 요구하였다. 그러나 루즈벨트 대통령은 일본의 요구를 거절하고 오히려 일본의 해외 점령군을 철수시키라고 강력히 요구하였다. 회담이 정상적으로 이루어지지 않고 험한 분위기가 계속되자 도오쪼오 수상은 미국과의 일전을 계획하였다. 1941년 12월 1일 연합함대의 나구모 중장이 이끄는 기동부대는 항공모함 6척을 비롯 전함 23척과 3만 명의 병력으로 진주만의 미 해군을 기습공격하기 위하여 일본항구를 떠났다.

12월 1일 오후 2시, 궁중회의에서 도오쪼오 수상은 "이제 제국은 현하의 위국을 타개하고 자존 자위를 위해 미·영·화란에 대해 개전하지 않으면 안될 처지에 이르고 말았다."라고 설명을 하자 전원일치로 확전을 채택하였다. 히로히도는 말이 없었다. 회의가 끝나자 스기야마 육군 참모총장과 나가노 군령부장은 히로히도에게 작전계획을 보고하였다.   작전계획은 연합함대 사령관 야마모도는 진주만을 공격하고 남방군 총사령관 데라우찌는 동남아시아를 동시에 공격한다는 것으로 양부대에게 12월 2일 작전 일자를 명령하였다.

1941년 12월 3일 오전 10시, 웰즈 미 국무차관은 미국 주재 노무라 공사에게 "정보에 의하면 인도차이나 방면에서 일본군이 대폭적인 중강과 이동을 하고 있다는데 그 의도가 어디 있는가?"라고 항의하자 노무라는 대답을 못하였다. 미국은 일본이 미국주재 대사에게 보내는 모든 무전을 해독하여 곧 중대사건이 있을 것을 알고 있었다. 정보국에서는 헐 장관에게 일본군 대부대가 상해로부터 남방으로 이동하고 있으며 이 부대의 목표는 타이, 싱가폴, 말레이시아, 필리핀 등이라고 보고하였다. 미군 정보국은 일본의 무전 암호를 해독하고 일본의 공격이 임박했다는 것을 알았다. 사틀리 대령은 마샬 참모총장 부관인 질로우에게 보고하였으나 즉석에서 묵살 당하였다.

계속되는 무전암호를 해독하여 루즈벨트 대통령에게 직접 보고하니 대통령은 개전이 임박한 것을알고 마샬 참모총장에게 지시하여 동남아 방면과 하와이 방면에 적절한 경계 태세를 취하라는 명령을 하였다. 그러나 이 명령이 늦게 발령이 되어 일본 항공기가 진주만을 기습한 지 2시간 후에 진주만 해군사령부에 도착하여 효과를 보지 못하고 말았다.

오아프 섬의 오파나 육군 레이다 기지에 의해 일본 항공기의 공격이 포착되어 담당사병이 즉시 테일러 중위에게 보고하였으나 테일러 중위는 부하들의 보고를 받고 "아군기가 연습중인 것 같다"라고 하면서 묵살해버렸다. 그리하여 하와이 함대의 엄청난 피해를 막지 못하였다.

1941년 12월 8일 오전 1시 30분 나구모 기동부대는 저투배치를 끝내고 항공기 제1차 183대가 항공모함에서 이륙하였다. 오전 3시, 하와이

시간 오전 8시 진주만에 정박중인 94척의 미군 전함에 일본 항공기 183대가 일제히 공격하였다. 미 전함 94척의 대공포 780문과 육군 고사포부대 31문은 병력이 외출중이어서 쓸모가 없었다. 일본 항공기들은 대공포가 없자 2시간 동안 무차별 공격을 하였다.

일본 항공기의 공격으로 전함 7척이 침몰되고 다른 전함은 중파되어 94척중 19%가 피해를 입었고, 항공기 3백대가 파괴되었으며, 2,403명이 전사, 178명이 부상을 당하였다. 일본군도 항공기 28대가 파괴되었고, 55명이 전사, 소형 잠항정 5척, 대형 잠수함 1척이 침몰되는 피해를 입었다. 일본 항공기는 미군의 항공모함을 공격하려 했으나 다행히 항공모함은 진주만에 없어서 피해를 입지 않았으나 진주만의 활주로는 대파되어 사용할 수 없게 되었다.

일본은 미군이 입은 피해를 복구하여 전력의 힘을 갖출 때를 1947년 중반으로 보고 있었으나 미군은 전문인력 2천여 명을 동원하여 밤낮 작업으로 6개월만에 완전 복구와 전함의 수리를 끝내고 전투에 돌입하였다. 일본은 거의 같은 시간에 말레이시아를 공격하였다.

1941년 12월 8일 말레시아 점령   12월 10일 루손 구암 점령 12월 22일 웨이크 점령 12월 25일 홍콩 점령

1942년 1월 2일 마라리아 점령 2월 6일 라바울 점령 2월 15일 싱가폴 점령 3월 1일 자바 점령 3월 8일 랭군 점령 3월 9일 남인군 점령 3월 27일 맥아더 장군 필립핀 탈출 3월 27일 수마트라 점령 3월 31일 크리스마스 군도 점령 4월 11일 바타안 점령   5월 7일 코레히토르 점령

이렇게 개전 6개월 만에 남방 전 지역을 점령하였다. 일본군 15군의 사령관 이이다 중장은 1942년 1월 18일 미얀마 공격을 시작하였으나 여의치 않자 18사단과 56사단을 증원하여 방콕을 공격하였다. 남방군 총

사령관 데라우찌 대장은 15군에게 준비가 되는 대로 미얀마를 공격, 점령하도록 명령을 내려 15군은 증원군과 함께 공격하여 미얀마를 점령하였다.

일본군은 하와이 진주만의 미 태평양함대를 공격하면서 6개월 만에 홍콩, 말레이시아, 싱가폴, 인도네시아, 필리핀, 미얀마 등 동남아시아와 태평양 전 지역을 장악하여 예상외로 빨리 제1단계 작전을 끝냈다. 이때 일본군은 승승장구 거칠 것이 없었다.

그래서 그들의 마음에는 교만고 방자한 마음이 가득 차 있었다. 일본 군부는 2단계 작전계획이 없었다. 1942년 1월 1일 일본정부 도오고오 외상은 신년연설에서 "전쟁 종결에 관해서 이제부터 특별연구가 있어야 한다"라고 말하면서 "이 전승의 기회를 놓쳐서는 안된다"고 강조하였다. 그는 전쟁을 되도록 빨리 끝내야 일본에게 이득이 많다고 주장하였다.

이 성명이 나 온 후 일본의 국회가 열렸을 때 우에하라 의원에 강화문제에 대해서 외상에게 "적을 경명하는 것이 우리의 목적이므로 전쟁협상은 있을 수 없다."라고 하면서 외상의 발언을 취소하라고 요구하였다. 도오고오 외상은 그의 답변에서 "취소하라고 하니 취소한다"라고 말하며 독·소 평화 알선 주장, 중국 문제 해결등을 주장하면서 전쟁을 더 이상 계속하는 것은 일본에 득이 없다고 강조하였다.

그러나 일본군부는 그의 예리한 미래 국제정세 판단을 이해하지 못하고 오직 돌격하겠다는 오만으로 가득 차 있어 일본의 패망을 자초하였다. 만일 일본 군부가 도오고오의 주장을 겸허한 자세로 받아들려 승전의 여세를 몰아 독·소 평화, 중국 문제, 미국과의 관계가 평화적으로 해결되었다며 분명 한반도의 해방은 지금까지도 어려웠을 것으로 판단된다.

2. 미드웨이 해전의 참패

야마구찌 제2항공대 사령관은 승전의 여세를 몰아 미국 본토에 상륙하자고 주장하였고, 일본 국회 일부에서도 승전의 여세를 몰아 미국 본토를 공격하자고 주장하였다. 일본 육군은 2단계 작전이 현 지역을 주로 방어해야 한다고 주장하고 있었으나 특히 야마모도 연합함대 사령관을 중심한 해군은 적극 공격을 주장하였다.

해군과 육군은 2단계 작전에 대한 주장이 서로 달랐다. 도오쪼오 수상은 '전과의 확충 전적 방책' 이라는 내용과 '장기 불패의 태세' 라고 강조하면서 이것도 아니고 저것도 아닌, 눈치보고 육군 참모본부의 제2단계 안을 통과시켰다. 이때 중요한 사건이 발생하였다. 1942년 미 해군 작전참모 로우 대령은 진주만 기습의 참패에 대한 보복을 생각하며 동경을 공격할 작전을 연구하고 있었다.

그러나 그때 상황으로 태평양 재해권을 잃은 미군이 동경을 공격하기란 매우 어려운 일이었다. 만일 항공기가 동경을 공격하려면 일본 동경에서 5백 마일까지 접근하여 동경을 공격한 후 함대는 즉시 철수하고 항공기는 공격 후 중국이나 소련 방면에 착륙해야 하는 어려움이 있었다. 그러나 로우 대령은 이 작전을 꼭 실현시키려고 노력하고 있었다.

로우 대령은 B26 쌍발 폭격기 16대를 착출하고 이 작전의 총지휘자에 두리틀 중령을 임명하였으며 탑승원 2백명을 선발하여 훈련을 시켰다. 1942년 4월 2일 오전 10시, 모든 준비를 끝낸 두리틀 부대는 호네트 항공모함에 승선하였고, 미 18기동함대는 동경을 향해 샌프란시스코항을 떠났다. 미 제16기동부대도 엄호 항진을 계속하였다.

두리틀 부대는 1942년 4월 18일 아침 항해도중 일본 정보선 23닛또오 마루에게 발견되었고, 미군 정찰기도 6시 30분 일본의 정찰선을 발견하였다. 또한 두리틀 부대는 일본 5함대에 발견되었다. 이제 도망치느냐,

아니면 이대로 동경을 향해 무리한 공격을 감행할 것인가를 가지고 고심하였으나 한이 맺힌 미군 조종사들은 무리해서라도 공격을 해야 한다고 주장했고 16기동함대장 하르제 중장은 그들의 주장을 승인하여 긴장 가운데 예정 계획을 변경하여 두리틀 중령에게 즉시 동경을 공격하도록 명령하였다.

1942년 4월 18일 오전 7시 24분 호네트 항공모함 갑판 위에 있던 B26 16대의 중폭격기가 일제히 이륙하여 동경을 향해 비행하였다. 그리고 16기동함대는 즉시 일본해군의 공격을 피하기 위하여 철수하였다. 일본 해군 5함대도 미군 함대를 발견했기 때문에 즉시 경계태세를 갖추고 만일 미군 항공기가 항공모함에서 이륙하여 일본 본토를 공격하려면 18일 밤중에 항공모함에서 이륙하여 일본 본토를 공격한 후 다음날 날이 밝아오면 항공모함에 착륙할 것이라고 판단하고 일본 해군에서는 항공기를 고도로 정찰하게 하면서 밤의 공격에 대비하고 있었다.
그러나 두리틀 부대는 일본 정찰기에 발견되지 않도록 해상 위에 낮게 떠서 일본의 예측을 뒤엎고 낮에 폭격을 하고 중국 쪽으로 도망칠 계획으로 진행하고 일본군의 허를 찔렀다. 일본 참모본부에서는 두리틀 부대의 이런 작전에 대해 전혀 예상을 못하고 있었다.

두리틀 부대 B26 16대의 폭격기는 예정대로 비행하여 4월 18일 오후 1시경 동경 상공에 13대가 나타나 15분 동안 우박이 쏟아지듯 폭탄을 한없이 쏟아 부었다. 그리고 요코하마, 가와사키, 요코스카, 나고야, 고오베의 군수산업 시설에도 맹타하였다. 동경의 방공사령부는 전혀 예측을 하지 못해 공습경도도 울리지 않아 시민들은 일본기의 연습이라고 생각하였을 정도였다.
폭격기는 대공포를 피하고 한 대의 손실도 없이 한반도 상공을 지나 여순 중국 땅에 15대가 착륙하였고, 이중 3대는 중국의 일본군지역에 착륙, 탑승원 8명이 포로가 되었다. 1대는 소련 땅에 불시착하였는데 이렇게 된 이유는 밤에 도착했기 때문이었다.

이 공습으로 인하여 일본 정부와 군부와 시민들은 깜짝 놀랐고, 동경의 방어가 허술한 점과 군 수뇌부의 판단잘못에 대해 염려하기 시작하였다. 일본의 영웅 야마모도 연합함대 사령관의 명성은 치명타를 입었고, 공습으로 심히 자존심이 상한 일본 해군은 감정을 억누르지 못하고 복수의 날을 기다렸다. 공습을 받은 후 1942 5월 5일, 일본 대본영은 연합함대 사령관 야마모도 대장에게 미드웨이와 알류선을 점령하여 미군의 항공기가 일본 본토를 공격하지 목하도록 지시하였다.

야마모도사령관은 이 작전을 수행하기 위하여 함정 350척, 150만톤과 비행기 1,000대, 참가 병력 10만으로 미드웨이를 점령할 작전을 세웠다. 구체적인 작전은 일본 해군 제2기동부대가 알류선을 공격하면 미 태평양 함대가 알류선 해역으로 집합하게 될 것이며 그로인해 미 해군은 미드웨이 해역이 공백이 될 때 일본군 야마모도 사령관은 제1기동함대로 하여금 미드웨이 섬에 6월 5일 공격, 6~7일 사이에 점령한다는 작전이었다. 연합함대 참모장 구사끼는 기동부대가 선발로 전진하고 야마도 이하 주력함대가 그 뒤를 따른다는 작전이었다.

이 말은 육군으로 하면 포병부대가 맨 먼저 가고 보병부대가 뒤를 따른다는 작전으로 이런 작전에서 전투가 벌어지면 포병은 보병부대를 이길 수 없듯이 기동부대인 항공모함이 먼저 출발하여 해상에서 전투가 시작되면 전투함을 이길 수가 없어 대패하게 되며 항공모함을 잃게 되면 전투함도 싸움에서 이길 수 없는, 참으로 어리석은 작전이었다.

이 작전으로 보아 일본이 미군을 얼마나 무시 했으며 그로인해 안일한 작전을 세웠다는 사실을 알게 된다. 일본군은 오직 돌격할 줄 밖에 모르며 자만으로 가득 차 있었던 것이다. 야마모도 대장도 이 작전을 승인하였고 영관급에서 약간의 반발이 있었으나 참모들도 반대하는 사람이 없었다. 이때 미군 태평양함대 사령관 니미츠 대장은 일본군이 엄청난 수의 무전을 치는 것을 이상하게 생각하고 큰 작전이 진행되고 있다고 판단하였다. 또 4월 18일 미군이 동경을 공습했기 때문에 일본은 반드시 동경의 안전을 위해 화아이나 미드웨이나 알류선을 공격해 오리라고 판단하고 수가 많아진 무전 해독에 전력을 기울였다.

해독 결과 다음 작전은 6월 상순이고 공격지점음 AF라는 것까지 알게 되었으며 AF지점이 미드웨이하는 것까지 판단하고 여기에 대한 작전에 들어갔다. 니미츠 제독은 모든 군사물자를 총동원하여 미드웨이에 집결시켰다. 급강하 폭격기 16대, 전투기 7대, 정찰기 30대, B17 폭격기 18대, B26 폭격기 4대, 고사포부대 2,000명, 잠수함 3척, 항공모함 엔터프라이스, 호네트등 미 16기동함대를 미드웨이 해상으로 급파시켰다. 17 기동함대도 요크타운 항공모함과 함대를 거느리고 미드웨이 해역으로 집결하였다. 미군의 16, 17기동함대 총전력은 항공모함 3척, 순양함8척, 구축함 15척, 잠수함 20척으로 일본보다 훨씬 열세였다. 만일 미군이 이 전투에서 패하면 일본해군은 즉시 하와이를 공격할 것이다.

그러므로 미군은 어떻게 일본 함대를 먼저 발견하여 선제공격으로 치명타를 입히느냐를 연구하며 전력을 다하고 있었다. 일본 연합함대는 나구모 중장의 아까기 항공모함이 선단에서 1942년 6월 1일 미드웨이 섬의 서북쪽을 향해 항진을 계속하고 있을 때 '짙은 안개'로 인하여 옆에서 달리고 있는 항공모함조차 보이지 않고 있었다. 뒤에 오는 항공모함들이 어디에 있는지 위치를 파악할 수가 없었다. 6월 2일 하루가 지나도 안개는 걷히지 않고 안개로 인해 같이 온 항공모함들이 어떻게 되었는지 전혀 알지 못하고 2일을 계속 항진하다보니 불안해졌다. 선발 기동부대 참모장 오오이시가는 일본군이 미드웨이를 미군 함정과 싸우기 전 공습을 먼저 하여 상륙할 수 있는 길을 만들어 놓아야 한다고 주장하자 기동부대장 나구모 중장과 다른 참모들도 이에 동의하였다. 이 작전을 수행하기 위하여 안개가 없을 때는 조명등으로 시각신호(작정명령 신호)를 보내는데 안개 때문에 조명등으로 전투명령을 내릴 수 없어 만부득이 통신용 무전으로 침로 변경 명령을 뒤따라오는 전투함에 내렸다.

전파를 내자 미군은 즉시 일본함대의 위치를 알게 되었다. 천금 같은 일본함대의 위치를 안 니미츠 대장은 즉시 공격준비 명령을 내리고 일본 기동함대를 찾는데 전력을 기울였다. 6월 4일 상오 5시, 연합함대는 미군 초계정에 의해 발견되었고, 수송선단 11척은 미드웨이 서쪽 600마일 위치에서 미 정찰기에 의해 속속 발견되었다.

미군은 선제공격의 좋은 기회를 포착한 것이다. 그러나 일본 해군은 미군이 있는 것을 전혀 모르고 항진하고 있었다. 6월 5일 오전 3시 30분, 일본의 제1기동부대 나구모 중장이 미드웨이 240마일 해상에 있을 때, 아까기 카가의 항공모함에서 36대, 소오류우 히류우에서 18대, 제로전투기 9대, 도합 108대로 하여금 오전 4시 45분 작전대로 미드웨이를 공습하기 위하여 이륙하고 제2차 공격을 위하여 108대는 항공모함 위에 있었다.

4척의 항공모함을 중심하여 전함, 순양함, 구축함은 전투대형을 갖추고 있었으나 주력함대인 야마도는 600마일 뒤에 있었다. 미 태평양 함대의 스플르언스 소장은 일본 항공기가 공격해 올 것에 대비하여 미드웨이 섬에 있는 모든 항공기를 대피시키고 특히 폭격기는 일본 항공모함을 공격하도록 명령하였다.

6월 5일 새벽, 미드웨이 상공에서 미 전투기 50대 중 40대가 일본 제트전투기 공격에 의해 격추되었다. 그러나 일본 비행기는 한 대의 손실도 없어 초전 공중전에서 미 항공기를 제압하였다. 일본 항공기는 미드웨이 섬을 공격하였으나 미군의 항공기는 한 대도 없고 예상외로 방어준비가 잘되어 있었고 대공포가 잘 준비되어 있어 일본 항공기 4대가 격추당하였다. 스플르언스 소장은 오전 4시 항공모함에 있는 149대의 항공기로 일본 항공모함을 공격하도록 명령을 내렸다.

3척의 항공모함에 있는 149대의 항공기는 항공모함을 이륙하여 일본 항공모함을 향해 비행하고 있어 미군의 항공모함에는 한 대의 항공기도 없었다. 만일 일본 항공기가 이 기회를 틈타 미 항공모함을 공격하였다면 미 항공모함은 쉽게 격침되었을 것이다.

그러나 일본 항공기는 공격하지 않았다. 일본 해군에는 이러한 작전을 세울만한 인물이 없었다. 그리고 일본 해군은 미군의 작전과 함대를 전혀 알지 못하고 있었다.

항공기가 함대를 공격할 때 가장 중요한 것이 시간이다. 먼저 공격해도 안 되며 나중에 공격해도 안 되는데 제일 효과가 있을 때는 항공모함의 전항공기가 폭탄을 싣고 이륙하려는 순간 공격하는 것이 최대의 효과를 볼 수 있다. 이 시간을 맞춘다는 것은 하늘이 돕지 않고는 어렵다. 일본 제1기동함대장 나구모 중장은 제2차 공격을 위하여 108대의 항공기에 대해 만일을 대비하여 미드웨이 섬에 투하할 폭탄이 아니라 함대를 공격할 어뢰로 무장하도록 지시하였으나 정찰기로부터 미 함대를 발견했다는 보고가 없자 제2차 미드웨이 섬을 공격하기 위하여 육상용 폭탄으로 교체하도록 명령을 내렸다.

교체 시간은 50분 정도가 소요된다. 그런데 작업이 막 끝난 오전 5시경 일본 정찰기로 하여금 "적함 10척 발견 뒤에는 항공모함도 있음."이라는 보고를 받았다. 나구모 중장이 이대로 공격할 것인가, 아니면 폭탄을 교체해야 할 것인가를 고민하고 있을 때 제2기동함대장 야마구지 소장은 육상용 폭탄이라도 좋으니 미 함대에 선제공격을 해야 한다고 주장하였다. 그러나 나구모 중장은 "그까짓 것들"이라고 하면서 미군의 실력을 과소평가하고 육상용 폭탄을 함대 공격용 어뢰로 교체하라는 명령을 내렸다. 108대의 항공기가 50분만에 교체가 끝나고 1번기가 이륙하였다. 모든 비행기에 시동이 걸렸고 5분이면 107대의 비행기가 즉시 공중을 날고 있을 것이다.

모든 항공기가 이륙하기 위하여 순번을 기다리고 있었다. 그런데 2번기가 막 이륙하려고 하는 순간 6월 5일 오전 7시 20분, 정확하게 기회를 포착한 미군 항공기들이 구름위에서 이 광경을 레이다로 포착하였다. 폭격기 3대가 쏜살같이 아까기를 향해 돌진 공격하여 1발이 갑판 위에 떨어져 폭발하자 폭탄을 싣고 있던 일본의 모든 항공기가 자동 연속적으로 폭발하여 항공기와 항공모함은 자기들의 폭탄에 의하여 순식간에 파괴되고 말았다. 순간적인 일로 미군에게 있어서 이런 기회가 두 번 다시없는 절호의 시간이었다.

결국 아까기는 싸움 한번해보지 못하고 침몰하였다. 카카 소오류도 20분 동안 집중 공격을 받아 침몰되고 말았다. 연기는 하늘을 가리고 항공모함의 그 육중한 몸은 서서히 바다 밑으로 가라앉기 시작하였으나 어떻게 할 방법이 없었다. 항공모함은 어뢰 3발 정도가 명중되어도 격침되지 않으나 비행기에 실은 어뢰가 폭발하여 자기가 가지고 있는 폭탄에 의해 쉽게 침몰하였다.

이렇게 쉽게 항공모함을 침몰시키기는 지극히 어려운 일이었지만 미 조종사들은 인내를 가지고 이 일을 해냈다. 남은 항공모함은 히류우 뿐이며 히류우의 야마구찌 소장은 모든 전투기를 동원하여 요오크다운 항공모함을 집중 공격하여 침몰시켰다. 히류우도 미 공군의 집중공격을 받고 서서히 침몰하고 있을 때 야마구찌 소장은 모든 병사에게 퇴함을 명하고 그는 항공모함과 함께 서서히 수장되고 말았다. 야먀모도의 야마도 주력 전투함은 전투가 끝난 후에 도착하였다. 야마모도는 항공모함과 600마일 거리를 두고 뒤를 따랐기 때문에 앞에서 전투가 벌어져도 싸울 수도 없고 명령도 내릴 수 없는 엄청난 실수를 한 것이다. 야마모도는 어이가 없어 이때부터 얼굴에 근심이 가득 찼다.

진주만의 기습을 받은 미 해군이 미드웨이에서 대승함으로 태평양에서의 재해권이 일본 해군에서 미국 해군으로 옮겨졌다. 일본이 미드웨이 해전에서 패한 원인은 오만한 마음과 안개 때문이었다. 역시 전쟁과 역사는 하나님이 주관하시는 것을 알 수 있었고, (삼 17:47)교만은 패망의 원인임을 이 전쟁은 잘 보여주었다.

미드웨이 해전에서 미 · 일의 피해

	미 국	일 본
항 공 모 함	1 척	4 척
순 양 함		1 척
구 축 함	1 척	
비 행 기	150대	322대
인 원	307명	3,500명

미드웨이 해전에서 일본은 1년 반 동안의 사용량 기름을 모두 소모하여 보유저장량이 100~150만톤 정도뿐이어서 걱정하기 시작하였다. 일본 육군은 4개 사단을 남방에서 본국으로 이송시키고 2개 사단은 만주와 중국 방면의 방어에 임하도록 하였다.

일본 해군의 미드웨이 해전의 패배는 일본 정부와 전 군인과 시민들에게 엄청난 충격을 주었으며 이 해전에서 대패함으로 일본군은 연속 패하여 결국 항복을 하고 말았다.

3. 과달카날 참패

미드웨이에서 패전한 일본 해군은 연합함대 사령부가 있는 남태평양 트럭 섬을 보호하기 위하여 육군도 모르게 라바울 남동쪽 600마일 지점 솔로몬군도 남단에 있는 무인도인 과달카날 섬에 극비로 비행장을 건설하고 있었다. 일본 해군은 과달카날 비행장을 완공해 뉴우기니아와 솔로몬군도를 장악하여 미군의 반격에 대비하고자 하였다.

그리하여 1942년 8월말에 완공할 예정이었다. 일본의 해군은 공병대를 보내 비행장을 건설하고 보병 5천명으로 섬을 지키게 하였다. 니미츠 태평양함대 사령관은 미드웨이 해전에서 대승함으로 일본 해군이 하와이를 공격할 위협에서 벗어났고, 그로 인하여 알류선 군사기지의 중요성도 사라졌다고 판단하였다.

그리고 일본이 미국과 호주의 보급선을 차단하기 위하여 뉴우기니아를 점령할 것으로 판단, 솔로몬 군도의 일본 연합함대의 상륙을 저지하기 위한 작전을 세웠다. 그리고 극비 중에 과달카날에서 일본 해군이 비행장을 건설 중이라는 정보를 입수하였다.

1942년 7월 10일, 남태평양 방면 사령관 곰레이 중장에게 제1해병사단을 과달카날에 상륙시키도록 명령하였다.

1942년 8월 7일, 일본 해군은 3개월의 어려움 끝에 비행장을 완공했다. 일본 항공기를 라바울에서 이곳으로 8월 7일 옮길 예정이었다. 바로 그대인 1942년 8월 7일, 미 터너 소장은 19,000여명의 병력을 60척의 군함에 실고 과달카날에 상륙하니 과다카날 수비대는 혼비백산하여 도망쳐 버렸다. 그리하여 미군 제1, 5연대는 아무런 저항 없이 비행장을 점령하였다.

일본 해군은 3개월 동안 애써 건설한 비행장을 하루아침에 빼앗기자 분통이 터져 견딜 수 없었다. 이제는 감정이 폭발하여 상황 판단이나 작전이 없이 오직 돌격뿐이었다.

일본 11항공대 사령관 쓰가하라는 라바울의 25항공전대에 반격명령을 내렸다. 1942년 8월 10일 오전 1시 30분, 사보해에서 과달카날을 지원하기 위하여 떠난 미 태평양함대와 일본 연합함대가 50분간 전투가 벌어졌다. 이때 미군은 200km까지 볼 수 있는 레이다가 있어 일본 해군의 움직임을 보고 있었으나 이때까지 일본은 레이다가 없어 미군의 움직임을 파악하지 못하여 많은 피해를 입고 있었다. 50분간의 전투에서 일본 함대가 철수함으로 전투는 더 이상 계속되지 않았으나 미군은 순양함 4척이 격침되고 일본은 3척이 파손되었다.

일본 수뇌부는 미군이 반격해 오려면 적어도 1943년 후반 경에나 가능할 것으로 판단하였다. 그리하여 미군의 반격에 대해서 정보도 입수하지 못하고 또 준비도 하지 않고 있다가 과달카날에 미군이 상륙하자 당황하였다. 일본의 17군 사령관 모모다께 중장은 이찌기 소장부대로 과달카날을 점령하도록 명령하였다. 이찌기는 노구교사건 때 대대장을 지낸 과격파 장교로서 미드웨이 해전 때 대패하여 본국에 상륙도 못하고 대기하고 있다가 과달카날에 공격명령을 받았다.

1942년 8월 16일, 이찌기 부대 916명은 선발대가 되어 트럭 섬을 출발, 18일 밤에 비행장 동쪽 40킬로 지점에 상륙하였다. 곧바로 비행장을 향해 돌격하였으나 800여명이 전사하고 15명이 포로가 되었으며 100여 명은 정글 속으로 도망쳤다. 이찌기는 군기를 불사르고 자기의 권총으로 자결함으로 해서 확전이 불러다준 선물을 맛보고 비참하게 죽어갔다.

이찌기 부대가 전멸하였다는 소식을 들은 일본 해군은 참으로 참기 어려운 분통을 터트렸다. 17군 사령관 모모다께 중장은 가와구찌 소장의 35여단을 급파시켰다. 가와구찌 부대는 8월 25일 트럭 섬을 출발, 9월 2일 300여명의 주력부대가 비행장 40마일쪽에서 많은 피해를 입으며 상륙하였다. 오까부대 550명도 섬의 서쪽으로 상륙하였다.

1942년 9월 13일 오후 9시, 가와구찌 부대와 오까부대는 비행장을 향해 총공격을 가하였다. 그러나 가와구찌 부대는 전멸되었고, 제3대대장 와다나베는 어디론지 도망쳤으며 가와구찌 소장도 보이지 않았다. 9월 14일 날이 새자 미군 전사 40명, 부상 103명, 일본군 전사 487명, 부상 396명의 서로의 피해가 있었다.

이렇게 일본군의 2차 공격도 실패로 끝나자 17군 사령관 모모다께 중장과 일본 군 수뇌들은 분통이 터져 견딜 수 없었다. 일본군의 자존심이 걸려있는 전투였기에 그들은 분한 감정을 억누르지 못하고 있었다. 일본 육군 통수부는 가와구찌의 굴욕적인 참패의 보고를 받고 냉정을 잃고 감정에 치우쳐 상황판단을 하지 못해다. 과달카날의 미군의 무기와 병력과 작전도 파악하지 않고 무작정 돌격을 명령하였다.

17군 모모다께 사령관은 즉석에서 제2사단과 38사단으로 돌격을 명령하였다. 미군도 제7해병대 4,300명을 증파하였고, 육군 제164연대 3,000명을 증원하여 합 26,000여명을 방어하고 있었다. 일본군과 미군의 해군은 육군과 해군을 수송하면서 자주 해상에서 전투를 벌였다. 일본 제3함대 나구모 중장 부대의 류우쬬오고와 지도세가 미군 항공기의 공격으로 격침되고 미군 엔터프라즈 호도 직격탄 3발을 맞아 중파되었다.

일본 제2사단의 보급을 수송하던 고또오소장 부대는 미군 스코드소장 부대의 공격을 받고 전사하였으며 기함1척, 순양함 1척, 구축함 1척의 손실을 보았고, 미군은 중순양함이 대파되고 구축함 1척이 침몰, 1척이 중파의 손실을 보았다. 일본은 이 작은 섬에 국력을 모두 기울일 것까지는 없었는데 그들은 미군의 정보를 입수하여 작전하지 않고 감정에 치우쳐 전쟁을 하고 있었다. 전쟁은 소모전으로 치달아 일본에 매우 불리해 지고 있었다.

1942년 9월 29일, 17군 사령관 모모다께 중장의 명령으로 일본 제2사단 마루야마 중장은 라바울에서 과달카날 상륙을 위해 준비를 마치고 10월 6일 상륙을 하였다. 그리고 10월 15일 15,000명의 증원군이 과달카날에 상륙하였다. 1942년 10월 16일 정오, 마루야마 소장은 비행장을 공격하기 위하여 제일 앞에서 밀림지역 80킬로를 헤치면서 강행군하였다. 그런데 마루야마 소장과 나스 소장은 말라리아에 걸려 전투지휘를 할 수 없게 되어 겨우 21일 비행장에 접근하였다.

10월 24일 밤, 마루야마 소장은 불편한 몸을 가지고 총 돌격명령을 내렸다. 일본 병사들은 함성을 지르며 미군에게 돌격하였으나 이때 미군은 엄청남 물량의 화력과 병력이 보충되어 있어 일본 돌격부대는 미군의 화력 앞에서 제물이 되고 말았다. 날이 밝아 점검을 해보니 일본군의 수많은 시체만 남겨있어 마루야마 소장은 앞이 캄캄해지며 일본군 돌격의 한계를 깨달았다. 그러나 돌격밖에 다른 방법이 없어 25일 밤 다시 돌격을 감행했으나 미군의 엄청난 화력 앞에 일본 병사들은 풀잎처럼 쓰러져 갔다. 또 실패였다.

이틀 동안의 돌격에서 일본군 5,000여 명이 전사하였다. 일본 최정예 2사단의 돌격이 실패하자 스기야마 일본 육군 참모총장은 히로이또 천황에게 이번만은 자신 있다고 장담했었다. 그런데 실패한 것을 보고할 일을 생각하니 등골이 오싹할 지경이었다. 일본 대본영은 제2사단의 돌격이 실패하자 제38사단과 51사단을 재투입하여 총 28,000명과 야포 300문과 3만톤의 군수물자를 지원하여 1942년 12월, 치욕의 패배를 만회하겠다고 작전을 세우고 있었다.

미군도 일본군이 강력하게 공격해 올 것을 판단 제8해병대와 제182연대, 그리고 132연대를 추가 상륙시키고 미 제2보병사단 12,000명과

25보병사단 15,000명을 추가 상륙시키고 총 5만 병력으로 철통같이 방어 준비를 하고 있었다. 또한 14군을 통합하여 피치 소장의 지휘아래 일본군의 반격에 맞서 철저한 준비를 하고 있었다. 미군도 과다라날서 전쟁의 기승을 잡아야 한다고 판단, 전력을 다하고 있었다. 일본군 38사단은 최후 돌격을 하였으나 미군의 완강한 방어에 어떻게 해볼 도리가 없었다. 일본군의 돌격은 머리를 대포 앞에 들이밀어 머리통을 날리는 무모한 자살뿐이었다. 10,000여 명의 전사자를 내고 38사단의 돌격도 실패로 끝나고 말았다.

일본 8함대 제2항공함대장은 과달카날에서 더 피해가 있기 전에 일본군은 철수해야 한다고 야마모도 사령관에게 강력히 건의 하였다. 42년 12월 25일 육군과 해군은 과달카날에서 철수문제를 가지고 격렬한 논쟁을 벌려 회의장은 난장판이 되었고, 이 회의 설전은 3일 밤낮을 계속하여 결국 43년 1월~2월 사이 철수하기로 결정하여6개월 동안 엄청난 손실만 보고 밤중에 도망쳐야 했다.

일본 정부와 군부와 국민의 자존심은 망신창이가 되어 이때부터 일본군은 급속도로 패전만 연속하여 과달카날의 패전이 일본군 패전의 한 분기점이 되었다. 미드웨이와 과달카날전투에서 대승한 미군은 여세를 몰아 3개 방면에서 공격하였다.

	과달카날에서의 피해	
	미 군	일 본
병력투입	5만	33,000명
전 사	1,598명, 부상 7,400명	8,200명, 부상11,000명
함 정	24척(12만톤)	24척(17만톤)
항공기		항공기 893대파괴, 조종사2,363명 전사

　제1방면 필리핀 탈환을 위하여 맥아더 장군과, 하와이에서 일본 본토를 상륙하기 위한 니미츠 장군과, 뉴기니아에서 시작하는 할제이 장군 등 3개 방면에서 일제히 반격이 시작되었다. 일본이 과달카날과 미드웨이 해전에서 대패한 이유는 미군을 무시한 오만 방자한 작전 때문이며 하나님은 여러 면을 통하여 일본을 협력하지 않았기 때문이다. 특히 후술하겠지만 야마모토 사령관 죽음과 후임 오또 사령관의 죽음이 그 좋은 예이다.

　1943년에 들면서 미군은 일본보다 전력이 앞서기 시작하였다.

	1941년	1943년
함　　　정	1.076척	4,167척
군　　　함	383척	613척
항 공 기	1,744대	1,826대

　항공모함 5척, 경항공모함 5척, 호송 항공모함 6척 등이 증강되었다. 모든 무기 탄약 부식 등은 일본과 비교가 되지 않고 있다. 특히 항공기의 고도와 속도와 항속거리에서 일본 항공기는 미군의 항공기를 따를 수 없으며, 초전에서 일본의 제로 전투기는 우수한 전투기였으나 1년이 지난 1943년에는 제로 전투기가 미군 항공기들에 위협이 되지 못하였다. 그것은 미군 항공기는 방타시설과 연료탱크의 폭발을 차단시키는 장치가 있으나 일본 항공기는 그런 시설이 없어 총 한 방만 맞으면 성냥갑 같이 폭발하였다.

　미군 항공기는 제로전투기가 아무리 공격해도 파괴되지 않았다. 일본은 과달카날 전투에서 많은 항공기를 잃었으나 미군이 항공기를 잃지 않은 것은 기술 차이며, 미군은 인명을 존중 사망자를 줄이려는 기술 연구에 몰두했으나 일본은 인명을 경시 돌격형으로서 기술개발을 하지 않은 오만한 자세에서 격차는 커지고 있었다. 미국의 철강 생산은 연 2,700만톤인데 비해 일본은 고작 700만톤이며, 미군은 미드웨이 해전과 과달카날 전투에서 대승하여 자신과 사기가 충전하고 온 국민이 단결되어 있을 때, 일본은 연속 패전하여 자신을 잃고 서로 싸우고 원망하는 데서 사기가 떨어져 패망의 길을 재촉하고 있었다.

4. 모래스비 참패

일본 연합함대 사령부가 있는 트럭섬을 보호하기 위하여 야마모도 사령관은 과달카날 패전 후 뉴우기니아 포오트 · 모래스비를 1943년 7월 21일 호리 소장부대 12,000명으로 상륙을 시도했으나 호리 소장도 풍랑을 만나 사망하고 거의 전멸되었다. 호리 소장 후임으로 오다 소장이 총지휘하여 돌격을 시도했으나 대패하고 오다 소장도 자기 부관과 함께 권총으로 자살함으로 모레스비 점령계획이 좌절되었고, 이 작전에 2만여 명을 투입했으나 살아서 돌아온 자는 3,400여명뿐으로 참패를 하였다.

야마모도 사망

일본 연합함대 사령관 야마모도 대장은 부하들의 사기를 높이기 위하여 전선 부대를 시찰하려고 1943년 4월 18일 오전 8시 참모장 우가끼 주아장과 참모 27명을 데리고 트럭섬을 출발하였다.

야마모도는 트럭섬을 출발하기 앞서 전방시찰의 계획을 무전으로 전방 각 부대에 타전하였다. 미군은 이 무전을 해독 야마모도의 순시일정을 알게 되어 치밀한 계획을 세우고 야마모도의 일행을 기다리고 있었다.

미 공군 미첼 소령은 4월 18일 9시 45분 기다리고 있던 야마모도 일행의 6대의 대형비행기가 나타나자 18대의 전투기로 벌떼같이 달려들어 1번기 야마모도가 타고 있는 비행기를 두동강 내버렸다. 일본의 영웅 야마모도는 59세의 나이로 불타는 비행기 속에서 왼손은 칼집을 잡고 오른손은 칼을 잡고 처절하게 죽었다. 그는 확전을 주장하였고, 진주만 기습 총지휘자였고, 미드웨이 작전의 실패로 이 전쟁의 책임을 면할 길이 없어 연속패전의 쓰라림을 맛보면서 죽어야 했다. 우가끼 참모장도 같은 죽음을 당하였다.

일본 연합함대 사령관은 고가 대장이 발령되었으나 그의 차에는 해군마크가 없었으며 군복을 입지 않고 다닐 정도였다. 일본군은 사라모 전투에서 대패, 알류선 열도의 아츠도, 키스카에서도 대패 마샬군도에서도 대패하여 미드웨이 해전 후 연속 패배만 하고 있었다.

5. 트럭 해군기지 참패

태평양에서 일본 해군의 최대기지는 트럭섬으로 여기에는 일본 연합함대 사령부가 주둔하고 있는 최대의 해군기지이다. 트럭섬이 미군에 의해 점령되면 일본의 해군 기지가 태평양에서는 없게 되어 재해권을 잃게 되며 일본군은 작전에 막대한 어려움이 따르게 된다.

1944년 2월 12일 스풀르언스 대장이 지휘하는 미 기동부대가 트럭섬의 연합함대를 공격하기 위하여 메쥬로섬을 떠날 때 일본 연합함대는 일본 본토로 살짝 철수하였다.

트럭섬을 방어하고 있는 일본 해군 제4함대 사령관 고바야시 중장은 2월 16일 장병들에게 휴가 외출을 보내었다. 미군은 이때를 틈타 17일 오전 4시 55분 부대 내에 장병들이 없는 틈을 타 미 제8기동부대가 총출동하여 트럭섬 일본 해군기지에 우박 같은 폭탄 세례를 퍼부었다. 일본군은 반격 한번 못하고 전투 한번 못하고 처참하게 폭격을 받고 있었다. 비행장에 물려있는 143대의 항공기는 강타당하여 완전 파괴되었고, 격납고에 안전하게 모셔둔 135대의 항공기도 엄청난 폭탄으로 강타당하여 6대만 제외하고 129대가 파괴되었으며, 항구에 정박 중이던 함선 10척, 수송선 36척도 격침되었다. 저장연료 130,000톤이 폭발하였으며 전차 3대도 완파되었다. 장병 7,200여명이 전사하였다. 미군이 섬 전체를 포위하여 섬에 있는 일본군 5만명은 아사 하던가 자결을 해야 하는 처참한 상황에 빠졌다.

연합함대 사령관 고가는 이 엄청난 공습을 바라보면서 어이가 없어 트럭섬을 떠나 파라오로 가는 도중 해상에 돌풍을 만나 탑승자 전원과 함께 3월 31일 사망하였다. 일본군은 비참하였고 암담하였다. 이것은 분명 하나님의 심판이었다. 라바울에 끌려갔던 한국인 위안부 500여명도 모두 죽음을 당하였다.

6. 미얀마 인파알 참패

남방군 총사령관 우찌 대장 밑에 가와배 중장의 미얀마 방명군 사령부가 있고, 그 밑에 노구교사건 때 북경주둔 여단장을 지낸 무다구찌 중장의 15군이 있었다. 15군 밑에 5사단, 18사단, 33사단, 56사단, 15사단이 배속되어 미얀마 방면을 방어하고 있었고, 미얀마국경 인팔 작전에 동원되었다.

15군 사령관 무다구찌 중장은 노구교사건 때 현지 연대장으로서 중일전쟁을 일으킨 과격파 인물이다.

무다구찌 중장은 참모들과 일본 대본영에서도 반대하는 인파알을 점령해야 한다고 주장하면서 20일 안에 점령하겠다고 호언장담하여 도오쪼오 수상은 43년 12월 31일 작전을 허락하였다. 무다구찌의 인파알 점령계획은 2개 사단으로 방어하고 3개 사단으로 포위 점령한다는 작전으로 군수품 수송은 인력과 코끼리로 한다는 것이다. 이에 비해 미군은 미얀마방면 방어에 4만 병력과 70대의 비행기가 있었다. 일본의 남방군 총사령부 병력은 10개 사단이나 미군과 영국군은 25개 사단이며 항공과 해상은 미군이 장악했으며, 작전이 전개되면 미군과 영국군의 병력지원과 군수품지원은 충분하나 일본군은 한계점에 있었다.

1944년 1월 30일 무다구찌 중장은 미군에 속해있는 중국군 38사단을 일본군 1개연대로 포위 섬멸하도록 명령하여 일본군이 돌격하다 첫 전투에서 대패하고 56연대장 나가희사는 패잔병을 이끌고 도망쳐 버렸다. 무다구찌는 상대의 정보를 수집하여 공격하는 것이 아니라 이토록 오만 방자한 자세로 오직 돌격밖에 모르는 전법으로 싸우다 첫 전투에서 참패의 고배를 마셔 위신이 땅에 떨어졌다. 일본군의 연전연패는 이러한 오만 방자한 자세, 안이한 주먹구구식 작전 때문이다.

무다구찌 15군 예하부대는 1944년 3월 15일부터 인파알을 향해 밀림지대를 계속 행군하다 보니 말라리아 전염병과 군수품 보급이 점점 문제였다. 3천마리 코끼리로 보급을 수송하고 있으나 미군 항공기의 공격을 받으면 코끼리들이 도망쳐 버리고 항공기가 보급을 차단하고 있어 일본 본국에 항공기 지원과 자동차 지원을 요청했으나 전혀 지원이 없었다.

대신 미군은 모든 군수품 수송을 항공기로 하고 있으며 병력 수송도 항공기로 하고 있었다. 미군은 일본군 보급을 차단하는데 주력을 하자 일본군은 탄약과 급식이 문제가 되었다.

미군 제17사단은 토이탐에서 가까운 싱겔마을에서 일본군 33사단의 사사하라 연대와 전투를 하고 있을 때 일본군에 의해서 퇴로가 차단되어 퇴로를 뚫고 철수해야 할 형편이기에 인파알에 있는 미군 23사단 1개연대가 3월 14일 17사단의 퇴로를 뚫는데 돕기 위하여 떠나자 일본군 정찰병은 이것이 미군 전체가 철수한다고 잘못 보고하여 무다구찌로 하여금 판단을 잘못하게 하여 작전에 치명타를 주었다. 무다구찌는 이 잘못된 정보를 확인도 하지 않고 싱겔 마을의 17사단 퇴로를 열어주자

17사단은 오히려 역습을 하였다. 3월 23일 33사단 사사하라 선봉연대가 전멸되었다. 일본군 33사단은 미군 17사단이 1,500대의 차량과 3,000여대의 항공기 지원으로 반격하자 33사단은 비센풍에서 진격을 못하고 있었고, 31사단도 전진을 못하고 15사단도 산재크에서 포위가 되었다. 그리고 곧 장마철이 시작되며 먹을 것이 떨어지고 있었다. 일본군은 사면초가로서 전멸 직전이 되었다. 무다구찌 중장은 대본영에 그토록 군수품 보급을 요청하였으나 탄약 1발, 쌀 1톨을 지원 받지 못하였다.

이 사실을 안 미군 총사령관 바텐장군은 43년 5월 1일 제14군 사령관 슬림 중장에게 총 반격명령을 내렸다. 일본군 31사단장 사또오 중장은 1만여명의 자기부하가 적의 총탄에 죽는 것이 아니라 배가고파 전멸직전에 있는 것을 통탄하고 상부의 명령을 거역하고 "우리의 적은 상부의 과격분자들이다" 라고 하면서 전원 후퇴명령을 내렸다. 무다구찌 15군 사령관도 더 이상 어떻게 할 방법이 없어 작전을 포기하고 43년 7월 9일 총 후퇴명령을 내렸다.

이로 인하여 미군이 총 추격하자 양식이 없어 굶어죽고, 총탄에 맞아 죽고, 강물이 범람하여 죽고, 말라리아에 걸려 죽어 일본군은 사면초가가 되었다. 일본군 안에서는 적탄의 소리가 요란한 것이 아니라 자살 총소리가 요란하였다. 이때 마루야마 소장도 자살하였다.   일본군 총 참가자 10만 중에서 전사 3만, 부상 2만, 환자 3만, 전투를 할 수 있는 병력 2만 정도로 일본군은 참패로 끝났다. 일본은 육지에서 해상에서 연전연패를 계속하여 패망을 재촉하고 있었다.

7. 사이판섬의 참패

일본 도오쪼오 수상은 사이판섬은 방어진지가 견고하기 때문에 미군이 쉽게 공격해 오지 않을 것이라고 안이하게 주먹구구식 판단을 하고 있었다. 일본군의 연전연패의 원이이 오만 방자한 안이한 판단 때문이라는 것을 그들은 아직도 깨닫지 못하고 있는 것 같았다. 그러나 미군은 사이판섬은 일본 본토와 250마일 떨어진 곳으로 사이판 섬을 빨리 점령해야 일본 본토에 항공기들이 폭격할 수 있기 때문에 사이판 섬의 공격에 대해 치밀하게 연구하였다.

특히 토치카가 견고하기 때문에 토치카 폭파를 위하여 특수 폭탄을 제조하였고, 세계 무적의 B29 장거리 폭격기 생산에 성공하였다. 여기에 미군은 자신을 얻어 예정보다 4개월 앞당겨 사이판섬을 공격하여 일본의 방심한 허를 찌르기로 작전을 세웠다.

미군은 43년 6월 13일 스플르언스 장군의 기동부대 23척이 한 시간동안 숨 쉴 틈도 주지 않고 사이판 섬 해변을 공격하였다. 이어서 올렌돌프 중장의 42척의 전함이 14일 숨 쉴 틈도 주지 않고 폭탄을 퍼부었다. 그리고 항공기가 집중폭격을 하였다. 해상에서 함포사격을 2시간 동안 계속한 후 44년 6월 25일 오전 8시 30분 144척의 일진 8,000여명의 해병이 사이판 섬에 상륙하여 교두보를 확보하였다.

사이판 섬의 방위사령관 사이또 중장은 사이판 섬의 앞바다에 있는 775척의 미 군함들을 보고 탄식을 하였다. 사이판 섬의 방어병력은 3만여 명뿐이며 해상과 공중을 장악하지 못하여 보급이 끊어져 싸울 수 없는 일본군의 형편과 미군의 육·해·공군의 입체작전을 보자 정신이 없었다.

오후 7시경 미군 2만여 명이 상륙을 끝냈고, 항공기 891대는 지상군을 계속 엄호하고 있었다. 미군은 정확한 정보에 의한 육·해·공군의 입체작전을 펼치고 있었다.

1944년 7월 15일 사또오 중장은 15일간의 전투에서 18,000여명을 잃었고, 7월 24일 대본영은 사이판을 포기하기로 결정하였다. 사이판은 완전 전멸 위기에 처하게 되었다. 사이또오 중장은 일본이 미군과 싸운다는 것이 얼마나 무모하고 어리석은 일이라는 것을 절실히 깨달았으나 사이판 섬에 고립된 그는 어떻게 할 방법이 없었다. 섬 안에는 유명한 나무모 해군 중장도 있었다.

그는 자기 기동함대를 이끌고 선봉에 서서 진주만을 기습하여 전쟁을 시작해 놓고 이제는 불행하게 해상이 아리나 육지 동굴에서 죽음을 결정, 바위에 앉아 자기의 권총을 머리에 대고 방아쇠를 당겼다. 사이또오 중장도 바위 위에 앉아 칼끝으로 아랫배를 무우 찌르듯 푹 찔렀으나 숨이 떨어지지 않아 신음하였다.

그 모습을 모던 그의 부관이 권총으로 머리를 쏘니 꿈틀꿈틀하던 그의 몸이 움직이지 않았다. 이렇게 사이판섬의 전투는 일본군의 참패로 끝났다. 이 전투에서 미 해병 1,437명, 보병 3,674명, 합 5,111명의 사상자가 생겼고 일본군 전사 31,629명으로 거의 전멸하였고, 1,000여 명이 살아서 산 속의 거지가 되었다.

여기 노무자 중 한국인 73명도 확인되었다. 일본은 사이판 섬의 전투를 통하여 미군의 전력을 알게 되어 그들이 얼마나 오만 방자 했던지를 알 수 있었다. 이때 도오쪼는 하루라도 빨리 전쟁을 끝내야겠다고 판단하고 있었으나 과격파 군부 때문에 좌절되고 말았다.

1941년 12월부터 1944년 7월까지 일본이 상실한 선박은 450만톤인데 비하여 생산은 200만톤이므로 전쟁을 계속할 수 없다는 결론이 나온 것이다. 비행기는 28,000여대가 있으나 광범위한 지역을 방어하기란 역부족이었다. 일본은 철 생산량이 부족하여 교회의 종과 민간인의 집 철대문가지 떼어 갔다. 이러고서야 어떻게 전쟁에서 이길 수 있겠는가? 일본의 국력은 한계에 도달한 것이다. 일본군 수뇌들은 미국에 대해서 과소평가하면서 오만방자한 마음으로 전쟁에 임하였으나 전쟁의 참패로 인해 미국의 국력을 시인하게 되었다. 그러나 이때는 이미 때가 늦어 위기가 몰려오고 있었다.

8. 필리핀 전투의 참패

일본군은 미군이 필리핀 공격을 하려면 상당한 시간이 필요할 것이라는 안이한 판단을 하고 있었다. 그러나 미군은 4개월의 예정을 앞당겨 일본군이 방심한 허를 찔렀다. 미군은 필리핀의 레이테 섬을 1944년 10월 20일 공격하기로 결정하였다. 필리핀 주둔 일본군 사령관 아마시다 대장은 방어준비에 전력을 다하고 있었다.

미군이 레이테 섬에 상륙하기 위하여 집결하자 일본 연합함대도 미군의 레이테 섬 공격을 저지하기 위하여 출동하였다. 일본 해군은 미 해군의 주력부대를 룻손 섬으로 유인하고 그 틈을 이용하여 레이테 섬에 돌입한다는 작전을 세우고 3대로 나누어 항진하였다.

일본의 오자와 함대가 미군 7함대를 루손 섬으로 잘 유인한 후 1944년 10월 24일 구리 함대 38척의 산베르날지 해협을 무사히 통과하였다. 이때 맥아더 장군 상륙부대 20만이 734척의 군함과 수송선으로 레이테 만을 향해 진행 중인 것이 발견되어 25일 아침 구리 함대는 이 부대를 공격 항공모함 2척, 구축함 3척을 침몰시키고 항공기 100여대를 파괴시켰다. 맥아더장군 상륙군 20만은 위기에 몰렸다.

그런데 구리함대는 이상하게 맥아더장군 상륙군 호송선을 공격하지 않고 후퇴하였다. 구리다 중장은 엄청난 판단 착오로 실수를 범하였다. 26일 아침 구리다 함대는 미 7함대 올렌돌프 중장의 공격을 받았다. 구리함대 선발부대인 니시무라 부대가 일렬종대로 항진해오자 미 7함대는 이를 포위 섬멸하여 전함 5척을 침몰시키고 시시무라 중장도 전사하였다. 미군 보오건 부대의 항공기 59대가 여세를 몰아 구리함대를 공격하자 구리함대의 대공포는 미군기 20대를 격추시켰다. 미군 제2차 공격기 35대, 제3차 65대, 제4차 25대, 제5차 80대가 쉴쉴 틈도 없이 연속 공격을 하자 세계적인 거포라고 자랑하던 46센치 거포로 무장한 무시시전함은 한 번도 활용하지 못하고 침몰되었으며 세계적인 명포수 이구찌 소장도 자살함으로 전함과 함께 물속으로 가라앉고 말았다. 구리함대가 후퇴하자 연합함대 사령관 도요다 대장은 다시 돌격명령은 내렸으나 싸울 의사가 없었다.

미군 니미츠 대장은 전 미군 함대에 오자와 함대를 공격하도록 명령하였다. 그리하여 오전 8시부터 오후 5시까지 3차례에 걸쳐 350대가 쉴쉴 틈도 없이 연속 공격을 하였다. 연속 공격의 집중타가 많은 실효를 거두고 있었다. 오자와 함대도 밤 11시 도망치고 말았다. 오자와 함대는 전함 3척이 침몰되었다. 오자와 함대는 구리 함대와 연락하기 위하여 아무리 무전 교신을 하여도 연락이 되지 않아 구리 함대의 전황을 알 수 없었다.

후퇴하는 구리 함대는 또 미군 스프레이 소장의 기동함대를 만나 치열한 공방전이 벌어졌다. 이때 일본군은 일명 '자살 특공대'를 조직하였다. 일본 항공기가 폭탄을 만재하고 일직선으로 함대를 향해 공격할 때 미군도 여기에는 어쩔 수 없었다.

구리 함대는 항공모함 4척, 저함 3척, 순양함 6척, 경순양함 4척, 구축함 11척 등 총 30척을 상실하여 일본 해군은 결정적인 치명타를 입었다. 구리 함대는 연료가 떨어져 불안해하였고, 오자와 함대와 교신이 되지 않자 불안은 더해만 갔다. 밤낮 계속되는 전투에 장병들은 정신이 없이 만신창이가 되었고 결국 본국으로 도망쳐 버렸다.

필리핀에 있는 일본군은 해군이 후퇴함으로 탄약과 부식을 지원받지 못하여 고립되었다. 미군은 필리핀 레이테 섬에 상륙하여 일본군 소탕전을 벌였다.

필리핀 방어사령관 야마시다 대장은 2개월간 필사적인 저항을 계속하였으나 군수품이 없어 싸울 수가 없었다. 일본 본토에서 군수품을 수송하는 9척의 수송선이 침몰되자 실탄 한발, 쌀 한톨 지원받지 못하고 있었다. 레이테 섬에서 일본군 5만 6천명이 전사하고, 필리핀에 있는 일본군은 미군의 육·해·공군의 입체작전과 풍부한 군수품, 막대한 화력을 막을 길이 없었다.

야마시다는 전쟁이 돌격만 가지고는 되지 않음을 깨닫고 2월 5일 저항을 포기하였다. 미군은 17개 사단으로 배가 되는 일본군 32개 사단을 괴멸시켰다. 일본군은 필리핀에서 40여만 명을 희생시켰다. 군수품이 조달되지 않는 한 그 많은 군인과 돌격정신을 가졌어도 패전한다는 좋은 교훈을 남겼다.

고노에 수상은 전쟁을 빨리 종결시켜야 한다고 히로히도에게 간청하였으나 군부의 강경파 때문에 뜻을 이루지 못하고 총사퇴하고 말았다.

9. 오끼나와 참패

미군은 1945년 2월 19일 유황도 공격, 4월 1일 오키나와 공격을 하기로 작전을 세웠다. 유황도 공격에는 스플르언스 대장이 총지휘를 하게 되었고 삼군사령관에 터너 중장이 임명되었다.

일본의 유황도 방어군은 사령관 구리바야시 중장의 휘하 1만 5천명과 이찌마루 소장의 해군 7천5백명, 합 22,500명이 방어를 하고 있었다.

1945년 2월 19일, 미 해군 전함 495척은 유황도 앞바다를 덮어 장관을 이루며 2시간 동안 소나기 같은 함포사격을 한 후 7만 5천명이 상륙하기 시작하였다.

군목의 기도를 마친 해병 1진 1만5천명은 500척의 상륙용 주정에 의하여 오전 8시 상륙을 시작하여 오후까지 3만여 명과 전차 200여대가 상륙을 끝냈다. 이때 상륙으로 전사 2,400여명의 희생이 생겼다.

2월 25일 격전의 283고지는 미군이 6회 일본군이 5회를 점령할 정도로 치열한 공방전이 벌어져 미군은 6,950명의 사상자를 낼 정도였다. 283고지 일본 방어책임자 치따 소장은 3월 8일 동굴에 남아있는 병사와 함께 전원 자살하였다.

1945년 3월 17일 구리바야 중장은 잔존 병력에게 최후 자살돌격을 명령하고 그는 참모장 다가이씨와 함께 자살하였다. 결국 유황도는 미군이 점령하게 되었다. 이 전쟁으로 일본군은 전사 22,000명, 포로 212명, 미군 전사 24,800여명이 생겼다. 태평양전쟁 중 가장 치열하였으며 미군의 희생도 컸다.

일본의 오키나와 방어 책임자는 우시지마 중장으로 이곳에는 2개사단 1개여단이 방어하고 있었다. 예정보다 4개월 앞당겨 오키나와에 상륙하기 위하여 1,300여척의 전함과 1,700여대의 항공기, 45만 2천명의 병력이 오키나와 앞바다에 대기하고 있는 모습은 일대 장관이었고, 일본군에게 미군의 국력을 과시하는 것 같았다.

일본군은 미군이 쉽게 오키나와를 공격하지 않을 것이라고 판단하고 방어에 소홀히 하고 있을 때 미국은 엄청난 전력으로 공격해 왔고, 오끼나와 앞바다의 함선을 본 일본군은 탄식을 하였다. 여기서 일본과 미국의 국력차가 얼마나 크다는 것을 일본군은 절실히 깨달았으나 패전 직전이므로 어떻게 할 도리가 없는 상황이었다. 1945년 4월 1일 오전 9시, 엄청난 함포사격의 지원 아래 미군 1진의 상륙개시도 하루동안 18만이 상륙해도 일본군은 이상하게 별 저항이 없었다.

일본군 우시지마 사령관이 방공호 속에서만 계속 저항하자 4월 5일 대본영에서는 비행장을 향해 공격명령을 내렸다.4월 6일 우시지마는 부하 장병들에게 공격명령을 내려 치열한 전투가 시작되었다. 4월 19일 640대의 항공기가 오키나와 상공에 융단폭격을 가하여 일본군 야포 380문의 절반을 파괴하였다.

일본군은 미군의 폭격을 피해 참호 속에서만 저항하게 되었다. 물이 고인 참호 속에서 15일 이상 싸우다보니 몸이 만신창이가 되고, 더욱이 탄약과 부식이 보급되지 않아 더 싸울 수가 없게 되었다. 일본군은 오키나와 전투를 하는 동안 1,000대의 비행기를 잃었고, 미군은 100여척의 함정을 잃을 정도로 치열하였으나 미군의 육·해·공군 입체작전과 엄청난 화력 앞에 일본군은 도저히 방어할 방법이 없었다. 1945년 6월 21일 밤 우시지마 중장과 참모장 쵸오는 바위 위에 흰 천을 깔고 무릎을 꿇고 머리를 숙이자 부하가 두 사람의 목을 쳤다. 이 전투에서 미군 전사 12,000명 일본군 전사 10만명 포로 7,000명이었다.

오키나와 전투 때 일본 해군은 자살특공대를 조직, 315대의 항공기로 미구축함을 일직선으로 공격하여 미 군함 15척을 침몰시켰다. 4월 6일 세계의 거함 야마도가 오키나와 일본군을 돕기 위해 일본항구를 떠나 항해중이었고, 제2함대 이또오 중장도 구축함 8척을 거느리고 뒤를 따랐다. 이들은 항해중 4월 6일 오전 8시 30분, 미 잠수함에 발견되었다.

일본의 제2함대를 공격하기 위하여 미 제58기동함대가 긴급 출동 추격하여 4월 7일 오전 8시, 미쳐 중장은 386대의 항공기에 제1차 공격을 명령하였다. 12시경 386대가 야마도를 공격하자 세계의 거함 7만톤급 야마도도 3천3백명이 일제히 대공포를 쏘았다.

그리하여 그 일대는 장관을 이루었다. 1차 공격이 끝나자 2차 126대가 공격하였고, 2차 공격이 끝나자 3차 공격, 3차 공격이 끝나자 150대가 4차 공격을 가해왔다.

숨 쉴 틈 없이 연속으로 공격을 받자 야마도는 도저히 견디어내지 못하고 침몰되어 갔다. 제2함대 사령관 이또오 함장과 야마도에 있는 해군 3,300명 중 3,200명은 야마도와 함께 서서히 침몰되었다. 제2함대 10척 중 6척이 침몰되고 4척은 일본 항구로 도망쳐 버린 후 일본 해군은 해상에 얼씬도 못하였다. 야마도는 미 항공기 800여 대의 벌 떼공격을 받고 비참하게 침몰되었고 이 소식은 일본 해군에게는 큰 충격이 되었다.

1945년 3월 10일 일본 육군 기념일에 미 공군 B29기 150여 대가 2시간동안 동경시내에 융단폭격을 하여 12만 9천여 명의 사상자를 낼 정도가 되었어도 일본군은 미군 B29 폭격기를 제지할 방법이 없었다. 일본 국력의 한계가 온 것이었다. 일본 전 지역이 B29기의 무차별 폭격으로 거의 폐허가 되었다. B29기는 서울 상공에도 나타났으나 폭격은 하지 않았다.

10. 원폭투하와 전쟁종결

고이소 내각은 전쟁 종결을 위하여 중국인 무빈을 통하여 장개석 정부와 접촉을 하다 시게미스 외상과 육군측의 반대에 부딪쳐 뜻을 이루지 못하자 총사퇴하고 말았다. 일본 안에서는 항전파와 화평파로 갈리어 심각한 상황이 벌어졌다.

일본 정부는 전쟁을 종결하기 위하여 해군 대장출신 79세의 귀가 어두운 스즈끼를 수상으로 추대하여 될 수 있는 한 빨리 전쟁을 종결하려 했으나 군부가 완강히 반대하여 진전이 없었다. 스즈끼 수상은 7월 13일 소련에 화평을 알선해 줄 것을 요청하였으나 스탈린은 대 일본전에 참전하기 위하여 거들떠 보지도 않고, 7월 17일 포츠담회의에 참석하였다. 이탈리아의 뭇솔리니가 1944년 7월 27일 총살을 당하여 이탈리아가 항복하였고, 독일의 히틀러도 1945년 4월 30일 자살함으로써 5월 8일 독일은 무조건 항복하였다.

　도오고오 일본 외상은 일본이 미·영·소·중 등 세계와 싸워야 하며 소련이 일본과 전쟁을 하게 되면 협상 가능성도 희박하여지기 때문에 결국 무조건 항복밖에 길이 없으므로 소련과 전쟁을 하기 전 전쟁을 종결지어야 한다고 주장하였으나 과격파 장교들 때문에 표면적으로 협상을 하지 못하고 있었다.

　1945년 7월 28일 스즈끼 수상은 포츠담선언을 수락하고 싶었으나 주전파인 본토결전을 주장하는 육군 과격파 장교들에게 강요되어 "포츠담선언은 문제가 안된다."라고 묵살하였다. 미군은 티베츠 대령의 509 혼성부대를 편성하였고, 태평양지구 육군전략 공군사령관 스파이쯔 대장은 8월 3일 이후 일본의 공업지대 가운데 4곳을 선정하여 원자폭탄을 투하하도록 디베즈 대령에게 명령하였다.

　티베즈 대령은 1945년 8월 6일 B29 7대를 동원하여 5톤짜리 원자폭탄을 오전 0시 15분에 히로시마에 투하하여 몇 시간 만에 초토화하였다. 사망자는 20만이었다. 이어서 두 번째로 8월 9일 11시 8분 나가사키에 핵폭탄을 투하하여 사망 35,000명, 중경상자 6만명이 발생하였다.

　소련은 1945년 8월 9일 자정에 육군 150만, 항공기 5,600대, 전차 3,000대를 동원하여 3개 방면에서 일제히 만주를 향해 소만국경을 넘었다. 일본 관동군은 24개 사단 9개 혼성여단 합 78만으로 방어하고 있었으나 보급이 뒤따르지 못하고 화력이 미약하여 소련군의 적수가 되지 못하여 파죽지세로 밀리기 시작하였다.

　8월 9일 소련군은 두만강을 건너 웅진 나진을 공격하였고, 소련 항공기의 공격을 여러차례 받자 한반도에 있는 35만의 일본군도 저항을 못하고 밀리기 시작하였다. 일본군은 이런 상황에서도 500만의 일본군이 있다는 것만 가지고 허세를 부리고 항복을 하지 않고 있었다.

　8월 10일 새벽 1시 히로히토가 있는 지하 방공호실에서 최고 전쟁지도위원을 비롯한 6명 등 11명이 전쟁종결에 대해서 회의를 할 때 히로히토는 일본 외상이 주장하는 "천황제를 유지한다는 유일한 조건으로 포츠담선언을 수락키로 결정 한다"라고 결정하였고, 히로히토의 항복방송을 8월 15일 정오에 하기로 결정하였다.

  히로히토가 15일 항복에 대한 방송을 한다는 소식이 전해지자 다게시다 중좌, 하다나까 소좌, 시이자기 중좌 등은 동부군 사령관 다나까 대장에게 반란에 참가해 줄 것을 요청하였다. 그러나 그 제안이 거절 당하자 그들은 곧바로 고노에 사단장 모리 중장에게 반란에 참가해 줄 것을 요청하였다.

  하지만 그곳에서도 거절당하자 하나나까는 모리 중장을 권총으로 사살하고 그의 처남 시라이시 중좌가 대항하자 큰 칼로 왼쪽 팔을 내리치고 그의 배에 큰 칼을 꽂았다. 그리고 그들은 거짓명령서를 작성하여 모리 중장의 직인을 찍어 2개연대를 출동시키려 하였다.

  그들은 궁궐 안에 들어가 천황이 방송하려고 한 녹음테이프를 찾고 있었으나 찾지 못하고 날이 새어 동부군 사령관 다나까 대장이 반란군 진압에 나서자 이시자기 중좌, 하다나까 소좌 등은 단도로 배를 가르고 자결하였다.

  항복방송 저지 반란은 이렇게 실패하고 말았다.   예정대로 8월 15일 12시 히로히토의 항복방송이 전파를 타고 전 세계에 퍼지자 전 일본군 500만은 무기를 놓고 항복하였다. 그들은 1946년 말까지 귀국하였고 1949년까지 그들의 죄를 정죄하는 극동군사 재판이 계속되었다.

11. 항복방송

  나는 세계의 대세와 제국의 현재 상황에 비추어 비상한 조치로써 시국을 수습코자 이에 충성스런 너희들 신민에게 고한다. 나는 제국 정부로 하여금 미 · 영 · 중 · 소 4국에 대하여 그 공동선언을 수락한다는 뜻을 통고토록 하였다. 원래제국 신민의 강령을 도모하고 만반공영의 기쁨을 함께 함은 나의 조상의 유범으로서... 앞서 미·영 두 나라에 선전한 소이 또한 제국의 자존과 동아의 안정을 희구하는데 있었으며, 타국의 주권을 배척하고 영토를 침범하는 따위의 일은 당초부터 내 뜻에 있지 않았다. 뿐만 아니라 적은 새로운 폭탄을 사용하여 그 침해는 실로 헤아릴 길이 없게 되었다.

이제 더 이상 교전을 계속한다면 드디어는 우리 민족의 멸망을 초래할 뿐 아니라 나아가서는 인류의 문명을 파괴하게 될 것이다. 이렇게 되면 나는 무엇으로써 너희들 억조 신민과 나의 조상의 영에 보답할 수 있겠는가. 이것이 바로 내가 제국 정부로써 하여금 공동선언을 수락케 하기에 이른 이유이다. 나는 제국과 함께 협력한 여러 맹방에 대하여 유감의 뜻을 표하지 않을 수 없다.

제국 신민으로서 전선에 죽고 일터에 희생되고 비명에 쓰러진 자 및 그 유족에게 생각이 미칠 때 내 오뇌는 그 때문에 찢어질 것만 같다. 또한 전상을 입은 자, 재화로 인해 생업을 잃은 자의 후생에 이르러서는 나의 깊은 우려의 대상으로 되고 있다.

생각건대 후 제국이 마주치게 될 고난은 실로 심상치 않으리라 너희들 신민의 충성 또한 나의 깊이 통찰하는 바이다. 그러나 나의 시운의 추세에 따라 견디기 어려운 일을 견디고 참기 어려운 일을 참아 이로써 만세를 위하여 태평의 길을 열고자 한다. 만일 감정의 격함에 따라 함부로 사단을 일으키거나 혹은 동포 상호간에 시국을 혼란케 하여 대도를 그르치고 신의를 세계에 잃은 따위의 일이 없도록 나는 특히 이를 경고하는 바이다.

모두가 거국 일체 자손을 상전하고 굳게 신주의 불멸을 믿을 것이며 책임은 무겁고 길은 멀다는 것을 생각하여 총력을 장래의 건설에 기울일 것이며 도의를 돈독히 하고 지조를 굳게 하여 맹세코 국체의 정화를 발양함으로서 세계의 진운에 뒤지는 일이 없도록 하라. 히로히토의 항복 방송으로 15년의 전쟁이 끝났다.

일본 민족은 선택받은 민족이며 세계의 으뜸가는 종족이요, 대동아 공영권을 건설하자고 주장하면서 오만방자했던 그들은 패전하고 빼앗았던 땅도 내놓아야만 하였다.

또한 그 많은 장병을 죽이고 그 많은 군수물자의 손실을 보고 그들은 고향으로 비참하게 돌아가야 했다. 방송 전날 아나미 육상은 단도로 배를 갈라 자살하였다. 자살 특공대를 조직한 오오시니 군령부 차장도 자결하였다. 관동군 사령관을 지낸 혼죠오 헌병부장, 기꾸라동부군 사령관, 다나까 항공부장, 데라모도 중일 전쟁을 3개월에 끝내겠다고 호언장담한 과대망상증자 스기야마 등 이들은 모두 자결하였다. 태평양전쟁의 설계자 도오죠오는 자살미수에 그쳤고 고노에 전수상은 청산가리를 먹고 자살하였다.

일본 전 지역에서는 자살이 유행병처럼 번져갔다. 1945년 9월 2일 오전 9시, 일본의 항복식이 미주리 함상에서 맥아더장군과 일본 육군참모총장 우메즈 대장의 서명으로 이루어졌다. 일본 도오꾜오 육군사관학교에 설치된 극동군사재판소에서 1948년 4월 16일 전범자의 재판이 끝났다. 1948년 12월 23일 도오쪼오, 도히하라, 마쓰이, 부또오, 이다까기, 히로다, 기무라 등 7명이 교수형에 처해졌다. 973명은 사형, 358면은 종신형, 1,046명은 무기형, 3,075명은 유기형을 받았다.

이중 한국인 사형 23명, 무기형 125명, 포로 129명이었으며, 사형 23명 중 홍사익 중장이 포함되었으며 그는 마지막 옥중에서 예수님을 영접하고 늦게 믿은 것을 탄식하며 부관을 전도했다고 한다. 부관은 그때 예수를 믿고 일본에서 목사가 되었다. 일본은 중일전쟁으로 44만 6천명이 전사하였고, 안도오 대장은 자살하였으며, 오까베는 옥중 병사하였고, 중국에서 재판에 의하여 148명이 사형을 당하였고, 81명이 종신형, 22명이 유기형을 받았다. 일본군은 태평양 전쟁에서 20만이 전사하였다. 그러나 한국에서는 일본침략국을 처벌하는 재판이 없었다.

12. 조선총독부

소련은 미국의 요청에 의하여 예정보다 2일 앞당겨 45년 8월 9일 소만국경을 넘어 웅진, 나진, 청진, 함흥에 항공폭격을 가하며 상륙하자 조선주둔 17방면군은 일본 관동군에 편입되었고, 함흥의 37방면군은 소련의 공격을 저지하려 하였으나 적수가 되지 못하였다.

일본군 34방면군 쿠시하라 중장은 항복을 하기 위하여 소련군을 영접하였다. 소련군은 그 길로 남진하면 부산 목포까지 한반도 전역을 점령할 수 있었으나 미국의 요청에 의하여 38선 이남으로는 남진하지 않았다. 미군은 이때 오키나와에 있었다.

결국 38선 이북의 일본군은 소련에게 항복하고 38선 이남은 9월 8일 중앙청에서 미군에게 항복하였다. 해방은 되었으나 그로인하여 38선이 갈라지고 말았다. 일본은 패전하면서까지 한반도를 분단시켜 오늘에 이르게 하였다. 1945년 8월 15일 오전 6시 조선총독부 엔도오 정무총감은 여운형에게 "전쟁은 끝났다. 일본 거류민의 생명보호에 협력을 바란다."라고 요청하자 여운형은 즉시 정치범을 석방할 것, 치안활동을 일본인이 간섭 말 것 등 조건을 내세워 요청을 수락하였다.

여운형은 안재홍과 같이 즉시 건국준비위원회를 전국적으로 조직하였고, 여기에 교역자들도 다수가 참여하였다. 함흥의 일본 34군이 8월 22일 무장해제를 당하였다. 오키나와에 있는 미 24군 선발대가 1945년 9월 6일 김포비행장에 도착하였고, 9월 8일 20척의 미군 함정이 월미도에 도착하였으며, 오후 4시 20분 중앙청에서 아베 총독이 항복문서에

서명하여 36년 동안의 일장기가 중앙청에서 내려졌다. 그러나 태극기가 대신 올라가는 것이 아니라 성조기가 올라가고 있었다.

8월 24일 경원철도가 단절되어 분단을 실감나게 하였고, 만주에서 항복한 일본군은 한반도를 통하여 귀국하느라 한반도는 온통 일본 패잔병으로 들끓었다. 일본이 1931년 만주사변을 유발하지 않았다든가 아니면 만주만 점령하고 1937년 중일전쟁을 유발하지 않고 조선과 만주만 점령하고 미·영·소·중과 유대관계를 돈독히 하였다면 일본은 패망하지 않았을 것이며, 한반도의 해방도 어려웠을 것이다.

▲ 1945년 8월 17일 출옥한 성도들
위 좌로부터 최수옥전도사 주남서목사 고흥봉목사 김화준전도사 한상동목사.
앞 좌로부터 최정희 전도사 오윤선장로 손영복전도사 이기선목사 최덕기씨

그런데 일본 과격파 장교들은 중국과 전쟁을 완전히 끝내지도 않은 상태에서 미국과 전쟁을 하였다. 전쟁은 상대방의 심장부를 강타하지 않고는 승리할 수가 없는데 일본은 미국의 본토 심장부를 강타하지 않

고 쓸데없이 동남아시아를 공격하였다.

이런 작전을 가지고 일본이 미국을 상대해서 어떻게 승리하겠는가? 그리고 광활한 태평양과 동남아시아를 어떻게 방어한단 말인가. 정신이 돌지 않고는 이런 무모한 전쟁을 하 수 없다. 정신병자들에 의해서 일본은 패망을 자초하였다.

일본은 한국을 점령하여 36년 동안 온갖 만행을 저지르다 자기들이 판 무덤에 의해 멸망되고 말았다. 일본은 중일전쟁으로 44만, 태평양전쟁으로 20만의 젊은이들을 잃고 조선과 만주, 그리고 기타 점령지역을 다 내려놓고 자기네 나라로 도망치는 어리석은 일을 자행하였다.

일본의 패망으로 신사참배를 반대하여 옥에 갖혔던 많은 교역자와 한국의 정치범이라고 하는 항일세력 3만여 명이 석방되었고 징병으로 끌려간 20여 만명이 고국으로 돌아왔으며 노무, 정신대로 끌려간 약 90만 한국 백성들이 고국으로 돌아왔다.

교회도 신사참배에서 벗어나게 되었다. 우리의 해방은 굴하지 않고 목숨을 바치기까지 예수님을 배반하지 않은 50여명의 순교자들에 의한 하나님의 역사로 판단된다.

제4장
배 신 자

제4장 배신자

Ⅰ. 신사참배를 결의한 교역자들

1936년 8월 미나미는 조선총독으로 부임하여 총독부령 제76호를 발표하여 신사규칙을 정하였다. 미나미 총독은 한국민의 민족정기를 말살하기 위하여 1937년 7월 신사참배 강요와 일면에 일사를 설치하였으며, 1938년 3월 황민화교육을 위하여 조선교육령을 개정하고 1941년 1월 한국인에게 창씨를 개명하도록 하고 한국 말과 글을 사용 금지하여 완전한 일본인을 만들려고 하였다.

1934년 일본 문부성 안에 사상국을, 법원 안에는 사상 검사제를 설치하였다. 또한 1937년 '국민정신 총동원 중앙연맹'을 조직하였다. 1937년 4월 17일 훈령 제24호로 '사법법규개정 조사위원'의 설치규정을 발표하였다. 이 규정에 따라 1939년 11월 10일 '조선 민사령 개정의 건'(제령제19호)과 '조선인의 창씨명 변경에 관한 건'을 공포하였다.

이 령에 의해 1940년 2월 11일부터 전한국인의 성을 일본식 성으로 바꾸었고 1941년 1월부터 창시 개명하여 부르게 하였다. '성을 갈면 개자식이다'라는 종래의 우리의 관념을 버리고 모두 성을 갈아 씨족의 관념과 민족의식을 마비시키고 조선인과 일본인의 혈통을 구별 못하게 하여 잡종을 만들어 모두 개자식이 되게 하였다. 성을 바꾼 민족으로 부끄러운 민족이 되었다.

일본은 한국인의 독립사상을 말살하고 황민화정책으로 내선일체, 즉 한국민족은 일본 민족과 운명을 같이 하는 민족으로 일본민족과 함께 아시아 제 민족을 해방시켜야 할 주체라고 강조하고 대동아 공영권 건설에 동참할 것을 강조하며 일본을 조국으로 생각하게 하였다. 내선일체란 조선국을 철두철미 뿌리를 뽑아 완전한 일본화를 한다는 내용으로 완전한 일본화가 되려면 언어, 글, 성역사를 없애버리고 식생활과 생활풍습까지도 바꾸어 버리려고 한 것이 김치대신 다꽝이며 치마대신 몸배이며 어린이들 놀이도 고무줄 가지고 뛰어 놀도록 하였고 윷보다는 화토를 장려하여 의식구조를 완전히 바꾸어 다시는 일본에 항거하지 못하게 한 정책이다.

이런 정책을 골 빠진 목사들은 좋다고 찬성하였다. 아일랜드는 300년 동안 식민지 생활을 했고 유대인은 2000년 동안 나라 없이 살았지만 그들은 이렇게는 하지 않았다. 의식이 없는 사람은 짐승 같이 민족정기가 없는 민족은 망하고 만다.

신사참배는 이런 맥락에서 추진되는 일로서 기독교인들을 일본화하는 작업의 한 단계였던 것이다. 신사참배를 강요함으로 일본은 기독교인의 배일사상과 민족정신의 뿌리를 뽑으려하였다.

일본의 앞잡이 교역자들은 이러한 정책에 협력하여 하나님을 배신하며 조국을 배신하고 동역자를 배신하고 신사참배에 동조하였고 황국신민이 된 것을 감사하였다. 한국교회 지도자들은 예수 이름으로 세례 받은 것을 깨끗이 씻고 천조대신 아들이 되기 위하여 한강에서, 부산의 송도 앞바다에서 일본 귀신대장 ' 미스 기바라 ' 이름으로 세례를 받았다. 1944년 9월 경성 상동교회에 황도 문화관을 설치하여 갈홍기 목사를 관장으로 임명하고 류형기 목사 등은 교역자들에게 친일 교육사상을 교육시킨 후 이들을 한강에 끌고 가 ' 미스 기바라 ' 이름으로 세례를 주고 머리에 일장기 띠를 두르고 남산 조선신궁까지 구보시켜 신사참배를 하게 하였다.

해주장로교 김응규 목사는 천황사진에게 배례하기를 건의하여 배례를 할 정도였다. 해주 강태동감리교회 관리자 박봉근은 신자 20여 명과 함께 아예 자기가 다니는 교회를 폐쇄해 버렸다. 경남 조평리성결교회

신도들도 교회 사상이 일본 정신과 상용될 수 없다고 하여 해산시켰다. 교인들은 가정에 ' 가미나다 '라는 신사를 설치하고 거기에 ' 천조대신지궁 '이라는 팻말을 붙이도록 강요하였다.

신사참배를 반대하고 신앙을 지키기 위하여 정든 교회와 고향을 떠나 멀리 이역의 땅 만주로 이사한 은기호 집사를 한국인 목사가 일본 경찰을 앞세워서 고발하여 옥고를 치르며 탄식하게 하였다. 1937년 8월 1일 승동교회에서 ' 시국설교 및 기도회 '를 개최하여 내선일체를 재인식할 것과 일본의 전승을 위하여 매일아침 기도할 것 등을 결의하였다.

1940년 승동교회에서 조선신학원을 개설 담임목사인 차재명 목사는 '충량 유위한 황국의 기독교 교역자를 양성한다는 목적으로 수업 한다' 고 하였다.

1937년 5월 ' 경성기독교연합회 '라는 친일 어용단체를 조직하여 종교보국을 서약하고 7월에는 이 조직을 더욱 확대하여 ' 조선 기독교연합회 '를 조직하여 하나님과 민족을 배반하는 일을 하였다.

1938년 5월 친일 경성기독교연합회 부위원장인 정춘수 목사는 1938년 10월 감리교 내선일체를 위해 김영섭, 신홍우, 양주삼, 유형기 이윤영, 윤찬호 등의 7인 특별위원회를 조직하였다.

조선 종교 전시보국회는 감리교에 갈홍기, 이동욱, 구세군의 황종률, 장로교 신삼일웅, 채필근, 천주교 김광한, 일본의 강본 등이 가담되어 조직되었다. 1939년 9월 장로교 총회에서는 ' 국민정신 총동원 조선예수교장로회연맹 '을 결성하고 총회 중앙자치위원회를 조직하여 일제의 국책수행에 적극 협력할 것을 다짐하였다. 간사에 정인과 목사가 취임하여 지도요강을 발표하였다.

국제의 본의에 기하야 당국의 지도를 준수하고 국책에 순응하야 과거 구미 의존의 사념을 금절하고 일본적 기독교의 순화 갱정에 노력하는 동시에 교도로 하여금 그 직에서 면사 봉공의 성을 봉하야 충량한 제국 신민으로서 협신유력 동아신질서의 건설에 용왕 매진키를 기함 (1940년 11월 10일 매일신보)

1936년 1월 29일 양주삼, 유치호는 총독부 학무국에서 신사참배에 대해 간담회를 갖고 4월 10일 감리회보에 총독부로부터 받은 신사에 대한 통첩을 번역 게재하여 신사참배 순응을 시사하였다. 1940년 10월 감리교 총리원 이사회에서 결의안을 발표하였다.

아 국체의 진 정신과 내선일체의 원리를 실현하야 총후 국민의 의무를 이행하고 신 체제에 순응함은 아 기독교인의 당연한 급선무이다 고로 기독교 조선감리회 총리원 이사회는 좌기 신앙을 솔선 결의 실행을 기함(1940년 10월 4일 매일신보)

그들은 민주주의와 자유주의를 배격하고 교회에 지원병을 적극 지지할 것을 결의하였다. 1939년 국민정신총동원과 무운장구를 위해 3,739회나 개최하였다. 유형기, 정춘수, 정인과, 갈홍기 등은 '시국대응 전선사상 보국연맹' 과 황도문화관 '등의 단체에 적극 앞장섰다. 구자옥은 황도학회에 가입하여 일본을 찬양하였고 윤치호, 구자옥, 정인과, 정춘수, 양주삼, 신흥우 등은 임전대책 의회와 임전보국단에 가입하였다.

김활란은 조선언론 부국회에 가입하여 일본의 하수인 노릇을 하였고 신흥우는 "우리는 조선인이기 전에 일본인이라는 것을 잊어서는 안된다. 우리는 위대한 구주 예수는 먼저 그 나라를 사랑하라고 가르쳤다. 그 나라는 바로 대 일본제국이다 "라고 외쳤다.

정인과는 "신사참배를 반대하는 것은 국민으로서 하지 못할 자국에 반기를 든 것" 이라고 하여 일본을 ' 자국 '이라고 하였다. 총독부 강요에 따라 교회마다 국기게양대를 만들어 일본기를 게양하게 하였고, 교인들에게 국기에 대해 배례, 동방요배, 국가봉창, 황국신민서사제창 등을 하게 하였으며, 서력 연호의 사용을 금지하였다. 교회 안에는 '가미다나 '가 설치되었고, 예배를 드리기 전 여기에 절을 먼저하고 천황을 향해 머리 숙여 동방요배를 한 다음 예배를 드렸으니 하나님께서 괴씸하게 생각하지 않았겠는가.(렘 13:10) 예배 후에는 교회당에서 시국강연을 들었고, 오후에는 근로봉사를 하며 반공연습을 하였다. 애국반을 조직하여 이들이 교회에서 영향력을 행사하게 하였다. 목사들 복장은 일본식 군복이었다.

장로교 총회 교육부 사무실 (피어선 성경학교 구내 있음)에는 일본의 국조신인 아마데라스 오오카미의 사진을 걸었다. 기독교인의 신앙고백인 사도신경이 신도의 창조 설화와 위배된다고 하여 "전능하사 천지를 만드신 하나님 아버지를 내가 믿사오며"와 "저리로서 산 자와 죽은 자를 심판하러 오시리라"를 고백하지 못하게 하여 빼고 신앙 고백을 하였다.14)   또한 찬송가 260장도 부르지 못하게 하였다.

1944년 3월 3일 정춘수 감리교 통리사는 교단 상임위원회를 통하여 "구약성서와 신약의 묵시록을 사용치 말고 사복음서만 가지고 설교하고 예배를 주 1회만 드리고 나머지 시간은 노력봉사 할 것" 등을 결의하였다. 1939년 제 28회 장로회 총회에서 ' 국민정신총동원 조선예수교장로회연맹 '을 각 노회별로 지부를 조직하고 제29회 총회에서 이사장 윤하영, 간사 정인과 목사 등은 "우리 장로교 교우들이 다른 종교단체보다 먼저 성의껏 각자의 역량을 다하여 전승 무운장구기도, 전사병 위문금, 국방헌금, 전사자 위문, 유족위문 등의 실적은 만족할만하다"고 총회에 보고하였다.

1940년 12월 6~7일 경성 부민관에서 ' 전선 장로회신도대회 '를 개회하였다. 800여명의 신도가 참석하여 궁성요배, 황국심민서사 제송, 우미유까바를 제창을 하고, "동아 신질서 건설의 국시에 정진하야 성려를

봉안키로 맹서함" 이라고 결의문을 채택하였다. 1939년 성결교회 이명직 목사는 기독교가 서양종교가 아니라는 일본의 주장을 그대로 지지하면서 일본은 로서아 보다 기독교를 보호한다고 일본을 찬양하였다.

1940년 8월 그는 종교와 국가를 영과 육체의 관계로 비유하면서 천황을 모시고 정부의 지도자와 육해군의 보호로 인민이 안전 행복의 생활을 하고 있다고 전제하고 1940년 9월 10일 성결교회 제9회 이사회의에서 헌법을 개정하였다. 즉 우리는 성서교훈에 의하여 모든 권세가 하나님께로 난 줄 을 믿으며, 대일본제국을 통치하시는 천황을 봉대하고 국헌을 중치하며 국법을 순종한다"로 개정하였다. 1941년 활천 9월호에 그는 " 우리는 황국의 신민이다. 대일본제국의 신민으로서 세계 어느 곳으로 가든지 일등국민의 대우를 받는 것이다. 만세일계 천황봉대에 천황의 적자이다…이것은 실제로 영광이다"고 하였다.

1940년 5월 31일 성결교 산하 성서학원이 경성신학교로 승격되어 11월 5일 오후 2시 개교식 때 궁성요배, 황국신미서사제송, 만세삼창 등을 하여 조선총독부에서는 성결교총회에 대해서 굳이 신사참배를 결의해 달라고 요청할 필요가 없었다. 1941년 4월 29~30일 전선 여신도대회를 소집하여 일본 천황의 생일을 축하하는 천장절 봉축식을 가졌다.

1938년 9월 9일 오후 8시 제27회 장로교 총회가 평양 서문밖교회에서 개최되었을 때 평양, 평서, 안주, 만주 등 노회 총대 88명, 장로 88명, 선교사 30명, 계 206명의 대표가 참석하였는데 이 회를 대표해서 평양노회장 박응률 목사가 "신사참배는 국민의 당연한 의무다."하고 하면서 신사참배 결의안을 제의하자 평서노회장 박임현 목사의 동의와 안주노회장 길인섭목사의 제창으로 사회자 홍택기 총회장은 "신사참배가 기독교 신앙에 배치되지 않는다."라고 설명하자 목사 회원들은 "예"하고 신사참배 결의안을 통과시켰다.

어떤 분들이 홍택기 목사가 "아니면 아니라고 하시오."라는 소리를 안했다고 해서 무효라고, 또 불법이라고 하며 억측을 하는, 웃지 못 할 말을 부끄러운 줄도 모르고 변명하고 있다.

그러면 왜 총대88명은 아니요 소리를 못했는가? 방위량 선교사를 중심해서 몇몇분이 불법선포를 하였다고 항의하였으나 일본경찰의 제지로 실효를 거두지 못하고 10시 50분 끝나고 말았다.

이러한 소란 속에서도 서기 곽진근 목사는 성명서를 홍택기 이름으로 발표하였다. 그리고 총회 기간 중 평양 기독교 친목회 회원 심익현 목사는 총회 전원에게 신사참배 즉시 실행하기를 특청하여 12시에 부회장 김길창 목사의 안내로 전국 노회장 23명이 총회를 대표해서 평양 서기산 신사에 도착, 참배하였다. 이때 신사참배를 반대하고 대의원 전원이 감옥에 들어갔다면 일본 당국의 정책도 변하고 하나님 역사도 있었을 것이며 한국 기독교에 엄청난 변화가 왔을 것인데 비겁하고 용기가 없는 교역자들은 해골바가지가 득실거리고 제물이 쌓여 있는 납골당에서 머리 숙여 절하므로 그 결과는 비참한 38선 분단의 역사를 가져오게 되었다. 총회 서기 곽진근 목사는 총회장 이름으로 성명서를 발표하였다.

성명서

우리들은 신사가 종교가 아니며 동시에 기독교 교리에 반하지도 않는 본뜻을 이해하고 신사참배가 애국적 국가의식인 점을 자각한다. 따라서 이제 신사참배를 솔선 실시하고 나아가 국민정신 총동원운동에 참가하며 또 현 시국 하에서는 총후 황국시민으로서 충성을 다할 것을 약속한다. 이상을 성명함.

1938년 9월 10일
조선예수교장로회 총회장 홍 택 기

1938년 2월 9일 평북노회에서 신사참배를 하기로 결의하기 시작하여 장로회 27개 노회 중 19개 노회에서 신사참배를 결의하였다. 총독부는 장로회 총회에서 신사참배를 가결시킨 공으로 종로경찰서장등 89명에게 표창을 주었다.

홍택기, 박응률, 박인현, 길인섭, 심익현, 김길창 목사 등은 얼마나 큰 대접을 받았겠는가? 어용 정치목사들은 언제든지 자기에게 유리하면 하나님과 조국과 동역자를 배반할 사람들이다. 전국의 100여 명의 일본 앞잡이 목사들이 일본의 하수인이 되어 신사참배를 반대하는 이승길, 김은순, 장운경 목사 등을 설득하여 일본을 시찰케하고 대접을 하여 신사참배를 하도록 하였으나 실패하고 말았다.

1938년 9월 17일 3,000여 명의 신자가 참석한 가운데 황국신민의 서사를 제창하고 국가연주 후 일장기를 선두로 시가행진을 하였다. 그리고 조선신궁에 참배하고 남대문 소학교에서 신도대회를 개최, 동방요배, 국가합창, 무운장구, 기도 후 강본 소장의 시국강연을 들었다. 1939년 종교단체법이 성립되어 기독교에 대한 박해는 더욱더 심하였다. 교회 안에는 황국신민서와, 황도실천, 전도보국을 게시해야만 했다. 괴산의 남기종과 박규호 목사 등은 황국신민으로서 핵심을 관철하는 것을 목적으로 기독교 황도 선양연맹을 결성하였다.

1934년 양주삼 목사는 "자고로 집권자들이 교회의 영적 세력을 이용하여 자기의 욕망을 이루고자 함으로 교회에 치명상을 주었다"라고 하면서 히틀러를 신랄하게 비판하였다.

그런데 1936년 6월 감리교 통리사 양주삼 목사는 총독부 초청 좌담회에 참석 후 일제의 입장을 따르기로 하여 히틀러를 비난한 목사가 일본의 군부를 지지하여 변절자가 되었다. 1938년 9월 3일 양주삼 목사는 성명서를 발표하였다.

그는 "연전 총독부 학무국에서 신사참배에 대하여 조회한 바를 인쇄 배부한 일이 있거니와 신사참배는 국민이 반드시 봉행할 국가 의식이오, 종교가 아니라고 한 것을 잘 인식하셨을 줄 압니다. 그런고로 어떤 종교를 신봉하던지 신사참배가 교리에 위반이나 구애됨이 추호도 없는 것을 확실히 알 수 있습니다" 라고 하였다.　양주삼 목사는 1938년 10월 5일 감리교 제3차 연회석상 에서 "우리가 기독교 신자인 동시에 국가의 신민인 것을 망각해서는 아니 된다. 지금 내선 일체라는 말이 있는데… 우리 교회의 유력한 목사들과 평신도들이 서명날인 하여 우리 교회에서 그 일을 실행코자 합니다"라고 하였다.

감리교는 양주삼 목사와 같은 사상으로 "신사참배는 정치적 국민의 례이다."라고 하면서 일본의 설득을 그대로 받아들여 신사참배를 하였다. 1938년 10월 17일 감리교의 내선 일체를 위하여 조선의 감리교회나

▲ 1943년 4월 3일 일본의 신궁에 참배한 조선기독교 대표자들. 복장은 군복이다(신 31:14) (위). 아침조회 시간에 황국민서사를 하는 어린이들 (우측)

일본의 감리교회가 합동을 논의하는 일선 감리교회 특별위원회가 조직되었다. 일본 측은 정궁등 7명, 조선측 정춘수, 김영섭, 신흥우, 양주삼, 유형기, 윤치호, 이윤영 등이 위원이 되었다. 1938년 10월 5일 감리교 제3차 연회 때 미나미 총독은 축사까지 하였다.

1941년 3월 10일 서울 정동제일교회에서 임시총회가 개최되었다. 정춘수 감독이 새 회장이 되어 개회선언을 한 후 일본기에 대해 경례와 궁성요배, 묵도 황국신민서사를 제송한 후 회의가 시작되었다. 정춘수 감독이 새 회장이 되어 개회선언을 한 후 일본기에 대해 경례와 궁서요배, 묵도 황국신민서사를 제송한 후 회의가 시작되었다. 정춘수 목사는 개회사에서 "국제정세의 긴박함을 감안하여 1억 1심으로 신동아 건설에 급급히 매진할 필요를 일층 더 느끼게 되었다"고 강조하였다.

1942년 10월 2일 총회에서 정춘수 회장의 불신임안이 통과되었다. 여기에 주도적으로 활약한 분이 류형기, 구성서, 전효배, 정일형, 송홍국 목사등 5명이었다. 월간 〈신생〉의 집필진이던 이환신, 배덕영, 임영빈 등은 면직되었다. 이규갑, 홍현설, 이진구, 변홍규, 권성집, 강동근 등 교역자가 투옥되었고, 강종근 목사가 옥사당하였다.

1938년 12월 12일 홍택기, 김길창, 양주삼, 김종우, 이명직 목사 등은 전국 기독교를 대표해서 일본의 이세신궁 가시하라신궁 등에 참배를 하였다. 이때 홍병선 목사는 "황국신민으로서 신사참배는 당연하다"고 하였다. 1943년 8월 정춘수 목사를 총리로 선임한 감리교는 "기독교 조선감리교단으로 혁신을 단행하여 명실공이 대일본의 종교라는 열매를 거두게 되었다"고 강조하였고, "황국의 도에 순응하여 신앙에 철저하고 국체 본의에 기인하여 각기 본분을 다하여 군국에 충성을 보답 한다"라고 하였다.

예배당을 매각하기 위하여 폐쇄된 교회수는 서울 13교회, 지방 36교회였고, 교회부속건물 및 대지 10여만 평을 매각하였다. 예배도 면목상 1주에 1회만 드리는 곳도 있었다. 1939년 3월 28일부터 성결교회 제2회 이사회와 제6회 이사회에서 만주사변중 황군 위문을 위하여 전 단체적으로 각 교회가 연3회 특별 헌금하여 소관당국에 헌납할 것을 결의하고 모금하여 60원 10전을 바쳤다.

1939년 10월 8일, 경성 성서학원 강당에서 일제의 앞잡이 조직인 국민 정신총동원 성결교회 연맹 결성식이 관계 당국자들의 축사와 함께 있었다. 궁성요배 황국신민의 서사 제창, 규약선언, 묵도(일본군 장병과 동양평화 위해) 일제 내빈축사 일황을 위한 축포가 있었다. 규약에는 내선일체 거국일치 국민정신 동원이란 취지를 달성하고 전도보국을 실천하기 위해 각 지방에도 연맹을 조직하였고 이사장에는 이명직 목사였다.

1940년 10월 22~25일, 제1회 총회 시 신체제에 부합해서 헌법 개정과 자치문제가 찬반 토론 없이 감독정치의 이사장 제도가 통과되었다. 신학교 재단기금 기성조직에 가담한 교회들은 적산 처리되어 꼼짝 못하고 팔리는 이유가 되었고 이것은 성결교회가 해산될 수 있는 빌미를 제공했던 것이다. 총회 전체의 이사들은 일본 앞잡이 조직인 국민총력 연맹의 이사가 되었고 1941년 12월 20일 일본인 대표이사 목사 이명직씨로 인전 되어 조선성결교 재단으로 소유가 증명되었기 때문이다.

1940년 11월 5일, 경성신학교가 개교되었으나 강의 내용은 국민총력 운동 선동장이 되었다.(성결사 361쪽) 1940년 11월 5일, 국민 총력 성결교회 연맹 경성지역 애국반원 전원은 시내 호국신사 기초공사에 노력 동원되었다. 1940년 12월 6일, 국민 총력 성결교회 연맹 이사장 이명직은 전국 성결교회 애국반에 다음과 같이 실시할 것을 요망하였다.

1. 국방헌금 2. 교회 내에 일본국기 게양 3. 황성요배 4. 무운 장구 지도 5. 전몰영령위해 기도 6. 출전군인 환송에 적극 참여 7. 노무시간외 근로봉사 등이다.

1941년부터 활천의 매호마다 성결교회 신도(神道) 실천보고가 실렸고 십일조 헌금을 명하여 총독부에 바쳤다. 설교 시간인데도 12시가 되면 전체가 일어나 일본 국가를 위해 일분간 묵도를 하였다.

이명직 목사는 황실은 신성불가침이요 절대요 통치자이므로 공경해야 한다. 신자는 제도에 순응해야 한다. (활천 219호 2-5쪽) 1941년 6월 24일, 일본 기독교단 창립총회에 이명직 목사가 동의하여 성결교회도 참여할 의사였다.(활천 224호) 이명직 목사는 "기독교 신자는 악법이라도 국법으로 인정되고 허락된 자유 내에서 신앙하고 전도하는 자세가 될 때 신민이 되고 보국하는 자가 될 것이다"라고 하였다.

1941년 12월 총독부에서 활천을 "용지 절약과 국책순응정" 명목으로 폐간을 시켜도 항의하지 못하는 꼴이 되었다.(제2 연회록 9쪽) 성탄축하예배도 폐지하도록 하니 또 항거하지 못하고 순응하였다. 1941년 12월 8일, 일본군이 진주만을 기습하여 태평양 전쟁이 발발하자 12월 12일 이명직 목사는 경성 성결교회 신도에게 전시체제를 정비하기 위해 수요일 정기 연합기도회를 시달하면서 "일본 필승의 기도"를 시달하였다. 1942년 5월 17일, 경성신학교에서 성결교회 1,000여 명이 모여 징병제 축하 발표와 강연에 동원되었다.

1938년 4월 28일 장로교의 신태인 교인들이 신사참배를 결의했고 전남 80교회 군산, 나주, 원주, 청주 등에서 신사참배 결의를 하였다. 1938년 9월 27일 전주 4교파 27교회가 신사참배를 하기로 결의하였다. 1936년 6월 29일 총독부에서는 양주삼 목사에게 "감리교가 총회에서 신사참배 결의를 해달라고 요청하자 양주삼 통리는 국민의 의무일진데 누구나 다 참배할 것이니 구태어 총회에서 결의할 필요가 없다"라고 하였다.

1937년 전영도 목사가 "중일전쟁은 성전이다."라는 내용의 편지를 미국의 주지사, 시장, 상·하 의원들에게 4,800여 통을 송달하였다. 1940년 10월 16일 국민총력 조선연맹의 국책계몽에 정춘수, 정인과 목사가 앞장섰다. 1941년 8월 20일 조선 임전보국단에 윤치오, 구자옥, 정인과, 채필근, 정춘수, 양주삼 목사와 김활란, 신흥우 등이 앞장섰다.

1943년 11월 조선 전시 종교보국회가 조직되어 감리교 갈홍기, 장로교 채필근, 천주교 김한수 등이 앞장섰다. 1941년 평안도 내 교회들은 안식일 폐지를 결의하였다.

1942년 1월 서울 승동교회에서 조선 기독교와 일본 기독교가 합동하기 위하여 '교파합동추진위원회'를 조직하였다. 1943년 1월 12일 새문안 교회에서 장로교 대표 19명, 감리교 대표 9명, 성결교 대표 4명, 구세군 4명, 일본 대표 4명 등이 모여 '조선기독교 합동 준비위원회'를 구성하였다.

이 회의에서 3차 회의를 3월, 신교단 창립은 7~8월에 개최키로 합의하였다. 그런데 이때 감리교단에서 비상시국에 있어서의 교단혁신안 12개 조항이 제출되었을 때 이에 대한 수정안이 가결되자 다른 교단에서 이에 반발, 준비위원회에서 탈퇴하자 합동이 무산되고 말았다. 혁신내용은 "신약성서를 기초로 하야 교의를 선포하고 구약성서에 나타난 유대사상을 일체 없애기 위하여 구약성서의 해석교본을 제정하고 특히 구약 중에서 출애굽기, 다니엘, 요한계시록 등을 삭제하자"고 주장하였다.

그러나 성결교 대표들과 다른 교파 대표들이 "성경을 삭제하는 것은 있을 수 없다"고 완강히 반대하여 감리교의 혁신안이 통과되지 못하였다. 그리고 통합의 계획도 이루어 지지 못하였다. 감리교의 김인영, 이동욱, 심흥섭 목사 등은 장로교 경기노회 부회장인 전필순 목사를 설득하고 윤인구, 최석주 목사 등이 주동이 되어 혁신 교단을 조직하고 전필순 목사를 교단 통리로 추대하였으나 혁신안의 성경삭제 사건의 반발에 부딪혀 이것마저도 실효를 거두지 못하고 해체되었다.

이 일에 남대문교회 김영주 목사도 완강히 반대하였다. 혁신 교단의 중앙간부 목사들은 다음과 같다. 교단통리 : 전필순, 사무관장 : 김영섭, 총무국장: 이동욱, 전도국장 : 박연서, 교육국장 : 윤인구, 재무국장 : 최석주, 연서국장:김수철 등이다. 위의 통합안은 성결교 대표들과 다른 교파 대표들이 감리교 혁신안을 반대하여 총독부에서 합동하려는 계획을 좌절시켰다고 이때 감리교 혁신안을 주장한 목사가 성결교 단지 〈활천〉의 내용 중에서 예수 재림에 대해서 강조한 내용을 번역하여 총독부 공안과에 제공하였다. 총독부 공안과에서는 전국 경찰서에 지령을 내려 전국 경찰서에서 1943년 5월 24일 일제히 검거하여 성결교 목사들의 재림신앙에 대하여 집중적으로 조사하였다. 성결교 재림신앙은 성결교회 4중복음의 하나로서 교역자들의 거의가 재림을 강조하자 1943년 12월 29일 총독부에서는 성결교단을 해체시켜 버렸다.

구속된 성결교 철원교회 박봉진 목사와 군산성결교회을 해체시켜 버렸다. 구속된 성결교 철원교회 박봉진 목사와 군산성결교회 정태희 장로는 고문 끝에 목숨을 잃었고, 김유연 목사 등 많은 목사들이 고문과 옥고를 치르면서 1944년 4월 경 거의 석방되어 출옥되었다.

출옥해 보니 교단은 해체되었고 교회는 일본 군수공장이 되었으며 신자들이 1년 이상 교역자가 없게 되자 장로교, 감리교 등으로 교회를 옮겨 출석하고 있었고, 아현동 서울신학교는 감리교신학교 부속 건물로 사용하고 있다가 일본 군수공장이 되었다. 그들이 눈물과 탄식과 기도로 1년의 세월을 보냈을 때 감격의 해방을 맞이하였으나 예배드릴 곳이 없었다. 그것은 교단이 해체되면서 총독부에서는 군수공장이나 일반인에게 불하를 해주어 교회에 다른 사람들이 입주하고 있었기 때문이다. 흩어진 성결교회 교인들은 교회에 모여들어 예배를 드리려 해도 예배드릴 곳이 없어 빼앗긴 교회 옆 노상에서 예배를 드릴 때 목이 매여 예배를 드릴 수가 없었고, 하염없이 흐르는 눈물을 막을 길이 없었다.

이때부터 성결교회에서는 교회 찾기 운동을 시작하게 되어 교회 재산반환 청구소송을 시작하였고, 재판 비용을 위한 헌금을 하기 시작하였다. 무교동 12번지, 성결교회 모교회인 중앙성결교회 김유연 목사와 교인들이 모아진 헌금을 가지고 교회반환 청구소송과 고소가 시작되었을 때 신의주 동부성결교회 집사였던 오제도 검사의 특별한 도움으로 무교동성결교회를 다시 찾게 되어 감격의 예배를 드리면서 신학교와 전국성결교회를 다시 찾아 빛을 보게 되어 오늘의 성결교회가 재건되었다.

1943년 5월 5일 상치 위원회가 총회를 무시 해체하고 '일본 기독교 조선장로교단'을 설립하자 평북노회를 중심으로 총회를 유지하려는 호법파와 일본 기독교 조선장로교교단을 지지하는 교단파로 분열 되었으나 1944년 8월 21일 총독부 압력에 의해 무조건 통합되었다.

결국 조선기독교는 전체 합동으로 일본기독교와 통합을 이루지 못하고 교단별로 통합을 하여 '일본 기독교 조선 장로교단'과 '일본 기독교 조선 감리교단' 그리고 '일본 기독교 조선 성결교단'으로 교단 별로 통합을 하였다. 1945년 7월 19일 장로교의 전필순, 감리교의 이동욱 목사 등이 주동이 되어 새문안교회에서 장로교 대표 27명, 감리교 대표 21명, 구세군대표 6명 등이 모여 '일본 기독교 조선교단'이라고 하여 장로교,

감리교, 구세군의 이름을 빼고 하나로 통합시켰다. 총독부에서는 통합 후 초대 통리에 장로교 김관식, 부통리 김응태, 총무 송창근 등을 임명하여 취임한 지 한달만에 해방이 되어 감리교 탈퇴로 자동 해체되었다.

혁신교단들은 예배시작 전 5분간 천황사진 또는 동방요배, 전몰용사들의 영혼을 위한 묵념, 충정장병의 무운장구 기원, 황국신민의 서사제송을 한 후 예배를 드렸다. 1943년부터는 밤 예배는 아예 금지시켜 버렸다.

유신회는 기독교 분열을 위해 일본군에 의해 조직된 친일 앞잡이 어용단체로서 그들은 일본의 조합교회 와다세 목사를 한국에 파송하였고 1914년부터 한국인 친일파 유일선, 차학연, 사일환, 김린 들을 앞세워 일본의 조합교회를 끌어들였다.

그리하여 매년 수천 원의 기밀 보조금을 주어 한국에 기독교를 지지하는 어용 종교단체를 만들어 서울과 평양, 전라도에 10여 개, 평북 3교회, 충남 2교회를 설립하여 45교회, 4천여 명의 교인을 확보하여 '동아공영권교파' 라는 이름으로 일본을 찬양하고 한국 기독교를 분열시키고 있었다. 김린은 한국 목사들의 일본 시찰단을 조직하여 감리교 18명, 장로교 11명, 합 29명의 교회대표들을 인솔하여 일본 야모도 전함과 군시설을 시찰시키고 일본을 찬양하게 하였다.

이원금 장로까지 조합교회를 지지하게 되었다. 1938년 4월 25일 서대문 경찰서에서 기독교 대표 15명이 참석하여 신사참배 총후보국 강조주간의 행사 참석 일본적 기독교에 입각하여 황도정신을 발양하겠다는 결의를 하고 이들은 시국선언문을 발표하였다.

시국 선언서

우리 기독교는 현하 비상시국에 제하여 황국시민으로서 자에 내선일체의 실을 기하여 황도정신을 발양하고 써 총후의 적성을 기하고자 자에 좌기와 여히 결의 실행할 것을 선언함.

1. 아등은 시국을 정당하게 인식하고 황국 일본의 정의의 사명을 자각하고 그 이상을 세계에 선양할 것을 기함.
2. 아등은 거국일치 국낭를 극복하여 익 희생 봉공의 성을 다할 것을 기함.
3. 아등은 일본적 기독교에 입각하여 기독의 대 사명을 자각하여 경신의 대의를 명확하게 할 것을 기함. 쇼화 13년 4월 25일 (1938년)

강주희(천주교), 김명현(천연정성결교회), 김용섭(구세군제5영), 김유순(만리현감리교회), 김응조(독립문성결교회), 김종만(감리교신학교), 유형기(감리교본부), 이완룡(구세군사관학교), 임석길(구세군제2영), 임학(성공회본부), 최석모(동양선교본부), 장정심(여자절제회), 고오자까(일본기독교)

1937년 10월 21일자 기독신보는 "기독교인은 여력이 무하도록 황실을 봉대하며 만분의 일이라도 황은을 봉답하며 국운을 융성하게 함이 의무다."라고 하였다. 1937년 9월 시국 순회강연 연사로 신흥우, 유형기, 윤치호, 박희도, 차재명 등이 협력하였고, 조선기독교연합회 종교보국을 서약한 정춘수, 김종우, 김우현, 차재명, 이명직, 윤치호, 양주삼, 이동욱 등이 협력하여 일본을 찬양하였다.

1938년 10월 기독교 청년회관에서 개최된 기독교의 전쟁협력 강도에서 강사 정춘수, 이동욱, 차재명, 신공숙, 박연서, 박현명, 이하영, 이정로, 강태희, 김영주, 홍병선 등으로 기독교 목사들이 일본 육군 정훈국 직원 같았다. 조선은 일본과 함께 대륙침략의 책임을 면할 길이 없다. 성결교회는 1943년 12월 29일 등골이 오싹하는 해산성명서를 발표하고 교단이 해체되었다.

성결교 해산 성명서

우리 조선야소교 동양선교회 성결교회는 조선에 포교 이래 삼십오륙 년, 그간 장기에 궁하여 미국인 선교사의 지도를 받은 것뿐이 아니라 재 정적 기초도 역미국에 의존하여 왔기 때문에 부지부식간에 적 미·영 사상의 로가 되어 상금도기 잔재를 말살키 어려움은 유감으로 생각하 는 바다. 더구나 교리로서 신생·성결·신유·재림의 4중 복음을 고조 하여 왔는데 취중 재림의 항은 기독이 가까운 장래 육체로서 지상에 재 림하여 유태인을 모으고 거국하여 그 왕이 될 뿐 아니라 만왕의 왕인 자 격으로서 전 세계 각국의 주권자로부터 그 통치권을 섭정하여 이를 통 치한다는 것으로, 근본적으로 국체의 본의에 적합하지 못할뿐더러, 신

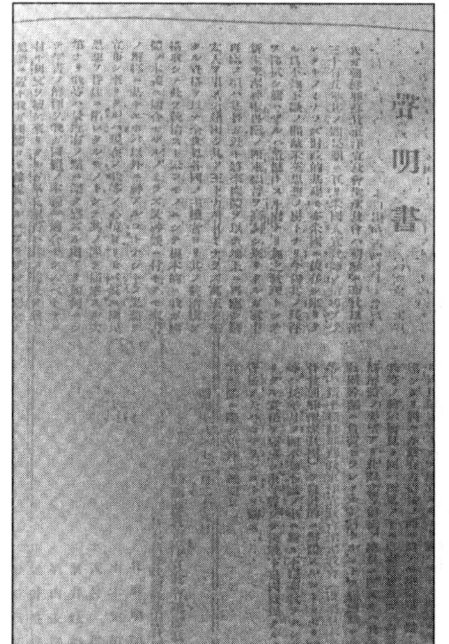

▲ 성결교 해산 성명서.

관에 대하여도 성서의 해석에 기해 에호바 이외에 신이 없다는 사 상을 선포하여 온 것은 현제 아등 의 심경으로 보면 실로 국민사상 을 혼미에 빠뜨린 것으로 그 죄를 통감하는 바입니다.

아등은 최근 이 점에 깊이 깨달 은 바 있어 여하히 하여 성서의 해 석을 우리 국체의 본의에 적합케 할 것이냐에 관한 연찬을 거듭하 여 왔으나 필경 성서는 그 기지 유 태사상에 두어 우리 국체의 본의 에 배반하는 기타적 치명적 결함 을 포장하는 것으로서 성서 자체 로부터 이탈치 못한다면 완전한

국민적 종교로서 성립하지 못할 것으로 결론에 도달하였다. 다수 유력 한 신도간에는 현 시국에 감하여 아등의 전시 소견과 총의에 응하는 것

은 아등 교단 간부와 부하한 책무인 것을 통감하고 자에 아등은 당호 조선야소교 동양선교회 성결교회(개명 일본 기독교 조선 성결교단)을 자발적으로 해체하게 되었다. 아등은 장년월간 부지부식 중에 그와 같은 불온 포교를 하여온 책임을 통감하고 이금 맹서하여 결전하 황국신민의 자격을 실추치 않을 것을 기함.

우 해체에 제해 중의 서명함.

조선 야소교 동양선교회 성결교회(일본 기독교 조선 성결교단)

목야명진(이명직), 산본정도(최석모), 무촌건(이건), 신정현명(박현명), 식산영택(최영택장로), 안전창기(안창기), 신정연순(박영순)   소와 18년 12월 29일(1943)

1938년 5월 8일 부민관 강당에서 경성기독교 연합회가 조직되었다.

위원장 : 니와(일본인) 부위원장 : 정춘수, 아끼즈끼(일본인) 서무위원 : 김우현, 사메지마 재무위원 : 차재명, 가사다니 위원 : 구자옥, 김종우, 원익상, 장홍범 평의원 : 강병주, 강문석, 강태희, 곽희정, 권영식, 김명선, 김병선, 김부석, 김수철, 김영섭, 김영식, 김영주, 김영철, 김유순, 김원식, 김인영, 김정현, 김종만, 김창준, 김현봉, 김홍식, 김활란, 박연서, 박유병, 박원길, 박제원, 박창현, 박화선, 방훈, 배선표, 배진성, 송기준, 신공범, 신홍우, 양주삼, 오건영, 오긍선, 오기선, 오천영, 유각형, 유시국, 유억겸, 류형기, 윤성순, 윤치호, 이동욱, 이석진, 이여한, 이인범, 이재형, 이정로, 이종렬, 이춘호, 이하영, 장기형, 장락도, 장석영, 장원근, 전효배, 정남수, 정태웅, 정태희, 조신일, 차광석, 최거덕, 최동, 최윤실, 한석진, 한성과, 한영환, 함태영, 홍병선, 홍석모, 황종률, 김명현, 김종호, 박현명, 이건, 이명직, 최석모 등은 "40만 십자가 군병들아 다같이 일어나 총후보국의 보조를 맞추자"는 표어로 이들은 황거요배를 한

다음 선언문을 채택하였다.

선언문

현하 아국 시국의 중대성에 감하여 국시를 체하며 국민정신의 진작을 도함은 가장 긴급사임을 인하고 자에 일층 전도에 정진하여 황국신민으로서 보국의 성을 치하기를 기함.

경성 기도교연합회가 조직되어 내선일체 황민화 체제를 부르짖자 잇따라 지방교회들도 내선일체에 굴복하고 말았다. 1938년 7월 7일 소공동에서 위 조직을 확대하여 조선기독교 연합회를 조직하였다. 1937년 5월 12일 수원의 기독교 교역자들은 수원읍내 종로 예배당에 모여 시국좌담회를 끝내고 15원 14전 모금하여 국방헌금을 하였다.   1938년 5월 23일 평양에서는 시국좌담회 18회 전승기원 제161회 국방헌금 836원 56전을 하였다.

위원장 : 니와(일본인)
부위원장 : 김종우, 아끼즈끼(일본인)
서무 : 차재명
경성위원 : 원익상, 이명직, 장홍범
평위원회 : 윤치호 외 위의 회원 59명 등은 경성기독교 연합회 선언문과 같은 선언문을 채택하고 내선일체, 황민화체제의 완성을 외쳤다.

II. 징병제를 찬양한 교역자들

1942년 5월 8일, 조선 총독부 각의에서 "정부는 조선 동포에 대하여 징병제를 실시하고 1944년 징집할 수 있도록 준비를 진행한다." 라고 결정한 것이 보도되었고 육밀 제1147호 "조선에 징병제 시행 준비의 건"
이 발표 되었다.

▲ 1942 5월 18일 기독신보

위의 내용은 조선의 독립을 위하여 모집하는 징병제가 아니라 일본국을 위해서 총알받이가 되기 위한 것이요, 일본이 패전해야 한국이 독립하는데 패전시키려고 하는 미군과 싸우기 위하여 젊은이들을 모집하는 징병제를 발표하였다. 이 발표를 했을 때 친일파들은 일제히 환영을 하였다.

윤치호, 최린, 박춘금, 송금선, 한상룡, 백락준, 배상명, 현제명 등은 대대적으로 환영하였다. 일반인들만 환영한 것이 아니라 기독교인까지 환영을 하여 세인을 탄식케 하였다. 1942년 5월 11일 저녁, 기독교 대표들은 승동교회에서 "징병제 시행감사 전 경성 신도대회"를 열었다.

이 집회에서 정춘수가 사회를 보았고 전필순이 기도를 했으며 김영주(장로교),박연서(감리교), 이건(성결교)등이 강연을 했다. 위의 교역자들은 징병제 실시에 따라 전조선 순국지성의 열화가 불 일듯하는 가운데 경성 기독교 1천여 명은 11일 오후 8시부터 승동예배당에 참립하여… 징병제 시행 감사대회를 열어 진충보국의 결의를 보이고, 동시에 전근선 700만 청년들에게 진분기할 것을 외쳤다. 국민의례를 마치고 화곡춘수 감독의 개회사에 뒤이어 전필순 목사로부터 징병제 시행에 대한 감사와 아울러 이날 밤 장내의 감격이 전조선 동포에 전하여 지기를 기도한 후… 총독과 일본 수상 이하 관계 당국에 보내는 감사문 타전할 것을 결의 하였다.

성명서

올 것이 왔다고 하면 그만이지만은, 우리 반도 동포에게는 전혀 촌의 암호가 열린 것이어서, 1941년 12월 8일 대 미 영 성전에 다음가는 광고 미증유의 일대 성사이다.

합방 이후 이 날이 오기를 얼마나 앙망하고 있었던가 30여 년간 조선 시정 중 최대의 획기적 업적이고 특히 남 총독의 내선일체의 이념에 현실적인 요소를 넣은 것이어서 실로 찬송할 말이 없다. 지금이야말로 황국신민이 되는 대도가 열린 것이다. 소집을 받은 청년제군! 제군은 폐하의 방폐가 되려는 어신임을 얻은 것이다.

이 감격에 울지 않을 수 있을까! 또 일장기에 환송을 받는 세계에 관절한 황군 용사를 내 아들 내 손자 내 동생을 갖은 아버지도 조부에 현도 누가도 울어라. 울 수 있는 데까지 울어라, 울음을 그치거든 여하히 하여 감격에 답할까를 종용히 생각하라. 기실 아등은 아직도 황국 신민으로서의 자격이 부족한 바가 있는 것이다.

폐하의 적자라 하여 부끄러운 바이다. 사하옵신 관대 무변의 어인자에 봉대하여 감사의 적성을 봉하게 됨을 응소되는 자는 물론 노유 남녀는 함께 감분흥기하지 않아서는 아니 된다.

그리하여 일일이라도 속히 국어의 전해, 체력의 연성, 견인불발 정신의 함양, 책임 관념의 앙양, 기타 황민으로서의 자질 충비에 전력을 주하여서 성은에 보답함에 만귀누 없기를 기치 않으면 안된다. 취중아등 기독교는 솔선 몸으로서 이것이 지도에 당한 정신대가 되기를 전 동포에 호소하고 또한 서약하는 바이다. 우 성명함.

소화 17년(1942년) 5월 11일
징병제 실행감사 전경성기독교회
(기독신보 1942. 5.18)

감사전문

삼가 성수삼세를 봉창하고 역사 성전수행에 일야 진취하는 각하에 대하여 심심한 경의를 표함. 금차 조선 청년에 대하여 징병제 실시의 각의 결정이 되었다는 보도를 접하고 아등은 감사 감격에 불감한다. 금 11일생등 전 기독교도 60만을 대표하여 일당에 회립하고 징병제시행 감사 신도대회를 개최하는 아등은 남녀노소가 통털어 감분공기하여 이 광대무변한 어인자에 대하여 맹세코 받들어 보답할 각오이다. 자에 일 사순국의 결의를 나타냄과 동시에 삼가 각하의 건강을 빈다.

소화17년(1942년) 5월 11일
전경성기독교신도일동
동조내각 총리대신 각하
육군대신 각하
해군대신 각하
척무대신 각하
참모총장 각하
군령부장 각하

1942년 징집 예정자 266,643명 중 218,659명이 징병검사를 받아 이중 갑종 33%, 을1종 30%, 을2종 16%, 을3종 11%의 현역 적합판정을 받았다. 그들은 몸부림치며 만주로, 중국대륙으로, 동남아시아 섬으로 개 끌려가듯 끌려 가 일본을 위해 미군과 싸웠다. 이때 끌려간 21만 명은 일본군으로 침략자 역할을 하였다. 이들의 숫자를 아직도 정확히 파악할 수 없다. 이들 중 일본군으로 끌려간 후 전선에서 2만 2천명이 전사하고 3,700여 명이 미군에 포로가 되었으며 만주에서는 소련군에 약 15만명이 항복을 하였고 오키나와 철수 때는 3,000여 명이 일본군에 의해 수장되기도 하였다. 그리고 지금까지 생사를 모르는 분도 있으며 보상도 이루어지지 못하고 있다. 그들은 이역만리 타국에서 고향을 그리며 지금도 통곡 속에서 살아가고 있다. 이렇게 조선의 젊은이들은 일본을 위해 침략국의 일원이 되었던 것이다.

1942년 10월 서문밖교회에서 모인 조선예수교장로회 31회 총회에서 교회종 헌납이 1,540개였다. 다른 교단 것까지 합해서 2,500여 개를 헌납하여 교회는 군수물자 자원부대가 되었다. 1941년 8월 20일 정인과 목사는 조선야소교장로교 애국헌납 기성회를 조직하여 회장에 추대되었고, 1942년 2월 10일 일본 육해군에 비행기 한 대와 기관총 기정분의 대금 15만 317원을 모금하여 총독부에 바쳤다. 목사들이 신궁건설 현장에 동원되어 노동을 하였다.

1942년 2월 13일 감리교 통리사 정춘수 목사는 각 교구장에게 "황군위문금 철문헌납건" 이라는 공문을 보내 "철문과 교회종도 헌납해야 성전환수 협력하는 것" 이라고 강조하였다. 감리교는 교회를

▲ 장로교가 모금하여 자동차 3대를 기증하였다.

매각하여 군납헌금도 하였다.   1942년 7월 1일 조선예수교장로회 총회

는 일본군 환자용 자동차 2대를 헌납하였다. 그리고 조선 장로호라는 해군 비행기와 육군 비행기를 미군과 싸워 이겨달라고 헌납하였으며 그들은 1942년 11월 17일 용산역 연병장헌납식에서 기독교식 예배가 아니라 일본의 신도의식으로 거행하였다. 1944년 2월 2일 기독교신보 사설에서 "미·영을 토벌하기 위하여 하루라도 빨리 일선에 비행기를 보내자"라고 외쳤다.

1938년 신사참배 반대로 폐교가 된 평양신학교가 신사참배를 한 후 다시 개교가 된 뒤 채필근 목사는 교장에 취임하였다. 1941년 10월 감리교 신학교에서는 감리교 목사 100여명을 합숙시키면서 종교보국 강연회, 궁성요배, 호국신사 건립지 근로봉사 등을 시켰다고 한다.

1938년 5월까지
교회당에 일장기 게양탑 건립 88%,
국기에 대한 경례 96%,
동방요배 실시 96%,
황국신민서사 제창 93%였다.

1938년 10월 3일 정동감리교에서 애국좌담회를 개최하고 경기도 사회과장 일본인 일야의 연설을 들은 후 교단 대표들은 방위단 조직과 시국강연, 국방헌금을 하기로 결의하였다.

기독교 신문 창간사에서 정이과 목사는 "황은의 만분의 일이라는 봉부하기를 맹세한다. 본보는 반도 기독교의 일본적 진전에 기여하려고 출생하는 것이다"라고 하였다.

그러므로 미군이 한국에 상륙할 때 해방군이 아니라 점령군으로 왔으며 점령군은 상해 임시정부를 인정하지 않고 해체시켜 김구 주석을 개인자격으로 귀국하게 하였으며 독립군도 해체되어 이청천 독립군 사

▲ 소화17년(1942) 5월 27일 기독교 신문.

령관도 개인자격으로 귀국하여 국군 창설에 가담을 못하였다. 그러므로 대한민국 정부와 국군의 정통성을 잃게 하여 자주성과 질서회복을 못하고 친일 어용의 천국을 만들었다. 1944년 2월 박종원씨 외 1,200명은 일본군 마샬군도 비행장 활주로 공사 현장에 노무자로 끌려가 강제노동을 하였다. 일본인들은 미군이 해상 보급로를 끊어 먹을 것이 없자 한국인 2명을 살해 식용으로 사용하였다. 한국인들이 이 사건을 알고 한국인들과 일본군과 싸움이 벌어졌으며 여기에서 한국인들은 몰살 당하였다. 박종원씨는 일본군이 고래고기라고 하며 갖다주어 두 번 먹었으나 거기에는 고래가 없는 지역이며 고래를 잡을 시간도 없다는 사실을 알고 이상하게 생각하며 그 후는 먹지 않았다.

그 후 일본군과 싸우다 도망쳐 미군에게 항복하여 1945년 12월 귀국하였다. 그러나 그는 사람의 고기를 먹은 것을 46년이 지난 지금까지 괴로워하고 있다. 미군 심리전 팀의 한인여성 정신대 조사보고서에 의하면 일본군은 민간인으로 위장하여 "일본군 부상자를 돕는 일을 했다. 그리고 많은 보수를 준다"고 위장 선전 후 유혹하여 19~30세까지 한인 여성 730명을 1942년 5월 모집하여 미얀마 전투지역에 보냈다.

현재까지 한인여성 정신대는 약 20만 정도가 이런식으로 강제 및 유혹되어 동남아 각 사령부에 배치되었으며 사령부에서는 20~30명 단위로 부대 배치하여 일본군이 짠 시간표에 따라 계급별 부대별로 일본군의 성적 욕구를 충족시켜주는 수단으로 이용하여 하나님 보시기에 심히 악한 일을 자행하였다. 주오대학 요시미 요시아키 교수가 일본 방위청 방위연구소에 보관된 일본 육군성과 중국 파견부대 사이에 교환된 극비문서 "육군밀대일지" 등의 자료에서 이런 사실을 확인했다.

1938년 3월 4일 작성된 군 "위안소 종업부 모집에 관한 건"이라는 제목은 부관이 북지나 방면군 및 중지 파견군 참모장에게 보내는 통첩이었다. 일본 육군성은 모집과 운영에 있어서 파견군에게 주의시키기를 "모집등에서 파견군이 이를 담당할 인물의 선정에 주의를 다하고 그 실시에서는 관계지방의 헌병 및 경찰당국과 긴밀히 연락해 군의 위신을 지키고 사회문제를 일으키지 않도록 하라."고 지시하였다. 1939년 중국 광등의 21군 사령부의 육군밀대일지 전시순보에 의하면

"위안소는 소관경비대장 및 헌병대장의 감독 아래 경비지구내 장교 이사를 위해 개업했다."고 하였다.

1918년 8월 시베리아에 출병한 일본군이 러시아 여성에 대한 강간 사건이 자주 발생하였다. 1932년 1월 상해 사변과 37년 노구교 사건때도 일본군들의 강간사건으로 현지 주민들과 문제가 발생하였다. 이에 따라 일본군은 일본군의 성적 문제를 직접 개입하여 관리하게 된 것이 군 위안부 설치 즉 정신대이다. 1932년 최초로 일본군 위안소를 설치할 때는 군부대 주변의 매춘업자들에게 위탁해 주로 직업 매춘 여성에게 상당액의 보수를 주고 일본 오사카 등지에서 모집 충당하였다. 1937년 남경 대학살 후 일본군은 매춘부들이 성병이 있어 군전력이 약화되자 일본내의 위안부 모집을 중단하고 한국여성으로 충당하였다. 1938년 도시지역에서 인신매매 형식으로 모집하여 충당하였다. 1938년 이후 1940년까지 업자가 군의 허가하에 헌병 경찰 면장 등의 도움을 얻어 주

고 빈고한 농부의 딸들을 간호부, 간호보조원, 군수공장 군속등을 모집
한다고 속여 모집 충당하였다. 1941년 8월 관동군 사령부가 조선 총독
부에 의뢰 8,000여명의 한국 여성을 동원하여 정신대로 보충해 주었다.

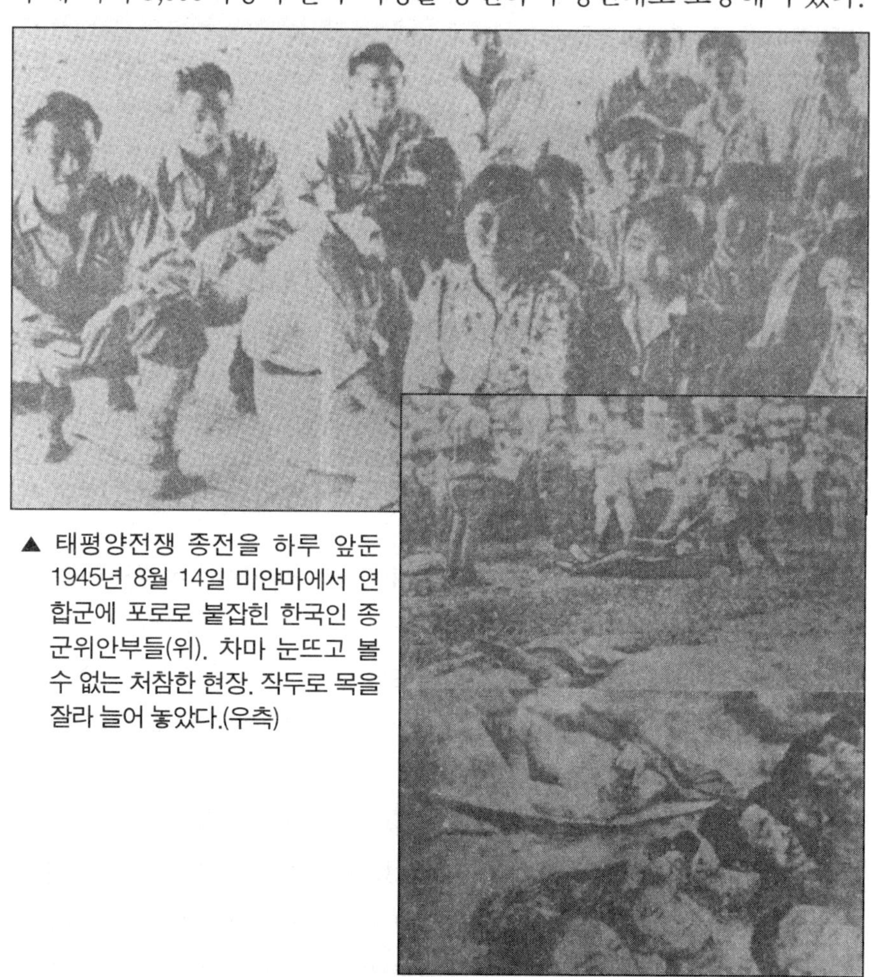

▲ 태평양전쟁 종전을 하루 앞둔 1945년 8월 14일 미얀마에서 연합군에 포로로 붙잡힌 한국인 종군위안부들(위). 차마 눈뜨고 볼 수 없는 처참한 현장. 작두로 목을 잘라 늘어 놓았다.(우측)

이 일은 은밀하게 면장이 헌병과 경찰의 도움으로 진행시켰으나 그 후
이것이 정신대라는 것을 알게 되었다. 1943년부터는 짐승을 사냥하듯
한국 여성만 보면 잡아 여관, 창고, 요정등에 감금하였다가 수가 차면
화물로 취급되어 군부대로 수송되었다. 서울에서는 주로 만주와 중국

등지로 보충되었고, 부산과 목포 등지에서는 군수송선을 통하여 상해 미얀마 필리핀 오키나와 수마트라 라파울 트럭 섬등으로 수송되어 일본군이 있는 데는 아무리 험한 곳도 보내졌다.

위안부는 외출이 금지되고 허가 없이는 지정 지역을 떠날 수 없다. 위안부는 아침 9시부터 오후 10시까지 하루에 10~20여명의 일본군을 상대하였다. 수입은 업자가 60% 위안부가 40%를 차지한다고 하였으나 업자들은 온갖 방법을 동원 위안부의 수입을 착취하였다. 그것마저도 한국인 위안부에게는 군표를 주었으나 일본이 패전하자 군표는 쓸모없는 수치의 증거가 되었다.

전쟁 말기 미 항공기의 폭격이 심해지자 위안부들은 군대의 참호나 영내의 진지로 피신시켰으나 이것도 한국 여성에게는 해당이 안되었다. 일본군은 패전하여 철수하면서 자기들만 철수하고 한국여성들에게는 철수 사실을 알려주지 않아 한국여성들은 조선인회 고려인회 등의 조직을 만들어 철수하려고 하였으나 언어의 장애와 여성이라는 것과 수송 장비가 없어 집단 철수하지 못하고 군 수용소에 수용되었다가 연합군의 조치로 귀환하였다.

그러나 대부분 한국 위안부들은 고향으로 오는 것을 거부하고 일본, 태국, 미얀마, 대만 등지에 남아 있고 한국에 돌아온 위안부들 일지라도 고향으로 가지 못하고 변장하고 도시에서 살아왔다. 혹 결혼을 한다해도 임신이 불가능하며 결혼생활이 불가능하였다. 그들은 대부분 어려운 생활을 하고 있다.

이상의 내용은 한국 위안부들이 한국 정부에 신고한 155명의 위안부 중 74명이 생존하여 이들의 증언을 토대로 1992년 7월 30일 정부가 18개 관계 부처로 구성된 정신대 문제 실무 대책반의 외무부 아주국장 김성우 반장의 발표이다. 그러나 안타까운 것은 태평양 전쟁 후 일본군과 정부에서는 의도적으로 관련문서를 폐기시켜 버림으로 정확한 진상을 알 수 없는 점이며 일본 정부는 그동안 상당한 연구가 진척돼 있는데 비하여 정착 피해자인 한국 정부에서는 연구 성과가 거의 없다는 사실이다. 또 개인적으로도 한국의 임종국씨 외에는 연구한 결과가 빈약한데 비하여 일본인 센다각고의 「종군 위안부」요시다 세이지의 「나의 전쟁 범죄조선인 강제연행」제일 동포 김일면씨의 「정신대」등의 역사적 자료의 저술이 있다는 점이다.

1943년 8월부터 1945년 8월 15일까지 일본 야마구지현 노동보국회 동원부장을 맡은 요시다 세이지는 일본 육군 서부사령부 74부대의 지시로 경찰과 군부대의 협조로 전남 지역에서 일천여명의 종군 위안부를 포함 6천여명의 한국인 여성을 관부 연락선에 태워 시모노세기에 끌고 가 서부사령부에 인도하였다.

그는 일본인 경찰 4~5명과 조선인 경찰 30~50명의 협조로 7~8대의 트럭에 나눠 타고 마을에 도착 마을을 완전 포위한 후 모두 부녀자들은 길가로 끌어내 젊고 건강한 여성은 모조리 트럭에 태워 강제로 끌고 갔다. 위안부에 끌려가지 않으려고 여성들은 일찍 결혼하여 아이를 안고 오면 애기를 잡아떼어 놓고 억지로 여자를 끌고 갔다. 비명을 지르는 여자는 때려 쓰러뜨린 후 끌고 갔다. 애기와 할머니와 남편들이 애원하며 사정하면 그들도 폭행하여 얼씬도 못하게 하였다.

세이지씨는 "이 일은 하나님도 분노할 것이며 나치스가 유대인을 학살한 것보다 더 잔인하였다"고 하였다.

그는 10~20만 정도가 정신대로 끌려갔고 이중 5천명 정도가 조국으로 가지 않고 일본에 있으면서 이름을 바꾸어 어렵게 살아가고 있다고 한다. 연합군은 이들을 포로로 취급하여 조사를 했기 때문에 이들의 명단은 지금도 있으며 미국, 영국, 오스트리아에 도서관에 가면 누구든지 볼 수가 있다고 한다.   그러나 한국 정부나 한국인들이 이 분야에 대해서 전혀 연구가 없었다고 한다.   그는 일본에 있는 종군 위안부에 대해서 한국정부가 관심을 기울여 주었으면 한다고 오리혀 조언까지 한다.

그는 그의 잘못을 죽기 전에 회개하려고 한국에 왔다고 하였다. 그래서 그는 「일본인과 조선인 위안부」라는 두 권의 책도 출판했다고 한다.

다음은 위안부가 한국정부에 신고하여 증언한 몇사람 것의 내용을 기록한다.

① 1938년 8월 왜경의 놋그릇 상납과 창씨개명을 거부한 이유로 가족이 경찰서에 연행됐는데 이장이 애국봉사대에 지원하면 아버지가 석방될 수 있다기에 아버지 석방을 위해 허락한 것이 그 길로 종군위안부로 끌려 위안 장소인 자카르타로 갔고 46년 3월말에 미군의 도움으로 돌아왔다.

② 1943년 9월에 부산진역 앞에서 왜경에게 강제 연행돼 일본 오사카로 갔다. 위안부 생활이 곤혼스러워 탈출하다가 붙잡혀 모진 매를 맞았으며, 상처도 치료하지 못한 채 위안부 생활을 했다.

③ 1942년 3월 처녀공출이라는 명목으로 영장을 받고 왜경에게 끌려가 창고에 갇혀 성폭행을 당한 후 위안부로 끌려갔다.

④ 1941년 2월 일본여자가 부산 공장에 취직을 시켜준다고 하여 50여명의 여자들과 함께 가보니 일본 군부대로 끌려가 하루 12~15명의 일본군을 상대하였고 싱가포르 중국 등지로 끌려 다녔고 나이가 많은 여성은 현지에서 거의 죽었다.

1992년 1월 14일 일본인 이게다씨는 그가 일제 때 조선에서 방산초등학교(당시 경성부 제2부 공립소학교) 여자 선생으로 있으면서 나이어린 제자들을 정신대에 보낸 뒤 양심의 가책을 느껴 이 사건을 계속 추적하여 폭로하였다.

▲ 1944년 8월 인천 연화국민학교 학생 8명이 정신대로 끌려가기 직전에 찍은 기념사진(위). 수많은 의병들이 일제에 의해 목이 달려 죽었다.(우측)

현재 서울 강남구 일원동 영희초등학교 외 전국에 보관되어온 학적부에는 이께다씨가 담임하고 있던 6학년 4반 여학생 70여명 중 5명이 1944년 7월 2일 일본 도미야마 불이월 정신대원으로 출발한 것으로 되어 있으며 끌려갈 당시 나이는 12~14세였다고 기록되어 있다.

이게다씨는 자기가 맡았던 반 외에도 14~15명 정도가 정신대로 끌려 갔다고 한다. 이렇게 끌려간 학생의 수와 명단이 전국 초등학교에 보관된 학적부에서 현재 속속 발견되고 있다. 이게다씨는 일본의 정신대 동원이 군부가 아니라 민간인이 하였다는 내용은 '슬픈 일'이라고 하면서 "천황 폐하의 명령"이기 때문에 거역할 수 없었다고 그 당시 심정을 고백하였다.

선생들이 가정방문을 해서 학생을 정신대로 보내게 허락해 달라고 하면 학부모들은 제발 보내더라도 졸업이나 하고 보내 달라고 애원하였다고 한다. 그러나 그런 학부모들의 애원을 뿌리치고 막무가네로 끌고 갔다고 한다. 정신대를 많이 보내는 학교는 교장이 영전되기 때문에 더 열심히 하였다고 한다. 일본군은 조선인 친일파를 동원하여 여성들에게 "돈도 많이 벌고 공부도 할 수 있다"는 유혹으로 모집하였다. 이들은 중국의 자싱, 광중, 자장성, 닝보, 장쑤성, 포구 등지에서 일본군을 상대로 성노에가 되었다.

1941년 7월부터 조선총독부와 일본군은 직접 나서 수만의 조선 여성을 종군 위안부로 끌고 가 소련과 만주 국경의 각 부대에 배급하였다. 일본군은 조선 여성을 물품대장에 기록하여 군수품 취급을 하였다.
1941년 태평양전쟁 후 태평양 전 전선에 기지위안소를 개설하여 조선 여성을 끌고 갔다. 1944년 8월 22일 일본 후생성은 "여자 정신 근로령"을 공포한 후 조선 여자들을 닥치는 대로 끌고 갔다.
김대삼의 '일제하 강제 인력수사' 는 그때 사건을 잘 설명해 주고 있다. 그리고 김문숙씨의 '말살된 묘비' 는 우리의 심금을 울리게도 한다. 한편 이때 조선의 저명인사들은 자국의 백성이 남의 나라 군인에 의해 성노예가 되고 있는데 그것을 적극 지지 권장하였다.
1941년 11월 주요한은 〈 국민문학 〉에 "댕기"라는 시를 썼다.

까만 댕기에 하이얀 간호복을 입고
저도 나라를 위해
있는 힘 다 바치겠어요.

이런식으로 정신대를 권장하며 13세 소녀는 간호부가 되는 줄 알고 따라나섰다.
1942년 12월 김활란은 〈 신시대 〉에 "징병제와 반도여성의 각오"라는 글을 썼다.

　이제야 기다리고 기다리던 징병제라는 커다란 감격이 왔다.

　반도여성은 웃음으로 내 아들과 남편을 전장으로 보내야 한다.

　라고 하면서 전시 동원에 적극 협력하라고 외쳤다.　이런분이 이대총장까지 하였다. 1942년 3월 4일 노천명은 매일신보에 "부인 근로대"라는 시에서

　부인 근로대 작업장으로

　군복을 지으러 나온 여인들

　총알에 맞아 뚫어진 자리

　손으로 만지며 기우려하니

　탄환을 맞던 광경

　머리에 떠올라

　뜨거운 눈물이

　핑도네

　이상의 내용으로 정신대를 위장, 군수 공장으로 일하러 가는 줄 알고 있었다. 1941년 12월 모윤숙은 일본군의 진주만 기습 직후 조선임전 보국단이라는 친일 어용단체 주최로 열린 강연회에서

　우리들 여성의 머릿속에 대화 혼이 없고 보면 이 위대한 승리의 역사는 이루어질 수 없는 것 이라고 하면서 권장하였다. 이런 여성에게 전두환 정부는 3 · 1문화상을 수상했고, 1990년 그녀가 죽은 후 노태우 정부는 금관문화훈장을 추서하였으니 국민정신이 제대로 되겠는가?

　김동환, 노천명, 김동인, 주요한, 김상용, 서정주, 장덕조, 김소운 등은 일본을 대대적으로 찬양하였다.

　1992년 5월 1일 오전 10시 도교지방 재판소 713호 법정에서 태평양 전쟁 때 한국인 희생자들이 낸 보상금 지불 재판이 처음으로 열렸다.

재판정에 나온 한국인 여성은 가명 가네다 기미고(한국명)였다.

그의 부친은 교회 목사로서 신사참배를 거부하다 산으로 도망간 후 가족이 흩어지게 되었다. 그 후 그녀는 남의 도움을 받고 살게 되었는데 그녀의 나이 17살 되는 해에 일본군의 꼬임에 빠져 정신대로 팔려갔다. 그는 아편중독 자궁제거수술 등 온갖 고초를 겪으면서 살아야 했고 지금도 안정제와 진정제로 살고 있다. 그녀는 47년 긴 세월동안 누가 알까봐 변장하고 하염없는 눈물로 세월을 보내고 있다고 법정에서 진술하여 방청인들의 심금을 울렸다.

나가사끼현의 조선인 강제 연행 강제 노동실태 조사보고서 제5집에 의하면 1939년~1945년 일본은 조선인 90만 7천명을 강제 징용할 계획 중 72만 7백 27명을 강제 징용하여 탄광에 34만 2천명을, 금속광산에 6만 7천명, 토목공사 10만 8천명, 기타 20만 6천명을 투입, 혹사시켰다고 한다.

일본 내무성 경보국 통계에 의하면 1938년 '국가 총 동원법' 이 시행되면서 조선인을 조직적으로 그들의 목적지로 끌고 갔다. 일본정부는 1939년 전쟁 산업에 필요한 110만 명의 조선인 노동자 동원계획을 세우고 이중 8만명을 1939년에 강제로 끌고 갔다.

1940년 1,190,444명
1941년 1,469,230명
1943년 1,936,843명
1945년 5월 현재 강제로 끌려간 노동자 총수는 20만 명이다.

일본은 1965년 한일회담 때 3억 불을 지불함으로 해서 모든 피해보상이 다되었다고 한다. 그러나 위의 피해 유가족들은 1965년 한일회담 때 한국인 희생자 관련 부분은 원인무효라고 주장하고 있다. 위의 피해자들을 완전히 무시한 박정희 정권의 정치적 거래에 불과하다고 유가족들은 주장하고 있다.

일본 정부는 연일 계속되는 피해자들의 항의와 진상이 밝혀지자 한일회담 때 이 부분에 대해서 잘못을 시인하고 있는데 오히려 한국정부가 한일회담 때 묶여 스스로 자국민의 권리를 옹호할 의무를 포기하고 있다. 이러한 자세를 용납할 수 없다고 유가족들은 항의하고 있다.

1965년 한일 청구권 협정에 대한 법리해석에 대해서 정부는 이미 모든 것이 끝났다고 해석하고 있으나 서울법대 백충현 교수는 ① 식민지 지배의 불법성에 대한 공식적인 인정과 그에 따른 사과의 불이행 ② 재일동포에 대한 지속적인 이권 침해 ③ 사할린 동포 등의 미 귀환 상태 방치 ④ 전쟁에 강제 동원된 한국인 징용자, 정신대, 학병에 대한 보상 거부 ⑤ 미지급 임금의 반환 거부 ⑥ 원폭 피해자에 대한 치료배제 ⑦ 문화재 반환회피 등이 아직도 해결되지 않았다고 법리 해석을 하고 있다.

대한민국 정부가 청구권 협정에 의해 한국인의 피해보상이 완전히 종결되었다고 간주하는 것은 국제법적으로 근거가 없고, 청구협정과는 별도의 추가보상 교섭이 있어야 한다고 백교수는 법리 해석을 하고 있다.

미야자와 기이치 일본 수상은 1992년 1월 14일 한국인 종군 위안부를 포함한 태평양전쟁 희생자들이 개인적으로 일본 정부를 상대로 손해배상을 청구할 있다고 밝히고 1965년 한일 협력으로 국가 간 청구권은 마무리 됐으나 개인이 보상을 받기 위해 소송할 권리가 있다고 하였으며 한국인들이 일본 법령에 그런 소송을 제기한다는 것은 유효하다고 하였다. 일본정부는 현재 벽지 도서관까지 다 뒤져 진상 규명 작업이 시작되었다고 한다. 그러나 한국 정부는 1965년 한일 청구권 협정으로 청구권 문제가 일괄 타결되었다는 기존 입장을 그대로 고수하고 있다.

친일 박정희 정권은 이들의 고통을 외면한 채 한일회담을 타결하여 그들을 두 번 죽이고 있다. 박정희는 "일본에 의지하지 않고는 한국의 내일은 없다."라고 하였으며 민기식은 "일본이 도와주지 않으면 한국은 망하니 한국을 남의 나라로 알지 말고 도와 달라."고 했으며, 유창순은 "일본은 평화 헌법을 폐기하고 재무장을 하여 한국을 도와야 한다"고 하였다.

1965년 한일회담 때 김종필은 전 교인들과 국민들의 반대에도 불구하고 "이완용이가 된다해도 한일회담을 한다"라고 하면서 한일회담을 강행하여 일제강점기 때 300만의 피해자들에게 보상의 길을 막아 두 번 죽게 하였다.

III. 태평양 전쟁을 찬양한 교역자들

1940년 일본은 프랑스와 화란이 독일 나치스군에 항복하여 동남아시아에서 그들의 군사력을 행사하지 못하게 되자 일본은 이 기회를 틈타 이 지역을 점령하기 위하여 태평양전쟁을 도발하였다.

1937년 일본은 노구교사건을 유발하여 중 · 일 전쟁을 발발해 놓고 중국군을 완전히 소탕하지 못한 상태에서 다시 미국과 전쟁을 일으켰다. 그러므로 이 전쟁을 절대 이길 수 없는 전쟁이었다.

전쟁은 적의 핵심부를 강타하여 항복을 받아야 승리한다. 일본군이 진주만의 해군을 공격하고 미 본토를 공격해서 일본 육군이 상륙하여 전 지역을 점령해야 승리한다. 그런데 일본 국력으로 어떻게 해서 중국 전지역과 동남아 전지역, 그리고 미국 본토에 상륙하여 전 지역을 점령할 수 있겠는가? 일본군이 정신이 돌지 않고서야 미국과 전쟁을 할 수 있는가! 태평양전쟁은 상식적인 사고를 가지고 있는 사람은 도저히 할 수 없는 전쟁이었다. 일본은 망하기 위하여 전쟁을 시작하였다.

전쟁은 훌륭한 군인과 무기가 있다 해도 병참이 충분하지 못하면 무용지물이다. 일본 해군 야마모도 대장은 "일본이 망하기 위해서 미친 짓이다."라고 하면서 태평양전쟁을 처음에는 반대하였다.

그런데 조선 교역자들은 태평양전쟁을 어떻게 보았는가? 1941년 12월 20일 반도호텔에서 미·영타도 좌담회가 박희도 목사의 사회로 15명이 참석하여 7시간 동안 개최되었다. 다음은 목사들의 주장을 요약하였다.

1. 백락준(조선야소교서회 편집총무)

황금만능주의 밑에서 운전되는 것이 미국입니다. 그 수단으로서 그네들의 일류인 선제제일주의가 있습니다. 영화, 라디오, 신문, 교회, 학교 등도 선전을 위해 동원되면서 흑을 백으로 바꾸는 일조차 쉽게 될 만큼 되는 것입니다. 선전만 잘하면 전국적으로도 지위를 얻을 수 있고 세력을 얻을 수도 있는 것입니다.

미국은 침략의 마수를 뻗어왔던 것입니다. 이 형세를 그대로 방임해 두면 동아공영권의 장래가 어떻게 될 것인가는 불을 보기보다 명백한 것입니다. 미국은 이와 같이 영토를 침략하면서 그들은 언제나 영토적 야심이 없다고 표방합니다. 미국이 영토를 침략하는 것은 영토 자체를 위해서가 아니라 그 영토에서 공급되는 원료와 그들의 상품을 소화시키는 부의 능력 때문입니다.

영원히 광망 뻗도록

그동안 날과 달을 거듭할수록 더욱 감개 깊이 생각되는 것은 이 싸움이 가진 도의적인 성격과 위대한 이상이다. 이렇게 숭고하고 위대하고 엄숙한 한 낱의 전쟁을 가진 적은 없었다.

미국인은 원주민인 인디언을 멸종한 후 노예로 사들인 흑인과 동양서 수입한 쿨리로써 금일의 부영을 이룬 것이다. 그러나 그들의 이들 흑인과 동양인에 대한 취급은 동물에 대한 그것이었다. 자기의 이익과 행복을 위하여 모든 것을 바쳐온 종족에게도 일이 끝나면 총부리를 돌리는 그들이다. 금일 일본에 개화를 가져온 은인처럼 내세우는 페리도 가면을 벗기면 침략자에 지나지 않는다.(1943년 12월 5일자 매일신보에 기고). 그는 해방 후 문교부 장관과 연세대 총장까지 하였다.

2. 전필순 목사(조선장로교회 부총무)

미국은 동양이나 우리 일본에 대해서 온갖 비인도적인 방식으로 괴롭힘으로써 일종의 쾌감을 느끼고 우월감을 갖고 싶어 하는 것도 그런 것입니다. 언제 어떠한 방법에 의한 사상전 경제전 외교권 무력전에도 우리는 절대로 그것들을 배격함으로써 이 동아전쟁을 반드시 이겨내지 않으면 안되겠습니다. 우리는 이 성전의 목적 관철을 위해 전심전력을 바쳐서 싸울 때입니다. (그는 후에 장로교 통합 측 총회장을 역임했다.)

3. 정춘수 목사(조선감리교 총감독)

복음이 들어오는 배후에서는 다른 불순한 것도 섞여서 들어오고 있는 것입니다. 우리 반도 역시 그 예에 벗어나지 않아서 우리에게 해독을 남긴 것이 많은 것입니다. 그 하나로서 이 세상은 장차 멸망할 것이라고 가르친 것이 있습니다. 기독교의 교훈이나 시범 안에서 이 세상은 장차 멸망할 것이라고 말해진 것은 한번도 발견할 수가 없습니다.

그렇지만 그렇게 가르치는 그네들 자신은 현실에 집착해서 자기의 생활을 가장 미련하고 호화스럽게 향락하는 것입니다. 이것을 보면 그들이 명백하게 가면을 쓰고 교인을 농락하고 있는 것을 알 수가 있습니다. 선교사들이 옴으로써 조선 고유의 윤리, 도덕, 미풍양속이 파괴당한 것입니다.

하나님께서 제게 기회를 주시와 완전히 감리교 교회를 혁신할 수 있게 되었던 것입니다. 명칭부터를 조선감리교단으로 고치고 일본정신에 합치하는 황도주의화된 일본적 기독감리교회로서 매진하게끔 된 것입니다.

정의의 칼을 뽑아 대동아전쟁을 시작하고 불과 수일 동안에 혁혁한 전과를 거둔 것은 진실로 감격을 금할 수 없는 바입니다. 어제 홍콩의 적군이 괴멸했습니다. 그 완전한 함락이 시간문제임을 믿을 때 형언할 수 없는 유쾌함과 감격에 휩싸이는 것입니다.

응징의 이유 세 개

차제에 적성국가 미·영에 대해서 철저적으로 응징을 하지 않으면 않되겠습니다. 그들은 인도상 전 인류의 적입니다. 때문에 인간의 적으로서 인류의 적으로서 응징을 해야만 합니다.

정춘수는 해방 후 천주교로 개종, 평신도가 되어 신부에게 영세를 받고 죽었다.

4. 정인과 목사(조선장로교 교육총무)

우리가 미국에 가서 보아도 무엇 때문에 기독교 신자가 되어 있는지 목적을 알 수 없습니다. 그나마 있다고 한다면 향락이라는 목적을 위해서라고 할 수 있을까요. 우월감과 지배욕에 여념이 없는 미·영 앵글로색슨인의 기독교인은 이미 진정한 종교인이라 할 수 없을 뿐 아니라 신앙심 모독의 정신 타락자로서 구원해 주지 않으면 안될 존재로 되어 버린 것입니다.

우리는 여기서 모름지기 일본적인 기독교 교리를 연구하여 우리를 구원함과 더불어 성스러운 구원의 손길을 그들에게도 뻗쳐주도록 하지 않으면 안될 것입니다.

국민 총동원과 우리 종교단체

지금 우리 국가는 임전체제 하에 국민 전반에 긍하여 인적 물적 즉 물심 양방면으로 총력 운동을 면밀히 지도 촉진하고 있다. 고로 만반 기구가 국민 총력이란 일대 기강 아래 총히 움직이고 있는 이때 우리 종교단체도 그 기강 아래 한 세포 기구로 존재함은 물론, 사실상 애국적 총력 운동에 있어 이상 중대 역할을 부담하여야 할 필요성을 갖고 있다. 어떤 이는 세상을 몰각하고 자신의 천당행만을 광신하는 폐도 불무 하거니와 이는 소위 독선 내지 이기주의의 잔재인 동시에 결코 비상시 국가 체제에 용훼를 불허한다.

국가 비상시국에 대처한 장로회 총회는 이 비 국체적인 구미 의존주의에서 이탈하여 일본적 기독교 건설의 제1보로 사변 초 국체 명칭의 운동으로 신사참배의 정신을 고조할 때에 총리 하에 있는 지방노회에 따라 혹은 문제가 있음으로 신사참배에 나아감을 당연한 의무인 동시에 신경에 타당할 경구를 증명하여 만장일치로 신사참배를 결의하였고, 그 익년 소화 14년(1939년) 9월 신의주에서 열린 제28회 총회 석상에서는 국민정신 총동원 조선야소교장로회 총회연맹 결성식을 거행하고 포교사무와 병히 상설 사무소를 경성에 두어 총회 아래 있는 26노회 연맹 조직의 지령을 발하고 동시에 각 노회 아래 40만 신도를 포괄한 3천여 세포교회에 애국반을 조직케 하였다.

5. 김인영 목사(조선감리교 신학교장)

미국인들이 말하되 "흑인이 순사가 되다니 고약한 일이다. 우리가 흑인에게 단속을 당한단 말이야, 이건 백인의 치욕이다."라고 하면서 그를 때려 죽였다는 것입니다.   심지어 유치장 안에 넣은 후 불을 질러서 태워 죽이는 일도 있으며 집단적으로 끌어 모아서 배에 태워 무인도 같은 곳에 끌고 가서 죽이는 경우도 있습니다.

신앙이 있는 기독교 국가로서 이런 일이 가능할까 할 정도로 생각만해 보아도 잔인한 일이 많습니다. 우리는 다만 그들의 인종적 우월감이 거대한 제국주의가 되고 침략주의로 변화해 가는 것을 목격할 뿐인 것입니다. 그들은 선교와 함께 투자를 행하고 종교와 함께 장사를 하는 일이 잊지 않는 것입니다. 이번 대동아전쟁의 의미에는 성스러운 것이 있다고 보여지는 바인 것입니다.

6. 한원석 목사(장로회보 주간)

미국은 낙토건설을 당해서 이미 수십만의 인디언을 착취하여 그들의 배만 살찌게 하면서 생활을 윤택하게 해왔습니다. 그들은 입으로는 정의와 인도, 자유와 평등을 주장하지만 우리들 유색인종을 대하는 태도를 보면 우월감을 갖고서 우리를 이용했을 뿐 베푼 것은 멸시 밖에 없었던 것입니다. 따라서 그들의 전통적으로 전환되면서 그들이 아메리카 제국주의의 세계 지배를 실현하고자 꿈꾸고 있었던 것입니다.

아메리카합중국의 앞날이야 말로 옛날 로마의 종말을 다시금 생각게 하는 전성이었습니다. 12월 8일 대동아 전쟁이 선포된 후 오늘까지의 전과를 본다면 미국인은 이제야 말로 비로소 우리의 힘을 알게 되어서 그야말로 신경쇠약을 일으키지 않을까 의심이 생깁니다. 이제는 미국이 일본에 항복해라. 즉 극동에서 산업제국주의를 포기할 것을 일본에 서약하는 방법이다. 우리는 차제에 1억 1심으로 분투 노력하면서 심애 협력 인고단력하여 타력의존을 배제하면서 독립 자주의 입장에서 대동아 공영권의 확립에 매진해야 할 것입니다.

우리들의 책임 의무는 신국 일본의 황도를 선양하여 동아를 동아인의 1억 1심 서로 손을 잡고 동아의 활무대 아니 세계의 신천지에서 춤을 추면서 일본의 국위를 사해에 떨치고 나아가 세계의 신질서를 건설하는 데에 있다고 확신하는 바입니다.

7. 양주삼 목사(조선성서회 행정총무 감리교목사)

미국은 제국자본주의 세계 제패주의 세계침략주의의 세 욕망을 갖는 것입니다. 미국은 모든 확장욕을 강하게 갖고 있습니다. 영토 확장, 정치권 장악, 경제권 확장입니다. 그들의 침략에서는 이처럼 신(神)과 달러가 앞장을 서고 있는 것입니다. 1차 대전 후 구암섬의 문제가 일어났을 때 미국은 그 섬이 우리의 일본에게 위임 통치되는 것을 거부했습니다. 이번의 하와이, 진주만 등에서의 참패는 이러한 몰이해와 방심에서 초래된 것이라고 보지 않으면 안되겠습니다.

금번의 대동아전쟁도 이렇게 해서 일어났던 것이며 이것은 그들의 A. B. C. D 대일 포위진이란 것이 웅변으로 말해주고 있는 것입니다. 여기서 만약 "우리의 일본이" 양보하면 어떻게 되는가를 살펴볼 때 그것은 다만 황국의 흥폐만이 아니라 동아의 흥폐 역시 여기에 걸려 있는 셈입니다. 만약 미·영주의가 실행된다면 우리 전부가 노예가 되겠지요. 이번의 대동아전쟁이야말로 실로 황국의 흥폐가 아시아의 성쇄를 결정하는 성전이 아닐 수 없습니다. 따라서 우리는 오직 황국과 더불어 생사를 함께할 결심이 있을 분입니다.

적극 학생병을 치자

드디어 반도 청년학도 제군에게도 무인으로서 출전할 기회가 주어졌음을 나는 한없이 기뻐한다. 지나사변 이후 일반적으로 실시된 지원병 제도였는데 그것은 정말 상상 이외로 좋은 성적을 얻어 군 당군 기타 일반사회로부터 반도 청년에 보낸 찬사는 아직 우리의 귀에 새로운 바 있다. 조선에도 내지와 똑같은 징병제를 실시하기로 된 것이다. 이것은 방금 실시준비 중으로 내년이면 우렁찬 반도 징병군이 우리가 항상 선망의 눈으로 보고 있는 저 내지출신의 제국 군인과 대오를 같이하여 늠름한 그 자태를 나타낼 것이다. 이로써 우리는 모든 방면에 걸쳐 착착 황민화의 실현을 현실에 있어서 수행할 수 있게 되었다.

우리가 정말 얼마나 황국신민으로서의 실력을 구비하여 있는가 또는 청년학도 제군이 제국 군인으로서 얼마나 그 실력을 내포하고 있는가 하는 점이다. 제군의 선조는 오늘날 제군의 출전에 도리어 명예롭지 못한 전통을 남겼다고 할 수 있다. 그러나 나는 제군의 선배로서 부끄러운 바 없지 않으나 제군의 조상이 무를 등한시하여 왔으면 왔을수록 제군은 일거에 이 불명예를 회복하여야 할 중대한 책임을 지게 된 것을 제군에게 특히 부탁하고자 한다.

맹방 독일로 말하면 전전(戰前)부터 히틀러 유겐트의 활동이 왕성하여 남녀 청소년은 모두 일률적으로 이 활동에 참가하지 않는 자가 없다. 이것은 금차 대전에 얼마나 큰 역할을 다하고 있는가는 누구나 다 아는 바일 것이다. 더구나 금년 봄 스탈린그라드 비극 이래 전국 학교는 일제히 폐쇄되고 학도는 모두 동원되었다.

8. 윤치영(중앙 기독교 청년회 부총무)

태평양을 중심으로 해서 "우리 일본 제국에" 대항해 싸우려고 하는 미국에 관해서 정확한 인식을 새롭게 하지 않으면 안됩니다. 12월 8일 미명을 기해서 이 사상은 도저히 참을 수 없다고 하는 커다란 사자후의 정의의 전쟁은 개시된 것입니다.

그럼 어째서 미국은 또 미국인으로서는 대동아의 건설을 방해하고 정의를 무시한 대일본제국의 자주권이나 대륙으로 발전하려는 엄연히 정당히 사실을 무시한 것일까요? 이거야 말로 정의 인도상 용인할 수 없는 물적 곤란을 가하고자 경제 봉쇄를 했던 것일까요? 홍콩은 물론 미구에 함락하겠지요. 싱가포르가 대군항이라 하지만 우리 해륙군 앞에서는 문제가 아니겠지요. 자바, 보르네오, 인도, 호주까지의 전부가 우리 수중에 점령되는 날 역시 그렇게 멀지는 않을 것입니다.

미국으로서 백년 가까이 꿈꾸어 온 모든 침략의 설계를 수포로 돌아가게 하고 우리 대동아의 신질서를 재인식할 때까지 응징을 가할 필요가 확연하게 있는 것입니다. 필리핀, 구암, 웨이크 마샬, 하와이제도에서 미국이 자라하고 있던 모든 그들의 해군기지는 전멸해 버립니다. 대일본제국의 근본 방책이나 정신이 대체 무엇인가를 알지 못하고 있는 그들은 조소해야 할 존재입니다.

이러하기 때문에 대동아 성전을 위해서 정의의 칼을 뽑은 제국의 사명은 팔굉일우의 대 이상과 대동아 건설의 위대한 사업을 달성하고자 1억 1심으로 매진하는 것이 이론상으로나 사실상으로나 그들의 모순을 제제하는 실물 교훈인 것입니다.

싱가포르 함락을 경축함

우리는 이 세기적 위대한 경사를 당해서 더 한층 대일본제국의 위대한 업적과 사명을 달성하기 위해서 1억 1심으로 모범을 보여야 할 때입니다. 총후 국민의 한 사람으로서 경의의 심경으로 축하의 말을 대신합니다.

9. 윤일선 목사 (세브란스의전 교수)

루즈벨트 그가 미국의 국책을 그르친 장본인이긴 하지만 임기 4년 중에 그의 이름으로 아주 미국을 망쳐먹게 되든가 다행히 반성해서 강화를 청해 오든가 혹은 그냥 장기전이라는 이름만을 걸어놓고서 임기가 끝나면 실제는 패군지장으로 하야를 하거나의 어느 하나일 것이라 생각됩니다. 흑인 1,200만 명이 미국인에게 대단한 원한을 갖고 있습니다. 혹시 그들에게서 혁명운동이 일어나지 않을까 그건 흥미 있는 문제입니다.

10. 심명섭 목사(조선감리교단 본부주사)

경신애린의 정신-대동단결로 멸사적 복종

오늘날 다시 한 번 종교개혁을 부르짖게 되고 기독교의 혁신을 요구하게 된 것이다. 내가 관계하는 기독교조선감리회도 작년 10월에는 기독교에서 선봉으로 좌기 혁신안을 발표하여 사계에 큰 파동을 던졌다.

〈혁신조항〉
1. 신동아 건설과 내선일체 팔굉일우 충군애국 정신을 철저하게 하여 기독의 일가주의 희생주의와 일치케 하고 민주이기 개인자유 공산주의를 근절할 것.
2. 기독교의 교훈과 시범으로써 본질을 삼고 유태의 역사와 서양문화에서 작입된 이교사상과 습관을 분리시키고 동양 성현의 유훈과 철학으로써 복음을 천명할 것.
3. 황고선양 방공 국방 애국운동을 국민총력 감리교회 연맹을 통하여 실천할 것.
4. 교도들의 지원병 다수 참가 병역의무를 철저히 인식케 할 것.

이상의 조항을 실현키 위하여 지난 3월 특별총회를 열고 일본 감리교단의 규칙에 준하여 기독교조선감리교단의 창립을 보게 되어 재래 구미식 제도와 규정을 청산하고 일본식 통제 중앙집권 전체주의의 신규칙을 정하여 신체제를 정비하고 전 교도가 일심 단결하여 시국인식을 철저히 하여 전보도국에 용왕매진하기로 하였다.

전시에 가장 필요한 사상의 통일과 신념의 강화를 위하여 진정한 신앙 운동으로 동아에 정신적 부흥의 건설 사업을 이우러 영원불멸할 낙원을 낳기 위하여 산고를 같이 당하고 국책에 순응할 뿐 아니라 자진하여 희생적 활동으로 대중을 선도하는 사명을 자부하여야 한다.31)

11. 최태용 목사(복음교회 감독)

조선 기독교회 재출발

오늘날 조선의 기독교회는 재출발이 요구되고 있다. 구태 그대로의 존재는 허락될 수 없게 되었다. 도대체 신을 믿어 영원한 생명을 부여받았다고 하는 자가 인간답지 않은 생활을 해서 된단 말인가.

미 · 영인의 식객 노릇을 하면서 선량한 신자로 자부하고 있는 것이다. 무슨 신을 그따위로 믿느냐 말이다! 기독교의 진리는 그것을 서양인에게서 받았다고 하더라도 그 교회를 자기 손으로 운영하고 그 교리를 제 머리로 고쳐 생각하려는 노력 정도는 해 봄직도 한 일인 것이다.

나는 기독교가 일본의 국체에 위배되는 것이라고 결코 생각지 않는다. 그것은 일본제국의 융성, 그 발전, 그 대동아 건설, 그 세계적 사면을 위해서 커다란 역할을 갖고 있는 것이라고 확신한다. 조선을 일본에 넘긴 것은 신이시다. 그러므로 우리는 신을 섬기듯이 일본 국가를 섬겨야 한다고 나는 생각한다.

오늘날 우리들에게 있어서 국가는 일본 국가가 있을 뿐이다. 우리는 가장 사랑하는 것을 일본국에 바치도록 신에게 명령받고 있는 것이다. 징병제 실시가 그것이다. 우리는 일본국을 사랑하지 않을 수 없는 것이다.

1939년 박희도는 동양지광을 창간하고 권두언에서 "반도 2천만 동포는 일본정신으로 철저히 무장하고 황도를 앙양해야 한다. 또한 폐하의 적자로서 황국 일본의 시민으로서 한 사람의 예외도 없이 모두 국체의 존엄성을 체득하고 황국 일본의 대사면을 받들어 황도의 선포와 국위 선양에 정진해야 한다. 이로써 동양 평화는 물론이거니와 소위 팔굉일우의 일대 이상을 펴고… 내선인의 뇌리에 2개의 대립된 민족의 존재를 연상시키는 것 같은 관념을 불식시키고… 현재의 내지인 조선인이라는 호칭이 단순한 지방적 호칭이 될 수 있도록 해야 한다"라고 하였다.

그는 징병제가 실시되자 동방을 향해 엎드려 경배하며 "감격에 목이 메였다"라고 하였다. 채필근은 "국민 정신 총동원이 필요한 이때 종교인들도 국가에 충성하지 않으면 안된다. 이것이 이단이라고 말하는 자야말로 도리어 이단이다"라고 단정하였다. 친일파인 그들은 신사참배를 반대한 분들에게 "유다 같은 사람이다"라고 매도하였다.31) 이상의 친일파들을 의식과 판단력이 정상적이지 않은 인간들이다.

IV. 나봇과 엘리야

사마리아 왕 아합이 나봇의 포도밭을 소유하고 싶어 매매할 것을 요구하였으나 나봇이 거절하였다. 아합의 처 이세벨은 죄가 없는 나봇을 증인 두 사람을 가짜로 만들어 "하나님과 왕을 저주하였다" 고 거짓증언을 하게 만들어 돌에 맞아 죽게 하였다. 나봇은 억울하게 세상을 떠났다. 아합은 나봇이 죽자 포도밭을 차지하였다.

나봇의 억울한 한을 누가 풀어 주겠는가. 아합과 이세별과 두 증인과 돌로 때려서 죽인 독재자 앞잡이들을 누가 벌해 줄 것이며 누가 이들의 잘못을 지적하겠는가? 엘리야는 용기를 냈다. 그리고 하나님의 명령이 있기에 순종을 해야 했다. 엘리야는 아합에게 찾아가서 "네가 죽이고 또 빼앗았느냐 하셨다 하고 또 저에게 이르기를 여호와의 말씀이 개들이 나봇의 피를 핥은 곳에서 개들이 네 피 곧 네 몸의 피도 핥으리라"고 하였다.

얼마나 무서운 말이며 용기 있는 말인가! 이런 용기 있는 목사가 있어야 이 땅에 정의가 실현되지 않겠는가! 아합이 엘리야의 독한 저주의 말을 듣고 옷을 찢고 굵은 베로 몸을 동이고 금식하고 굵은 베에 누우며 행보도 천천히 하며 철저히 회개를 하였다. 하나님께서는 아합의 회개하는 생활을 보시고 그의 죄를 용서하시고 그에게 계획한 재앙을 그에게는 내리지 않고 아들 대에 내렸다(왕상 21:1-29).

엘리야는 일개인이 땅을 빼앗기고 억울하게 죽은 나봇을 위하여 아합에게 죄를 지적하였다. 우리는 일본에게 나라 전체를 송두리째 빼앗기고 약 300만 정도가 죽어갔다.
어떻게 하나님의 종들이라고 하는 목사들이 엘리야 같이 일본의 죄를 지적하지 않고, 일본을 찬양할 수 있단 말인가! 어떻게 신사참배를 정당하다고 하며 징병제를 찬양하고 태평양전쟁을 찬양하고 대동아 공영권을 찬양할 수 있단 말인가!

웨슬레는 살해되거나 짐승처럼 학대받고 있는 흑인을 옹호하기 위하여 창세기 4장 10절의 성경 구절을 인용하면서 "네 아우의 핏소리가 땅에서부터 내게 호소하느니라 너희 형제의 피가 땅에서 너를 고발하면서 호소하고 있다"고 외쳤다.
웨슬레는 노예를 형제로 생각하고 변호하였다. 노예도 하나님께서 부여한 인간의 권리에 의하여 생명, 자유, 교육, 그리고 종교적 성장과 도덕적 성장에 대한 권리를 가지고 있다.
하나님께서 주신 권리를 사람에게서 빼앗는 법을 국가가 만들 권리를 조금도 가지고 있지 않다고 단언하였다.

웨슬레가 주장한대로 일본이 어떻게 한국을 점령하고 사람을 죽일 권한이 있는가, 그런데 목사들이 일본의 죄를 지적할 사명이 하나님으로부터 부여받았는데 오히려 찬양함은 하나님 명령을 거역함이요, 하나님의 일꾼이라고 할 수가 있겠는가? 죄를 지적하는 용기가 없다거나 하나님 명령에 순종할 용기가 없다면 하나님은 하나님의 뜻을 어떻게 전달하시겠는가? 그리고 하나님의 뜻이 어떻게 이 땅에 전달되겠는가. 하나님은 분노하시고 답답해하실 것이다.

친일파들은 신사참배와 징병제 등을 정당한 것으로 변명하였고 일본을 자기들의 조국으로 생각하였다. 그리고 미국을 적으로 상대하여 미국이 패전하고 일본이 승리하여 자기들을 위하여 일본이 한국을 영원히 지배하기를 원한 것 같다.

그리고 어떻게 신사참배를 권장하고 징병제를 찬양하며 대동아 공영권을 찬양할 수 있겠는가? 이러고서도 대한민국이 독립되기를 바라겠는가. 분단이 외세에 의한 것이라고 미국과 소련을 규탄할 수 있는가! 친일파들은 독립을 위해서 무엇을 하였는가.

미국이 일본을 패전시키기 위하여 엄청난 군수물자를 소비하고 젊은 이들이 죽어갈 때 조선의 기독교는 일본을 찬양하지 않았는가? 감히 기독교는 얼굴조차 들 수 없는 형편이 아닌가.

진실로 우리는 회개해야 한다. 이대로는 절대 안된다. 웨슬레는 "우리는 사람의 잘못된 행실을 징계하지 않으면 안된다. 우리는 얼마 동안은 그를 참아주어야 한다. 그러나 만일 그가 그의 잘못을 회개하지 않으면 그를 우리 가운데 계속 머물게 해서는 안된다"라고 하였다. 예수님은 "네 형제가 범죄 하거든 권고하고 듣지 않거든 증인을 세워 증참케하라. 만일 그들의 말도 듣지 않거든 교회에 말하고 교회말도 듣지 않거든 이방인과 세리와 같이 여기라”고 하였다(마 18:17).

친일파 그들은 반드시 처벌받아 강단과 공직에서 물러나야 했고 해방과 함께 기독교는 범 회개운동이 있어야 했는데 우리는 회개운동을 하지 못하였다. 이유는 강력한 세력을 갖고 있는 친일파들 때문이며 그들은 반성은커녕 변명으로 일관하여 분열과 분단을 초래하였다.

그들은 살기 위하여 반공투사로 둔갑하여 기독교는 반공주의자가 되었고, 그들은 이승만, 박정희 전두환 독재자의 앞잡이가 되어 기독교와 한국이 이토록 부패하게 하였다. 그런데 우리는 그들에 대해서 너무 쉽게 용서해 주고 잊어버리고 있다. 그리고 그들의 잘못을 덮어주는 것이 기독교 사랑인듯 선전하고 있다.

현재 기독교 목사들의 사고방식은 거의가 어용 사상이 지배적으로 어용목사가 훌륭한 목사요 국가를 사랑하는 목사로 인식되고 있으니 참으로 한심한 일로 우리는 혼돈 가운데 살고 있다. 그들은 국민들에게 비겁한 마음과 자기를 위한 어용기회주의 사상을 전염시켜 사회 어느 한 곳 부패하지 않은 곳이 없게 하여 마귀로 하여금 춤을 추게 하였다. 그들은 우리 사회의 암적 존재이다.

우리에게 가장 큰 문제는 이토록 반성하지 않는 자들을 용서해 주고 덮어주고 변호하고 찬양하는 것이 기독교 사랑인 것처럼 기독교 사상을 둔갑시키고 있는 것이다. 그러므로 기독교의 도덕성 회복과 정의가 실현되기는 실로 어려운 일이다.

모압 왕 발락이 2차에 걸쳐 발람 선지자를 초청하여 “나를 위하여 이스라엘을 저주하라 내가 그대를 높여 크게 존귀케 하고 그대가 말하는 것은 무엇이든지 시행하리라”고 하였다. 발람은 발락의 3차에 걸쳐 부탁하는 것을 모조리 거역하고 발락이 보는 가운데서 오히려 이스라엘

민족을 축복하였다. 그는 발락의 항의에 "은금을 가득히 채워 줄지라도 나는 여호와의 말씀을 거역할 수 없으며 하나님이 주시는 말씀을 내 어찌 말하지 아니할 수 있느냐"라고 하면서 죽기를 각오하고 하나님 말씀에 순종하였다. 그는 "하나님께서 보시기에 기뻐하는 일이 아니면 돌아가겠나이다"라고 하였다(민 22:23).

모압 왕과 같은 일본 천왕을 찬양하고 자기 민족의 젊은이가 타국에 의해 강제로 끌려가는데 하나님의 종이란 자들이 찬양을 할 수 있는가. 그리고 전쟁을 찬양할 수 있는가. 나귀만 때릴 것이 아니라 자기가 하는 일이 하나님 보시기에 기뻐하는 일인지 아닌지를 구분해야 하는데 어용들은 '크게 존귀하게 하고 은금을 주겠다' 고 하면 구분조차 하지 못하고 지지하고 축복하고 찬양하며 나귀만 때리고 있었다. 그들은 하나님의 일꾼이기를 포기한 행동을 하였던 것이다. 그래서 니체는 하나님이 죽었다고 하였는데 이 말은 목사들이 하나님을 죽였다는 말이다. 어용사상이 사라지지 않는 한 이 땅에 부패를 막을길이 없다

V. 하나님 뜻에 산 일본인과 한국인

일본 동경대학 총장 야나이하라는 기독교 신자였다. 그 1937년 7월 7일 중일전쟁이 발발하고 일본군이 북경을 공격하여 성공하자 온 국민이 환성을 지르며 시가행진할 때 혼자서 반대 방향으로 가면서 "일본은 망해야 하며 일본은 망할 것이다."라고 외치며 데모를 하였다.

이 일로 즉시 동경대 총장직에서 쫓겨나고 직업도 가질 수 없었고 글도 쓰지 못하게 되었다. 형사가 항상 그를 감시하였고, 그의 원고는 쓰기가 바쁘게 압수 당하였다. 그에게는 항시 공포와 가난과 환난이 뒤를 따르는 홀로 걷는 고난의 생활이었다. 그는 하나님을 의지하며 명예와

부귀를 포기하고 오직 하나님의 뜻을 따라 옳은 것을 부르짖고 진리를 쓰며 생활하였다.

1945년 8월 15일, 그의 예언대로 일본이 망하자 야나이하라는 국민의 존경 속에 동경대학 총장에 재취임 하였다. 그는 동경대학 학생들에게 인생은 어떻게 살아야 훌륭한가를 잘 교육시킨 교육자가 되었고, 그에게서 정의와 용기에 삶을 사는 교육받은 많은 젊은이들이 오늘의 일본을 이끌어 가고 있다. 이렇게 정의에 사는 사람이 있기에 오늘의 일본이 있는 것이다.

오다나리치는 1908년 일본 오사카에서 태어났다.

1925년 4월 코베 미나도가와 전도관에서 처음 기독교에 입교하고 세례를 받았다. 미가게 성서학원에서 공부한 후 가족들의 반대에도 불구하고 조선인을 전도하기 위하여 한국 목포에 상륙하여 광주 일본교회에 도착하였다.

광주 일본교회 담임목사 다나가에게 오다가 질문하기를 "왜 일본인에게만 전도하고 조선인에게는 전도하지 않느냐"고 질문하자 다나가가 대답하기를 "정복자인 일본인이 피정복자 조선인에게 회개하라 원수를 사랑하라"고 할 수 있는가. 그리고 "강도가 물건을 도둑해 가지고 물건 주인에게 용서하기를 일곱번씩 일흔번이라도 용서하라고 할 수 있는가"라고 대답 하였다고 한다.

이 말을 들은 오다는 아예 "조선인이 되어 버리면 되지 않은가"라고 하면서 전영복이라고 이름을 개명하여 조선인이 되었고 조선말을 배워 전국을 다니면서 조선말로 전도하고 설교하고 하였다.

이렇게 되자 교회에서는 "그가 일본의 간첩이다"고 판단 경계를 하였고 일본경찰은 그가 조선 사람으로 독립선동자로 의심하여 투옥하여 많은 고문을 하였다. 경찰조사에 의하여 그의 신원이 확인되어 교회에서 그를 믿기 시작하였다.

1932년 동양선교회 경성성서학원(현 서울신학대학교)에 입학하여 2년 후 졸업하였고 천연동 성결교회와 경성성결교회에서 목회하였다. 1937년 12월 숭실학교 강당에서 5일간에 걸쳐 신사참배 반대 강연을 하다 구속되었으나 잠시 후 석방되었다. 1938년 1월 수원경찰서에 투옥되어 5개월간 심한 고문을 받았다. 일본 경찰의 끈질긴 추격에 그는 견디지 못하고 일본으로 피하여 일본신학교에 입학 졸업하였다. 1942년 1월 재일 조선인교회에서 목회하였다.

해방 후 재일 대한 기독교회 후쿠오카와 교토교회에서 목회하였다. 그는 1980년 9월 27일 72세의 나이로 세상을 떠났다. 니시다 목사도 오다목사와 같이 신사참배를 반대하면서 한국교회를 도왔으며 특히 성결교회를 도왔다. 그는 진주 성결교회에서 목회하였다. 그는 1985년 2월 8일 73세의 나이로 세상을 떠났다 (김승택역음 한국 기독교와 신사참배 문제 88쪽).

중일전쟁 후 총독부에서는 애국적 운동이라는 명분으로 기독교에 전쟁 협력을 요청했을 때 거부한 교역자들이 있었다. 황해도 해주의 감리교 김만식 전도사는 "중·일 전쟁은 성스러운 전쟁이 아니라 죄악이다."라고 비난하였고 평남 중화군도 제직회 때 노영선 목사는 경찰서에 끌려가 동방요배를 하겠다고 서약을 하였으나 교회 제직들의 완강한 반대로 거부되었으며 시국좌담회, 일장기 게양, 동방요배 등 일제의 요구를 단호히 거절한 교역자도 있었다.

1922년 수양 동우회가 조직되었는데 1929년부터는 수양만이 아니라 민족운동도 함께 하였고, 여기에 교역자들이 대거 참여하였다. 그들은 서울의 주요한, 이용설, 김윤경, 이대위, 이유재 등과 평안도의 김동원, 백영업, 정인과, 김성업, 김선량, 김항복, 김하여, 한승곤, 한승인과 함북의 송창근 목사 등이다. 1935년 5월 수양동우회는 이양섭의 체포로 배후가 드러나 이용설, 정인과, 이대위, 주요한 유형기 등 181명이 검거되어 이중 42명이 기소되었으나 1941년 10월 무죄선고로 거의 석방되었다.

1925년 이상재를 중심으로 흥업구락부가 조직되었는데 조선독립을 위한 단체였다. 1932년에는 이 조직에 교역자가 20여 명이 가담하여 독립 운동가들에게 독립자금을 대주었다. 1938년 2월 유억겸, 윤치영, 구자옥에 의해 조직이 탄로나자 54명의 조직원이 검거되었다. 이들은 모두 사상 전향 서약서를 쓰고 6개월 만에 석방되어 일부는 일제의 앞잡이가 되었다.

일본은 우리 말 우리 글을 사용하지 못하게 하고 역사까지 파괴하고 성까지 갈아치울 때 안동교회 이윤재 장로는 오히려 한글을 연구하여 우리말 사전을 출판하였고 이 일로 1943년 함흥감옥에서 순교하였다. 그리고 정동교회 김윤경 장로는 「조선문자급어학사」를 출판하였고, 1938년 4월 미나미 지로 총독은 조선 교육령 개정령 칙령 제103호를 발표 조선어를 교육과정에서 완전히 추방하였다.

그러나 1921년 12월 주시경 선생의 영향을 받은 장지영, 이병기, 김윤경 등 15명은 조선어 사전 편찬회를 조직, 한글 맞춤법 통일안을 제정하며 한글사용 순회강연 등을 하면서 한글 연구에 몰두하였다.

그러자 총독부에서는 1942년 9월 25일 정태진, 이윤재, 한징과 이극로, 이병기, 최현배, 정인승, 이희승, 이은상, 김도연, 서민호, 안재홍 등 33명을 검거하였다. 이중 김종철, 권덕규, 신윤국, 안호상 등을 제외한 29명이 구속되었다. 구속자중 이윤재 선생은 고문 끝에 사망하였고 이극로, 최현배, 이희승, 정인승 등 4명은 왜정 경찰의 모진 고문 끝에도 조선어 사전 편찬 원고가 있는 곳을 말하지 않고 견디다가 해방의 기쁨을 맞이하였다. 조선어학회 사전원고가 왜정 순경에게 발견되지 않아 해방 후 1957년 10월 6권으로 완간되어 우리말 큰사전의 기초가 되어 승리하게 되었다. "한민족이 노예상태에 있을 지라도 그들이 자기 언어를 보존하기만 하면 그것은 마치 감옥의 열쇠를 지니고 있는 것과 같다"라고 알폰스 도테도 말하였다.

「성서적 입장에서 본 조선역사」를 저술한 함석헌씨는 일본의 조선역사 말살정책에도 굴하지 않고 〈성서조선〉에 연재하였고, 1942년 3월호 권두언 사건으로 검거되었다.

홍천의 모곡감리교 남궁억 전도사는 일본의 벚꽃심기 대대적인 운동을 벌이고 있을 때 무궁화 심기운동을 펴고 민족정신을 고취시켰다. 이 일로 1933년 남궁억 전도사, 홍천감리사 남천우 목사, 유자훈 목사, 그리고 친척들이 검거되어 옥고를 치루었다. 시인 윤동주, 변영로, 오상순, 황석우, 이병기, 이희승, 김광섭, 조지훈, 박목월, 박두진, 박남수, 이한진, 홍노작, 김영랑, 이육사, 한흑구 등은 해방될 때까지 변절하지 않아 한국인들에게 긍지를 심어 주었다.

신공덕성결교회 윤판석 장로는 1924년 경성보통학교 재학 중 학생 7명과 함께 일본역사 수업반대 투쟁 과정에서 일본인 선생을 구타하고 학교를 떠나버렸다. 그는 1934년 애국기업공사를 하면서 독립군 군자금을 지원하였다. 이 군자금은 신의주성결교회 김유연 목사를 거쳐 김창석씨를 통하여 김규식씨에게 전달되었다.

1991년 6월 홍익대 총장 이항년씨는 경남 하동의 한 모임에서 자신이 일제 때 그곳 군수를 하면서 고향민들을 괴롭힌 죄를 용서해 달라고 회개하였다. 이렇게 죽기 전에 자기의 과거를 씻으려는 용기 있는 학자도 있었다.

한경직 목사는 1992년 6월 18일 여의도 63빌딩에서 뎀 풀턴상 수상축하식 인사말에서 "먼저 나는 죄인임을 고백합니다. 나는 신사참배를 했습니다"라고 47년 만에 회개를 하였으나 그는 회개할 일이 너무 많은 목사이다. 친일어용들과 그 후예들은 자기들의 어용생활을 다음과 같이 변명하였다.

첫째로 일본의 탄압에 못 이겨 어쩔 수 없었다는 것이며, 둘째는 양심은 허락하지 않았으나 주위의 강권에 못 이겨서 그랬다는 것이다. 또한 독립운동이 성공 못할 것으로 판단 천황의 신민이 되기를 자처하였다. 그리고 교회와 학교를 보호하기 위하여 자기는 어쩔 수 없이 십자가를 지고 하였다고 어처구니없는 변명을 하고 있다.

그러나 대부분이 명예와 출세욕에 눈이 어두워져 하나님과 조국을 배반한 것이다. 조만식 장로는 징병제를 찬양해 달라는 요구를 받고 거절하였고, 윤동주, 이육사 같은 분은 일본을 한 번도 찬양한 일이 없으며 최현배씨는 창씨개명도 하지 않았으며 신사참배를 하지 않고도 얼마든지 견디어 냈으며 창씨개명을 하지 않고도 얼마든지 견디어왔다.

성결교회 교역자 중 창씨개명을 하지 않은 교역자가 임도오 목사, 김순영, 정인열, 김석기, 황소금, 김동환, 이승춘, 김정희, 김명숙, 김수대, 이영빈, 엄기순, 주봉춘, 이옥근, 우정숙, 정주전도사 등이 있다. 천주교가 신사참배 외에는 전혀 이런 일에 가담하지 않은 것이 바로 증거다. 창씨개명에 앞장섰던 이승우, 문명기, 이광수는 탄압에 의해서했는가 그것은 아니다.

조선어를 전폐하자고 미나미 총독에게 건의한 현영섭은 일본탄압에 의해서인가? 한일병탄 공로자 이완용의 감사위령제도 일본의 탄압에서인가? 친일어용들은 조국을 배반하고 일본의 조선인 민족정신 말살정책에 그들의 출세를 위해서 앞장섰던 것이다.

조국을 배반한 친일 어용들은 "대동아 전쟁은 일본의 침략전쟁이 아니라 영국과 미국의 400년 침략마수에서 10억 동아시아인은 해방하고 동아인을 위한 대동아를 건설하는 성전이다. 그러므로 총무장하고 허리띠를 졸라매고 이 위대한 성업을 완수해야 한다"고 하였다.

이러한 친일 어용들은 숙청하지 못하여 현재 대한민국 교과서에 16명의 친일어용 작가 19개 작품이 실려 학생들에게 어용사상을 교육시키고 있다. 정신대를 폭로한 일본의이케다씨는 지금도 한국의 하늘을 바라볼 수가 없으며 그 죄책 대문에 결혼까지 포기하였다고 한다. 자기 국민도 아닌 다른 국민이요, 정신대로 끌려가는 것을 찬양한 일도 없지만 단 한가지 담임선생이었다는 사실만을 가지고도 평생을 괴로워하고 있었다.

그런데 같은 민족이요, 국민의 지도자요, 하나님의 일꾼이라고 자처하는 목사들이 황국신민을 찬양하고 대동아 공영권 내선일체 징병제를 찬양하고도 반성도 하지 않고 부끄러워하지도 않으며 교인들 앞에서 뻔뻔스럽게 설교하고 생활비를 타서 자녀를 교육시키고 있다. 그리고 친일 어용문제만 나오면 "그때는 어쩔 수 없었다"고 변명을 일삼고 있다. 그 후배들은 그들을 변호하는 것이 하나님의 사명이나 된 것처럼 입이 마르도록 사부니, 교부니 하면서 대대적으로 찬양하고 있는 데는 진실로 통탄을 금할 수 없다.

이러고서야 어떻게 대한민국이 선진국이 되기를 바라겠는가. 그리고 사회와 국가가 부패하지 않겠는가. 그 결과 우리 민족에게는 엄청난 시련이 기다리고 있었고, 하나님의 심판이 준비되어 있었다(렘1:16-17). 의는 나라를 영화롭게 하고 죄는 백성을 욕되게 하는 것이다. (잠 14:34)

제 5 장
신사참배의 결과

제5장 신사참배의 결과

I . 3.8선 분단

1941년 12월 8일 야마모도 일본 연합함대 사령관은 진주만에 정박중인 미 해군을 기습 공격하여 성공하였으나 1942년 6월 5일 미드웨이 해전에서 대패하여 일본 전력은 점점 약화되어 가고 있었다. 1942년 11월 과달카날 전투에서 4개월 동안 치열한 공방전 끝에 일본 육군 1만 3천, 해군 3만 8천여 명이 전사를 하고 1943년 2월 1일 철수함으로 더욱더 패전으로 기울기 시작하여 일본군의 저항도 그 한계점을 보였다.

미국은 맥아더 장군의 남서방면과 할제이 제독의 남방방면, 니미즈 제독의 동북방면 등 3개 방면에서 반격을 가하였다. 1944년 10월 25일 일본은 레이태만에서 미 항공기 100여대를 파괴하고 맥아더 장군의 반격군을 공격하여 대승이 눈앞에 있었는데 이해할 수 없는 작전 실수로 대패하고 레이터만에서 철수함으로 일본 해군은 치명타를 입었다.

1944년 메리애나 앞바다 전투에서 일본군은 또 대패하였었다. 사이판 섬의 일본군은 최후까지 미군의 반격을 저지하여 옥쇄하였다. 1945년 2월 미군은 필리핀 마닐라를 점령하였다. 미군은 1945년 4월 오키나와에 상륙하여 3개월 동안 처절한 전투 끝에 점령하였고, 일본이 자랑하던 7만톤급 야마토 전함도 미 항공기 800여 대의 집중공격을 받고 비참하게 침몰되었다. 일본 전 지역은 B29의 집중 공경을 받고 폐허가 되었으며 더 이상 전쟁을 지속할 수 없는 상황이 되었다. 1945년 7월 13일 스즈키 내각은 포츠담 회담이 열리기 직전 소련에 미군과 휴전을 할 수 있도록 알선해 줄 것을 요청하였다.

그러나 소련의 반응은 없었다. 또한 이 사실을 미국에 알리지도 않았다. 이유는 패전 직전의 일본전에 참전하여 극동아시아에서 발언권을 얻고자 함이었다. 1945년 7월 16~ 8월 12일 포츠담에서 연합국 수뇌회담이 열렸다. 이때 미 육군 참모총장 마샬 대장은 일본의 육군병력은 본토방어를 위하여 200만, 해외 주둔병력 300만 합 500만 정도로 파악했고. 1945년 11월 1일경 일본 본토를 상륙할 예정이며, 일본이 완전히 패망하기까지는 1946년 11월 15일 경이라고 설명하였다.

여기에 미군 출동 병력을 500여 만명 그리고 희생자 100만으로 판단하고 소련이 만주를 공격하여 빠른 시일내 일본을 패전시키기 위하여 일본전에 적극 참전해 줄 것을 요청하였다. 소련 참모총장 안토노프는 일본이 며칠 안에 패망할 것을 확신하고 미국의 요청을 수락하고 1945년 8월말 경 참전하겠다고 약속하였다. 1945년 6월 독일을 패망시킨 소련은 대일 참전 계획에 따라 치스차코프 대장을 독일에서 극동군으로 전속시켜 25군 사령관에 임명하였고, 보좌관 N. G레베데프 소장도 같이 발령하였다.

스탈린은 극동방면 군사령관 바실리예프에게 1945년 8월 11일 대일전쟁에 참전하도록 명령을 하였다. 1945년 8월 6일 일본 히로시마에 원자폭탄이 떨어지자 일본이 패망할 것을 확신하고 미국의 무기와 장비를 지원받아 소련군은 보병 80개사단, 전차 4개 군단, 자주포 5만5천 대 합 157만 여명이 1945년 8월 9일 자정을 기하여 예정보다 2일 앞당겨 일제히 소 · 만 국경을 넘었다.

미국은 소련이 대 일본전에 참전할 수 있도록 트럭 1,000대 항공기 150대와 다량의 군수물자를 지원해 주었고 극동아시아에서의 소련의 정치적 요구를 들어 주었다.

1945년 8월 6일 오전 8시 15분 미군 B29기는 원자폭탄을 싣고 히로시마에 투하하여 일시에 20여 만명을 사상시켰다. 1945년 8월 9일 다시 나가사키에 원자 폭탄을 투하하자 일본은 도저히 더 이상 싸울 수 없어 1945년 8월 10일 무조건 항복하기로 결정하였다 소련 항공기는 웅진, 나진, 청진등을 공습하고 소련 제1극동군 예하 25군 사령관 치스차코프 예하 393사단장 샤니 소장과 제10기갑사단은 두만강을 건너 한국에 진격, 8월 13일 청진에 상륙하여 파죽지세로 나진과 함흥에 진격하고 21일 원산, 23일 개성, 24일 평양에 입성하였다.

미국은 소련이 1945년 8월 10일, 150만의 대군으로 파죽지세로 만주와 한반도를 휩쓸자 이에 겁을 먹고 3성 조정위원이 건의한 38선 이북은 소련에게, 38선 이남의 일본군은 미국에게 항복하자는 건의를 소련에 전달하였다. 이에 소련도 동의하여 38선이 그어지게 되었고, 소련은 북한 땅을 점령하여 공산정권을 세웠다.

미국은 소련에게 며칠 전에는 일본전쟁에 참전해 주기를 간절히 요청하고 며칠 후에는 더 이상 남진하지 말라고 요청하는 어리석은 일을 범하여 결국 한국은 38선으로 분단되고 6.25가 발생하였다.
미국은 소련에 대일전에 참전요청을 하지 않아도 되었는데 만주와 한반도, 그리고 일본 본토에 대해서 일본군의 정보가 부족하여 어처구니없는 실수를 범하여 소련에 참전을 요청하여 한반도가 갈라지게 되어 북한 땅에 공산정권이 서게 되었다.

소련은 다 죽어가는 일본전에 참전하여 5일 만에 승전국이 되었고, 1905년 러일전쟁 때의 패전의 상처를 깨끗이 씻었다. 소련은 일본이 항복하자 극동정보대 88여단 소속 한인 60여명을 평양에 입국시켰고, 여기에 속한 김일성을 북한의 지도자로 내세우는 작업을 하였다. 일본은 망하면서까지 한반도를 분단시켰다.

II. 기독교의 분열

1945년 8월 17일 신사참배를 반대하다 평양 감옥에 있던 많은 교역자들이 출옥하여 집에도 가지 않고 평양시내 산정현교회에 모여 2개월간 있으면서 한국교회 재건에 관한 기본원칙 5가지를 1945년 9월 20일에 발표하였다.

이 발표에 대해서 전적으로 지지하는 노회가 있는가 하면 반박하고 비난하는 노회가 있어 분열되었다.

출옥한 이기선 목사는 5가지 원칙을 지지하는 산정현교회를 중심으로 30여 교회를 합쳐 1949년 5월 독노회를 조직하였다. 신사참배 반대로 투옥되었다가 출옥한 분은 다음과 같다.

▲ 1945년 8월 17일 혹독한 고문에도 신앙을 지켜온 출옥성도들. 그들은 하나님을 감동시켰다.

이기선 목사(67세), 고홍봉 목사(51세), 최정민 목사(74세), 한상동 목사(45세), 오윤선 장로(75세), 김린히 전도사(38세), 김화준 전도사(37세), 서정환 전도사(40세), 조수옥 전도사(32세), 이현숙 전도사(46세), 최덕지 전도사(45세), 손명복 전도사(35세), 이주원 전도사(40세), 방계성 장로(58세), 박신근 집사(37세), 장두희 집사(35세), 양대록 집사(32세), 이광록 집사(39세), 김형락 선생(43세), 안이숙 선생(38세)

1945년 11월 14일 평북노회 주최로 선천 월곡동교회에서 평북노회 교역자 퇴수회가 있었다.   강사는 이기선 목사와 박형룡 박사였고 참석한 교역자는 200여 명이었다.   여기서 박형룡 박사는 한국교회 재건 운동의 5원칙을 발표하였다.   내용은 다음과 같다.

1. 교회의 지도자들은 모두 신사참배를 했으니 권징의 길을 취하여 통회 자복한 뒤 교역에 나설 것.
2. 권징은 자책이나 자숙으로 하되 최소한 2개월간 통회 자복할 것.
3. 목사나 장로가 휴직 중에는 집사나 평신도가 예배를 주관할 것.
4. 교회 재건의 기본 원칙을 전국에 전달하여 일제히 시행할 것.
5. 교역자 양성을 위한 신학교도 복구 재건할 것.

이상의 5가지 원칙에 신사참배 결의 시 총회장이었던 홍택기 목사 등이 강력히 반대하고 나섰다. 홍택기 목사는 "옥중에서 고생한 사람이나 교회를 지키기 위하여 고생한 사람이나 그 고생은 마찬가지였고 교회를 버리고 해외로 도피생활을 했거나 혹은 은퇴생활을 한사람의 수고보다는 교회를 등에 지고 일제의 강점에 할 수 없이 굴복한 사람의 노고가 더 높이 평가되어야 한다."고 괴변을 토하였다. "신사참배에 대한 회개와 책벌은 하나님과의 직접 관계에서 해결될 성질의 것이다."라고 하면서 반대하여 분열되기 시작하였다.

1946년 1월 초순 평북 차령관교회에서 김린희 전도사가 심령부흥회를 인도하였다. 이 집회에 북한과 만주에서 신사참배에 반대한 성도들이 모여들어 회개와 감격의 울음바다가 되었고 집회는 대성황을 이루었다.

부흥회를 끝내고 그곳에 모인 교역자들이 재건교회준비위원회를 조직하고 북한 전교회에 취지문을 발송하기로 하고 산회하였다. 1946년 4월 평북 선천읍 황금동 창고에서 김정희 전도사가 중심되어 55명이 재건교회 창립예배를 드렸다.   일본의 앞잡이 노릇을 하고도 회개하지 않고 반대와 변명과 괴변을 토할 때, 친일파를 숙청할 기관이 형성되고 있었다.

III. 김일성의 기독교 박해

1945년 12월 초 공산당의 탄압에 대비해 평양 장대현교회에서 북한 5도 연합노회가 조직되었다.   소련 군정은 기독교를 점점 박해하기 시작하였고, 38선 감시도 나날이 엄중하여 남북한 기독교인들은 왕래를 할 수 없었다.   5도 연합회 회장 김진수 목사와 임원인 김철훈, 이유택, 김길수 목사 등은 한국교회 재건 원칙 6개항을 발표하고 재건에 열심을 다하였고 또한 그들은 공산주의와 끝까지 투쟁하겠다고 결의하였다. 1945년 9월 8일 교단 대표가 모여 남북대회를 개회하였으나 장로교와 감리교의 갈등으로 성과가 없이 해산되었다.

김화식, 이유택 목사가 중심이 되어 평양에서 민주주의 정당을 조직하려고 할 때 1947년 9월 23일 유엔 총회에서 한국문제가 토의되자 김관주, 황봉찬, 우경찬 등이 고한규 장로를 당수로 하는 기독교 자유당을 창당하려다 1947년 11월 18일 김화식 목사 외 40여명이 체포되었다. 1945년 11월 16일 한경직, 윤하영 목사가 중심이 된 기독교 사회민주당의 용암포지부 결성대회 때 용암포 경금속 공장 노동자들이 대회장을 기습 수라장을 만들고 장로 한명을 타살하였다. 이 사건을 지켜본 학생들이 그들과 몸싸움을 하게 되었다. 이 싸움이 파급되어 신의주 학생 5,000여명이 공산당 본부와 인민위원회본부를 기습하여 수라장을 만들자 내무서원이 진압하면서 50여명의 사상자와 80여명을 체포하였다. 한경직 목사는 그 후 46년 월남하고 말았다.

1. 3 · 1사건

1946년 3 · 1절 기념예배를 드리기 위하여 위원회를 구성하였다. 위원에 장로교 김인준, 이학봉, 황은균 목사 등과 감리교 신석구, 송정근 목사 등이다. 위원들은 김창순 목사가 시무하는 서문밖교회에서 모여 절차를 의논하였다. 1946년 3월 1일 장대현교회에서 약 일만명의 신도가 모여 예배를 드렸다.

이 예배를 드리기 전 2월 26일,, 60여명의 교역자가 검거되었다. 김길수 목사 사회로 황은균 목사의 "신탁을 반대한다"는 내용의 설교가 있었다. 예배 후 황은균 목사 등도 연행되었고, 이어서 김인준, 김석원, 이학봉, 박태선 목사 등도 연행되었다. 김인준 목사는 그 후 소식이 없었고, 다른 목사들은 석방되었다. 이 예배 후 5천 여명이 남아서 3일 동안 금식기도를 하였다.

2. 교회 박해

1946년 3월 2일, 정치보위부에서는 교역자 일제 검거가 시작되었다. 신의주에서는 김석주 목사가 연행되었고 의주에서는 의산 노회장 김관주 목사가 반공 규탄대회를 열었다. 1946년 3월 정치보위부에서는 중앙학교 교무주임인 김창수에게 시켜 "장대현교회를 책임지고 파괴하라."고 지령을 내렸다. 김창수는 정치보위 부원 20여 명을 데리고 예배 도중 난동을 부려 교회는 삽시간에 수라장이 되었다. 김화식 목사는 설교를 못하고 강단에 끌려 내려오게 되었고, 여자 교인들은 머리채를 잡히는 만행을 당하였다.

1946년 3월 용암포제일교회 이기혁 목사가 시무하는 교회에 다른 교회장로 아들인 이용흡이가 토지개혁 환영대회를 마치고 농민들을 선동하여 교회에 난입, 난동을 부렸다. 이 교회 홍석황 장로를 낫으로 후려쳐 그 자리에서 숨지게 하였고 이 교회 교인이 운영하는 용성의원과 소남의원까지 난입하여 만행을 저질렀다.

1946년 11월 3일 북한에서 일요일 선거를 실시하자5도 연합회에서는 선거에 반대하고 김일성 정권에 진정서를 보냈으나 김일성은 "과거 일제시대에는 주일에도 신사참배를 하고 보국대에 나가 일한 자들이 신성한 선거를 거부하는 이유가 무엇이냐?'고 하며 오히려 화를 내었다. 그리고 "과거 예배당에서 일본의 천조대신을 모셨는데 신성한 선거 장소로 교회를 못 쓰느냐?'고 하면서 김일성 비서인 강량욱 목사를 불러 교회 파멸공작을 세우도록 지시하였다.

1947년 서부연회가 평양 남산현교회에서 신석구 목사 사회로 개최되었다. 이 회의에서 기독교도 연맹에 가입할 것인가 안할 것인가에 대한 토의가 있었다. 정치보위부원들은 회의장에서 가입의 압력을 넣고 신석구 목사를 연행하였다. 부회장 배덕영 목사가더 이상 회의를 진행할 수 없어 폐회를 선언하였다. 폐회 후 집에 가던 해주 남본정교회의 마경일 목사가 연행되어 3개월 동안 많은 어려움을 당하였다.

1949년 북한 정부에서는 1946년부터 토지개혁을 실시하면서 모든 교회 재산을 정부에 헌납하라는 지시를 내렸다. 교회는 하루아침에 재산을 몰수당했다. 이 작업은 기독교도연맹을 통하여 시작되었다. 그런데 교회는 하나님의 재산을 공산당한테 몰수당하면서 항거하지 못하고 몽땅 뺏겨 헌당식 때 하나님께 헌납하였다는 의식을 무색케 하였다. 교회당 몰수에 항거한 목사는 김길수, 신현교회 이유택 목사와 정일선 목사, 유계준 장로등 극소수였다. 이들은 끝까지 공산정부에 항거하였으나 결국 몰수당하였다. 유계준 장로는 1950년 6월 24일 정치보위부에 연행되어 총살당하였다.

1950년 6월 24일 인민군의 남침 전 전쟁 수행에 지장을 줄 인물을 모두 검거하는데 기독교 100여 교회의 목사들이 검거되었다. 그들은 조선기독교신학교 이성휘 목사 남문외교회 이학봉 목사, 동평야교회 허천기 목사 치지화, 우성옥 목사, 유계준 장로, 송정근, 김하원, 홍하순, 장연성, 이성철, 강무구, 김태복 등이다.

목사들의 죄목은 "미 제국주의 앞잡이로서 첩자"라는 것이었다. 정치보위부에서는 목사들에게 기독교도연맹에 가입을 권고, 안심시킨 후 갑자기 기습적으로 검거한 것이다. 신현교회 이유택, 신암교회 김길수 목사 등도 검거되었다. 이들은 국군이 북진할 때 전원 학살당하였다.

평양시내와 북한 전 지역은 교역자가 연행되고 없어 예배를 드릴 수 없는 형편으로 교회가 자동 해산될 위기에 있었다. 1950년 10월 19일 국군이 평양에 입성할 때까지 불과 몇 교회가 예배를 드렸으나 1.4후퇴 후에는 거의 예배드리기가 어려워 선교 60년 만에 기독교는 공산주의에 조직적으로 제대로 저항 한번 하지 못하고 참패를 당하고 말았다.

3. 교역자의 희생

감리교 현병찬 목사, 이유택 목사, 김철훈 목사, 이피득, 윤창덕 목사 등 10여 명이 희생되었다. 장대현교회 목사 김화식, 성산신학교 교장 배덕영 목사, 남산현교회 송정근 목사, 신석구 목사 등도 희생되었다. 건의봉, 정일선, 김길수, 이성휘, 김인준, 유계준, 김진수, 안석준, 조춘

일, 이응교, 김익순, 지형순, 김봉규, 이순도, 백낙선, 오기원, 임기주 등
도 희생되었다.

4. 기독교인의 탈출

　기독교인들은 김일성의 박해에 견디지 못하고 북한을 탈출, 남으로
피난해 왔다. 한경직, 김창현, 김윤찬 목사와 평양고무공업 주식회사 사
장이며 산정현교회의 김동원 장로와 이기혁 목사, 김창호, 안재정 목사
등이 그들이며 1.4후퇴 때 거의 월남하였다.

　북한에서 기독교인들이 3.1절 운동, 주일선거반대운도, 지하문서 저
항운동 등을 통해서 공산주의에 저항운동을 하였으나 그 저항운동은
너무도 미약하였다.　북한 기독교는 공산주의와 싸워 이길 방법을 연구
하지 않고 침묵, 포기 그리고 살기 위하여 남쪽으로 탈출하였다.

5. 탈출 반대

　산정현교회 정일선 목사, 남산현교회 송정훈 목사, 김철훈 목사 등
은 "어떻게 목사가 자기만 살기 위해서 교회를 버리고 남으로 탈출할
수 있겠느냐?"라고 하면서 탈출을 반대하다 북한에서 순교당하고 말
았다.　조만식 장로는 해방이 되자 북한에서 조선민주당을 결성하여
50여만명의 당원을 확보하는데 성공하여 북한에서 가장 강력한 정치
단체가 되었다.

　모스크바 3상 회담에서 한국을 신탁통치 한다고 하자 조만식 장로는
절대 반대하였다. 이에 당황한 북한 주둔 소련군 사령관은 무조건 신탁
통치 지지를 권고하고 7차례나 협박했다.

　그러나 끝까지 이를 반대하였다. 소련군 사령관은 조만식 장로에게
남북을 대표한 지도자로 해주겠다고 회유해도 조만식 장로는 신탁통치
만은 절대 안된다고 하였다. 1946년 5월 끝까지 신탁통치를 거절하자

고려호텔에 감금하여 그 후 정치무대에 나타나는 일이 없었다. 많은 동지들은 조만식 장로의 신변이 걱정이 되어 월남을 권유하였으나 조만식 장로는 "이 가엾은 백성을 남겨두고 나만 살겠다고 월남할 수는 없다. 나는 살아도 북한 동포들과 같이 죽을 것이다"라고 하면서 월남 권유를 거절하였다 조장로 여동생 조신여와 아들 조자홍은 월남하였다.

1950년 10월 13일 국군이 평양을 향해 진격하자 김일성이 평양에서 북쪽으로 이송을 권유하였으나 조만식 장로는 "평양을 결코 떠나지 않겠다"고 하며 거절하자 내무서원에 의해 총살당하게 되었다.

6. 김일성 앞잡이 기독교도 연맹조직

1946년 김일성 비서인 강량욱 목사의 권유로 심익현, 김치근, 박상순, 김응순, 라시산, 신영철, 곽희정, 이웅 목사 등이 주동이 되어 기독교도 연맹을 조직하였다. 기독교도 연맹위원장 박상순, 회장 김익두, 부회장 김응순, 서기 조택수 목사 등이었고 김화식, 김철훈, 이유택, 김길수, 송정근 목사 등도 이에 가담하였다.

1946년 11월 28일 평양에서 중앙대회를 소집하여 정식 발족하였으며 지방조직도 하였다. 중앙위원은 강양욱, 김치근, 박건수, 박성채, 박상순, 조희렴, 김응수, 김태은, 강석록, 변봉조, 김은식, 최수걸, 하지산, 이피득 목사 등이었다. 상임위원은 강양구, 박상순, 김치근, 배덕영, 박건수, 김임길, 박기천 목사 등이다.

지방조직은 황해도 김응순, 박상순 목사, 함경도 조희렴 목사, 평안도 김치근 목사 등이다. 평양에서는 강양욱이 성화신학교 교장 배덕영에게 기독교도 연맹에 가입을 강권했으나 기독교도연맹은 김일성 앞잡이라고 반대 하였다. 장감성의 신학교를 통폐합하여 김응순이 교장이 되어 연맹 직영신학교를 만들었다.

1947년 신사참배를 한 강양욱은 이 조직을 확대하기 위하여 황해도 신천교회 김익두 목사를 회장으로 추천하고 부회장 김응순, 서기 조택수 목사를 선임하였고, 전산동 목사를 설득하여 이 조직에 가입시켰다. 또한 김익두 목사가 회장이 되자 북한의 교역자가 거의 이 연맹에 가입하는 계기가 되었다. 그리고 여기에 가입하지 않는 교역자는 강단에 설 수 없다는 것과 1947년 4월까지 가입할 것을 강요하여 많은 교역자가 가입하였다.

1948년 9월 1일까지 85,118명의 교역자와 일반신도가 가입하였다. 기독교도연맹 가입에 강력히 반대한 교역자는 삼흥리교회 김용진 목사, 평양역전 유동교회 배정덕목사, 그리고 김인준 목사, 박대선 목사, 윤창덕 목사 등이었다. 그들은 "기독교도 연맹은 김일성을 위한 어용집단이다"하고 하면서 가입하지 않았다. 기독교도연맹은 다음과 같은 결의문을 발표하였다.

결의문
1. 우리는 김일성 정부를 절대 지지한다.
2. 우리는 남한 정권을 인정치 않는다.
3. 교회는 민중의 지도자가 될 것을 공약한다.
4. 그러므로 교회는 솔선하여 참가한다.

기독교도연맹에 가입한 교회는 예배시간에 노동신문을 읽히고 전쟁 준비를 위한 노력동원을 하였고, 북한에도 기독교의 자유가 있는 것처럼 결의문을 대남방송을 통하여 선전하였다. 평양 신양리교회 김상일 목사는 "미제는 악마의 화신이다"고 하였다.

신천 서부교회 담임목사이며 기독교도연맹 회장인 김익두 목사는 1950년 8월 8일 비행기 전차의 군납헌금 10만 원을 헌납한 후 "미제의 무력침공을 반대한다"라고 하면서 평양에서 기독교인 전쟁 승리 총궐기대회를 개최하였다. 1950년 8월 5일 북조선 기독교도연맹에서는 전국 기독교인에게 보내는 호소문을 보냈다.

1950년 8월 8일 북조선 기독교도연맹 원산시 지부 주최로 기독교인 총궐기대회를 하였다. 제목은 "미

▲ 1950년 8월 8일 북한 노동신문.

제를 소탕하자."였다. 1943년 5월 독일 기독교는 히틀러 독재와 기독교 탄압에 저항하기 위하여 마르틴 니메라를 중심으로 고백교회(Contession Church)를 조직하였다 고백교회는 루터교, 개혁파, 연합교회, 독립교회, 키르헨타케 지방교회 등 7,000여명의 교역자들이 가담하여 목사동맹을 조직 히틀러에게 저항하였다.

니메라 목사와 700여명이 체포되고 5천 여명의 목사들이 경고를 당하고 재산을 몰수당하고 봉급도 정지당해도 끝까지 저항했고 본회

▲ 1950년 8월 8일 북한 노동신문.

퍼는 아예 히틀러를 암살하려고 1944년 7월 20일 히틀러 암살사건에 가
담하여 죽음을 당하였다.   그런데 북한 인민위원회 부수상은 홍기주 목
사였고 강량욱 목사는 서기였다.

IV. 남한의 기독교 분열

1. 미군 한반도 상륙

  하지 장군은 한반도 상륙하기 전 선발대 해리스 준장에게 "한국은 일
본제국의 일부로서 우리의 적이다. 따라서 항복 조건들을 준수해야 하
며 우리 군대는 이런 조건들을 준수하기 위하여 한국에 상륙 한다"라고
하였다. 1945년 8월 30일 연합군 총사령관은 일본 대본영에 대해서 "미
육군 제24군이 9월 7일 경성지구를 점령"하겠다고 통보하였다. 미 육군
은 한반도에 "점령"하러 온 것이다.

  9월 7일 오전 10시 총독부 정무총감 응접실에서 있는 정무총감과 헤
리스 준장의 회담에서 "현행 관청에서 집무중인 관리 및 관청의 건물설
비를 계속해 사용 하겠다"고 하였다. 이는 친일 반역자 숙청을 하지 않
고 그냥 쓰겠다고 하여 우리와는 전혀 의논없이 미군은 점령군이 되어
일본인과 회담을 했던 것이다. 그 이유는 다음과 같다. 1942년 4월 중국
정부는 미 국무성에 대해서 "지체 없이 한국 임시정부를 승인하도록 공
식 요청을 했을 때 미국은 ① 독립운동의 통일성 결여 ②임시정부의 범
국민적 대표성과 지지도에 대한 회의 불신 이유로 승인을 거부하였다.
이로 인한 피해는 무엇이었을까.

  1) 승인이 있었다면 국제법상의 권리의 주체이지만 승인이 없는 한
통치체제는 일본법에 따라 처리해야 하며 한반도는 일본의 한 지역으
로 처리 된다. 임정의 국제적 승인을 얻었다면 망명정부로서의 대일 선

전 포고와 동시 연합군의 일원이 되어 한반도에 상륙한 연합군과 같이 상륙하여 전승국이 되어 총독부의 모든 것을 인수 맡게 된다. 그러나 승인을 얻지 못하여 국제적으로도 발언권을 얻지 못하여 한반도는 일본 영토의 일부로 처리되어 연합군의 점령대상이 되어 분단과 분열과 혼란이 오게 되었다.

2) 임정과 광복군은 미군에 의해 해산되어 개인자격으로 귀국하였고 광복군은 군 창설에 관여도 못하는 어처구니 없는 일로서 정통성이 이어지지 못하는 결과를 낳게 되었다. 1945년 9월 7일 연합군 총사령관은 일본 대본영에 대해서 "미 육군 제24군이 경성지구를 점령 하겠다"고 통보하게 되었다. 미군은 한국에 상륙하여 치안을 유지해야 한다는 명분으로 국민의 골수까지 사무친 일본 앞잡이 경찰 80%를 그대로 채용하여 친일파 천국을 만들었고, 국군 창설 준비로 경비대를 조직하였을 때는 일본 천황에게 충성을 맹세하고 일본국에 충성한 일본군 출신 98%로 군사영어학교를 개설하여 조직하였다. 그러므로 1919년 4월 11일 대한민국 건국일이 될수 있다.

2. 기독교의 분열

1945년 9월 8일 일본 기독교 조선교단 대표들은 새문안교회에서 모였다. 감리교 변홍규, 이규갑, 박연서 목사 등과 장로교 김관식, 송창근, 김영주, 목사등이 모여 단일 한국교회회의 확립을 주장하였으나 감리교의 퇴장으로 교단 계승의 뜻을 이루지 못하였다.

1945년 9월 8일 감리교는 탈퇴 즉시 변홍규, 박연서, 이규갑, 이윤영, 김광우 목사 등이 동대문교회에서 모여 재건중앙위원을 조직하고 위원장에 이규갑 목사를 위원장으로 추대하였으나 별 호응이 없었다.

감리교는 신학교를 재건 변홍규 목사가 교장이 되었다. 감리교 부흥파는 계속하여 조직을 확대해 나가면서 친일파 교역자들의 즉시 사퇴를 권고하자 정춘수, 이동욱 목사 등이 사퇴하였다. 1946년 4월 7일 재건파는 수표교회에 모여 강태희 목사를 총회장으로 선출하였다.

이 일로 재건파와 부흥파의 치열한 싸움이 계속되었다. 감리교 부흥파의 목표는 일제의 잔재와 부역 교역자들의 완전퇴진을 주장했고, 재건파측은 죄가 많고 적음을 논할 것이 아니라 누구나 죄를 통회하는 신앙부흥을 통하여 교회를 재건하자고 하였다.

이에 장세환 목사 등은 두 파의 합동을 간절히 호소하자 여기에 평신도들이 협력하였다. 부흥파에서는 첫째로 신사 참배한 교역자는 임원에서 제외되어야 하며 둘째로 임원은 양파에서 동일하게 선출해야 한다는 요구조건을 내걸었다. 재건파에서 이것을 수락하여 극적으로 합동을 하게 되었다.

1947년 1월 7일 종교교회에서 연합총회가 개회되었을 때 강태희 목사를 감독으로 선출하고 임원이 재건파에서 많이 선출되자 부흥파는 이탈하여 단독총회를 하여 다시 분열이 시작되었다. 1947년 1월 11일 연합연회에서 감독을 의장으로 고치고 강태희 목사가 의장이 되었다. 총회는 친일파를 제거하는 것이 아니라 친일반역자들이 감리사로 출세하게 되었다. 1947년 2월 3일 홍현설, 변홍규 등 40여명 목사와 문창모, 박현숙 등 평신도 56명은 성명서를 발표하였다.

내용은 "교권을 잡은 재건파가 교회 장정을 유린하고 불법적 방법으로 연합을 가로막고 친일파를 두호하고 있다. 특히 친일교육자 19명은 감리교에서 추방되어야 한다고 고발하였다. 고발 내용은 다음과 같다.

1) **성서모독죄** : 구약성서와 요한계시록을 배척하였고, 복음서를 제외한 신약성경을 거부하려고 하였고, 김진철 학생이 신학교에서 구약성서를 읽었다고 출교시켰다.

2) 신사참배찬양죄 : 모든 교회와 신자들의 가정에 가미나다를 설치케하고 상동교회를 신사로 만들고 교역자들을 미소기바라에게 참여케 하였다.

3) 재산매매비리죄 : 감리교 37개의 교회건물과 31개의 목사관을 매각 처분하였고 공주 영명학교 농지 18,360평과 은퇴교역자를 위한 땅도 매각처분한 돈 40만원 중 절반은 일본군을 위하여 비행기 헌납금으로 하였고, 나머지는 총리원에서 어떻게 사용했는지 알 수 없다.   특히 은퇴교역자 농지매각은 1945년 9월에 하였다.   사용처를 밝혀라.

4) 배신교역자 : 친미적인 교역자 40여명을 해직 강등 자격취소를 하였고, 그리고 일본 정부당국과 야합하여 그들을 투옥, 고문하게 하였다.

1947년 11월 17일 동대문 감리교회에서 이규갑, 변홍규 등은 부흥파를 재조직하여 의장에 이윤영, 서기에 김진호, 감독에 연세대학교 신과대학장을 선출하였다. 많은 성도들은 재건파에서 부흥파로 옮겼다. 정춘수는 천주교회로 강태희는 교회에서 사임하였다.
1949년 4월 20일 다시 합동총회가 개회되어 김유순 목사를 감독으로 선출하니 양파에서는 서로가 환영하여 합동이 성공하였다.   1954년 3월 16일 서울 정동교회에서 다시 분열되었다가 1958년 8월 다시 재통합이 되었다.

성결교회는 1943년 12월 29일 일본에 의해 교단이 해체되어 예배를 드리지 못하자 교인들은 장로교, 감리교 등 다른 교단으로 가버리고 교역자들은 숨어 지내야 했다.   감격의 해방이 된 후 1945년 11월 9일 ~ 10일 서울에서 재건총회를 개최하였다.
총회원 70여명이 참석한 가운데 북한 대표로 이성봉, 조기함, 조한수,

이용선, 최학철 목사 등이 38선을 넘어 참석하였다. 재건의장에는 60만세 사건 때 기독교에서 유일하게 혼자서 만세를 부른 천세광 목사가 되었다. 교단명칭도 기독교 대한 성결교회라고 변경하였다.

이때 총회장에 박현명 목사가 추대되었고, 신학교도 개교가 되어 이건 목사가 교장이 되었다. 박현명 목사는 해산성명서에 서명한 분이요, 이건 목사는 징병제를 찬양한 분이었으나 누구하나 이의를 제기하거나 항의하거나 친일파를 규탄하는 일이 없어 교단이 분열되지 않았다.

1945년 9월 18일 출옥 성도가 많은 경남노회는 서둘러서 경남 재건노회를 조직하고 신사참배교역자들에게

1) 목사, 전도사, 장로 등은 일제히 자숙한 후 일단 교회를 시작할 것.
2) 자숙기간이 종료되면 교회는 교직자에 대한 시무투표를 실행하여 그 진퇴를 결정할 것.

1946년 7월 9일 제47회 정기노회에서 임원진의 총사퇴를 요구하고 출옥성도 주남선 목사가 회장이 되었다. 이에 친일파 목사들은 "신사참배는 이미 우리 양심으로 해결할 것이며 지금해방이 되었다 해서 죄로 운운함은 비양심적이다."라고 하면서 오히려 출옥성도를 비양심적이라고 매도하면서 교묘히 자숙안을 삭제하고 피하였다.

그로인해 1946년 12월 3일 진주에서 열린 제48회 노회에서는 신사참배가 죄냐 아니냐를 가지고 웃지못할 논쟁이 시작되었다. 신사 참배자들의 뻔뻔스런 태도에 한심할 지경이었다.

1946년 4월 평양 산정현교회에서 담임하고 있던 한상동 목사는 공산주의자들의 위협과 친일목사들과의 갈등으로 견디지 못하고 월남하여 주남선, 박윤선 박사와 만나 고려신학교를 세울 것을 협의하였다. 1946년 6월부터 8월까지 진해에서 하기 신학강좌를 개최하였는데 이것

이 힘이 되어 1946년 9월 2일 고려신학교를 설립하였다. 그리고 교장에 박윤선 박사를 추대하고, 학생 추천 취소 결의를 하였다. 그 이유는 극단 보수주의 선교사를 학교에 영입했다는 것이다. 이에 1946년 12월 3일 한상동 목사는 "불순한 태도를 고침이 없이 그대로 나아가는 경남노회가 바로 설 때까지 탈퇴 한다"라고 선언하고 신사참배 교역자들과 결별하였다.

경남노회 67개 교회도 제48회 노회 결의에 항거하고 한상동 목사 지지성명서를 발표하였다.   그리고 박형룡 박사가 교장에 취임하였다. 경남노회는 이를 수습하기 위하여 1947년 3월 10일 임시노회를 소집하고 노회장 김길창 목사와 임원 전원이 사임하고 신사참배에 대해 통회하고 출옥 성도들의 마음을 상치 않게 하여 수습하였다. 한상동 목사도 제49회 경남노회에서 탈퇴를 철회하였다. 그러나 1948년 4월 고려신학교 교장 박형룡 박사는 메첸파 선교사와 신앙노선 갈등으로 고려신학교 교장직을 사임하였다. 이 기회를 틈타 신사참배 교역자들은 1948년 7월 "고려신학교와 소위 신상파에 대하여"라는 성명서를 발표하고 한상동 목사에 대하여 대대적인 공격을 시작하였다.

1948년 9월 21일 경남노회 49회 임시노회에서 44대 21로 고려신학교 설립 인정을 다시 취소하였다. 이렇게 되어 경남노회는 출옥 성도 지지파와 적극반대파 중간파로 갈리어졌다. 1948년 5월 제34회 총회에서 정치부장 김관식 목사는 "고려신학교는 우리 총회와 아무런 관계가 없다"라고 하였다.

1950년 4월 11일 대구 제일교회에서 제36회 총회가 권영호 목사 사회로 개회되었고, 고신파 문제로 난항이 거듭되어 유회를 거듭하였다. 그리고 또 36회 총회에서 문제가 된 김재준 목사는 브르너 신학을 인용 "인간은 절대 무오한 사람이 한 사람도 없다. 절대 무오한 교회도 책도 없다. 구속의 진리는 무오하나 자연과학이나 역사과학의 순 지식은 정확 무오한 것이 아니다. 모세 오경이 저자는 모세가 아니다."라고 하면서 성경의 역사 비평에 의한 모순점을 지적하였다. 그리고 축자 영감설을 부인하였다.

이에 보수진영에서는 성경 오류설에 대한 해명과 취소와 사과를 요구하였다. 이일로 총회는 수라장이 되어 기마경찰대가 동원되어 총회는 해산되었다. 6.25 두 달 전 일이다.

김재준 목사는 성서를 글자 그대로 받아들이는 미국 중심의 근본주의 신학과 예수를 인간적 측면에서 부각시킨 자유주의 신학을 함께 극복하는 한편 사회구원을 강조하는 칼 바르트의 신 정통주의 신학에도 접하고 웨스턴 신학교에서 극단적 보수주의 신학도 연구하였다.

그는 평양 경인 상업학교 교목으로 있을 때 신사참배를 반대하여 학교에서 쫓겨나기도 하였다. 평양신학교가 문을 닫자 김재준 목사는 김대현 장로의 50만원 헌금을 가지고 1939년 조선신학교 현 한신대학을 설립하였다. 순수한 한국인으로 신학교를 세웠다는 데에 그 의의가 크다. 김재준 목사는 1946년 〈신학〉 11월호 정통신학에 대하여 "정통신학은 신신학보다 더 교묘하게 위장한 정통적 이단이다."라고 하자 조선신학교 학생들이 진정서를 제출하여 사건이 발생하였다.

성경이란 하나님이 부르고 사람이 그대로 쓴 것인데, 하나님이 잘못 부를 리 없고, 사람이 잘못 쓸 리가 없다는 내용으로 당시 한국교회의 정통신학의 주류를 이루고 있던 성서 절대무오설에 대해서 이를 비판했다는 내용이었다.

예를 들면 창세기 6장 12-22절 노아의 방주 기사에서 "혈육 있는 모든 생물을 너는 각기 암수 한 쌍씩 방주로 이끌어"라고 기록하였는데 창세기 7장 1-5절에는 "정결한 짐승은 암수 일곱씩 부정한 것은 암수 둘

씩을 네게로 취하며"라고 다르게 기록되어 있다. 김재준 목사는 성서 절대무오설이 아닌 성서 무오설을 확신한다고 하면서 성경 자체의 사실이 문자적 무오를 입증해 주지 않는 데도 구차스럽게 그 학설의 고집하는 것은 경건한 기만이라고 비판하였던 것이다.

실은 1934년 장로회에 제출된 창세기의 모세 저작 의심설과 여권인정 발언에 대한 진정서 등이 문제로 표출되기 시작하였다. 1947년 4월 대구에서 제 33회 총회 시 51명의 연서로 김재준 교수의 강의 내용에 대한 진정서가 제출되었다. 이에 내용을 보면 이일선이라는 학생이 "이상촌"이라는 소설을 썼는데 거기 내용은 "안식일에 새벽과 밤에는 예배를 드리되 낮에는 일을 하자"는 것이다. 이런 책을 김재준 교수가 왜 추천해 주었느냐 해서 새벽예배 시간에 학생끼리도 서로 싸움하여 수라장이 되었고 특히 정규호, 이노수, 손치호, 이성권, 이치복, 손두환 학생들이 김재준 교수의 강의를 해명하라고 요구하고 나왔다. 진정서 내용은

1) "신앙은 보수적이나 신학은 자유다"라는 학교 이념을 이해할 수 없다.
2) 근대주의와 고등비평 성서해석법 도입
3) 김재준 교수의 문서설과 성서 권위부정, 정통교회 공박, 성경에서 삼위일체 교리 찾을 수 없다. 칼빈 예정론은 숙명론이다.
4) 송창근 교수의 공관복음 금과 돌 설명
5) 정대위 교수의 속죄론이 이해할 수 없다.
6) 한경직 목사의 이사야 53장 설교에서 예수의 속죄에 대한 "바늘구멍만한 이해를 얻었다" 등의 이해할 수 없는 내용이다.

김재준 교수도 진술서를 썼다.
1) 성경의 정확무오는 "신앙과 본분에 대하여라는 영역 안에 성립된다"

2) 사도신경을 신봉한다. 알미안주의가 아니라 칼빈주의를 신봉
한다.

3) 성경에는 다소 오류가 있으나 그 속에 구속하는 이치가 있다고
믿는다.

여기에 대해 박형룡 박사는 "방법론에 문제가 있는 것이 아니라 성서 자체가 파괴되는 것이 아니냐"고 하였다. 총회는 8인 심사위원으로 하여금 진술서를 검토한 바 김재준 교수의 성서무오설은 "진정한 무오설이 아니라"고 총회에 보고하였다. 이에 김재준 교수는 본인의 성서관에 대한 성명서를 작성, 전국 교회에 보냈다.

1948년 3월 15일 대전 제일교회에서 장로회 신학교 건립위원회를 소집했을 때 신학교 건립을 보류하고 조선신학교 이사와 교수진을 총 퇴진시키는 개혁안을 1948년 4월 20일 새문안교회에서 제34회 총회 시 통과시키려 했으나 부결되었다.

그리고 김재준 교수를 1년간 유학을 시키고 학형룡, 명신홍, 김진홍, 심문태, 서고도, 로라복 등의 교수가 보강되었다. 장로회 신학교 설립위원들은 1948년 5월 20일 서울 창동교회에서 개교하기로 하고 박형룡 박사를 교장으로 추대하고 1948년 6월 서울에서 제35회 총회 시 장로회 신학교 직영으로 할 것을 가결하였다. 조선신학교와 장로회 신학교 합동문제를 의논하였으나 계속 실패하였다.

1950년 4월 21일 제36회 총회가 대구 제일교회에서 개회되었을 때 조선신학교측은 장로회 신학교 측의 대의원을 총대로 인정하지 않자 조선신학교측이 강단에 올라가 총회장을 끌어 내리고 기물을 파괴하는 대 소동이 벌어져 기마경찰이 출동하여 총회는 해산되었고 특별 위원의 수습방안에 따라 회의는 9월로 연기되었으나 6.25의 난리로 9월에도 속회되지 못하였다.

1951년 5월 25일 부산중앙교회에서 제 36회 총회가 속회되어 총회 직영 신학교를 대구서 개교하기로 하였다. 이때 총회 서기는 유호준 목사였다. 이렇게 되어 총회신학교는 1951년 9월 18일 대구에서 개교가 되었고 교장에 김부열 선교사, 교수에 박형룡, 한경직, 권세열, 계일승, 명신홍, 김치선 등이였고 1953년 9월 2일 박형룡 박사가 교장이 되었다. 1952년 4월 29일 대구 서문교회에서 37회 총회 때 김재준 목사는 교수의 면직, 목사직 박탈, 조선신학교 졸업생 교역자 불채용으로 처벌하자 1953년 4월 25일 대구 서문교회에서 제38회 총회 시 한국 기독교장로회로 분열되었다.

1951년 5월 24일 남북이 치열한 전쟁 중에 있을 때 기독교 대표들은 통일을 위해 기도해야 할 사명이 있음에도 불구하고 기도는 하지 않고 장로교 36회 총회가 부산 중앙교회에서 개회되어 총회에서는 신사참배 반대로 투옥되는 신앙을 지켜온 고려파를 정죄하고 출옥 성도가 제외된 가운데 경남노회가 진행되었다. 마침내 고려파는 총회로부터 제외되어 경남 법통노회가 조직되어 분열되었다. 이후 두 파는 교회 흡수 쟁탈전이 벌어졌고, 법정싸움으로까지 번졌으며 사상 논쟁이 벌어졌다. 1951년 9월 8일 총회는 한상동 목사가 시무하는 초향교회 명도를 요구하였을 때 한상동 목사는 주저하지 않고, 총회에 돌려주었다.

1952년 4월 29일 제37회 총회에서 완전히 분리되어 고신측이 되었다.

1953년 장로회 신학교는 피난 전에 사용했던 일본의 조선 신궁자리였던 남산 옛 교사로 이전하였다. 장로회 신학교는 신학교 부지를 매입하여 대학인가를 얻기 위하여 국립공원인 터를 불하받기 위하여 당시 학교 회계로 있던 김창준 장로 소개로 박호근씨를 박형룡 교장께 소개하였다. 박호근은 남산국립공원 터를 숭의여자 중·고등학교 부지로 불하받아 주었다. 박형룡 교장은 이사회나 교무위원의 의논도 없이 미국 선교부로부터 받은 학교 대지 구입비 3천만환을 영수증도 없이 박호근씨에게 지불하였다.

장담하던 박호근씨는 "오늘 된다 내일된다"하면서 몇 개월이 지나도 해결하지 못하고 시간만 끌고 있었다. 해결이 안되면 3,000만환을 반환해 주어야 하는데 어찌된 일인지 반환하지 않고 있었다. 박형룡 박사는 문제의 심각성을 깨닫고 이 사실을 이사회에 보고하였다.

1957년 12월 5일 이사회에서 사건의 중요성을 감안 박형룡 교장과 총무과장 박래승 목사가 책임지도록 하고 이 두 사람은 구두사면을 받았다. 1958년 3월 7일 이사회에서 박형룡 교장의 사표를 수리하고 후임교장이 선정될 때까지 교장업무를 계속하게 하였다.

1958년 5월 5일 이사회는 박형룡 교장 명의는 그대로 두고 교장업무를 내무와 외무로 나누어 내무에 명신홍 외무에 계일승교수가 맡기로 하였다.   제43회 총회 때 총회장 노진현 목사가 교장서리에 취임하고 학교의 내무는 권세열 교수가 담당하였다.

1959년 제44회 대전 총회 시 위의 사건 조사위원장 양성봉씨는 다음과 같이 보고하였다.

1) 2,253만환을 박호근씨에게 부정 지출하였고
2) 18만환을 박래승씨에게 부정 지출하였고
3) 418만환을 김삼대 목사에게 부정 지출하여 박호근씨에게 지불했던 2,253만환은 탕감해 주었다.
4) 사무처장 김윤찬 목사가 지출한 67만환은 증빙서류가 없다.

이렇게 보고하자 총회는 발각 뒤집혔다. 학교 총무과장 박래승씨가 박호근 씨에게 400만환을 받을 돈이 있는데 차일피일 미루고 주지 않고 있자 고소한즉 박호근씨는 박형룡 교장을 상대로 형사고소를 하였다. 이에 깜짝 놀란 박형룡 박사 사모님이 호소하여 학교 돈 400만환으로

박래승 목사를 주자 박래승 목사가 박호근씨 고소를 취하고 박호근씨
는 박형룡 교장의 형사고소를 취하는 조건으로 2,000만환도 탕감해준
다는 백지 환원서를 씀으로 고소를 취하였다 이 일에 수고했다고 김삼
대 목사에게 학교 돈 400만환을 지불했다는 것이다.

　박호근씨에게 지불한 2,200만환은 남산신학교 부지를 매입하기 위하
여 정부 관원에게 뇌물을 주어야 된다고 해서 지출하였다고 한다. 왜 박
형룡 박사는 박호근씨에게 형사고소를 당하고 사모님은 이일을 수습되
지 않으면 박형룡 박사가 감옥에 간다고 했을까? 참으로 어처구니없는
일이며 신학교 부지를 구매하는데 뇌물을 주기로 했다니 황당한 일이
다.　이때 박형룡 박사를 인책해야 한다고 일부 목사들이 들고 일어나자
"인책을 하면 한국에서 보수 정통이 무너진다"하면서 N.A.E측의 목사
들이 완강히 반대하고 나서자 장로회 교단은 합동과 통합으로 분열의
조짐이 시작되었다.
　1948년 조선신학교에서 정통을 자랑하던 51명의 학생과 그 외 10여
명으로 복음동지회를 구성하여 김재준 교수를 몰아내고 1952년 7월
N.A.E(National Association of Evangelicals)를 조직하고 12월에 이 단
체에 가입하였다. 이 운동의 고문이 바로 박형룡 박사이다.

　이들은 단순한 신앙운동이 아니라 43회 총회 때는 총회 임원이 이들
의 일색이었다. 이들은 박형룡 박사의 3,000만환 사건이 터지자 박형룡
교장을 보호하기 위하여 전력을 다하였다. 그의 수단으로 W.C.C는 용
공이요 신신학이요 단일교회를 지향한다고 공격하면서 매도하자 많은
장로와 교역자들은 그들의 매도에 현혹되었다. 1958년 신학지남에서
백형룡 박사는 W.C.C운동은 교리적으로 혼란한 자유주의 지도하에 움
직이며 정책적으로는 세계 단일교회의 구성목표를 부인하기 어렵다.
그러므로 보수교단은 이 운동에 따라갈 수 없다.

그리고 이 운동에서 탈퇴해야 한다고 하였다. 그러나 1954년 제2회 W.C.C대회가 미국 에반스톤에 모였을 때 김헌경, 명신홍, 유호준 목사가 대표로 참석, 그중 대표 김헌경 목사가 다음과 같이 참석 보고하였다.

1) 160여 교파 대표들이 모였을 때 단일교회로 합동하자는 몇 사람이 있었으나 그것은 어디까지나 개인의사였고 또 그 수는 극속수이며 실현이 절대 불가능한 일이다.
2) 신앙과 교리는 타교파의 것을 참고하려고 의견을 교환하는 정도였다.
3) W.C.C가 용공이라고 하는데 이 모임은 사상문제나 정치문제는 전혀 다룬 점이 없음. 소련계통의 체코의 로마드 카라의 교수가 참석하였으나 이분은 장로교인이며 전혀 발언을 하지 않았다.
4) 친선과 협조를 위한 교회 연합운동임.
5) 성결교, 장로교, 감리교 등 160여 교파 대표들이 모였기 때문에 신학사상과 교리가 저마다 다른 것은 사실입니다.

1959년 10월 14일 미국 N.A.E 총무 G. L. 존도시는 연합장로회에게 한국 N.A.E의 횡포를 다음과 같이 보고하였다.

1) N.A.E 한국 측 회장은 회원 중 소수가 장로교 내부의 문제 가지고 N.A.E를 자파에 이용하고 있다는데 우리 미국이라면 그와 같은 일은 생각조차 못할 일로서 우리는 한국 N.A.E와 관계를 끊어야 할 것이다.
2) N.A.E 한국 대표들이 자기들의 목적을 위하여 우리 기구와 관계를 이용하면서 본인을 대전 총회에 참석을 요망하였으나 이를 거절하였습니다. 이유는 제가 대전 총회에 참석하는 것을 선전 자료로 이용하는 것이기 때문이다.

미국 N.A.E측의 간곡한 부탁에도 한국의 N.A.E측은 아랑곳하지 않았다. 후에 박정희의 유신도 지지한 바 있는 김윤찬 목사는 1960년 1월 8일 I.C.C.C 매킨타이어 일행이 한국에 오자 대대적인 환영 후 1959년 9월 24일 제44회 총회 결과를 보고하면서 "총회에서 W.C.C와 N.A.E에서도 탈퇴하자는 동의를 통과시켰습니다.

우리가 당신에게 요구한 것을 주시기를 간구합니다. 우리는 말쓰베리 목사로부터 500불을 받아 신학교와 총회 경비를 위하여 사용하였습니다. 우리는 가능한 시급한 원조가 필요하다. 우리가 가장 중요한 것은 지방순회를 하면서 지방노회들을 우리 편으로 돌이키는 것입니다. 우리는 10만매 이상을 인쇄하여 우리가 에큐메니칼 운동과 현대주의에 당면하고 있는 것이 무엇인가를 선전하고 있습니다"고 하였다.

1958년 5월 14일 경기노회장 이환수 목사는 총대 선출을 하기 위하여 투표위원을 자기가 신임하는 사람을 뽑아 투표를 하였다. 개표 결과 80표를 얻어 당연히 총대로 가야할 황금천 목사가 탈락되었다.
　폐회 후 이 사실이 문제가 되어 5월 19일 회장 이환수, 부회장 강신명, 임사부장 전필순, 규칙부장 이인식씨 등이 모였을 때 임사부장 전필순은 임시지방회에서 이 문제를 처리해야 한다고 주장하였다.
　그러나 규칙부장 이인식 목사는 임원이 책임지고 검표를 하기로 주장하여 검표하였다. 검표 결과 많은 잘못이 나타나 당락이 엇갈렸다. 그 결과를 가지고 시비가 시작되어 임원들은 총사퇴하고 말았다.

1959년 9월 24일 대한 예수교장로회 제44회 총회가 대전 중앙교회에서 개회되었다. 경기노회장 서리 강신명 목사는 임시노회에서 결정한 총대 명단을 서기 김상권 목사에게 제출하였을 때 이미 전회장 이환수 목사가 정기노회에서 선정된 명단을 제출 한 다음이라 경기노회 총대

대의원 명단이 둘이 되게 되었다. 그런데 전회장 이환수 목사가 제출한 총대 명단에 황금천 목사외 1명이 있었는데 이름이 지워져 있고 정기노회 때 선정된 명단으로 고쳐져 있고 찍혀진 도장은 누구의 것인지 알 수가 없었다. 강신명 목사는 이환수 목사가 제출한 것은 무효이기 때문에 반려하라고 요구해도 서기 김상권 목사는 반려하지 않았다. 그리고 총회가 개회되자 서기 김상권 목사는 경기노회 총대명단이 두 가지니 당석에서 처리해 주기 바란다고 요구하자 여러 의논 끝에 총회장은 임시노회 측 강신명 목사가 제출한 총대를 결정, 발표하였다. 다음날 이환수 목사가 경기노회 총대 선출 내용을 가지고 계속 되풀이 발언을 하자 박희몽, 김자경 장로 등이 "독사의 자식들아 에큐메니칼은 용공단체요 신신학이다"라는 폭언과 함께 회의를 방해하였다.

결국 회의를 진행 못하고 어제 경기노회 총대 발표한 것을 무효로 하고 총회를 1959년 12월까지 연기하기로 하였다. 그리고 경기노회는 총대를 다시 선출하여 보고하도록 하고 노진현 목사는 정회를 선포하였다. 많은 회원들과 안광국 목사는 당황하여 이것은 전후가 없는 모순이요 불법이라고 항의하였다. 많은 회원들은 노진현 목사 불신임안을 가결시켜 총회장 노진현 목사를 사회석에서 퇴장시켰다. 이렇게 되자 총회장을 지지하는 N.A.E측 목사들은 회의장에서 빠져나가고 노진현 목사 처세가 부당하다고 한 회원들이 회의를 계속해야 한다고 회의장을 떠나지 않았다.

그런데 갑자기 대전중앙교회 교인들이 회의장에 나타나 교회의자를 뒤엎으면서 회원 목사들을 고무신짝으로 두둘겨 패니 목사들은 얻어맞으면서도 이리저리 피하며 150여명의 회원이 남아 회의장을 떠나려 하지 않자 대전중앙교회 목사요 부총회장인 양화석 목사가 나타나 "더 이상 장소를 제공할 수 없으니 회원들은 나가달라"고 하며 강제 추방시켰다.

제44회 총회는 1950년 4월 대구총회와 같이 너무도 처참하였다. 4.19와 5.16 얼마전 일로서 한심한 일이었다. 51명의 복음동지회 N.A.E측은 김재준 목사를 몰아내고 기장과 예장으로 분열되게 하였다. 대전중앙교회에서 쫓겨난 149명 총대들은 1959년 9월 28일 오후 1시 대전 미락식당에 모여 전필순 목사(친일 어용)를 회장, 김광현 목사를 서기로 선정하고 총회 속개 준비를 구성하고 29일 오전 10시 서울 연동교회에서 총회를 개최하여 회장 이창규, 부회장 김석진, 서기 김광현, 부 김성칠을 선출하니 통합측이 되어 분열되었다.

총회장 이창규, 서기 김광현 이름으로 총회 전말을 발표하였다. 박형룡 교장의 3,000만환 부정 지출을 은폐하기 위하여 W.C.C는 용공이니 신신학이니 하면서 탈퇴할 것을 들고 나와 문제 제기 하였으나 박형룡 박사에게 명예교장을 주고 조직신학을 교수하게 하고 박형룡 박사가 원하는 이를 교장으로 하면 에큐메니칼이니 N.A.E이니 하는 문제는 없어진다고 노진현, 이환수, 김윤찬, 정규오 목사 등이 하였다. 한편 총회장 노진현씨가 총회에서 불신임 결의가 가결되었음에도 불구하고 1959년 11월 24일 서울 승동교회에서 95명의 총대가 모여 회장에 대전중앙교회 담임목사 양화석, 부회장 나덕환, 서기 박찬목, 부 김삼대, 회록서기 정규오, 부 송희용, 회계 양성봉, 부 배태준 등의 임원이 선출되니 합동측이 되어 분열되었다.

합동측은 W.C.C를 비난하고 탈퇴하면서 연합회에 파송할 대표를 선출하였다. 합동측은 노진현, 양화석, 김윤찬 등의 이름으로 1960년 1월 22일 교회 문제를 가지고 서울 지방법원에 고소하였다. 합동측은 1962년 11월 19일 박병훈 목사가 주도하는 호헌파로 분열되었고 다시 김치선 목사가 주도하는 성경장로회로 분열하였고 다시 1963년 9월 17일 고신측과 합동하였다가 분열되었다.

210 * 다시 써야할 한국기독교사

다시 대한 예수교장로교 합동측은 개혁파, 개혁2파, 개혁3파, 개혁
보수, 개혁정통, 고신, 근본1, 근본2, 대신, 독노회1, 독노회2, 로고스
공의회, 보수, 보수개혁, 보수재건 보수측, 법통, 보수합동, 사당동측,
보수합동, 홍은동측, 성합, 성합측, 순장, 연합측, 장신, 재건, 정립,
정통, 종합, 중립, 중앙, 통합, 합동, 합동개혁, 합동보수1, 합동보수,
합동장신, 합동정통, 합동중앙, 합동총신, 합동총연, 합동총회, 합동
진리, 합동화원, 혁신, 협동, 호헌1, 호헌2, 호헌3, 합동총회측 등 100
개 이상으로 분열되었다.

사도바울은 "너희 가운데 시기와 분쟁이 있으니 어찌 육신에 속하여
사람을 따라 행함이 아니리요 어떤이는 말하되 나는 바울에게라 하고
다른이는 아볼로에게라 하니 너희가 사람이 아니리요" 하였다(고전
3:3~4). 여기 성서대로 한다면 그들은 목사는 그만두고 사람도 아니다.
감리교는 기독교대한감리회, 예수교대한감리회, 예수교대한감리회
(ICCC탈퇴측)등이며 성결교는 기독교대한성결교회, 예수교대한성결교
회, 예수교대한성결교회(혁신측) 등이다.

이토록 교단이 분열되고서야 어찌 분단을 비판하면서 통일을 기대하
겠으며 이토록 분열되고서야 어찌 정치인들의 분열을 탓할 수 있겠으
며 사회의 모범이 되겠는가! 분열하느라 정신이 없는데 하나님 음성을
듣는것은 그만두고 사회에 관심이나 있겠는가!

V. 신사참배와 분열의 결과

1. 기독교 사회주의

1930년대 들면서 기독교가 점점 현실 도피주의적으로 개인의 안전만
추구하자 신비주의와 사회주의가 극성을 부리기 시작하였다. 이런 분

위기를 틈타 김익두, 김선두, 이용도 등이 신비주의 신앙운동을 하였고, 재림 및 종말신앙으로 연결되었다. 기독교 사상이 출세주의, 어용기회주의로 일본의 앞장이가 되어 신사참배를 하였고 징병제를 찬양하며 대동아 공영권을 부르짖고 황국신민 된 것을 감사하기까지 이르렀다. 여기에 일부 기독교인들은 시정을 해야 한다고 강력히 부르짖었으나 효과가 없었다.

그 결과 이들은 사회주의자로 변신하고 말았다. 그들이 바로 1914년에 평양신학교를 중퇴하고 장로교 전도사까지 했던 여운형 등이다. 그들은 한국 최초의 사회주의 단체인 한인사회당에 입당하여 개혁하려 하였다.

① 이동휘 전도사

1873년 12월 3일 함경남도 단천군 파도면 대성리에서 출생하였다. 8세때부터 한문을 배웠고 18세때 단천군 하급 관리가 되었으나 군수 홍종후의 부패를 규탄하고 상경하였다. 그는 이용익의 도움으로 무관학교 관비생으로 입교하여 졸업 후 참위가 되어 궁전 친위대 장교가 되었다. 1902년 참령으로 승진하여 강화도 진위대장이 되었고 이동휘는 여기서 감리교 전도자인 김우채의 전도를 받고 기독교에 입교하였다.

그가 강화도에서 세운 학교는 보창학교를 비롯하여 14곳 800여명의 학생이 공부하였다. 그는 1896년 독립협회에도 가입하였고 1902년 민영환, 이준, 이용익 등이 중심이 되어 비밀결사를 조직한 개혁당에도 가입하였고 1907년 비밀결사인 신민회도 참여하여 독립운동에 적극 참여한 용기 있는 사람이다. 105인 사건 때 연류 되어 인천 앞 대의무도에서 유배생활을 하다 피어슨 선교사의 도움으로 석방되어 함경도 근방에서 전도와 강연과 교육에 몰두하면서 많은 사람에게 감동을 주었다. 강연 내용은 "잃어버린 조국을 찾으려면 예수를 믿으라.

교회를 세우라. 학교를 세우라. 자녀를 교육시키라. 단발을 하고 서양문명을 받아들여라"라고 외쳤다. 그는 피어슨 선교사가 임명하여 전도사가 되어 활동하였다.(1965년 신동아 4월호) 일본 경찰의 추격을 피하여 1914년 간도 명동으로 망명하여 간도의 이종호, 장기영 등과 함께 왕청현, 나자구에 무관학교를 세워 젊은이들에게 군사훈련을 시켰다.

여기서도 일본 경찰의 끈질긴 추격을 피하기 위하여 1915년 연해주로 망명하였다. 그는 가는 곳마다 전도와 강연과 독립운동을 계속하자 일본 경찰은 소련 정부에 이동휘가 독일 간첩이라고 모략하여 소련정부는 일본정부의 모략을 믿고 1917년 독일 간첩의 누명을 쓰고 투옥되었다. 그는 감옥에서 볼세비키를 만나 사회주의 이야기를 들었다. 그후 볼세비키의 지도자들의 도움으로 석방되었다. 1918년 6월 볼세비키의 도움으로 하바로스크에서 한국 최초로 한인 사회당을 조직하여 당수가 되었는데 이것은 모택동보다 4년이 앞선 것이다.

이동휘는 독립을 하기 위하여는 유력한 정부의 원조를 얻기 위하여 소련정부와 손을 잡았지 그는 공산주의 ABC도 모른 사람이었다. 그는 국민들을 보다 고차원의 도덕적 존재로 끌어올려 조국을 부강시키는 방법으로 소련을 택한 것이지 기독교를 배신하고 공산주의자가 된 것은 아니었다고 한다.(1965년 신동아 4월호)

1919년 8월 대한민국 임시정부 초대 국무총리가 되었다. 1920년 5월 김립, 이한영,김만겸 등과 같이 상해에서 고려 공산당을 조직하였고 여기에는 여운형, 신채호 등의 민족주의자도 가담하였고 임시정부 요인인 조원구, 윤기섭, 김두봉 등의 민족주의자도 가입하였으며 1921년 박헌영도 여기에 가입하였다. 후일 김두봉은 연안파 당수가 되어 임시정부가 정식 정부로 승인받는데 반대한 인물로서 조국독립에 엄청난 장애 인물이었다.(김홍일 장군 증언) 이동휘가 사회당에 가입함으로 한 국의 많은 분들이 그의 고매한 인격에 감동되어 공산주의에 가담하는 계기가 되었고 특히 기독교인들이 가담하는데 많은 영향을 주어 그가 독립하겠다는 목적은 좋으나 방법이 잘못되어 오히려 조국독립에 엄청난 장애를 주었다. 그러므로 목적이 아무리 좋다 해도 방법이 잘못되면 목적도 잘못된다.   그는 임시정부 국무총리로 있으면서 소련으로부터 받은 활동자금을 공개적으로 사용하지 않고 유용하였다고 하여 말썽이 나자 1921년 5월 초대 국무총리직에서 사임하였다.

그를 존경하던 많은 독립 운동가들에게 상처와 좌절을 주었다. 1921년 6월 독립군들이 청산리 전투에서 대승하자 일본군들의 추격을 피하기 위하여 소련 땅 자유시에 도착한 후 공산당의 상해파와 일으츠크파 간의 권력다툼에서 오하묵이 이끄는 일의츠크파의 러시아 군대에 의해 무참히 소탕되자 이동휘는 군사적 기반이 상실되었다. 그리고 소련 정부로부터 지지도 받지 못하였다. 1934년 그가 저격당했다는 설과 1938년 소련정부에 의해 처형되었다는 설과 병사했다는 설이 있으나 병사한것이 확실하다. 그의 권유로 송창근씨가 목사 되었다.

② 여운형 전도사
본적은 경남 함양으로 양평에서 14세까지 자랐고 홍화학교를 중퇴하고 배제학당 우무학당을 졸업하였다.
1907년 22세때 크라크 목사의 권유로 기독교에 입문하였고 25세 때인 1910년 평양 장로회신학교에 입학하여 2년을 마치고 서울 승동교회 전도사로 봉사하였다. 1914년 9월 중국 남경 금능대학 영문과에 입학 3년을 수료하였다. 상해에서 김규식, 장덕수 등 30여명과 함께 신한 청년당을 조직하여 3.1운동이 주동적 역할을 하였다.
1919년 4월 대한민국 임시정부가 수립될 때 임시의정원 의원과 외무위원 애국군 모금위원 외무차장 등을 역임하였다. 3.1운동시 여운형이 한국에 미친 영향이 지대함으로 그를 설득과 회유를 하기 위하여 일제 척식국장 고가가 연합교회 목사 후루야마와 YMCA총무 미국인 피치를 통하여 동경에 오도록 권유를 하였으나 한마디로 거절하였다.

그후 고가는 다시 "한국문제에 관하여 의견을 교환하겠으니 상의했으면 좋겠다. 신변의 안전을 보장하겠다"라고 하는 장문의 서신을 보냈고 일본 YMCA 간사 후지타를 사자로 상해에 파견하여 다시한번 도일을 강권하였다.

여운형은 임정의 임원들과 여러사람들의 의견을 들으니 찬반이 엇갈렸으나 안창호 선생이 여비 300원을 주면서 용감하게 한국의 독립을 외치고 오라는 권유를 받고 그는 용기를 가지고 일본을 향해 상해를 떠났다. 1919년 12월 24일 2.8독립선언서에 서명한 최우근과 신상완, 장덕수 등과 같이 일본에 도착 육군대신 다나까, 정무총장 미즈노, 사령관 우산노미야, 내무대신 도코나미, 체신대신 노다 등을 만났다.

1919년 12월 27일 동경 국제호텔에서 500여명이 모인 세계 기자들 앞에서 1시간 30분 동안 연설을 하였다. 연설 내용은 "왜 조선은 독립해야 하는가 한일합병은 강제결혼이며 조선은 독립해야 하며 독립할 것이다. 이 길이 극동아시아의 평화와 세계 평화가 온다"라고 선언하여 박수를 받았다.

일본의 총리 하라다카시이와 육군대신 다나까 등 일본 각료들은 심히 당황하였다. 그의 대담한 선언에 조선의 온 백성은 만세를 불렀다. 이때부터 여운형은 유명한 인사가 되었다.

1920년경부터 상해에 있는 교민을 위하여 많은 노력을 하였다. 1920면 소련 공산주의자 보테스키가 "한국 독립을 지원해 주겠으니 고려공산당에 가입하라"고 권하자 공산당이 무엇인지도 모르고 그는 가입하였다. 그는 고려공산당 대표가 존경하는 이동휘였고 또 독립을 위하여 물질적으로 도움을 준다고 하니 오직 독립을 위하여 가입하였던 것이다. 그는 한국 최초로 공산당 서적을 번역한 사람이다. 그는 고려공산당에 가입한 많은 사람을 모스크바에 보내 공산주의 이론을 배우게 하여 많은 사람이 그의 도움으로 모스크바에 갔다.

조선공산당이 성장하는데 많은 공이 있으며 1925년 4월 2일 조선공산당이 조직될 때도 많은 영향을 주었다. 1929년 여운형이 고려공산당에 가입된 것 때문에 영국 경찰이 체포하여 국내로 인도되었다. 그는 출옥하여 1933년~1936년까지 조선일보 사장을 역임하면서 공산주의 운동보다 독립운동에 열중하여 이대위 목사와 같이 건전한 사회주의자로 활동하였다.

일제가 1932년부터 공산주의자들에 대한 철저한 소탕전이 실시되자 공산주의자들은 활동을 할 수 없어 지하로 숨게 되거나 위장하거나 변절하였다. 그러나 여운형은 일본이 곧 멸망할 것을 확신하고 1943년 지하조직인 건국 동맹을 조직하였다. 여기에 사회주의자, 민족주의자, 기독교인들이 많이 가입하였다. 해방이 되자 지하조직인 건국동맹을 확대하여 안재홍, 이상백, 이만규 목사 등과 함께 건국준비위원회를 전국적으로 조직하여 조금 지나 인민위원회로 이름을 바꾸었다. 일제는 패망하면서 조선을 떠날 때 여운형에게 일체의 권한을 이임하였다.

그는 분단을 막기 위하여 여러모로 애를 썼으나 실패하고 1947년 근로 인민당을 다시 조직하여 당수가 되었다. 그는 1947년 7월 19일 62세의 나이로 한지근에게 저격당하였다.

2. 사회주의 목사들

미국의 예일대학과 콜럼비아 대학에서 신학을 연구한 이대위 목사와 숭실대학과 미국 노스트웨스턴 대학과 재릿트 신학교에서 신학을 연구한 김창준 목사와 평양 숭실전문학교를 졸업하고 1939년 제34회 평양장로회신 학교를 졸업한 최문식 목사, 이재복 목사, 배민수, 미만규 목사, 유재기, 김진헌, 김창제, 김준성, 신흥우, 윤치호, 홍병선, 갈홍기 이들은 모두다 기독교 사회주의자들이다.

이들은 러시아식 혁명노선을 지지하는 최문식, 이재복 목사와 같은 과격한 분들과 영국식 사회주의를 주장하는 이대위 목사와 같은 노선 등이 있다. 이중에서 가장 이론이 정연하고 건전한 사회주의자는 이대위 목사였다.

기독교 사회주의자들은 "어떻게 하면 이 사회를 좀 더 낳은 사회로 변화를 시킬까 하고 연구하고 노력하고 고민하고 투옥되고 그리고 죽기까지 하였다. 이대위 목사는"내가 번 돈은 내 당대에 사회를 위하여 쓴다. 그리고 법과 질서가 잘 유지되는 기독교 정신에 입각한 사회이기 때문에 미국 사회에서는 사회주의로부터 위협을 받지 않으나 우리의 사회나 자본가들은 그렇지 않기 때문에 사회주의로부터 위협을 받는다"고 주장하였다. "법을 지키는 정신과 분배의 도덕성이 확립되는 데는 기독교 정신이 앞서서 확립해주어야 하는데 한국 기독교는 극단적 자본주의 체제로서 기독교 자체부터 법의 정신과 분배 정신을 어기고 있기 때문에 항시 사회주의로부터 도전을 받고 있다"고 주장하였다.

이대위는 불란서 교회를 모델로 생산에서도 합작 사업을 주장하였다. 기독교 방법은 개인의 인격변화를 통하여 사회변화를 추구하는 반면 사회주의자들은 사회제도를 개혁해야 인간을 변화시킬 수 있다고 주장한다. 이대위 목사는 사회를 개혁하려면 우선 기독교 자체를 개혁해야 한다고 주장하였다. 기독교인의 심리를 개조하지 않는 한 사회운동은 무엇이든지 허공에 불과하다고 주장하면서 개인의 혁명을 주장하였다. 그는 러시아식 무력에 근거한 혁명은 바람직스럽지 못하고 보다 자유롭게 일을 도모하는 영국식 사회주의를 받아들여야 한다고 주장하였는데 만일 박헌영 이하 한국의 공산주의자들이 이대위 목사 이론을 따랐다면 지금쯤은 한국에서 사회주의는 확실히 달랐을 것이다.(청년 1924년 8월호)

여운형 전도사는 "오늘의 기독교는 벌거벗은 나사렛 예수 골고다의 희생의 예수를 잊어버리고 교회를 강도의 소굴로 만든 매매의 기독교인들이 가득 차 있다. 이러한 현상은 직업적 목사들에게 더욱더 그렇다 그 안에 있는 청년들은 마치 소경을 따라가는 소경과 같고 이리를 따라가는 양무리와 같아 참으로 불쌍한 교인들이다"라고 하면서 "그는 사대주의를 절대 반대하면서 제일 먼저 민족반역자 친일파를 처단해야 된다고 주장하였다.

현재 우리가 나아갈 길을 민족적 민주주의 복지국가 건설이지 독재국가나 공산국가는 아니다"고 주장하였다.

그는 당시 그의 마음에 하나님을 떠날 수 없어 유물론을 인정하지 않았다. 이러한 사상은 차이는 있어도 거의 같은 맥락을 갖고 잇는 분들이 조소앙, 김규식, 조만식, 김용기 등이다.

그들은 기독교가 하나님과 조국을 배반하고 신사참배와 황국신미제창 징병제 정신대를 찬양할 때 분노하면서 타락을 책망하고 회개를 촉구했으나 기독교가 변하지 않는 데에 탄식하였다.

기독교가 사회에 공헌한 것이 금연, 금주, 축첩 반대하는 것으로 끝난다면 어떻게 이 사회를 정의로운 사회로 만들겠는가 하면서 기독교는 극단적 자본주의와 계급사회라고 규탄하였다.

기독교가 지옥이나 면하려고 일생을 거기에 매달려 있다는 것은 기독교 사상이 아니라고 하면서 복음주의와 근본주의의 개인구원에만 집착한 기독교 사상이 잘못되었다고 신랄하게 비판하였다.

기독교의 사회 개획은 그만두고 사회에 이로운 단체가 아니라 사회에 해독만 주는 단체라고 비판하면서 이만규, 최문식, 이재복 목사는 과격한 혁명을 주장하였다.

여운형 전도사는 건국준비위원을 조직하고 선언문에 "일본 제국주의와 결탁하여 민족적 죄악을 범한 모든 반민주주의적 반동세력에 대한 대중적 투쟁을 하자"고 외쳤다. 새문안교회 김규식 장로는 조선이 해방되고 조선의 혁명이라면 사회주의자들과 민족주의자들이 분열하지 말고 힘을 합해야 한다고 주장하면서 아무런 이념적 장애를 느끼지 않고 협조하였다. 그는 기독교연맹의 대표로 국제대회에 참석하였다.

해방이 되자 북한의 기독교 사회주의자들은 자치위원회와 통합하여 건국준비위원회를 조직하여 조만식 장로가 위원장이 되었다. 1945년 9월 윤하영과 한경직 목사들은 신의주에서 기독교 사회민주당을 조직하였다.

남한에서는 여운형 전도사가 조직한 건국준비위원회에 이재복, 이만규 목사를 비롯하여 대구 인민위원회 부위원장 최문식 목사와 강원도 평창군 인민위원장 황희수 목사, 경기도 수원시 인민위원장 이하영 목사, 강원도 홍천군 홍천교회 박금산 목사는 신자 전체를 인민위원회에 가입시켰다. 경기도 가평군 인민위원장 김광호 목사 등이다.

1947년 2월 24일 남한에서 기독교도 민주동맹이 결성되었다.
기독교도 민주동맹 조직은 다음과 같다.
위원장 : 김창준 목사 (감리교 신학교 교수. 북한에서
　　　　　　조선인민위원회 부의장 조국전선중앙위원회의장 역임)
총　　무 : 박성산 목사

고　　문 : 신홍우 목사(친일파)
강령기초위원 : 갈홍기 목사(친일파)

기독교 민주동맹에서는 성명서를 다음과 같이 발표하였다. "우리 조국을 아메리카 제국주의에 예속시키기 위한 식민지 정책에 무조건 복종케 한 이승만 도당은 진정한 종교, 신앙의 자유가 보장되어 있지 않다. 북반부에는 종교인과 종교단체가 어떤 간섭도 없이 자유로이 종교 사업과 의식을 진행하고 있다"라고 하여 세인을 놀라게 하였다.

1945년 5월 모스크바에서 트르먼 대통령 보좌관 해리 홉킨스와 스탈린 사이에 있었던 조선의 신탁통치 안이 6월에는 중국, 9월에는 영국으로부터 동의를 얻었다.

이 신탁통치안은 1943년 12월 1일 카이로 회담때 미국 무성 극동국장 부이센트가 미국 외교정치협의회에서 내놓은 안건이었다. 1945년 12월 미 · 영 · 소 3국 회의에서 남북한을 5년 동안 신탁통치를 한다고 하였다. 이 발표가 나자 온 국민과 교회가 앞장서 반대하였다. 조선공산당 김삼룡도 적극 반대성명을 발표하였다.

그런데 1946년 1월 15일 조선공산당이 소련의 지시를 받아 "신탁통치는 옳은 일이므로 신탁통치를 지지한다"고 성명서를 발표하였다. 1946년 1월 3일 좌익들은 민주통일자주독립 서울 신민대회를 서울운동장에서 개최하였다. 이에 온 국민과 교회는 조선공산당의 배신에 격노하였다. 이때부터 온 국민과 교회는 공산당을 싫어하고 반탁과 찬탁을 지지하는 것 때문에 좌익과 우익의 싸움이 시작이 되었다. 찬탁은 곧 공산주의자 민족 반역자이며 반탁은 곧 반공주의자 애국자가 되었다.

기독교는 반탁과 동시에 반공산주의자가 되기 시작하였다.이때부터 기독교는 공산주의자나 사회주의자나 같은 맥락으로 취급하여 적대관계를 갖게 되었다. 이렇게 되어 김구, 김규식이 중심이 된 한독당까지도 등을 돌리는 계기가 되었다.

1946년들어 북한의 기독교인들이 공산당 밑에서는 살 수 없다고 판단 200만여명이 38선을 넘어 월남하여 극력하게 공산주의를 규탄하였다. 친일 반역자들은 이 틈을 타 적극 반탁운동을 하면서 적극 반공을 부르짖어 애국자인 척하면서 자기들의 죄를 감추려 남한에서는 극단적인 반공주의를 하게 되었고 극단적으로 좌·우가 갈리어 격렬한 싸움을 하게 되었다.

1946년 10월 1일 공산주의자들이 조종을 하여 대구 폭동과 1948년 4월 3일 제주도 폭동사건과 1948년 10월 19일 14연대 반란사건을 일으켰다. 그리고 그들은 반란을 통하여 너무도 잔인하게 사람을 죽이는데 온 국민과 교회는 치를 떨었고, 같은 민족끼리 대규모 전쟁인 6.25동란을 유발시켜 한반도가 국제 전쟁터가 되게 만든데 대하여는 한치의 양보나 타협이 없이 극한적으로 공산주의를 반대하여 남한에서는 공산주의자나 사회주의자들은 살 수가 없게 되었고 반공이 국시가 됨으로 해서 그들은 비참하게 되었다.

① 최문식 목사(대구 폭동 주동)
대구폭동
1946년 8월 대구 전매노조 노동자들이 배가 고파 권련(담배)을 마는데 쓰이는 풀을 훔쳐 먹었다는 이유로 가혹 행위를 당한데 대한 항의 농성이 확대되어 1946년 9월 24일 전국 철도 총파업이 이루어짐에 따라 대구 철도노동자들도 파업을 하고 있었다. 철도 파업은 미 군정에 쌀 배급제를 반대하고 자유 판매제를 요구한 사건이었다.

이 일을 수습하기 위하여 대구경찰청장 황우근은 9월 28일 오후 6시 철도파업 현장에 도착하여 설득에 나섰으나 노동자들은 오히려 "일본 앞잡이 황우근을 죽여라."하며 고함을 질렀다. 이에 위기를 느낀 황우근이 급히 현장을 빠져나갈 때 경호원이 발포하여 노동자 한명이 사망하였다. 사건이 여기에 이르자 최문식 목사와 전국노동조합 대구평의회 위원장 윤장혁, 그리고 김일식, 남로당 한일청 구자익 등은 46년 10월 1일 도청앞에 모인 시위대들에게 나아가 선동연설을 하며 노동자들을 주동하여 죽은 시체를 들고 대구 시내를 다니게 하였다.

대구의전 학생들과 시민들은 분노하며 대구경찰서를 습격, 점령하고 시위대들은 총을 들게 되었다. 시위자들은 경찰과 총격전이 벌어졌고 왜관, 성주,선산, 군위, 영천, 경산 등을 점령하여 기세가 당당하였다. 여기에서 영천군수를 불태워 죽이는 끔찍한 일도 있었다.

경찰 부상자가 병원에서 치료를 요청했을때 거절하여 병원에서도 소동이 벌어질 정도였다. 이것은 경찰에 친일파들이 많은데 대한 감정이었다. 실은 제주도 폭동도 이와 비슷한 사건이었다.

이 폭동으로 경찰 38명 공무원 163명이 사망하고 일반인 73명이 사망하였다. 부상 1,000여명, 행불자 30여명, 폭동혐의자 3,722명 이었고, 건물 파괴 776동이었다.

10월 3일 최문식 목사, 윤장혁, 김인식 등도 체포되어 5년형을 선고받고 서대문 형무소에서 수감되었으나 인민군의 서울 입성시 출옥하여 기독교와 목사들에게 온갖 박해를 저질렀고 인민군 서울철수시에는 납북인사를 끌고 갔다. 박정희의 형인 박상인은 경북 선산에서 농민을 이끌고 지서를 습격하였다 그리고 구미 경찰서를 점령하고 경찰을 감금하였다. 그 후 경찰의 총에 맞아 사망하였다.

박상인 장례 주례를 맡았던 이재복 목사는 박정희를 설득, 남로당에 가입시켜 박정희를 빨갱이로 만드는데 성공하였다. 이재복 목사와 박정희는 14연대 반란사건에 깊숙이 관여하였고 이재복 목사는 남로당 군사부 특수조직책이었으며 박정희는 육군 안의 조직책이었다. 쌍용그룹 전회장 김성곤씨는 경북인민위원회 재정부장으로 대구 폭동에 가담하였고 유정회 국회의원 홍순만도 가담하였다. 공화당 당의장 서리 백남억씨는 부산 철도노조 파업지도자로서 대구 폭동에 가담하여 대한민국에서는 출세할 수 없는 사람들이었다. 그러나 박정희가 정권을 잡고 그들을 기용하여 출세하였다.

여기에는 그럴만한 이유가 있었다. 대구는 조선의 모스코바라고 할 정도의 지역이었다. 최문식 목사는 이런 곳에서 인민위원회 부위원장을 했으며, 대구시보도 발행했으며 장로교 교단지인 신학지남에도 관여한 인물이다.

그들은 1946년 10월 26일 국군준비대 경북사령부를 조직하였다. 이 조직이 해체되면서 대구 6연대에 많이 지원하여 6연대가 3차 반란까지 일으켜 결국 6연대를 해체하기까지 할 정도였다.

박정희 형인 박상인과 폭동을 같이 일으켰던 황태성은 체포되지 않고 북으로 탈출, 북한에서 무역성 부장까지 하다가 5.16 직후 8월 박정희를 만나기 위해 북에서 남파되어 공화당 사전조직에 가담하였다는 의혹을 남긴 채 의혹의 처형을 당하였다.

1949년과 50년 김수임은 미 헌병사령관이며 한국 경찰고문관인 베어드대령과 동거하면서 국방의 일급비밀을 속속 수집하여 북에 제공하여 인민군이 남침하는데 많은 도움을 주었다. 또한 1949년 8월 20일, 남로당 폭동 계획 때 무기를 다량 자기 집에 감추게 하였으며 자기 집을 남로당 아지트로 사용하였다.

그녀는 선교사의 도움으로 이대 영문과를 졸업한 기독교인이었다. 그녀가 1950년 6월 14일 사형언도를 받고 최후진술에서 판사에게 성경책을 요구하여 세인을 더욱 놀라게 하였다. 그녀는 하나님과 조국을 배신한 자로서 예수님의 일곱 번씩 일흔 번이라도 용서해 주라는 말씀을 남용하였고, 믿기만 하면 구원받는다는 성경말씀을 남용하였다. 정부에서는 3일 후 사형을 집행하였다. 기독교의 맹점은 믿음으로 구원받는다는 하나님의 말씀을 악용하는 것이다. 과연 그녀를 누가 가르쳤는가? 이승만, 차지철, 장세동 등은 누가 가르쳤는가? 그들을 지도한 사람들은 바로 목사들이 아닌가!

② 이재복 목사 (14연대 반란 조종)

제주 4.3폭동

일본을 찬양했던 친일파 목사들은 일본이 망하여 해방되었으면 자숙하고 근신해야 할 처치임에도 불구하고 그들은 회개는 커녕 교권을 유지하려고 온갖 방법을 동원했다. 이에 반발, 이만규 최문식 이재복 등 일부 목사들과 일부 신학생들이 여운형의 건국준비위원회에 가입하였다. 이재복 목사는 남로당 특수조직책이 되어 1948년 10월 19일 여수 14연대 반란을 주동하였으며 대구 6연대 반란도 주동하였고 이중업과 함께 국군 4,500여명의 남로당 세포원을 확보하는데 성공하였다.

제주도에서 1948년 4월 3일 새벽 2시경 김달삼외 남로당원들이 11개 경찰지서를 습격하여 제주도 폭동이 발생하였다. 폭동 주동자 김달삼, 이덕구, 9년대 문상길 중위 등은 온건파들의 폭동반대에도 불구하고 지서와 대한청소년단을 습격하여 경찰 사망 4명, 부상 15명, 일반인 사망 10명, 부상 9명 등의 엄청난 사상자가 발생하였다.

경찰도 즉시 반격에 나섰으나 폭도들의 전력도 막강하여 진압하는데 어렵게 되었다. 제주도 주둔 9연대에게 진압명령을 내렸으나 9연대 안에 문강길 중위와 여러 명의 남로당 세포원이 있어 작전의 정보가 김달삼에게 전달되어 제대로 진압을 하지 못하고 있었다.

이에 당황한 경비대 총사령부에서는 부산의 5연대 2대대를 증원부대로 제주도 폭동을 진압하도록 명령을 내렸다. 그러나 5연대 2대대장 오일균 소령은 불행하게도 좌익계 장교이기 때문에 제주도 폭동에 기름을 붓는 격이 되었다. 5연대 2대대장 오일균 소령은 제주도에 도착 즉시 폭도군 사령관 김달삼과 접촉하고 같이 계획을 세웠다.

계획은 경비대의 출동을 기피하여 시간을 벌어 2대대의 장병에 대하여 조직을 확대하게 되면 우익계 장교를 모두 사살하고 폭도들과 경비대가 합류하여 제주도를 해방시킨다는 작전이었다. 오일균 소령은 당시의 상황을 잘 이용하여 세포조직에 전력을 다하였다. 1948년 5월 1일, 정부에서는 진압이 진척되지 않자 9연대 연대장 김익열 중령을 해임시키고 후임에 박진경 중령을 임명하였고 11연대 일부를 제주도에 증파하여 경비대를 강화시켰다.

김달삼은 박진경 사령관에게 "우리들이 적대시 하는 것은 경찰과 서북청년단이지 경비대가 아니므로 경비대는 중립을 유지해 달라"고 요구하였다. 그러나 박진경 사령관은 그 요구를 들어주지 않고 전력을 다해 진압에 나섰다.

김달삼은 문상길 중위에게, 문상길 중위는 정보계 선입하사 최상사에게, 최상사는 위생병에게 지시하여 박진경 사령관을 암살하였다. 이후 이들은 체포되어 사형을 당하였으나 오일균 소령의 정체는 탈로나지 않았다.

박진경 중령 후임으로 최경록 연대장이 부임하여 부락마다 자위대를 조직하여 치안에 힘쓰고 폭도들의 근거지를 소탕하자 폭도들은 산 속으로 잠적하여 진압이 다된 것으로 위장하였다.

그러나 김달삼이 이북에 가자 이덕구가 폭도군 사령관이 되어 다시 지서를 습격하였다. 경비대에서는 당황하였고 경비대 사령부에서는 여수에 있는 14연대 1개 대대를 제주도에 증파하다록 명령하였다.

여수 14연대 반란

경비사령부 준비명령서는 여수우체국을 통해 일반 전보명령으로 전달되었기 때문에 비밀은 금방 누설되었다. 이 사실을 알고 있는 이재복 목사는 14연대 1개 대대가 제주도에 증파되지 못하도록 하기 위하여 남로당 군사부 지도위원 박태삼을 통하여 지창수 상사에게 반란을 하도록 조종하였다. 1948년 10월 19일 오후 9시, 비상나팔이 울렸다.

출동부대는 아무 의심없이 서둘러서 연병장에 도착했고 다른 장교들도 비상나팔에 의심이 없었다. 병사들이 집합 후 소총 실탄지급을 기다리고 있을 때 연대 인사계의 지창수 상사가 연단에 올라 다음과 같이 연설을 하였다. "지금 경찰이 이곳을 습격해 온다는 정보가 들어왔다. 이 때문에 소집한 것이다.

즉시 응전할 준비를 갖추어야 한다. 지금부터 경찰은 우리들의 적이다. 총을 들고 경찰을 타도하자. 우리들은 동족이 상쟁하는 제주도로 출동하는 것은 절대로 반대한다. 지금 북조선 인민군이 남조선 해방을 위하여 38선을 돌파하여 남쪽으로 진격중이다. 이제부터 우리들은 인민해방군이 된다.

그래서 조국 통일을 볼 때까지 죽음을 각오하고 싸우자"라고 연설을 하였다. 연병장의 대대 주위는 무장 좌익 세포원이 '앞에 총' 자세로 포위하여 공포 분위기를 조성하고 있었다. 산 밑의 탄약고에서 신호의 총소리가 들렸다. 지창수 상사의 연설에 장병들은 모두들 "옳소"하고 대부분 찬성하였다. 그러나 반대한 장병 3명이 즉석에서 사살되자 더 이상 반대자가 없었다.

1대대 장병들과 무기고와 연대 전체는 좌익 세포원 40명에 의해 점령당하였다. 개인에게 소총과 실탄을 지급할 때 "장교는 무조건 전원 사살하라"는 지창수 상사의 명령이 내려졌다. 이렇게 되어 제주도 폭동을 진압하기 위하여 출동하려던 부대가 순식간에 반란군이 되었다. 총과 실탄을 지급받은 반란군은 5중대장 박윤민 소위에게 즉시 총질을 하여 아랫배를 관통시켰으나 박윤민 소위는 극적으로 생명을 건졌다.

1대대 김경덕 소위가 해방군 사병들에게 구타당하고 있자 이를 본 조병모 소위가 "왜 장교를 구타하느냐"라고 소리치니 반란군 사병이 대검으로 조병모 소위의 배를 찔러 쓰러뜨렸다.

이를 틈타 김경덕 소위가 도망치다가 쓰러졌으나 두 장교는 극적으로 생명을 건졌다. 1대대장 김일영 대위는 사무실에서 반란군에게 즉시 총살되었다. 반란군은 반란에 가입하지 않고 숨어있던 2대대, 3대대 장병들도 결국 반란군에 협력하게 되었다. 지창수 상사는 반란군 연대장에 취임하고 대대장, 중대장, 소대장, 분대장을 임명, 즉석에서 조직을 끝내고 군의관 등 필요한 장교들은 창고에 연금시키고 일반 장교는 전원 사살하니 장교의 사망자 수가 20여명이었다.

반란 소식을 듣고 이희권 소령이 김태수 중위를 대동하고 부대 탄약고에 도착하자 "누구냐"하고 수하를 당하였다. 이때 "나 부연대장이다"라고 하자 즉시 사격을 당하여 김태수 중위는 즉사하고 이희권 소령은 극적으로 생명을 건져 헌병대장 홍석중 중위에게 상황을 설명하고 : 부대 반란군을 진압하라"고 명령하였으나 불행하게도 홍석중 헌병대장도 좌익계 반란군이었다. 이희권은 정신을 차릴 수가 없었다.

그는 결국 하수구에 숨고 말았다. 지창수 반란군 대장은 2시간 동안에 14연대를 완전히 장악하고 남로당 여수지구 인민위원회 간부 23명을 영내로 데려와 합류시키고 그들에게 무기를 제공하여 무장시켰다. 남로당 총 지위자는 여수여자중학교 교장 송욱이었다. 지창수 반란군 대장은 14연대 2,300여 명의 병력을 차량에 승차시켜 여수경찰서를 공격하여 단숨에 점령하고 여수 시내를 장악하였다.

1948년 10월 20일 오전 9시 30분, 14연대 반란군은 여수시를 장악한 다음 6량의 열차에 분승, 순천을 향해 진격하였다. 그리하여 순천에 있는 홍석중 헌병대장 부대와 합류하여 순천도 순식간에 반란군에 점령되었다.   광주에 있는 4연대 2대대가 진압히기 위하여 순천에 급히 동원되어 순천 입구에 도착해서 공격 준비를 하고 있을 때 하사들이 반란군에 합류하자고 중대장 유정택 대위에게 건의를 하였다.

중대장 유정택 대위가 이에 반대하자 중대장을 즉석에서 사살하고 반란군과 합류하여 진압은 더욱더 어려워졌다. 식별을 하기 위하여 진압군은 철모에 흰 띠를 둘렀는데 이제는 진압군도 흰 띠, 반란군도 흰 띠였기 때문에 도무지 누가 어떠한 사상을 가지고 있는지 알 수 없었다. 반란군은 여세를 몰아 벌교, 학구, 광양을 향해 공격하였다.

이에 정부와 경비사령부에서는 당황하였고 국민들은 불안에 떨었다. 경비사령부에서는 3연대, 6연대, 15연대, 12연대 등에서 착출하여 10개 대대로 진압사령부를 신설하고 사령관에 송호성 준장(후일 인민군 장교가 됨), 참모장에 백선엽 중령 작전, 참모에 김준곤 소령 보좌관 박정희 대위(좌익), 심홍섭 대뒤, 이상국 대위를 임명하였으나 사령관 송호성과 작전참모보좌관 박정희는 좌익이었다.

박정희 대위는 이 사건에 깊숙이 관여했으며 영남지구 유격대 사령관이었고, 나중 이 사실이 발각되어 군법회의에서 무기징역을 선고 받았으나 백선엽의 건의와 이승만 대통령의 허락으로 생명을 건졌다. 이 박정희를 좌익으로 끌어드르인 이가 바로 이재복 목사이다. 송호성 사령관은 6.25후 인민군에 전향 인민군 고급 장교가 되었다. 마산에 있는 15연대가 진압군이 되어 순천을 향해 부대를 떠났다.

대구 6연대 반란

그러나 15연대장 최남근 중령도 좌익으로 반란을 진압하려고 하지를 않았다. 누가 어떤 사상을 가지고 있는지 도대체 알 수 없는 세상이었다. 반란군에 대한 진압이 순조롭지 못하자 경비사령부에서는 대구의 6

연대를 진압군에 보강하여 14여대 반란군을 진압하도록 명령하여 6연대장 김종갑 소령은 6연대 3대대를 지휘하여 순천을 향해 부대를 떠났다. 부대 잔류 병력은 200여명 뿐이었다.

　이 기회를 틈타 1948년 11월 2일, 이정택 상사는 헌병 조장필 소위와 이남주 소위를 즉사시키고 부대를 장악하여 반란군이 되니 경비대에서는 진압할 방법이 없었다. 결국 대구에 있는 미제1연대가 급히 출동하여 진압하였으나 이정택 상사는 40여명의 부하를 데리고 다부동 방면으로 탈출하여 게릴라가 되었다.

　1948년 12월 초 대구 6연대 1대대 차갑준 대대장은 380여명을 지휘하여 지리산 방면으로 도주한 14연대 반란군 잔당을 소탕하기 위하여 지리산으로 출동하였으나 연대 본부에서 귀대하라는 명령을 받고 귀대하던 도중 낙동강을 지나 월배 부근에서 부대를 멈추게 하였다.

　멈춘 후 부대 병력을 점검하니 후미차량이 보이지 않았다. 후미차량을 찾으러 간 사이 이동백 상사가 장교 9명을 현장에서 사살하고 반란을 일으켜 부하 52명과 함께 팔공산에 들어가 게릴라가 되었다. 1949년 1월 팔공산에 들어간 이정택 상사가 6연대 4중대 경리하사관과 함께 소대장 박달현 소위와 1명을 총살하고 부하들을 데리고 포항쪽으로 탈출하여 게릴라가 되었다.

　1948년 4월 3일 제주도 폭동은 14연대 반란과 6연대 반란을 연속적으로 발생하게 하여 제주도와 여수, 순천에서의 인명 피해가 엄청났다. 김일성은 제주도 폭동과 14연대, 6연대 반란을 보고 국군과 남한 국민은 온통 공산주의를 지지하는 것으로 판단하여 이 반란에 협력하려고 했으나 38선은 미군이 방어하고 있어 협력하지 못하였다. 그때만 하여도 북한은 남한보다 군사력이 열세였기에 협력하지 못한 것을 탄식하고 군사력 증강에 전력을 기울였다.

3. 북한인민군의 남침

① 김일성의 남침동기

1948년 4월 3일 제주도 폭동 때 진압하기 위해 출동한 9연대 문상길 중위와 5연대 오일균 소령과 사병들이 폭도들에 협력하여 진압에 엄청난 어려움이 있었다. 이에 용기를 얻은 남로당 군사부의 이재복 목사는 14연대 지창수 상사와 김지회, 홍석중 중위를 선동하여 사병 40명과 합세하여 반란을 일으켜 14연대를 완전 장악하였고 진압차 출동한 15연대장 최남근 중령도 좌익이었으며 진압사령부 사령관 송호성과 작전참모보좌관 박정희도 좌익이었다.

4연대 2대대 1개중대가 반란군에 협력하였고, 6연대 이정택 상사, 이동백 상사가 반란을 일으켜 국군은 온통 빨갱이 부대 같았다. 이때 38선 근방에서 대대적인 전투가 벌어지고 게릴라를 전국적으로 출동시켜 반란군에 협력하고 군 내부 좌익계 세포원 약 5,000여명이 전군에서 동시에 반란을 주도했다면 국군은 도저히 진압하지 못하고 적화될 가능성이 있었다. 그러나 북한에서는 1948년 11월 14일경 180여명의 인민유격대를 태백산을 통하여 남파시킨 것 외에는 별다른 반응이 없어 반란은 진압되었다. 그러면 김일성은 왜 절호의 기회를 이용하지 못했을까?

그것은 미군이 38선을 경계하고 있어 미군과 대항해서 싸운다는 것은 승산이 없는 일이요, 이때만 해도 남한보다 전력이 뒤져 있어 38선에서 대대적인 도발행위를 벌이기는 어려웠다. 김일성은 이때 협공하지 못한 것을 탄식하며 이때부터 남침하면 반드시 승리할 것을 자신했다. 또 박헌영이 적극적으로 남침하면 남로당이 궐기하여 승산이 있다고 권유하자 김일성은 이때부터 전력 증강에 전력을 기울여 소련과 중공에 군사원조를 간절히 요청하게 되었다.

1948년 12월 모스크바에서 소련, 중공, 북한 3국 전략회의가 열렸다. 소련 국방상 불가닌은 다음과 같은 군비 지원에 동의하였다.

1) 9개 돌격사단 창설 및 훈련 실시
2) 중국에 있는 한인부대 2만명을 기간으로 하여 8개 전투사단과 8개 예비사단 창설, 도합 25개 사단 창설 및 훈련 실시
3) 전차 500대를 중심으로 하여 전차 2개 사단 창설

김일성은 모스크바 1차 회담에 대성공을 거두어 만족한 마음으로 귀국하였으나 마음이 놓이지 않아 1949년 2월 모스크바에 다시 도착, 스탈린을 만나 회담하였다. 이때 김일성은 스탈린에게 "인민군이 남침하면 남한 국군은 삽시간에 와해되고 만다. 전쟁이 일어나면 인민이 봉기하여 남한 정부를 전복하는 일은 어렵지 않다. 남한의 인민은 북한편이다.승리를 확신 한다"라고 하면서 약속한 군비지원을 재촉하였다. "이승만 독재 통치 밑에서 신음하는 인민을 자력으로 해방 한다"라고 하는 김일성의 남침 요구에 스탈린도 거절할 수 없었다고 후르시쵸프는 회고하고 있다. 이상의 설명을 들은 스탈린은 인민군에게 무기만 지원해 주면 승산이 있을 것으로 판단하였다. 그러나 스탈린이 미군 개입을 염려할 때 김일성은 속전 속결로 미군이 한반도에 상륙하기 전 전쟁을 끝내겠다고 하니 스탈린은 무기 지원을 굳게 약속하고 승리를 위하여 축배를 들었다.

1949년 중순부터 소련군이 철수하면서 장비를 인민군에게 인계하였다. 소련으로부터 장비가 지원되자 인민군은 갑자기 증강되기 시작하였다. 1950년 3월 김일성은 모스크바를 다시 방문, 스탈린을 다시 만나 남침계획서를 제출 설명하였다. 스탈린은 "나 혼자 결정할 수 없으니 정치위원회에서 당신의 전쟁계획서와 군사협정 요청안을 회부해 결정

하겠다"고 하여 김일성은 귀국하였다. 그 후 5월 초순 경 스탈린으로부터 "남침승인"이라는 통보를 받았다. (유성철 증언).

1950년 5월 17일 모란봉극장에서 평화통일에 대한 토론을 하였다. 참석자는 김일성, 박헌영, 최용건, 박일우, 김일, 김무정, 허정숙, 강건, 1~5사단장 전원이었다. 여기서 박일우는 평화통일 주제를 벗어나 "20일 이내면 남한을 해방시킬 수 있다"는 요지의 전략을 설명하자 참석자들은 우레와 같은 박수를 쳤다.

박헌영은 "20만 당원이 탄압을 무릅쓰고 지하에서 투쟁하고 있다. 만일 인민군이 남하하면 20만 당원이 궐기하여 인민군을 환영하고 남한을 해방시킬 것이다."라고 하며 찬성하였다. 최용건이 미군 개입을 우려하면서 전면전에 반대하자 김일성은 최용건을 패배주의자로 질타했고, 김무정도 전면남침을 반대하였으나 여기서는 박수를 쳤다.

김일성은 참모장에 강건, 전선 사령관에 김책, 1군단장에 김웅, 2군단장에 김광협을 임명하고, 남침준비 완료는 50년 6월 23일, 공격개시일은 1950년 6월 25일 새벽 4시로 결정하였다. 작전계획은 인민군 보병 1, 3, 4, 6사단과 105전차여단을 주력으로 서울을 향해 공격하고, 6사단 14연대로 옹진을 거쳐 김포에 상륙, 서울 배후에서 공격하는 것이었다.

인민군 2사단, 7사단으로 춘천을 점령하고 2사단은 가평을 거쳐 수원으로 진격하여 서울을 배후에서 공격하고 7사단은 중앙선을 거쳐 부산을 향해 진격하며 5사단은 강릉, 포항, 경주를 거쳐 부산에 진격, 합류하여 50일 이내에 남한을 완전 점령한다는 계획이었다.

김일성은 보병 7개 사단, 2개 여단, 2개 전차연대, 1개 기계화 부대, 총합 11만 1천명, 전차 240대로 전면 남침 준비를 끝내고 시간만 기다리고 있을 때 이승만 정부는 무엇을 하고 있었는가.

② 이승만 장로의 부패와 허풍

이승만 장로는 정치적인 방편으로 기회 있을 때마다 북진통일을 외쳤다.

1) 1949년 1월 21일 이승만 장로는 기자회견에서 "나는 국군의 북진을 희망한다"라고 하였다.

2) 1949년 2월 7일 이승만 장로는 국회연설에서 "한국은 위원단의 원조 아래 북한을 평화적으로 병합할 수 없다면 국군은 반드시 북한에 진격할 것이다."라고 하였다.

3) 1949년 7월 17일 신성모 국방부 장관은 "우리 국군은 대통령의 진격 명령을 대기하고 있다. 평양 아니 원산을 하루 이내에 점령할 수 있는 자신과 실력이 있다."라고 기자회견을 하였다.

4) 1949년 10월 7일 이승만 장로는 U.P 통신사 부사장과 인터뷰에서 "국군은 착착 성과를 올리고 있다. 전쟁이 시작되면 3일 이내에 평양을 점령할 수 있다. 북한을 통일하여 반도의 독립을 실현할 필요가 있다."라고 하였다.

5) 1949년 10월 21일 이승만 장로는 기자회견에서 "피를 흘리지 않고는 통일은 있을 수 없으며, 오래 유지한다는 것도 불가능하다."고 하였다.

6) 1949년 10월 31일 연설에서 "남북의 분열은 전투에 의해서 해결하는 방법 이외에는 없다"고 하였다.

7) 1949년 12월 30일 이승만 장로는 신년사에서 "새해에는 거족적으로 실지 회복에 노력할 해이다. 국제정세의 변화에 비춰보아 새해에는 우리들 자신의 실력으로써 남한과 북한을 통일한다는 것을 염두에 두지 않으면 안된다"고 하였다.

8) 1950년 5월 10일 신성모는 기자회견에서 "북한 공산군은 대거 38선에 이동하고 있으며, 침공이 절박하고 있다. 그러나 우리 국군은 이를 반격하고 북진할 것이다. 해군은 그 준비를 갖추고 있

다."고 하였다.

9) 5월 13일 채병덕 참모총장은 기자회견에서 "북괴군은 38선에 집결하고 있으며 정보에 의하면 5월 30일(2대 총선거)을 기해 대규모 공격에 나설 것으로 예상 된다"라고 경고하였다.

10) 정부 측에서는 5월 들어 갑자기위기를 역설하기 시작하였다. 이승만 장로는 기자회견에서 "5월과 6월은 우리 국민에게 있어서 극히 중대한 해가 될지도 모른다. 그러나 우리는 적절한 방위력을 갖추고 있지 않다"라고 하며 그동안 북진 주장이 허풍임을 실토하고 있었다.

이승만 장로는 이상과 같이 북진을 주장하고 있었는데 이 주장은 어떤 결과를 가져왔는가?

1) 국군의 실정을 모르는 국민과 정치가들이 북한의 전력을 무시하는 풍조가 발생하는 요인이 되었다.

2) 위의 강력한 북진에 대한 발언을 청취한 김일성은 금시라도 국군이 북진하여 멸망당하지나 않나 하는 불안감이 조성되어 수단과 방법을 가리지 않고 중공과 소련에 군비를 요청하여 남침준비에 전력을 다하였다. 북한에서는 국군이 적어도 1950년 8월경에는 북침할 것으로 판단하고 남침하였다고 인민군 작전국장 유성철은 증언하고 있다.

3) 김일성이 남침을 하려면 인민군과 국민들에게 명분을 세워 설득을 해야 하는데 남침의 좋은 명분을 제공하게 되었다. 김일성은 "앉아서 죽느니 싸우다 죽겠다"라고 할 때 누구도 반대하는 사람이 없었다.

4) 북한 인민군의 전력이 강화되자 한국정부에서는 불안해하며 미국에 군사원조를 요청하였으나 그때마다 거절당하였다. 이유는 군사물자를 지원해 주면 그 군사물자를 가지고 북진할 것으로 판단

되었기 때문이다. 심지어 대전차 지뢰만이라도 지원해 달라고 애
원했으나 대전차 지뢰 한 개도 원조해 주지 않았다. 이런 맥락에
서 1950년 1월 12일 애치슨의 발언도 나오게 된 것이다. 하여튼
미군은 소련을 자극하고 싶지 않았기 때문이다.

③ 인민군의 남침을 알고 있었다.

1) "1949년 6월 피난민으로 가장한 중공군이 매일같이 북한으로 들
   어오고 있다. 중공군 1개 사단이 안동에서 압록강을 넘은 것이 확
   실하다"라는 정보국의 보고가 있었다.

2) 1949년 1월 북한 제109 전차연대가 남천에서 개성 근방으로 이동
   하였고, 203전차연대가 철원 근방으로 이동했다는 첩보에 의하여
   육본정보국에서는 정보원을 잠입시켜 확인해 오도록 하였다. 정
   보원들은 많은 전차를 확인하고 사진까지 촬영하여 분석한 결과
   일본군이 두고 온 구식 전차가 아니라 세계의 무적 나치스 쿠데리
   안 기갑사단을 제압한 소련제 T-34 신형 전차인 것이 판명되었다.

3) 1949년 12월 17일 육본 정보국은 연말 종합보고서를 제출하였다.
   내용은 "1950년 봄을 계기로 하여 적정의 급진적인 변화가 예기
   된다. 적이 후방을 교란한 것은 전면 남침을 위한 것이며, 전 기능
   을 동원하여 전쟁준비를 갖추고 나면 전면 공격할 것이다"라고 보
   고하였다.

4) 1950년 1월 5일 육군본부 정보국은 긴급 정보보고서를 제출하였
   다. 내용은 "북한의 병력 이동사항으로 보아 북한은 남침의 시기
   를 3~4월로 정한 듯 판단된다. 북한 3사단은 원산에서 철원 방면
   으로, 북한 2사단은 함흥에서 춘천 방면으로 이동하였으며, 38경
   비대가 강화되었다"라는 보고였다.

5) 1950년 6월 6일 무초대사는 상원군사위원회에서 "북한군의 장비
   우세는 부정하기 어렵다. 북한군이 전면공격을 도발할 경우 그 승

리는 결정적이다. 특히 소련이 전차, 전투기 등을 공급하고 있는 것이 주목할 가치가 있다"라고 보고하였다.

6) 미국 CIC첩보원은 북한에서 정보를 수집하여 "북한이 남침할 가능성이 시시각각 육박하고 있다"라고 극동사령부에 보고하였으나 정보국장 월로비 중장은 "절대 인민군의 남침을 있을 수 없다"라고 하면서 C급 정보로 취급하였고, 한국 주재 고문단장 로버트 준장은 한국 육군본부 정보국에서 수차례 "인민군의 남침이 가까웠다."라고 보고하였으나 그때마다 묵살하면서 "인민군의 남침은 없다."라고 하여 신성모, 채병덕으로 하여금 방심하게 하였다. 인민군은 이 방심한 허를 찌른 것이다.

7) 1950년 3월 25일 육군 정보국 보고서에서 "북한의 수개 사단이 38도선에서 39도선 사이에 전진 배치되고 있으며 인적 자원의 보충을 위하여 만주에서 입북한 공산주의자들이 각 사단에 배속되어 그 수가 증가되고 있는 것이 확인되었다. 강제징집이 북한 전역에서 강행되고 있으며, 그 동원 수는 10~15만으로 추산된다. 그리고 중요한 사항은 "북한은 3월 중순경 38도선 일대의 주민들에게 5킬로 북쪽으로 소개명령(이사)을 내렸다"라고 보고하였다.

8) 1950년 4월 15일 "소개된 빈 집에서는 유격대가 거주하고 있는데 그 목적은 전쟁준비를 비익하고 이쪽 정보활동을 방해하기 위한 목적이 있다.

9) 1948년 11월 14일 인민유격대 180여명의 남파를 시작으로 1950년 3월까지 10차에 걸쳐 총 2,450여명의 인민유격대를 남파시켜 남한 육군을 괴롭혔다. 1950년 3월 하순 제10차 인민유격대 김상호, 김무연에게 지휘된 700여명이 한국군 10연대 경계망을 돌파하여 태백산을 통하여 남하하였다. 그러나 국군 8사단에 포착되었는데 그중 1개 중대가 행방을 감추었다. 포로 진술을 종합하면 7월 20일까지 대구 등촌비행장을 폭파할 임무를 띠고 왔다는 것이다. 이

징조는 전면 남침이 가까워오고 있다는 것이다.

10) 1950년 4월 중순 대형 화물선 7척이 청진을 비롯한 나진 등 여러 항구에 입항하여 북한 5사단이 비밀리에 군수물자를 하역하여 철원, 연천, 복개, 평강, 숙천, 회령 등으로 운반하여 철도는 초만원이었고, 밤마다 도로는 장사진을 이루어 곧 전쟁이 발생할 것을 북한 주민은 알고 있었다.

11) 1950년 4월 29일 북한 공군 이건준 중위가 YKA-9형 전투기를 몰고 월남하였다. 이건준의 진술은 "급속한 군비확장은 남침을 위한 작업이 었다"라고 확실한 증거를 제공해 주었다.

12) 1950년 5월 말 8사단 이형근 준장은 인민유격대 포로의 진술을 들었다. 포로에 의하면 "인민군의 전쟁 준비는 완료되었고 명령만 기다리고 있다. 우리는 선발대로 주력 침입에 호응하라는 명령을 받고 있다"는 내용으로 가장 확실한 정보였다. 이에 놀란 이형근 사단장은 채병덕 참모총장에게 사실을 보고하고 대책을 요청하였으나 "경계를 엄중히 하라"는 명령 뿐 아무런 대책이 없어 5월 말 8사단장직을 사임하였다.

13) 1950년 6월 22일 동두천 제1연대에 귀순한 북한병사는 "나는 공병인데 지뢰매설 명령을 받고 무서워서 탈출하였다"라고 진술하였고 춘천의 7연대에 귀순한 전차병은 "춘천지구에 1개 대대의 전차가 집결하고 있다."라고 하여 임부택 연대장이 정찰을 해보니 유천면에서는 포진지가 보이고 포신이 모두 남쪽을 향하고 있는 것을 확인하였다. 연대장은 즉시 육본에 상황을 설명하고 대책을 요구했으나 아누런 응답이 없었다. 동해안 10연대에 귀순한 병사는 "일 주일 후에 전면 남침이 시작될 예정이다"라고 가장 정확한 진술을 하였다. 옹진 반도의 17연대에도 귀순병이 진술하였다. 백인엽 17연대장은 진술을 종합하여 육본에 보고하면서 1950년 6월 24일 토요일 밤이 위험하다고 대책을 요구하였으나 응답이 없었

다. 6월 24일 토요일 포천9연대 정면에서 북한쪽 2킬로 전방 고지에서 수상한 전경이 포착되었다. 인민군 장교들이 모여 지도를 펼치고는 남쪽을 가리키며 무엇인가 의논하는 광경이 목격된 것이다. 윤춘근 연대장은 틀림없이 현지지시라고 판단하고 즉시 상황을 육본에 보고하였으나 소식이 없었다.

육본 정보국 보고나 현지 연대장 사단장들이 상부에 수 없이 보고하고 대책을 안타까이 기다렸으나 채병덕 참모총장이나 신성모 국방부장관이나 이승만 장로 등은 이 모든 엄청난 남침 정보를 묵살하고 또 인민군의 남침에 대해서 전혀 준비하지 않고 있다가 인민군의 전면공격을 받았다. 그리하여 4일 만에 대패하여 재기불능 상태의 국군을 만들어 환난을 자초하였다. 국군은 인민군의 공격에 대비하는 것이 아니라 패전할 것만 골라가면서 하였다.

그 첫째가 50년 6월 10일 각일선 사단장과 육본의 국장급 인사이동이요, 둘째가 6월 13일부터 각 부대이동이요, 셋째가 5월초부터 각 부대의 중화기와 수송차량을 수리 차 후방으로 후송 조치하였고, 넷째가 4월 11일부터 비상경계령에 들어갔는데 6월 23일 경계령을 해제하고 전후방 장병들에게 휴가와 외출, 외박을 보내 부대를 삼분의 일 정도를 비게 하여 인민군의 공격을 막지 못하게 된 것이다. 이상의 사건은 채병덕의 간첩행위가 확실하다.

세계 최강 미국의 엄청난 군사력의 도움을 받아 압록강 초산까지 점령하고도 중공군 개입 정보를 또다시 묵살하여 통일이 눈앞에 있었는데도 통일을 못했다. 그리하여 통일의 꿈은 산산조각 났고, 분단 된지 50년이 되어간다. 이승만, 박정희, 전두환은 국민들이 한이 맺힌 분단을 최대 악용하여 그들의 독재정치를 유지하는데 이용하였다. 목사들은 이들의 독재자들을 지지하였다.

1950년 3월 하도 세상이 뒤숭숭해서 임영신 권사는 직접 이북 실정을 알아보려고 사재 60만 원을 털어 이북 실정에 밝은 김기회라는 분에게 주어 알아보라고 하였다.   김기회는 12명을 선발하여 이북에 잠입시켰는데 그중 2명이 5월 초에 돌아왔다. 정보 내용은 전차와 각종 포와 수많은 병력이 38선으로 이동하고 있다는 것이다.

임영신씨가 즉시 이 사실을 이승만 대통령에게 보고하자 이승만 대통령은 국방부장관 신성모, 미 대사 무쵸를 불러 설명하니 모두들 믿지 않았다. 그들은 "그 첩자들이 이북에 갔다 왔는지 어디에서 놀고 왔는지 무엇으로 증명하느냐? 38선에서 서성대다가 돌아왔는지 어떻게 아느냐?"하고 하였다. 이 말을 들은 임영신은 기가 막혔으나 그래도 계속해서 진언하니 이승만 대통령은 신성모 국방부장과 로버트 고문단장을 한자리에 불러 놓고 이 문제를 검토하였다. 이때 결론을 허위정보라는 것이었다.

임영신은 6월 20일 이승만 장로를 찾아가 "북한의 남침은 가가이 다가왔습니다. 준비하지 않으면 우리는 다 죽습니다"라고 재차 진언했다. 이대 이승만 장로는 "나라는 여기 있는 사람에게 맡기고 임자는 미국에 가서 무기나 좀 얻어와"라고 하였다. 임영신은 "미국에 가라고 하면 가지만 그 정보를 묵살하면 크게 후회할 날이 올 것입니다."라고 하였다. 임영신씨는 하루라도 빨리 미국에 가서 무기원조를 요청하기 위하여 한국을 떠났다. 그가 미국에 있을 때 6.25동란의 소식이 들렸다. 임영신씨는 땅을 치고 하늘을 향해 통곡하였다.

일 개인의 여성도 시국이 너무도 어수선하여 어떻게 하면 이 어수선한 시국을 안정시킬까 하여 개인재산 60만원(오제도 특별검사 봉급 6,000원)을 들여 첩보원에게 북한에 보내 인민군의 남침가능성에 대해서 조사하여 대통령에게 보고하며 인민군 남침에 대해서 준비해야 우리가 산다고 호소하고 있을 때 기독교 목사들은 무엇을 하고 있었단 말인가?

하나님은 자기의 비밀을 그 종 선지자들에게 보이지 아니하시고는 결코 행사하심이 없다고 하였는데(암 3:7) 인민군의 10만 대군이 38선 전역에서 주일 새벽 예배시간에 전면 공격해 왔음에도 불구하고 목사들은 왜 하나님의 음성을 듣지 못했을까? 그것은 서로 출세하기 위해 싸움만 하느라 정신이 없어 하나님의 음성도, 시국의 시끄러운 소리도, 인민군의 발자국 소리도, 전차의 굉음도 들을 수 있는 목사가 없었던 것이다. "공의를 행하며 신리를 구하는 자를 한 사람이라도 찾으면 내가 이 성을 사하리라"(렘5:1)고 하셨다.

그런데 공의와 진리를 구하는 자가 한 사람도 없었기에 10만 대군이 몰려와도 그러한 사실을 모른 채 서울을 함락당한 것이다. 그러고도 목사들이 하나님과 국민과 교인들 앞에서 예언자적 사명을 다하였다고 할 것인가? 그들은 귀머거리요 소경은 아닌가? 또한 "주여, 주여!" 하면서도 하나님과 먼 관계에 있는 것이 아닌가? 그러기에 10만의 대군이 몰려와도 이승만 장로에게 "큰 일 났으니 어서 준비하라.

준비하지 않으면 우리는 다 죽는다. 하나님의 심판이 기다리고 있다."라는 예언자적 말을 한 사람이 한 사람도 없으며 인민군의 10만 대군의 공격에 대해서 누구도 외치지 못하고 통곡의 곡성을 내지 못한 것이 아닌가?   하나님의 음성을 듣지 못한 교역자들 10만대군의 인민군 군화 발자국 소리, 전차의 굉음소리를 듣지 못한 교역자들이 예언자라고 하고 있다.

④ 인민군의 남침

김일성은 모든 남침 준비를 끝내고 38선 전역에 배치한 인민군에게 1950년 6월 25일 새벽 4시를 기해 일제히 남한을 해방시키라는 명령을 내려 11만 대병은 38선 전 지역에서 국군을 공격하여 전면전쟁이 발생하였다. 인민군 1사단과 6사단은 전차 40대, 보병 21,000여 명으로 개성, 문산, 고량포를 공격하였다. 인민군 6사단 15연대장 조관 대령은 개성과 여현 사이의 철로가 패쇄된 것을 복구하여 1950년 6월 25일 새벽 4시 열차편으로 병력을 수송하여 개성을 방어하고 있는 국군 12연대 2대대 배후를 공격하였다.

국군 한순화 소령은 인민군의 공격을 받고 허겁지겁 개성에서 철수하였다. 개성시민은 인민군의 무차별 사격을 받았으며 9시 30분 인민군에 의해 함락되어 주일예배도 드리지 못하고 수라장이 되었다.

인민군 1사단은 고량포를 향해 공격해 왔으나 국군 13연대 1대대장 김진위 소령의 훌륭한 전투로 공격의 진전이 없자, 파평산 우측을 공격할 때 13연대장 김익열 연대장이 방심한 사이 박석고개 샛길을 통하여 전차가 문산에 도착하여 무차별 사격하니 문산은 삽시간에 수라장이 되었다. 인민군의 문산 진입으로 임진강에서 잘 싸우고 있던 11연대와 12연대 일부가 위험에 처하였으나 노재현 소령의 6포병대장의 훌륭한 전투로 인민군의 공격을 방어하고 전열을 정비하여 봉일천으로 후퇴하였다. 이때 인민군 6사단도 많은 피해를 당하여 더 이상 공격하지 않아 26일은 소강상태가 되었다.

백선엽 1사단장은 봉일천에서 부대를 정비하여 방어만 할 것이 아니라 공격은 곧 방어라는 전투개면으로 28일 아침 인민군의 주력 부대를 공격하여 승리한 후 여세를 몰아 문산을 점령할 계획으로 20연대를 우측의 파주를, 11연대를 중앙에, 12연대를 봉일천 사단 사령부와 같이 예비대로 있도록 하고 1950년 6월 28일 아침 반격에 나섰다.

20연대는 사단 좌측에서 순조롭게 공격하고 중앙을 공격하는 11연대는 적이 없어 저항 없이 전진 중이며 유해준 부대는 위전리 부근에서 인민군 포병대 약 20대 트럭을 포로로 잡았다. 13연대도 공격에 성공하여

양지리에서 적과 교전 중에 있었다. 그런데 28일 날이 새자 서울이 인민군에 의해 점령되어 1사단은 모든 보급을 받을 수 없고 퇴로가 차단되고 포위가 되었다.

백선엽 사단장은 하늘이 캄캄하였다. 용감하고 애국적이고 충성스런 수천 명의 장병이 눈에 아른거리며 그들의 운명과 재기불능으로 비참하게 된 조국의 장래를 생각할 때 다리가 후들후들 떨려 어찌 할 수 없었다고 고백하였다.

백선엽 사단장은 각 연대장을 소집하고 최후 훈령을 담담한 심정으로 소신을 피력하였다. 그리고 시흥으로 철수할 것과 28일 밤에 후퇴하는 것을 변경하여 희생이 많아도 낮에 한강을 도강하도록 하고 각 연대는 질서 정연하게 후퇴할 것을 지시하였다.

이렇게 되어 봉일천에서 잘 싸우면서 반격 중에 있던 국군 1사단은 서울이 인민군에 점령되어 더 싸울 수 없이 한강을 건너 후퇴하였다. 그러므로 차량과 모든 장비를 철수시킬 수가 없어 귀중한 장비를 모두 파괴시키고 겨우 소총 한 자루씩만을 가지고 한강을 건넜다. 이때의 피해는 4일 동안의 전투보다 훨씬 많았다.

11연대와 12연대는 한강을 넘을 때 인민군의 사격을 받아 극심한 피해를 입고 한강을 따라 인천을 거쳐 7월초 군산에 상륙할 정도였다. 국군 1사단의 4일 동안의 피해는 장교 37명, 사병 294명이 전사했으며 장교 45명, 사병 587명이 실종되었으나 한강도강 시 실종 장교 81명, 사병 2,435명, 계 2,516명으로 사단 전 인원의 30%, 3,469명 중 70%가 되었다.

이렇듯 국군 1사단은 한강을 넘었으나 무기도 없고 탄약도 없으며 차량도 없는, 재기불능의 비참한 국군이 되었다. 인민군 2군단장 김광협 소장은 2사단, 7사단, 38경비여단과 전차 40대 지주포 32문등 합 24,000

여 명의 병력으로 한국군6사단이 방어하고 있는 춘천을 일시 점령한 후 2사단을 수원을 향해 진격시키고 7사단을 중앙으로 진격시킬 계획으로 1950년 6월 25일 새벽 4시 일제히 공격을 강행하였다.

국군 6사단의 7연대는 춘천방어, 2연대는 홍천 방어, 19연대는 원주에서 예비대로 있었다. 6월 20일, 북한 병사 한명이 귀순하여 하는 말이 "원산에서 화천근방으로 대군이 집결하고 있으며 전차부대는 화천 강변에 집결을 끝냈다."라고 진술하였다.

이 정보에 따라 임부택 7연대장은 21일 38선 남쪽의 관측소에서 관측한 결과 길가에 위장해 놓은 포와 전차 및 트럭 등이 수없이 보였다. 22일에는 그 수가 증가되었다. 임부택 연대장은 22일부터 7연대 병력에 제3경계태세에 임하도록 명령하고 전투태세에 임하게 하였다. 24일에는 전원무장하여 전투배치하고 탄약과 연료도 점검하고 이 사실을 육본에 보고하여 대책을 요구하였으나 어찌된 일이지 육본에서는 아무런 대책이 없었다.

인민군 2사단은 국군 7연대 1대대가 방어하는 유포리를 공격해 왔다. 엄청난 병력으로 공격해 오자 전투준비를 잘한 1대대도 도저히 저항을 못하고 25일 11시 경 신동리 근방으로 이동하여 진지 속에서 방어하고 있었다. 이 전투에서 심일 소위는 화염병으로 전차 2대를 파괴하여 인민군 2사단의 맹공의 기를 꺾었다. 인민군 2사단 1개 연대가 지내리와 양구방면에서 공격해 왔다.

인민군의 공격을 포착한 16포병대장 김성 소령은 이를 가까이 접근시켜 전 화력을 동원하여 1개 연대를 거의 전멸시켰다. 김성 소령의 사격 명중률은 100%로 신들린 정도로 정확하여 인민군의 간담을 서늘하게 하였다. 그리하여 25일 안으로 춘천을 점령하고 가평, 수원으로 진격하려고 한 김광협의 계획에 차질이 생겼다.

홍천 방면에서도 국군 2연대장 함병선 대령이 인민군 7사단을 잘 방어하고 있었고, 전방 연대장 중에서 전차 파괴를 제일 잘하는 연대장으로 철정 휴계소 근방에서 전차 10대를 파괴하여 인민군의 전진을 막았다. 국군 6사단은 인민군 2사단, 7사단의 공격을 잘 방어하여 춘천과 홍천을 방어하고 있었다.

그런데 27일 오후 1시경 육본에서 사단사령부에 전화가 왔다. "육본에서는 의정부 방면이 절망이다. 육본은 수원으로 이동한다. 6사단은 전 전선의 균형을 유지하여 사단장의 판단으로 중앙선을 따라 지연작전을 실시하기 바란다."라는 김백일 참모부장의 작전명령이었다. 이 내용이 김종오 사단장에게 전해지자 온 장병은 청천병력 같은 일로 여겨졌으나 서울의 위급상황을 짐작하게 되었다.

김운한 소위(육사 8기)는 전쟁이 발발하자 자기 독단으로 민간차량 90대를 춘천 시내에서 징발하여 수송부대를 편성하고 농업학교와 사범학교 학도호국단을 동원하여 전방에서 있는 실탄을 적의 포탄 가운데서 운반하여 16포병대기가 사격하는데 지장이 없게 했으며 7연대가 후퇴할 때 차량으로 후퇴하여 기동력을 갖춘 장교로서 충성스럽고 훌륭한 면모를 보여주었다.

임부택 7연대장, 김성 16포병대장, 김운한 소위와 같은 훌륭한 장교들이 춘천에서 잘 싸우고 있었으나 후퇴 명령을 받고 어쩔 수 없이 27일 오후7연대는 춘천에서 철수하였다. 인민군 2군단은 초전에 대패하여 부대가 40%이상 파괴되어 자기 기능을 발휘할 수 없게 되었다. 그 책임으로 김광협 소장은 7월 10일부로 2군단 군단장에서 참모장으로 격하되었고, 김무정이 1군단장이 되었으며, 7사단을 12사단으로 개명하였고 12사단장 최충국 대좌가 전사하였고, 12사단 포병사령관 최아립 중좌가 부상당하여 후송되었고, 2사단장 이청송 소장이 최현 소장으로 경

질되었다. 사전 전투준비를 잘한 7연대는 이토록 잘 싸웠다.

4. 국군의 패전의 원인과 하나님의 역사

인민군 1군단장 김웅은 평강 지휘소에서 서울을 일격에 점령하기 위한 작전으로 4사단을 전곡에, 3사단을 연천에 배치 150여 대의 전차, 자주포32문, 대전차포 96문, 보병34,000여 명의 최강부대로 1950년 6월 25일 새벽 4시 서울을 향해 일제히 공격해 왔다.

동두천 정면을 방어하고 있던 함준호 1연대장은 24일 참모회에서 장병들의 휴가에 대해서 참모들의 의견을 물으니 정보주임 김명선은 휴가, 외출은 안된다고 반대하였고, 인사주임 김명진은 찬성하여 함 연대장은 3중대와 중화기 중대의 일부를 비상대기 중대로 부대에 대기하게 하고 다른 부대는 외출, 휴가를 허락해 절반 이상이 부대를 비우게 되었다.

의정부 방면을 방어하고 있는 7사단은 1연대를 동두천에, 9연대를 포천에, 25연대를 의정부 호원동에 배치하려 하였으나 25연대는 온양에서 이동명령을 받고 아직 출발하지 않아 예비대가 없어 2개 연대로 의정부 방면을 방어하고 있었다.

사단사령부 당직사령관 이영규 중령은 밤이 새도록 쉬지 않고 있었다. 그것은 운천, 연천, 전곡 부근에서 대대규모 이상의 집단병력이 이동하고 있다는 보고가 계속 들어왔기 때문이었다. 이중령은 5포대를 대기시키고 저장연료도 즉시 사용토록 지시하고 박창암 부대로 하여금 운천 부근의 적정을 수색케 하여 보고하도록 지시하였다. 25일 새벽 4시 인민군 4사단장 이권무의 공격을 받고 함준호 1연대장은 정각 4시에 공격과 동시 보고를 받아 3중대를 즉시 동두천에 급파하였다. 사단 포병대 김한규 중이도 동두천에 도착하였다. 여기서 전투가 시작되어 김한규 포대장은 인민군 1개 대대를 섬멸하고 인민군 4사단의 공격의 예봉을 잘 꺾었다. 김한규 포대장의 맹렬한 포격에 인민군은 남진을 못하고 있었으나 25일 오후가 되자 '탄약이 떨어져' 계속 싸울 수가 없어 김한규 중위는 덕정리 부근으로 후퇴하였다.

덕정에서 진지를 구축하고 방어에 전력하고 있었다. 그러나 만일 인민군이 온다면 승리보다 걱정이 앞섰다. 그것은 탄약이 없어 더 싸울 수가 없었기 때문이다.

다행이 인민군은 더 이상 공격해 오지 않았다. 1950년 6월 26일 지원부대인 18연대는 적성을 향해 반격했고, 1연대는 동두천을 향해 진격하였다. 18연대의 장춘권 소령은 한산리 부근에서 인민군과 치열한 전투를 하며 방어하고 있었다.

1연대 함준호 연대장은 동두천을 향해 조심조심 공격하고 보니 인민군은 동두천에 없었다. 26일 1시경이었다.

장병들은 사기가 충천하였다. 연대장은 26일 오후 2시에 38선을 향해 반격하라는 명령을 내렸다. 그런데 갑자기 사단사령부에서 급한 명령이 왔다. "적이 의정부에 돌입하였다. 18연대와 1연대는 퇴로가 차단되었으니 만난을 극복하고 창동으로 철수하라." 는 명령이었다.

이 명령을 받은 연대장과 장병들은 앞이 캄캄하였다. 조금 전에 동두천에 입성한 감격에 목이 메었는데 이제는 포위가 되었으니 후퇴하라는 지시를 받은 장병들은 "철수하다 죽으나 공격하다 죽으나 죽는 것은 마찬가지이므로 차라리 공격하다 죽어야 그래도 군인답지 않은가! 전곡을 향해 공격하자." 하고 항의하면서 철수를 하지 않았다.

함준호 연대장이 "여기서 개죽음을 당하느니 철수하여 한강 이남에서 다시 기회를 노리자." 라고 설득하여 잘 싸우고 있는 1연대와 18연대 장병들을 후퇴시켰다.

그 당시 장병들의 울분이 어떠하였는가를 가히 짐작할 수 있다. 인민군 3사단 7연대장 김창봉 대좌는 6월 25일 새벽 4시를 기해 포천 위의 양문리에 있는 국군을 향해 우박 같은 포탄을 퍼부은 다음 일제히 공격해 왔다. 38선 방어에 임하고 있던 9연대 2대대 전수기 소령은 싸움 한 번 못하고 38선에서 만세교 까지 밀렸다.

인민군의 공격을 받았다는 급보를 받은 윤춘근 9연대 대장은 부대에 비상을 내리고 장병들에게 탄약과 비상식량을 지급하고 집합을 완료하니 5시 30분이었다. 만세교를 향해 출발하려고 하니 부대에 "차량이 없고", 장병들은 외출, 외박으로 1/3의 병력이었다. 1개 연대에 최하 50대 이상 차량이 있어야 작전을 수행하는데 차량수리 차 몽땅 부천 수리공장으로 보내고 5대 밖에 없었다. 윤춘근 연대장은 헌병을 의정부에 보내 민간차량 12대를 징발하여 부대를 출발하여 포천위탄장 근방에 도착하니 9시였다.

생명과 같이 귀중한 시간을 차량이 없어 허비하고 있었다. 9연대 2대대가 만세교 근방에서 보병의 공격을 저지하고 있었으나 전차의 공격을 막지 못하고 탄장으로 왔을 때 연대장이 도착하여 57 밀리포 3문과 바주카포로 12문으로 만세교 밑 도로 옆에 진지를 구축하고 전투배치를 하고 인민군의 남진을 기다렸다.

인민군의 전차가 서서히 남진하여 도로상에 나타나자 접근해서 전화력을 동원해서 사격하니 포탄은 전차에 명중되었다. 장병들이 환성을 올리고 있는 순간 전차는 덜거덕하고 이쪽을 향해 사격을 하니 정신이 없었다. 57밀리 대전차포나 바주카포로는 소련제 T-34형 신형 전차의 3.5센티의 두꺼운 철판을 뚫을 수는 없었던 것이다.

포병들은 다시 한번 맹렬히 사격하였으나 전차는 전혀 이상이 없었고, 전차의 공격으로 아군은 더 이상 방어할 수 없어 후퇴하라는 명령을 내렸다. 그러나 사병들은 멀리멀리 광능내와 의정부로 도망쳐버렸다. 9연대 2대대가 격파되었으며 1대대도 격파되고 산에 배치된 3대대는 구경만 하다 도망쳐버려 9연대는 1시간 정도도 견디지 못하고 격파되었다. 그리하여 인민군은 25일 11시에 쉽게 포천에 입성하였다. 전차는 한 대도 손실이 없었고, 보병도 큰 피해가 없이 13킬로를 7시간 만에 돌파하였다.

포천에서 의정부까지는 25킬로이며 전차의 속도는 시속 40킬로로 한 시간이면 의정부를 점령할 수 있다. 포천에서 의정부까지는 수도사단 소속 3연대 1개 대대가 포천 전투현장에 오는 중에 있으나 국군 1개 대대는 인민군 적수가 되지 못하여 국군은 순식간에 위기에 처하게 되었다. 국군이 소유하고 있는 무기로는 소련제 전차를 파괴시킬 수 없으며 전차의 전진을 막을 대전차 지뢰도 없어 더욱더 불안하였다. 그러나 전차도 약점은 갖고 있어 파괴가 가능하였다.

1) 전차의 약한 부분은 궤도(케터필터)이다. 궤도의 연결고리는 큰 못보다 조금 크다. 그러므로 큰 바위로 도로를 박아 장애물을 설치하면 전차가 장애물을 넘으면서 앞이 약간 들릴 때 궤도를 공격하면 바주카포로도 궤도는 잘려지고 만다. 한번 궤도가 잘려지면 수리가 어렵다. 홍천전투에서 함병선 2연대장은 바주카포로 전차의 궤도를 공격하게 하여 전차의 전진을 잘 막고 있었으나 윤춘근 9연대장은 전차 공격법을 몰라 궤도를 공격하지 안하고 전면을 공격하여 전차의 전진을 막지 못하고 붕괴되었다.

2) 전차는 바퀴축이 돌려주고 가운데 있는 축이 궤도를 받쳐주는데 받쳐주는 축이 특수고무로 되어 있다. 그러므로 화염병만 던져도 고무는 불에 타서 궤도가 벗겨지거나 고장이 나거나 제 기능을 못하게 된다. 춘천전투에서 심일 소위가 화염병으로 전차의 남진을

저지했고 문산의 13연대 1대대 김진위 소령은 부하에게 특공대를 조직하여 전차를 향해 수류탄을 투척하게 하여 전차 2대를 파괴하여 전차의 공격을 저지하였다. 그러나 윤춘근 연대장은 특공대를 조직하여 육탄 공격도 하지 않아 전차의 공격을 저지하지 못하여 위기에 처하게 되었다.

3) 전차의 전면 철판 두께가 3.5센티이나 전차의 아래 배는 1센티 정도로 바주카포로 공격하면 공격이 가능하다. 도로에 바위를 가지고 장애물을 만들어 전차가 장애물을 넘는 순간 전차의 앞이 들리게 된다. 전차의 앞이 들릴 때 전차의 배가 노출된다. 이때 바주카포로 공격하면 전차의 배는 뚫리게 되어 파괴되고 만다. 의정부 밑 백석천에서 25연대 2대대장 라희필 대위가 전차의 배를 공격하여 전차 1대를 파괴시켜 인민군 전차의 남진을 13시간 저지하였다. 윤춘근 연대장은 이런 방법도 몰라 공격하지 않았다.

4) 원시적인 방법이나 산에서 큰 바위를 이동시켜 전차의 전진을 막는 방법과 도로에 전차 함정을 만들고 그 위를 위장하여 전차가 함정에 빠지도록 한다. 만세교에서 포천까지, 포천에서 축성령 의정부까지 전 도로에 민간인들을 동원하여 전차 함정을 만들어 놓았다면 전차는 쉽게 전진할 수가 없다.

5) 전차 함정을 만든 후 5미터 간격으로 도로에 다이나마이트를 매설해 놓고 바주카포 부대를 도로 양 옆에 매복해 놓는다. 전차가 오다가 함정에 전복되면 후미전차는 전진을 못하고 일렬종대로 정지해 있을 때 다이나마이트를 폭파시키면 정지해 있는 모든 전차는 파괴된다. 이때 도로 옆에 매복해 있는 육탄특공대와 바주카포 부대가 동시에 재차 공격하면 세계 어떤 전차도 파괴되지 않을 수 없다. 그러나 9연대 윤춘근 연대장은 인민군의 동태가 이상하여 육군본부에 상황을 보고하고 그 대책을 요구하였고, 본인도 6월 18일부터 집에서 거주하지 않고 영내에 거주할 정도로 위기를

느끼면서도 인민군의 공격에 대해서는 한건도 준비하지 않아 국군은 초전에 대패하게 되었다. 채병덕 총장 유재흥 7사단장 등도 책임을 면할길이 없다.

문산, 동두천, 춘천, 홍천, 강능 전면은 대체적으로 방어를 잘하고 있었다. 그러나 포천 방면이 뚫리게 되어 국군에 위기가 점점 고조되고 있었다. 윤춘근 9연대장은 전차를 저지하지 못하여 후퇴를 한다면 전선을 따라 포천, 축석령, 의정부를 향해 후퇴를 해야 함에도 불구하고 광릉 방면으로 후퇴하여 포천에서 의정부까지 국군이 없어 뚫리게 했으며, 3연대 1개 대대가 지원차 오는 중에 있으므로 3연대 1개 대대와 합세해서 인민군을 저지해야 하는데 광릉 방면으로 후퇴하여 3연대장 이상근 중령은 인민군에 대해 전력 파악을 할 수 없어 인민군을 저지하지 못하게 되었다.

인민군 3사단장 이영호 소장이 포천에 1950년 6월 25일 오전 11시에 점령하여 쉬지 않고 공격했다면 25일 오후 2시 경이면 충분히 의정부에 도착했을 것이다. 이유는 의정부에서 포천은 25킬로이며 전차의 속도로 1시간 반 거리이다. 그리고 국군 3연대 1개 대대가 11시경 송우리에 도착하였으나 전투의 대상이 될 수 없었다.

1950년 6월 25일 오후 2시 경에 인민군이 의정부를 점령했다면 동두천과 적성 방면에서 싸우고 있는 1연대와 18연대가 포위되어 버린다. 인민군 3사단과 4사단이 연합하여 150여 대의 전차와 38,000여 명의 병력으로 25일 오후에 서울을 향해 공격했다면 25일 자정 전에 서울에 도착했을 것이다.

이유는 의정부에서 서울까지는 20킬로이며 후방의 지원부대인 대전의 2사단, 광주의 5사단, 대구의 3사단은 25일이 일요일이어서 24일 토요일 부대장병을 휴가, 외출을 보내 부대 내에 장병이 적고, 장교도 부대에 있지 않았으며 차량도 후송하여 기동력이 없어 서울로 병력을 배치할 수 없었기 때문이다. 그러므로 전투준비를 하여 서울 방면에 투입하려면 26일 새벽 정도나 되어야 가능하기 때문이다. 하여튼 25일 오후, 의정부에서 서울의 거리는 텅텅 비어 있었기 때문에 인민군은 별 저항 없이 25일 오후 12시 경에는 서울에 충분히 도착하고도 남았다.

서울을 점령한 인민군은 서울중앙방송을 전차 10대가 점령하여 서울 점령 사실을 방송하고 경무대를 전차 10대가 공격하여 국가 기능을 마비시키며 육군본부에 전차 20대가 공격하여 육본기능을 마비시키고 봉일천의 국군 1사단 배후를 전차 30대가 공격하고 나머지 30대는 인민군 사령부를 보호하고 50대를 가지고 한강을 건너 남진을 계속하였다면 7월 10일까지는 충분히 부산과 목포에 도착해서 붉은기를 세웠을 것이다. 서울에서 목포 부산은 450여 킬로이며 후방의 3개 사단과 경찰로서는 도저히 인민군을 막을 수가 없다.

그리고 지형상 서울 이북에서는 전차를 방어하기가 용이하나 서울을 벗어나면 전차를 방어하기가 매우 어렵다. 노량진, 영등포, 수원, 오산, 평택, 천안, 조치원, 대전, 논산, 이리, 정읍, 광주, 목포는 평야 지역이기 때문에 전차를 방어하기가 매우 어렵다. 대전을 지나 추풍령과 대구 북방 금강과 낙동강을 제외하면 부산도 쉽게 공격할 수 있다. 인민군 3사단장 이영호 소장이 포천에 11시 점령하여 계속 공격했으면 지금쯤 김일성의 소원대로 되었을 것이고 이 땅에 붉은기가 펄럭일 것이며 기독교는 이미 선교 60년 만에 끝이 났을 것이다. 그런데 이상한 것은 이토록 천금같이 귀중한 때 5시간 반 동안 공격하지 않고 있었다.

이것이 오늘의 남한을 살리게 되었다. 왜 이토록 이영호는 쉬지 않고 전격작전을 하지 않았는지 많은 군사 전문가들이 연구를 하고 있으나 지금까지 그 원인을 제대로 알지 못하고 있다. 이것은 분명 하나님의 역사로 판단된다. 육본에서는 서빙고에 있는 수도사단 3연대에 즉시 출동하여 포천을 방어하라는 명령을 내렸다. 이상근(육사 1기 전사)은 전 장병에게 비상을 내리고 지체 없이 출동하려 했으나 휴가, 외출로 병사는 없고 부대차량도 반납하여 기동력도 없었다. 그는 우선 부대에 있는 장병과 귀대한 장병을 모았다. 그리고 헌병을 시켜 민간차량을 징발하여 서울 시민들의 열광적인 환송을 받으며 장병들은 서울을 출발하였다.

1개 대대를 1950년 6월 25일 11시 포천 밑 8킬로 지점 송우리 야산에 3연대 1개 대대를 진지 구축하게 하고 이상근 연대장은 귀대병을 모아 2시 경 송우리에서 합세하여 진지를 구축하고 인민군 오기를 기다렸으나 왠지 인민군은 오지 않았다. 1950년 6월 25일 오후 4시 30분 경 인민군 전차가 송우리를 향해 남진하고 있었다. 그리고 3연대 진지를 향해 공격이 시작되었다. 국군 교도대 57밀리 대전차포대와 바주카포대는 9연대와 같이 전차의 전면을 공격하였으나 전차는 끄덕도 하지 않고 3연대를 향해 공격해 왔다. 전차의 궤도를 공격하지 않는 한 공격은 성공할 수 없다. 인민군 전차의 공격에 3연대는 수라장이 되었다.

3연대 장병들은 도망가기에 바빴다. 이상근 연대장도 더 이상 견디지 못하고 축석령으로 도망쳤다. 야포는 1문도 철수시키지 못하고 6시 경 축석령에서 부대를 점검하니 2개 중대 정도뿐이었다 이상근 연대장은 비가 오는 밤 8시 경 사단장에게 보고하지 않고 이태원 쪽으로 도망쳐 축석령에서 의정부까지 방어하는 국군이 없어 텅텅 비었다. 이때 인민군이 계속 공격했다면 저항없이 의정부를 점령하여 26일 안으로 서울을 점령하고 남한을 점령할 수 있을 것인데 송우리를 점령한 인민군은 더 이상 공격하지 않고 오히려 포천으로 되돌아가는 진풍경이 벌어졌다. 참으로 이상한 일로서 이 사건은 진실로 하나님의 역사라고 믿어진다. 이때도 왜 되돌아갔는지 많은 군사 전문가들도 알지 못하고 있다.

2사단 5연대 1대대장 차갑준 대대장은 창동역에 도착하여 의정부 사단 사령부에 도보로 도착하고 보니 탄약이 없었다. "탄약을 지급받은 다음 전투 현장에 가겠다."고 하니 채병덕 참모총장이나 7사단장은 현장에 도착하면 즉시 보내주겠다고 하여 명령이라서 부하를 데리고 의정부에서 축석령을 향해 행군하였다.

서울시내 그 많은 차량은 어디에 쓰려고 처박아 놓고 시간을 다투는 전투에서 병사가 걸어서 행군하여 시간을 소비하고 지치게 하여 전투력을 약화시켰는지 도무지 이해할 수 없었다.

차갑준 대대장은 유재흥 사단장으로부터 축성령에 가면 이상근 연대장이 방어하고 있으니 합세하여 인민군의 공격을 저지하라는 지시를 받고 축석령 밑 자일리 부근에 26일 새벽 4시 경에 도착하였다. 그러나 국군 3연대장 이상근 부대는 보이지 않고 조금 있으니 인민군 전차의 육중한 모습만 보여 질겁하지 않을 수 없었다. 차갑준 대대장은 인민군과 전투를 하려고 부대 장병에게 명령을 내렸으나 탄약이 없었다.

도저히 싸울 수 없어 동쪽 산을 끼고 이태원 쪽으로 정신없이 도망쳤다. 문용채 16연대장은 1개 대대를 이끌고 26일 새벽 4시에 창동역에 도착하였다. 즉시 행군으로 의정부 사령부에 도착하였다. 문용채 16연대장이 2사단 사령부에 도착했을 때 이형근(이상근 연대장형)사단장이 즉시 축석령에 가서 싸우도록 권고하자 16연대장 문용채 대령은 "아직 병력이 불충분하니 조금 있으면 곧 후속 부대가 올 것이며 탄약이 없으니 탄약이 올 때까지 의정부에서 있게 해달라"고 사단장에게 요청하였다.

그러나 사단장은 "후속부대는 도착 즉시 보낼 것이며 탄약은 즉시 차량으로 보내주겠다. 부평 병기창에서 출발했다는 보고를 받았으니 염려말고 즉시 축석령을 향해 출발을 하라."고 명령했다.

16연대장 문용채 대령은 1개 대대를 이끌고 축석령을 향해 출발하였다. 문용채 16연대 장병들이 금오리에 도착할 때 5연대 장병들이 후퇴하는 것을 보고 즉시 금오리 동쪽 산으로 피하여 진지를 구축하였다. 이형근 사단장이 문용채 연대장에게 축석령에 가면 이상근 3연대, 5연대 차갑준이 있으니 지원하여 싸우라고 하였는데 5연대 차갑준이나 3연대 이상근은 보이지 않고 패잔병만 보이자 당황하였다.

문연대장은 병사들에게 진지를 구축하게 하고 전차의 남하를 기다리고 있었다. 조금 지나자 전차가 일렬종대로 남하하고 있는데 장관을 이루었다고 한다. 포대장 김풍익 소령은 표대원을 지휘하여 산 나무 밑에 잠복시켜 기다리고 있다가 도로가 굽어진 곳에서 전차의 측면이 노출될 때 6번 포대원에게 발포명령을 내렸다. 포가 불을 품자 인민군 전차의 궤도에 명중되어 바귀줄이 잘라져 전차는 더 이상 전진하지 못하고 멈췄다. 후미 전차도 도로가 좁아서 전진하지 못하고 일렬종대로 총총히 멈췄다.

장병들은 환성을 올렸고, 사기는 충전하였다. 포천 방면에서 처음으로 전차 1대를 파괴하였다. 그런데 뒤에 있는 전차가 6번 포대원을 향해 사격하니 포대장 김풍익 소령과 6번 포대장 장세풍 대위 등 포대원 전원이 전사하게 되었다. 인민군 전차도 허겁지겁 축석령으로 후퇴하였다. 이때가 1950년 6월 26일 8~9시 경이었다. 문용채 16연대장은 한숨을 돌린 뒤 호를 더욱 깊이 파서 바주카포를 배치하고 인민군의 다음 공격에 대비하고 있었다. 그런데 문용채 대령은 초조하였다.

그것은 '탄약이 없기 때문이었다.' 아무리 요청을 하고 전령을 보내도 탄약도 오지 않고 아침식사도 오지 않아 연대장으로서는 전투보다 더 불안하였다. 눈이 빠지게 기다리던 탄약은 끝내 오지 않고 인민군의 포성이 쉴새없이 들리자 장병들은 하나둘씩 도망치기 시작하였다. 문용채 연대장이 조금만 기다려 달라고 애원을 해도 탄약이 없는 한 설득은 백약이 무효였다. 전차를 파괴할 수 있는 기술을 가지고 있는 용감한 문용채 대령도 탄약이 없는 한 어떻게 할 길이 없었다.

26일 12시 경 인민군 전차가 나타나자 1대대는 금오리 산속으로, 2대대는 퇴계원 쪽으로 철수를 시켰다. 의정부 방면의 방어가 또 텅 비게 되었다. 인민군은 2사단 사령부에 맹공격을 시작하니 김계원 중령(박정희 비서실장, 장로)이 105밀리 4문을 가지고 방어하고 있었으나 전차의 적수가 되지 못하고 몇 분 만에 사단사령부는 수라장이 되었고, 인민군은 26일 오후 1시 경 의정부를 점령하였다. 이렇게 되어 동두천과 적성에서 잘 싸우고 있던 1연대와 18연대가 포위되어 후퇴하는데 정신이 없었고, 문산의 국군 1사단, 춘천의 국군 6사단, 강릉의 국군 8사단 등 전 전선에 위기가 오기 시작하여 전 전선이 붕괴되기 시작하였다.

▲ 백선천교의 라희필 대위
  인민군을 13시간 저지하여 대한민국을 구한 전투지역인데도 전승기념비 하나없어 필자는 이곳을 찾느라 6개월이 걸렸다.

25연대는 온양에 주둔하고 있을 때 전쟁이 발발하였다는 소식을 듣고 귀대병과 잔류병을 모아 25일 오후 5시경 열차편으로 창동역에 도착하였다. 그러자 채병덕 총장은 즉시 백석천에 배치하였다. 25연대장 김병휘 중령(이수성결교회 출석)은 의정부 아래 백석천교 좌측에 2대대, 우측에 3대대를 횡대형으로 배치하였다. 배치를 완료한 때는 1950년 6월 26일 오후 1시 30분경이다.

2대대 배운용 소령이 행방불명되어 선임중대장인 라희필(평남출생, 육사 5기, 소장예편, 세문안교회 장로)대위가 대대장 대리근무를 하였다. 26일 2시 40분 경 인민군 전차가 종대로 대형을 갖춰 의정부역에서 출발하여 남진하는 것이 보였다. 라희필 대위는 바주카포 4문을 의정부 밑 1.5킬로 지점 현재 회룡역 앞 백석천교에 배치하였다.

인민군 전차가 다리 위를 지나자 대대 전화력을 동원하여 공격하였으나 전차는 아랑곳하지 않고 다리를 유유히 지나 호원동을 향하였다. 4번째 전차가 지나가고 5번째 전차가 다리 위로 오르려고 전차 앞이 들려 전차의 아래 부분이 보인 순간 다리 옆에 붙어 있던 바주카포 사수가 전차의 배 쪽을 향해 포를 발사하니 전차는 여지없이 명중하여 파괴되어 다리 위에 정지하였다.

파괴된 전차가 길을 막게 되니 후속 전차도 전진을 못하고 일렬종대로 정지하였다. 전차가 파괴되자 장병들은 너무 기뻐서 만세를 부르고 있었다. 그때 6번째 전차가 공격을 하여 바주카포 사수가 즉사하였다. 그리고 인민군 전차는 의정부로 철수하여 공격해 오지 않았다. 판교 전투 후 25연대가 해체됨으로 해서 지금까지 전사한 바주카포 사수의 이름을 알 길이 없다. 의정부 방면에서 두 번째 전차를 파괴하였다.

라히필 대대장은 장병들에게 땅을 깊이 파게 하여 다음 공격에 대비하고 있었다. 그러나 김병휘 연대장이나 라희필 대대장은 '실탄이 전혀 없어 초조하였다.' 육군본부와 채병덕 총장에게 실탄을 보내달라고 애원하다시피 해도 어떻게 된 일인지 실탄이 도착하지 않고 있었다. 25일 오후에 온양에서 출발하여 열차 안에서 주먹밥을 먹는둥 마는둥 하고 26일 창동에 도착, 아침도 먹지 않고 백석천에 배치되어 전투를 한 번하고 나니 장병들은 배가 고파서 아우성이었다. 라희필 대위, 김병휘 연대장은 육본에 '밥과 실탄을 보내달라고 그토록 애원해도 끝내 도착하지 않고 있었다. 장병들은 실탄이 오기를 초조하게 기다리고 있었고, 인민군이 다시 공격하면 어떻게 하나 걱정이 태산같았다.

　3시가 지나고 4시, 5시, 6시가 지나도 인민군은 공격해 오지 않아 38선 이북으로 후퇴하지나 않았나 생각하고 있었다.　밤새도록 인민군이 공격이 없었다.　진실로 하나님의 역사였다.　인민군이 26일 오후 3시경 계속 공격하였다면 26일 안으로 서울을 점령하여 대승할 수 있었으리라.　육본에서는 밤이 새도록 실탄과 먹을 것을 가지고 오지 않았다.　김병휘 연대장과 라희필 대위는 불안하기 짜이 없었다.　27일 새벽 4시, 인민군의 공격이 일제히 시작되었다.　25연대 장병들은 실탄이 없어 도봉산과 백운대 산 속으로 후퇴하면서 인민군 보병을 계속 공격하자 인민군 전차도 보병의 보호가 없기 때문에 빠른 속도로 전진하지 못하여 27일 12시경 겨우 창동에 도착하였다. 창동, 미아리에는

▲ 1950년 6월 27일 유엔안전보장이사회에서 「북한의 무력공격을 격퇴하고 세계평화와 한국에 있어서의 안전보장을 회복하는데 필요한 원조를 한국에 제공하자」는 미국 결의안을 통과시키고 있다.

패잔병 뿐이었다.　이렇듯 라희필 대위는 기본실탄 15발을 가지고 2개 대대로 인민군 2개 사단과, 전차 150여대를 13시간 동안 저지하였다.

　오늘의 한국이 있게 한 것은 이들 25연대 장병들과 특히 라희필 대대장 이하 장병들의 필사적인 저항으로 인민군을 13시간 동안이나 방어한 결과이다.　1950년 6월 25일 한국전이 발발하자 한국에 있는 미 고문

관 480여 명은 30여 명만 남기고 전원 일본으로 철수하였다. 이유는 미군이 한국전에 말려들지 않으려는 것이었다.

　26일 새벽3시 유엔 안보리가 소집되어 유엔은 인민군을 침략자로 규정하고 한국을 돕기로 하였다. 그러나 미국은 한국전에 대해서 이때까지도 태도 표명을 하지 않고 있었다. 트루만은 1950년 6월 27일 아침 일찍부터 각료를 소집하여 한국전 개입에 대해서 회의를 열었다.
　전반적인 의견이 한국전에 개입해야 한다고 의견이 모아져 트루만은 27일 정오 한국전 개입을 결정하였다. 투르먼은 12시에 즉시 맥아더에게 "미국은 한국전에 개입한다. 귀관이 총지휘 한다"라고 지시하였으나 미 육군의 개입이라는 것은 아니고 해군과 공군만 참전하겠다는 지시였다.

　맥아더는 즉시 전방 지휘소를 수원에 도착시키니 27일 오후 5시 30분이었다. 그러므로 26일 라희필 대위가 의정부 밑 백석천교에서 인민군을 막지 못하고 26일이나 27일 오전에 인민군이 서울을 점령했다면 미군은 한국전 개입을 포기하여 지금쯤은 공산국가가 되었을 것이다. 이유는 어느 전쟁이든지 그 나라 수도가 점령되면 전쟁은 끝이 난 것으로 판단하기 때문이다.

　이토록 대승한 전투지역인 백석천 전투지역에 전승기념비도 아무런 흔적도 없어 젊은이들은 이 지역을 다니면서도 전혀 역사적인 사실을 모르고 있다.　그리고 지리산의 이 현상은 잘 알아도 라희필 대위를 아는이가 없는 것을 보면 우리 교육이 얼마나 잘못되었다는 것을 뼈저리게 알게 된다.　참으로 한심한 나라이다. 1950년 6월 27일 새벽 4시, 인민군은 백석천교를 국군의 큰 저항 없이 통과하여 호원동, 방학동, 수유리, 미아리를 거쳐 밤 11시 경 길음교에 도착하였다.

20연대 박기병 대령이 길음교를 방어하고 있었다. 길음교 폭파 책임자 송종대 중위는 인민군 전차가 길음교 위에 있을 때 폭파장치를 힘차게 눌렀으나 폭파는 실패하였다. 인민군 전차 8대는 국군의 큰 저항을 받지 않고 미아리를 넘어 28일 새벽 2시 창경궁에 도착하여 서울 시내를 향해 무차별 사격을 하자 정부만 믿고 피난하지 않은 서울 시민들은 대포소리에 놀라 수라장이 되었다.

인민군 전차가 창경궁에 도착하였다는 내용을 접한 채병덕 총장은 최장식 공병감에게 "즉각 한강교를 폭파하라 본관은 시흥을 거쳐 수원으로 이동 한다 '고 명하였다. 28일 새벽 2시 30분경이었다. 최창식 공병감은 엄홍섭 중령에게, 엄홍섭 중령은 황원중 중위에게 폭파를 명하자 황원중 중위가 도화선에 불을 대니 엄청난 폭음과 검은 연기가 하늘을 가리고 국군의 모든 전투력도 끝이 났다.
그러나 철도 한 개가 단절되지 않았다. 충성스럽게 잘 싸우고 있던 봉일천의 백선엽 국군 1사단은 퇴로가 차단되어 전멸위기에 있게 되었고, 의정부 방면의 국군 7사단, 2사단, 수도사단, 육본직할부대, 그리고 지원부대는 퇴로가 차단되어 전멸 위기에 있었으며 충성스럽게 싸우다 부상당한 장병들은 도망치지도 못하고 인민군의 무차별 사격을 받았다. 국군의 모든 장비는 몽땅 인민군의 수중에 들어갔다.

28일 오전에 한강 남쪽 노량진에서 군 병력을 점검하니 총 한 자루씩만이라도 가지고 목숨을 다해 한강을 넘은 병사는 약 500여명뿐이었다. 이때의 국군은 인민군을 방어할 병력과 무기가 전혀 없었다. 1950년 6월 30일 수원에서 부대를 파악하니 44,000여 명이 전사, 혹은 실종되었다. 현역 50%가 전투 4일만에 실종되었고, 차량과 야포 등 군의 장비를 몽땅 잃게 되어 김일성으로 하여금 춤을 추게 하였다. 이때 인민군 3사단과 4사단, 전차여단 등 38,000여명이 쉬지 않고 폭파에 실패한 한강

철교를 건너 부산과 목포를 향해 전격작전을 전개하였으면 7월 10일 안에는 충분히 남한을 점령하여 미국의 한국전 개입을 포기하게 했을 것이다. 지금쯤 남한은 김일성의 소원대로 적화되었을 것이고 교회는 폐쇄되어 붉은 기가 펄럭이고 있을 것이다.

▲ 1950년 7월 3일 오전 10시 인민군 전차 4대가 부서지지 않은 한강 단선철교를 건너고 있다. 철모를 이민군은 국군의 것을 쓰고있다.

그런데 하나님의 역사로 인민군은 28일~30일, 3일 동안 천금같이 귀중한 시간에 공격하지 않고, 서울 점령에 도취되어 있었다. 이것이 오늘 남한이 있게 된 결정적인 계기이다. 참으로 하나님의 은혜였다. 많은 군사전문가들은 김일성이 서울에서 기다린 이유를 다음과 같이 역설한다.

첫째로, 남로당 폭동을 기다렸다는 것이며 둘째로, 한강을 도강할 자재를 준비하고 있었다는 것이고 셋째로, 인민군 병사들이 서울 점령에 도취되어 싸우려 하지 않았다는 것이다. 또한 국군 패잔병 소탕 때문이었다는 등 많은 학설이 있으나 첫 번째는 김삼룡, 이주하, 김수임 그리고 남로당 간부급들이 1950년 3월 20일 체포되고 박갑동이 남로당 총책임자가 되었으나 김삼룡의 갑작스런 체포에 박헌영과 접선 방법을 알려주지 않아서 박갑동과 박헌영의 연락이 두절되어 폭동을 주도하지 못하였고, 폭동을 주도할만한 남로당은 전국에서 200여 명 뿐이었다고 박갑동은 증언하였다.

또 1950년 6월 28일 이승엽에 의해서 박갑동 체포령이 내려 숨어살고 전국적인 폭동을 선동 할 수 없었다.

둘째로, 한강 인도교는 폭파되어 단절되었으나 철교 2개 중 한 개가 폭파에 실패하여 국군이 이 길을 통하여 도강하였기 때문에 인민군도 이 길을 이용해서 노량진을 점령하면 인민군 주력부대가 한강을 도강하는 데는 어렵지 않다.

셋째, 인민군들이 서울 점령에 도취되었다지만 전쟁을 하는 중에 있으며 인민군은 공격하지 않으면 죽음뿐이기 때문에 서울 점령에 도취되었다고 3일간이나 멍청하게 쉬도록 할 수가 없다.

넷째, 1950년 6월 28일 오전 11시 30분 인민군은 서울을 완전 점령하였고, 국군은 시가전 한 번 하지 않고 무기력하게 서울을 내주었다. 국군은 조직적으로 인민군에 저항할 능력이 없었다.

그리고 서울에서 왜 3일 동안 인민군은 공격하지 않았을까? 국군의 주력부대는 한강 북쪽에 다 있었다. 국군 1사단 5사단 2사단 7사단 수도사산 등이 문산과 의정부에 집중되었다. 그런데 한강이 폭파됨으로 해서 춘천의 6사단과 강릉의 8사단을 제외하고는 거의 인민군에 전멸된 것이다. 그러므로 김일성은 이것으로 전쟁이 끝난 줄 착각하여 승리하여 도취되어 교만에 빠져 있었다고 인민군 작전국장 유성철은 증언하고 있다. 그렇다고 3일동안 멍청하게 쉬고 있는것은 설득력이 없다.
인민군이 6월 25일 11시 포천을 점령하여 5시간 반 동안 공격하지 않았다. 그리고 송우리를 점령한 후 점령지에서 다시 포천으로 되돌아가는 진풍경 속에 10시간 동안 공격하지 않았고 백석천에서 13시간 동안 공격하지 않았으며 서울에서 68시간 동안 공격하지 않은 것이 김일성의 패전의 결정적인 원인이요. 남한이 살게 되는 결정적 계기로서 이 모든 일은 진실로 하나님의 역사이다. 전쟁의 시작은 인간이 해도 결과는 하나님이 주관하심을 알 수 있다.(잠 21:31) 국군은 인민군이 쉬고 있을 때 김홍일 장군이 중심이 되어 한강 방어준비에 전력을 다하였다. 3사단 참모장 우병욱 대령, 15연대장 최영희 대령 13연대 3대대장 유재성 소령, 18연대 2대대장 장춘권 소령 등이 김포, 오류동, 영등포 지역을 잘 방어하였고 특히 8연대장 서종철 대령과 부연대장 이현진 중령 등은 영등포와 여의도 등에서 8,000여명의 장병들이 잘 방어하고 있었다.

그러나 9연대 1연대 20연대가 방어하고 있던 흑석동과 노량진에서 7월 1일부터 무너지기 시작하였고 노량진의 수도고지가 인민군에 의해 점련되자 한강 방어선이 무너져 인민군은 7월 3일 한강을 넘어 노량진을 점령하고 파죽지세로 남한을 점령해 나갔다. 그리고 3년의 기나긴 전쟁이 계속되어 승자도 패자도 없이 인명과 재산 피해와 분단을 가져왔고 다 떠나 버린 미군과 중공군에게 손이 발이 되도록 빌어 한국이 국제전쟁터가 되었다.

이승만 장로는 전쟁 준비는 하지 않고 북진통일을 외쳐대며 허풍만 쳤고, 이범석 장관이 인민군의 남침을 대비해 진지구축과 호국군 4만 명을 창설하였는데 이런 분은 해임시키고 선장 출신이며 전사에 대해서는 전혀 모르는 신성모를 국방장관에 임명하였다.

그리하여 호국군 4만 명을 해체하고 국군의 전투력을 약화시켰으며 전투경험이 전혀 없는 병기장교 출신이며 친일파요 좌파인 채병덕을 참모총장에 다시 기용하여 50년 6월 24일 전방 장병들에게 휴가, 외출을 보내 부대를 절반정도 비게 하였다. 또한 차량과 중화기를 후송하여 탄약과 병사와 부식을 수송할 차량이 없어 초전에 대패하게 했고, 부대 이동과 고급장교 인사이동을 하여 패전을 자초하게 하였다.

그리고 1950년 6월 27일 밤 10시 정기 뉴스시간에 서울시민에게 "미군이 지원하기로 했으니 서울시민은 피난을 하지 말라."고 거짓방송을 하여 서울시민을 몽땅 인민군 치하에 있게 하였고, 1951년 방위군사건 때 친일파요 어용인 김윤근을 사령관에 임명하여 약 20만을 굶어죽던가 병들게 하였다. 전방에서는 인민군에, 후방에서는 굶어 죽게 하여 참으로 남한을 너무도 비참하게 만들었다. 충분히 한국전은 미연에 막을 수도 있었고, 방어할 수도 있었고, 승리하여 통일을 할 수도 있었는데 친일파 어용에 의해 정부와 군부가 부패하여 통일도 하지 못하고 대패하고 분단만 가져왔다. 병든 호랑이는 개에게도 물려죽는다. 어용에 의해 부패한 인간들을 가지고는 결코 교회나 사회나 국가를 건설할 수 없다는 것이 한국전이 가르쳐 주는 교훈이다. 전쟁 발생원인은 국민들이 우상을 섬길때 발생하며(삿 5:8) 선지자들이 타락했던가(미 3:5)왕이 망령되어 행하였던가(대하 16:9)등이며 전쟁은 죄의 결과이다.(왕상 5:3 사 42:25) 그러므로 전쟁은 여호와께 있다(대하 20:15 삼상 17:47)

5. 기독교 대표들의 서울 사수 결의

1950년 6월 27일 종로1가 기독교서회 2층에서 교역자들 약 40여 명이 모였다.
장로교 : 한경직, 김종대, 김린서, 강원용
감리교 : 김유순, 박만춘
성결교 : 김유연

여기에 모인 교역자들이 피난에 대해 토론할 때 찬반이 엇갈렸다. 이때 신의주 제일교회에서 담임하다 1946년 교회를 버리고 월남한 영락교회 한경직 목사는 "우리가 왜정 때도 맥없이 신사참배를 하고 저항도 못하고 해방을 맞이했고 또 이북에서 양들을 버리고 월남했으니 이제는 참회하는 의미에서도 우리는 양을 지키고 또한 수도를 지킬 순교적 각오를 가져야 한다.”고 역설하였다. 그러나 안국동장로교회 김종대 목사는 “우리가 서울을 사수한다고 사수가 되는 것이 아니다. 국군이 지켜주지 못하는 한 우리들이 사수한다고 해서 사수가 될 수 있는가? 그렇다면 어째서 당신들은 이북에서 교회를 지키지 못하고 도망하였는가? 일단 우리는 피난을 해야 한다.”고 주장하였다. 김린서, 김유연, 강원용 목사 등도 “피난함이 현명하다.”고 주장하였다. 그러나 한경직 목사의 말에 교역자들은 서울사수를 결의하였다. 그 후 제일 먼저 도망친 분은 한경직 목사였다. 50년 7월 10일 인민군 서울입성 환영대회에서 김종대 목사는 설교까지 하였다. 입으로야 무슨 일을 못하겠는가49) 천주교는 북한에서는 기독교도연맹에 가입을 하지 않았고, 왜정 때도 일본을 찬양하지 않았다. 또한 천주교는 전교인들에게 교회해산명령과 동시에 피난을 권하여 피해가 적었다. 교역자들의 서울 사수 결의로 많은 교인들이 인민군에 의해 수난을 당해야 했다. 지키지도 못할 서울 사수를 결의하여 기독교 목사들에게 엄청난 희생만 당하게한 책임을 져야한다.

6. 목사들의 인민군 환영대회

인민군이 서울에 입성하자 경동교회 교인인 김욱이 1950년 7월 10일 기독교민주동맹 간판을 YMCA건물에 달고 인민군의 서울입성을 환영하였다. 1946년 10월 1일 대구폭동을 주동한 후 채포되어 서대문형무소에 수감 중인 최문식 목사는 인민군이 서울에 입성하자 이승엽이 제일 먼저 서대문형무소에 찾아가 최문식을 면회하고 노고를 치하하며 열광적인 환영을 하였다. 최민식 목사는 서대문 형무소에서 출옥한 후 종로1가 기독교서회 2층에 사무실을 차려놓고 피난하지 못한 교역자들을 색출하여 인민군 환영 궐기 대회에 기독교 대표로 참여시키고 남북통일 호소문을 전 세계에 발송하도록 강요하였다. 이 일에 적극 개입하지 않은 교역자 60여 명을 구속하고 김윤실, 전인선 목사 등을 형무소에서 비참하게 죽게 하였다.

기독교민주동맹 위원장 김창준 목사(독립선언서 서명자)는 교단별로 환영대회 대표를 선정하였다.

고　문 : 신흥우 목사
총　무 : 박성산 목사
장로교 : 유호준, 김종대, 최문식,
감리교 : 박만춘, 심명섭, 최택
성결교 : 1명
구세군 : 황종률

YMCA총무 현동완도 협력하였다. 이상의 대표들은 처음에는 인민군 환영대회를 거부하였으나 서울시 종교를 담당하고 있는 경동교회 신자인 김욱이 강력히 권하여 환영대회를 하기로 결정하였다. 1950년 7월 10일 종로2가 YMCA강당에서 환영대회를 가졌다.

사　회 : 유호준 목사
환영사 : 김종대 목사

이 환영사 초안은 임영빈 목사가 작성하였고 이만규 목사 장인인 감리교 심명섭 목사가 보충하여 강도 높게 환영사를 작성하여 300여 명이 모인 자리에서 인민군 서울 입성을 환영하였다. 사회를 보기로 결정한 유호준 목사는 신병으로 불참하고 대신 다른 사람이 사회를 보았으며 설교는 김종대 목사가 하였고 환영문 낭독은 임영빈 목사가 하였다. 내용은 "김일성 장군!…" 서울에 입성한 인민군 정치보위부는 김욱을 통하여 교역자들에게 자기자복을 요구하는 자술서 (자기비판)를 요구하였다. 여기에 장로교 최문식목사와 감리교 최택 목사 등이 앞장서 자술서를 독촉하였다.

그들은 정동교회 김인영 목사와 남궁혁 목사의 자술서를 받았다.

1950년 7월 중앙교회에서 서울시내 교역자 및 일반신자가 모인 자리에서 공산주의 찬양 강연을 하였는데 이 일에는 이만규 목사 장인 심명섭 목사가 앞장섰다. 심명섭은 일본 식민지 때는 일본의 앞잡이었다가 인민군이 서울에 입성하자 공산당 앞잡이 노릇을 하였다.

7. 인민군 지원 장소가 된 교회

1950년 6월 26일 개성중앙교회와 개성성결교회는 인민군의 숙소가 되었다. 서울 남산 밑의 일신교회는 인민군 통신사령부가 설치되었고, 서울 상동교회는 의용군 모집소가 되었으며, 평창감리교회, 부여성결교회, 경기이포교회는 의용군 훈련소로 사용되었다. 서울 수표교회는 민청실이 되었다. 승동교회는 인민군 군량창고가 되었고, 남한 지식인 북송 때는 이곳에 집합시켜 압송하였다. 춘천시 우두교회는 인민재판소가 되었고 남대문교회는 인민군 군마를 기르는 마굿간이 되었다. 안동교회는 시체수용소가 되었으며 교회는 인민군의 지원사령부가 되었다. 평양신학교는 인민군최고검찰소가 되었고, 숭의학교는 인민군 피복

▲ 1950년 8월 5일 북한 노동신문

공장이 되었으며 감리교신학교는 경기인민위원회가 되었고, 서울신학대학은 민주대학이라는 간판을 걸어놓고 실제는 정보사령부가 되었다.

　기독교서회에서는 각종 궐기대회, 국방헌금, 노력동원 장소가 되었고, 연세대학은 김책이 지휘하는 인민군 전방사령부가 되었으며, 이화여자고등학교는 인민군 병원이 되었다. 그러므로 이러한 곳이 미 공군의 공격의 목표가 되어 교회는 무차별 공격을 받았다.

8. 인민군 서울함락 경축예배

　1950년 6월 29일 원산시 중앙교회에서 조희렴, 이준구, 한주명 목사 등 600여명의 신자가 모여 인민군 서울 입성 경축예배를 드렸다.
　사회 : 한준명 목사
　설교 : 조희렴 목사
　기도 : 한희박 여전도사

　한희박 전도사는 서울 중앙방송을 들을 때 점심을 평양에서, 저녁은 신의주에서 먹는다고 장담하여 전쟁이 발발하면 남한 국군이 금시 북한을 해방하여 예배를 자유스럽게 드릴 줄 알았는데 오히려 전쟁 4일 만에 인민군이 서울을 함락시켰다고 경축예배를 위해 기도하라고 하니 무엇이라고 하나님께 기도해야 할지 암담하였다.

　더욱이 환영대회라니 기가 막혔다. 그녀는 "하나님!" 하고 기도를 하려할 때 목이 매여 울음이 터져 기도를 못하고 울먹이자 온 성도들도 같이 울어버렸다. 어떤 성도는 마루를 치면서 통곡하니 예배당은 온통 통곡의 울음바다를 이루었다.

　인민군 서울 입성 경축대회가 아니라 서울 입성 탄식예배가 된 광경을 본 정치보위부는 분노하였다. 다음날 조희렴, 한준봉, 권의봉 목사 등은 함흥 니켈광산에서 시체로 발견되었다. 한준명 목사는 극적으로 살아 월남하여 부산에서 살고 있다. (한준명 목사 증언)

9. 기독교의 박해와 교역자들의 북송

전남 무안군 중동리 성결교회 문준경 여전도사는 공산당에 의해 학살당했고 흑산도 진리성결교회 이판일 장로와 동생 이판성 집사 두 가족 13명은 한 구덩이에서 몰살당하였다.

이 교회에서 43명이 생매장 당하였다 논산 병촌성결교회 66명도 몰살당하였다. 서울사대부속중학교 교사 김창화 집사도 8월 4일 공산당에 협력하지 않는다고 총살당하였다.

영락교회 김응락 장로는 김만과 같이 교회로 가는 도중 김만은 도망쳐 살아났고 김응락 장로는 교회 뜰에서 처형되었다. 그의 나이 45세였다. 영락교회 안에 조그마한 동상이 있다.

1950년 8월 23일 감리교 친일파 양주삼 감독, 김유순 감리사, 방훈 총무, 박만춘 재단이사, 조상문, 전진규, 종교교회 김희운, 신학교 교수 서태원 목사 등이 압송되었고, 장로교는 총무 남궁혁, 기독신보 국장 박연서 목사, 한신교회 송창근 목사, 새문안교회 김영주 목사, 오택관 목사 등이며 성결

▲ 6.25동란때 순교 혹은 행방불명된 교역자가 232명이다. 그리고 많은 목사들이 신앙을 지키다가 북으로 끌려갔다.

교회는 서울신학교 교장 이건, 총회장 박현명, 재단총무 박형규, 신학교 교수 김유연, 최석모 목사 등이다. 구세군은 김삼석 정위, 성공회 임홍

식 씨 등이다. 이상의 교역자들이 정치보위부에 끌려가 조사를 받았다. 조사 내용은 "왜 궐기대회에 나오지 않았는가? 왜 노력봉사를 하지 않았는가? 왜 자술서를 내지 않는가?" 등이었다. 정치보위부 제4처장 김양준은 이상의 교역자들을 끌고 이북으로 압송하였다.

마포교회 주재명, 감리교신학교 교수 서태원 목사 등 5, 6명은 납치 중 숨졌으며 납치된 송창근, 김유연, 박현명, 장덕로 목사 등 10여 명이 행방불명되었다. 압송은 기독교인 7,500여명 정도이며 이들은 모두 숨진 것으로 파악되고 있으며 이중 교역자가 540여 명이다.

압송자들은 주로 함흥형무소에 수감 중이었으나 국군이 원산에 도착하자 인민군은 수감 중인 압송장들을 모조리 총살하였다. 그들은 황봉찬, 김진수, 강승남, 서기훈, 한병욱, 이용선, 이종덕, 김주현, 김용준, 김병구, 조홍식 목사 등이다.

1950년 10월 10일 원산에서 기독교인 500여 명을 한곳에 모아놓고 산 채로 생매장하였다. 박명호 목사는 돌에 맞아 세상을 떠났고 황영우 목사도 마찬가지였다. 강은영 목사는 전북 정읍에서 14인과 함께 숨졌고, 영암교회 성도 24명, 임자도 성도 44명 몰살을 당하였다. 감리교 안창덕 목사는 형무소에서 불에 타 숨졌다.

한국전 당시 기독교의 피해

교 회	장로교	감리교	성 결 교	구 세 군
완전소실	152	84	27	4
파 괴	467	155	79	4
순교 및 피납	177	48	11	7

10. 도강파와 잔류파의 싸움

한국전이 발생하자 양떼를 버리고 한강을 넘어 도망친 교역자를 '도강파' 라 하고 이승만 장로의 방송과 교역자들의 결의를 믿고 도망하지 않은 교역자를 '잔류파' 라 한다.

1950년 9월 28일 국군이 서울에 입성하자 10월 10일부터 합동수사본부가 청진동에 설치되어 인민군 치하 3개월 동안 행적에 대한 조사가 시작되었다. 조향록, 정대위, 배명준, 김종대 목사 등 다수의 교역자들이 심문을 받았으나 풀려나왔다. 그런데 풀려나온 교역자들을 도강파 목사들이 치안대에 다시 고발하여 경찰에서도 골치가 아플 정도였다.

이렇게 되자 잔류파도 가만히 있지 않아 문제가 크게 확산되어 도강파와 잔류파가 태화관에 모였다. 서로 반가워해야 할 사이에 증오가 감도는 분위기였다. 도강파 목사들은 잔류파 목사들에게 "왜 피난하지 않고 인민군에 협력하였느냐"고 시비를 하자 잔류파 최기덕 목사는 "얼마 전 서울을 사수하자고 결의해 놓고 양을 버리고 도망친 자가 누구냐? 당신네들은 도망쳐 잘 지내고 있을 때 우리는 인민군 치하에서 고통이 얼마였는줄 아느냐? 서로 사랑이 있다면 도망친 자들이 미안하게 생각해서 적 치하에서 얼마나 고생이 많았냐고 위로를 했어야지 않겠느냐?"라고 항의하자 도강파는 아무 소리 못하고 헤어졌다.

잔류파 교역자들에 대해서는 이승만 장로의 지시로 관대한 처분이 내려져 1950년 10월 17일부터 내사가 중단되었고, 혐의자도 보증인을 세워 석방되었다.

11. 한심한 목사들

1950년 10월 25일 장로교 한경직 목사, 선교사 아담스 목사, 허일, 권세열, 이인식, 윤하영, 친일파 전필순 목사 등이 평양에 도착하였다. 이날 평양 전 교회는 일제히 문을 열고 하나님께 감사예배를 드렸다. 그리고 오후 2시 서문박교회에서 3,000여명의 신도들이 모여 위의 교역자와 함께 감격의 예배를 드렸다. 한경직 목사가 사회를 보았고 황은균 목사가 설교를 하였다.

1950년 11월 말경 평양시내 교회는 연합으로 부흥회를 열었다. 강사는 승동교회 이대영 목사였다. 해방 후 5년만의 찬송과 말씀은 교인들로 하여금 목이 메이게 하였고, 부흥회에 참석한 약 5,000여명의 성도들은 첫 시간부터 많은 은혜를 받았다. 그런데 셋째 날 이 지나고 네쨋 날이 돌아왔을 때 강사와 교역자들이 보이지 않는 것이었다.

성도들은 영문을 모르고 아무리 기다려도 강사와 교역자들은 영영 나타나지를 않았다. 알고 보니 미 고위 장성으로부터 중공군이 개입했다는 말을 듣고 강사 이대영목사, 한경직목사 등이 부흥회를 마치지도 않고, 또 성도들에게 이 사실을 알리지도 않고 자기들만 살기 위해서 양을 버리고 도망친 것이다.

평양시내 젊은 사람들은 다 피난하고 피난할 수 없는 여자와 노약자들은 교회에서 탄식을 하고 있었다. 그것은 예배를 인도할 사람이 없기 때문이었다.

이후에 다시는 북녘 땅에서 예배드리는 일이 없었다. 조선일보 주필이었던 선우휘씨는 「민족의 증언」3권 274쪽에서 북한에서 도망쳤던 목사가 국군이 평양을 탈환하자 자기를 찾아와 하는 말이 "글쎄 내가 아무리 공산주의가 싫기로서니 나를 따르는 신도와 교회를 저버리고 남하했던 게 잘못하였소, 정말 내 잘못이었소, 이제 죽어도 신자들과 함께 죽고 교회를 지키겠소." 라고 말해 놓고 또 양을 버리고 몰래 탈출하여 남쪽에서 큰 목소리로 장례식 주례를 하는 것을 목격하였다고 한다.

기독교와 공산주의는 공존할 수 없기 때문에 반공은 곧 애국이었다.

공산주의는 유물론에 입각한 무신론자들이며 반기독교이기 때문에 어떠한 방법으로도 타협이 불가능하였다. 그러나 한국의 기독교는 여건이 주어지는 환경에서만 반공이었지 북한에서는 기독교가 기독교연맹을 조직하여 김일성을 지지하였고 인민군이 서울에 입성하자 기독교는 인민군 환영대회를 해주었고 일부는 북한에서나 남한에서 도망치는데 급급하였지 환란의 현장에서 어떠한 결단을 내려 행동하지 못하였다. 결국 기독교인들은 반공도 신앙도 자기가 살기 위해서는 허울 좋은 구호였다.

생명이 있는 기독교가 되어 어떠한 시련 속에서도 환란을 극복하고 주어진 어려움을 신앙으로 정복하는 자세가 아니라 주어진 환경 속에서만 신앙생활을 하는 어용신앙이 그토록 죽음의 신앙을 만들었다. 이것은 공산주의자들이 친일반역자들을 숙청해야 한다고 북한에서나 남한에서나 외치자 친일반역자들은 반공이 사는 길이 되어 무조건 미국을 지지하고 이승만을 지지하여 극우 극좌가 되어 사회의 혼란의 원인이 되었고 결국 그들은 애국이나 신앙에서 나온 반공이 아니기 때문에 도망치는 데만 정신이 없어 기독교의 패배를 안겨 주었다.

기독교는 공산주의 이론과 대결할 연구도 하지 않고 공산주의자들은 전도하여 그들로 하여금 변화되어 새로운 운동을 하도록 끈질기게 노력해야할 사명이 있는 데도 그런 자세는 보이지 않고 적대감정과 악마로 생각하여 상대도 하지 않는 점은 기독교의 절대 잘못이다.

12. 고난당한 목사들

① 조만식 장로
해방이 되자 이북에서 조선민주당을 결성하였다. 50여만 명이 당원

으로 입당하여 북한에서 가장 강력한 정치단체가 되었다. 모스크바 3상 회담에서 한국을 신탁통치 한다고 하자 조만식 장로는 절대 반대하였다. 이에 당황한 북한 주둔 소련군 사령관은 무조건 지지를 권고하고 일곱 차례나 협박을 가하였다. 그러나 남북을 대표한 지도자로 협력하겠다고 해도 신탁통치만은 안된다고 하자 1946년 1월 5일 고려호텔에 감금시키고 끝내 정치무대에 나타나는 일이 없게 하였다.

이때 많은 동지들이 조만식 장로의 월남을 권유하였으나 조만식 장로는 "이 가엾은 백성을 남겨두고 나만 살겠다고 월남할 수 없어. 나는 살아도 북한 동포들과 같이 살고, 죽어도 북한 동포들과 같이 죽을거야."라고 하면서 월남 권유를 거절하였다.

그리하여 여동생 조신여와 아들 조연홍만이 월남하였다. 1950년 10월 13일 국군이 북진하자 김일성은 조만식 장로에게 "평양에서 북쪽으로 옮기자."라고 피난을 권유하였으나 조만식 장로는 "절대 갈 수 없다."라고 하면서 김일성의 제의를 거절하였다. 그리하여 내무서원에 의해 총살을 당하였다. 많은 교역자들은 자기 하나 살기 위해 불쌍한 교인을 버리고 월남하여 북한의 교회는 교역자가 없어 예배를 드릴 수가 없었고, 많은 병자와 노약자들의 좌절과 탄식이 하늘에 닿았다.

땅에서 매면 하늘에서 매고 땅에서 풀면 하늘에서도 풀어준다는 예수님의 말씀을 외면하고 어용 교역자들은 고난의 현장에 동참하여 현재의 고난을 하나님께 호소하여 살아있는 하나님의 도움으로 환난을 해결하려고 하지 않고, 구차하게 자기 목숨만 살려고 교회와 양을 버리고 멀리 남쪽으로 도망쳐 버렸다.

한국전은 우리 민족의 비극이었으나 남쪽만이라도 종교의 자유가 보장된 것은 정일선 목사와 조만식장로 같은 여러 교역자들, 성도들의 기도와 순교가 있었기 때문이다. 하나님께서 그들의 5년 동안의 기도를 외면하지 않았기 때문이다. 하나님은 인민군 3사단장 이영호가 대승의 절호의 기회인 포천 전투와 송우리 전투, 그리고 의정부 전투에서 상황 판단을 잘못하게 하여 작전에 실패하게 하고 김일성은 인민군 서울 입성 시와 7월 7일까지 결정적으로 작전에 실패하게 하여 오늘의 한국이 있게 한 것으로 믿어진다.

② 김유연 목사(성결교회)

1901년 12월 10일 황해도 응진군 용연 마을에서 출생하여 양정학원에서 한학을 수학하였다. 또한 육도학원에서 강사로 근무했으며 1922년 3월 동명학원을 설립하고 1925년 5월 상경하여 동아일보 경서지국을 경영하였다. 1928년 3월 아현 고갯길에서 땅에 떨어진 전도지를 읽고 아현성결교회에 출석하였다. 1930년 9월 9일 동양선교회 성서학원에 입학하였다.

1931년 9월 1일 만리현 고갯길에서 노방전도를 하다 만리현성결교회를 개척했다. 1933년 경성성서학원을 졸업하였다. 1938년 12월 28일 담임하고 있던 안성교회를 사임하고 신의주 동부교회에 부임하였다. 신의주 동부교회는 200평이 넘는 교회로 이성봉 목사가 시무하였고, 500여 명의 성도가 모이는 큰 교회였다. 오제도 검사도 바로 신의주 동부성결교회 검사였다.

1941년 4월 25일 담임하고 있는 신의주 동부교회를 사임하고 무교동(현 중앙교회) 교회에 부임하였다. 1943년 5월 24일 성결교회 목사 300여 명이 검거될 때 김유연 목사도 본정경찰서(현 중부경찰서)의 암하형사에게 연행되어 재림에 대해서 조사받기 시작하였다. 조사내용은 "천황이 높으냐 예수님이 높으냐?" 였다. 이때 천황이 높다고 하면 즉시 석방이 된다. 동등하다 하면 얼마 후에 석방된다. 그러나 천황보다 예수님이 높다 하면 나올 수가 없었다. 천황보다 예수님이 높다 하면 밤새도록 고문이 시작된다. 그리고 또 질문하여 예수님이 높다 하면 또 고문이 시작된다. 뼈를 깎는 고문과 심장의 피를 말리는 고문이 계속 되었다.

발로 채이고 욕을 먹는 것은 고문이라고 할 정도가 아니었다. 1943년 12월 29일 성결교회가 해산 당하자 1944년 2월 김유연 목사는 석방되었다. 석방되어 무교동성결교회를 찾아 가보니 교회는 군수공장이 되었고, 신자는 장로교회와 감리교회로 다 흩어지고 없었다. 김유연 목사는 하나님을 향해 호소하면서 경기도 평택군 안중읍 방바위라는 마을로 강제 이사를 하게 되었다.

여기서 12살 되는 어린 딸을 영양실조로 잃어야 했다. 1945년 8월 15일 해방이 되어 무교동교회에 갔으나 교회는 군수공장의 주인이 등기까지 내어 교회를 비워 주지 않았다. 김유연 목사는 신의주 동부교회 출신 오제도 검사와 상의하여 협조 끝에 교회를 다시 찾게 되었다.

1950년 6월 27일 인민군이 의정부에 입성하고 창동 전투를 하고 있을 무렵 기독교 대표의 서울사수결의대회 있었는데 그때 성결교회 대표로 참석하였다. 이 회의에서 한경직 목사가 서울사수결의를 할 때 김유연 목사는 김종대 목사와 함께 "국군이 서울을 지키지 못한다면 어떻게 우리가 서울을 지키겠는가?" 라고 하면서 사수를 반대하였으나 한경직 목사는 도망쳤으나 김유연 목사는 결의를 지켰다.

김유연 목사는 신공덕교회(현 신덕교회)를 담임하고 있으면서 도망가지 않고 예배를 계속 드렸다. 1950년 7월 신공덕교회 호남순 전도사와 김석규 목사를 예산군 삽교면 구만리 농촌으로 피난시키기 위하여 마포 종점까지 데려다 줄 때 이들이 같이 피난하자고 간청을 해도 거절하면서 "내가 피난하면 남아 있는 신자는 누가 돌볼 것인가?" 라고 하였다. 1950년 8월 12일 황성택 목사가 아현동 경성 성서학원에서 여러 목사가 체포되었다고 하면서 김유연 목사가 있는 공덕동 집에 왔을 때 내무서원들이 문을 열라고 고함을 칠 때 황성택 목사와 같이 도망칠 수 있었으나 잘못하면 둘이 다 잡힐 수가 있기 때문에 황성택 목사를 도망시킨 후 태연하게 대문을 열어 주었다. 김유연 목사는 즉시 체포되었고, 8월말경 납북되고 말았고 황성택 목사는 도망치는데 성공하였다. 김유연 목사 외 50여 명의 교역자는 김욱에게 이끌려 평양 옆 중화면 일대의 농가에 분산 수용되었다.

1950년 12월 김유연, 남궁혁, 송창근 목사 등 60여 명 교역자들은 12월 10일경 강계와 만포진을 지나 쌍와리 근방 농가에 분산 수용되었다. 기독교민주동맹 위원장 김창순 목사는 납북인사들에게 기독교 민주동맹에 가입을 권고하였으나 납북인사들은 이를 거절하였다. 1951년 5월 초 납북 교역자들은 평양 근방 대동군 문성리 수용소에 이송되었다. 여기서 송창근 목사가 별세하였고, 김유연 목사는 주모 급 죄명을 쓰고 정치보위부에 이끌려 어디론가 끌려가 세상을 떠났다.

③ 김예진 목사
1908년 7월 20일 평남 강서에서 출생했다. 평양 숭실전문학교 재학시 3·1운동에 가담하여 옥고를 치루었으며 평남도청 폭탄 투적사건에 관련되어 중국 상해로 망명, 김구의 광복운동에 가담하기도 하였다. 1938년 평양신학교를 졸업한 후 목사가 되었다.수색장로교회 담임인 김예진 목사는 인민군이 서울에 입성하자 경기도 광주 경안으로 피난하였다.

이 사실을 알아낸 최문식 목사는 1950년 8월 2일 김예진 목사를 체포하여 서울로 압송하였다. 최문식 목사는 김목사에게 온갖 방법을 동원설득하였으나 끝까지 인민위원회에 협력하지 않았다. 최문식 목사는 김목사에게 "민족의 반역자"라는 간판을 등에 붙여 놓고 서울 시내를 끌고 다녔다. 그리고 김예진 목사에게 큰소리로 "나는 민족의 반역자다."라고 외치게 할 때 김목사는 이를 거절하였다. 그때마다 모진 매를 맞아 흐르는 피를 막을 길이 없었다. 최문식은 김예진 목사가 인민위원회에 고분고분 다른 목사들과 같이 협력하지 않는다고 사형장인 뚝섬으로 끌고 갔다. 그리고 총살을 시켰다.

그의 나이 52세였다. 유다가 예수님을 팔아먹었듯이 최문식 목사는 김예진 목사를 죽였다. 현재도 목사를 죽이는 이는 일반인이 아니라 바로 동역자요. 제사장이 예수님을 고발하고 죽이라고 아우성을 치듯 기독교는 기독교인에 의해 박해를 당하고 있다.

④ 남궁혁 목사

1882년 7월 1일 서울에서 출생하였다. 1896년 배재학당 졸업 후 세관원으로 관리 생활을 하였다. 1917년 장로교 평양신학교에 입학하였고, 1922년 미국에 유학하여 유니온 신학교에서 한국 최초의 신학박사 학위를 취득하였다.

그리고 1925년 귀국하였다. 신사참배 반대로 국내에 있기 어려워 1938년 상해로 망명하였다가 1946년 많은 한국인들을 인솔하고 한국에 도착하였다. 귀국한 남궁혁 목사는 세관국장까지 하다가 1948년 사임하고 기독교협의회 총무로 일하였다.

1950년 6월 28일 인민군이 서울에 입성하자 남궁혁 목사는 피난을 못하고 내무서원들에게 체포되었다. 1950년 8월 23일 남궁혁 목사는 인민군에 협력을 하지 않는다고 하여 인민군에 의해 북쪽으로 끌려갔다.

정치보위부에서는 그에게 기독교 대표로 남한을 향해 방송을 해주면 석방해 주겠다고 설득했지만 끝내 거절하였다. 그는 금식을 하다 끝내 세상을 떠나고 말았다.

VII. 이승만 장로의 부패

1. 물러나야 했던 이승만 장로

1951년 9월경 전방은 치열한 전투 중에 있었다. 임시수도 부산에 있는 이승만 장로는 다시 대통령이 되고자 애를 쓰고 있었다. 헌법에 의해 1952년 8월 15일로 대통령 임기가 끝난다. 그때 대통령 선거는 직접선거가 아니라 간접선거로서 국회의원이 대통령을 선출했다.

그 당시 국회의원의 의석수는 국민당 39석, 민우회 25석, 자유당 93석, 무소속 18석으로 이 가운데 절대다수 의원이 이승만 장로를 반대하고 있었다. 이 때문에 이승만 장로는 간접선거로는 대통령에 당선될 수 없어 헌법을 개정하여 직접선거로서 대통령에 당선되려고 51년 11월 30일 헌법개정안을 국회에 제출하였다.

1952년 1월 18일 헌법개정안은 찬성 19표, 반대 143표, 기권 1표로서 압도적으로 부결되었다. 이승만 장로의 재선은 불가능하였다. 이승만 장로는 1952년 5월 14일 대통령 직선제 개헌안을 다시 국회에 제출하였다. 그 후 민족자결단, 백골단, 땃벌떼 이정재 등 깡패를 동원하여 1952년 5월 19일 국회를 해산하라는 구호를 외치며 어용 데모를 하게 하였다. 1952년 5월 23일 위의 유령 깡패단체등이 국회의사당을 포위 "반민족적 국회의원 추방하라"고 외쳐댔다. 이때 전방에서는 치열한 전쟁 중이었다.

이승만 장로는 이종찬 참모총장에게 계엄선포를 지시하고 병력을 동원해 이승만 반대 국회의원을 체포할 것을 지시하였으나 이종찬 참모총장은 이를 거절하고 참모 총장직을 사임하였다. 이승만 장로는 1952년 5월 25일 0시를 기해 비상계엄령을 선포하고 영남지구 계엄사령관에 원용덕 소장을 임명하였고, 원용덕 소장은 즉시 야당 국회의원인 서민호를 구속하고 50여 명이 탑승하고 있는 국회의원들의 버스를 클레인으로 끌어다가 헌병대에 억류시켰다. 이중 이기석의원 등 12명을 국제공산당 비밀공작원과 관련이 있다고 매도하였다. 1952년 7월 3일 헌법개정안은 공포분위기 속에서 통과되었고, 1952년 8월 9일 직선제선거에 의하여 이승만 장로는 제2대 대통령이 되었다.

2. 국민방위군 사건과 목사추태

1951년 1월 국군은 미군의 엄청난 군사력을 지원받아 압록강의 초산까지 점령하여 충분이 통일을 할 수 있었음에도 불구하고 무능하여 중공군에 의해 무참히 대패하여 북한에서 철수했다. 통일의 꿈은 산산조각이 났고, 북한 주민들은 필사적으로 피난을 해야 했으며 서울시민들도 두 번째로 한강을 넘어 기약 없는 피난길을 떠나야 했다.

정부는 중공군의 개입으로 전쟁이 장기화 될 것을 대비하여 1950년 12월 16일 모든 장병을 병력화할 목적으로 이른바 국민방위군법은 국회를 통과시켰다.

▲ 1950년 10월 24일 김일성광장에서 이승만 대통령 환영시민대회

정부는 방위군 약 50만을 훈련시키기 위하여 27억의 예산을 세웠는데 105일 동안 지출이 60억이었다. 그런데 병사들에게 식사제공을 위한 쌀 5만 2천 석을 빼돌려 일반인에게 팔아 착복하고 장정들이 먹을 식량을 가지고 엿공장을 만들어 엿을 팔아 착복하였으며 장정들에게 지급될 약도 지급되지 않았다. 그로 인하여 굶어죽은자, 병든자, 동상자 약 20만 정도가 비참하게 죽어갔다. 전방에서는 총탄에 맞아 죽고 후방에서는 굶어 죽는 상황에서 어떻게 통일이 가능하겠는가? 병든 호랑이는 개에게는 물려 죽는다. 어느 민족이든 그 민족 법을 지키는 의식과 정직한 생활 그 이상은 발전하지 못한다.

이런 썩은 정신이 40년이 지난 지금까지 변하지 않은 데에 대해 심각한 고민을 해야 한다. 국민방위군사건이 터지자 방위군 사령관 김윤근이 조사를 받게 되었다. 그러자 김윤근은 배은희 목사에게 부탁을 하였고 배은희 목사는 이승만 장로와 신성모 국방부 장관을 찾아가 부탁하였고, 이승만 장로의 특별한 비호를 받고 있는 김윤근 사령관은 불기소 처분 되었다. 윤익헌 대령만 3년 6개월 선고를 받자 온 국민과 국회가 발칵 뒤집혀 이승만장로를 성토하기 시작하였다.

그러자 이승만 장로는 신성모 국방부장관을 해임시키고 이기붕을 국방부장관에 임명하였고 정일권 육군참모총장을 해임시키고 이종찬 장군을 참모총장에 임명하였다. 그리고 이기붕 국방부장관에게 방위군사건을 철저히 조사하도록 지시하여 결국 재조사에 의해 김윤근 준장이 사형집행 되었다. 배은희 목사와 이승만 장로는 배가 고파 굶어 죽어가는 장정들은 돌아보지 않고 용서받을 수 없는 김윤근 사령관을 돕다가 망신을 당하였다.

세계 각지에서 구제물자가 오자 기독교의 유력한 인사들 중에도 양심과 신앙을 헌신짝 버리듯 버리고 머리가 터지라 더 얻어먹으려고 부수고 싸우고 아우성을 쳐 아비규환 속 같은 현상이 벌어졌고, 사기꾼 행각을 하면서 고아원을 자선사업가로 둔갑하여 세인을 탄식하게 하여 그 당시 어지러운 기독교의 모습을 그대로 보여 주었다.

3. 이승만 장로와 4.19

이승만 정부가 부패하여 6.25 동란도 사전에 막지 못하고, 인민군의 공격도 방어하지 못하였으며, 미군의 막강한 군사력 지원에도 불구하고 호언장담하던 북진 통일도 못하고 분단만 가져와 후세들에게 분단된 조국에서 살도록 하였다. 이승만 장로는 가능성도 없는 북진에 대한 장담을 하여 김일성을 자극하였고, 그때마다 3일 이내에 평양을 점령할 수 있다고 허풍을 쳐놓고 막상 전쟁이 발발하자 3일도 견디지 못하고 서울을 빠져나갔다.

1950년 6월 27일 21시 정기뉴스시간에 "미군이 우리를 돕기로 했으니 서울시민은 안심하라"는 요지의 담화문을 발표해 놓고 28일 2시 30분 한강교를 폭파하여 서울시민 150만을 공산당 정치 밑에서 신음하게 하였다. 또한 9.28 수복 때는 인민군에 협조하였다고 부역자를 색출하였다. 부역행위는, 인민군이 서울에 입성하자 좌익계열들이 그들을 환영하면서 부역한 자들도 있으나, 한밤중에 한강교가 절단되고 인민군이 서울에 입성하여 피난할 겨를이 없어 잔류에게 되었고 인민군의 강제부역에 살기 위해서 어쩔 수 없어 부역한 사람도 많이 있다. 그러므로 부역의 책임은 일단은 이승만 장로 정부에 있다.

그런데 이승만 장로는 책임을 회피하기 위하여 부역자의 가혹한 처벌에 나섰다. 1950년 11월 13일 부역자 총수는 550,915명으로 서울 시민 30%이며 이중 자수자 397,090명 검거자 825명이다. 이중 인민군

1,448명 중공군 28명 유격대 9,979명 노동당원 661명이다. 이중 867명을 51년 1월 8일부터 재심없이 사형집행을 하였다. 그리고 15년 10년 6개월 구금 연좌제동 1984년까지 34년 동안 호적에서 삭제를 해주지 않아 그들은 남몰래 흐르는 눈물을 막을 길이 없이 세월을 살아왔다. 1951년 방위군사건, 부산정치파동, 중석불사건, 농림부 부정사건, 사사오입 개헌파동, 양곡부정사건, 국방부 원면사건 등 부정부패가 극에 달하였고 6.25 동란을 겪은 국군의 부패는 말을 할 수가 없게 되었다.

3.15부정선거 때 신도환 중심의 반공청년단, 임화수의 반공예술인단, 이정재의 정치깡패집단들이 각종 시국강연회를 방해해 왔고 사회를 공포분위기로 만들었으며 투표소를 포위하여 참관인들을 구타하여 축출하고 무더기 투표를 하여 이승만과 이기붕의 표가 총유권자의 표보다 더 많이 나오는 어처구니없는 부정을 저질렀다.

그리하여 "반공"이라고 하면 어용과 정치깡패의 대명사로서 몸서리가 쳐져 급진사상을 갖도록 하는 계기가 되었다. 내무부장관 최인규, 차관 이성우, 치안국장 이강학, 김종원 지방국장 최명학 등은 부정선거를 감독하기 위하여 치안국 과장급으로 66명의 선거독찰반을 조직하여 4할 사전투표, 3인조 5인조 공개투표, 자유당 완장부대활용, 야당투표참관인 축출, 투표함 바꾸기, 표 바꾸기 등을 극비에 지시하였다.

자유당은 선거자금을 만들기 위하여 은행 일반 융자시 커미션을 자진 헌금하도록 하여 7억환을 모금하여 은행 부조리의 선례를 남겨 놓았다. 한희석, 박용익, 최인규, 이강학 등은 선거자금을 경찰에 11억, 공무원에게 2억 4천만원 반공청년단에 1억 8천만환을 배정하였다. 1960년 2월 28일 일요일, 대구에서 민주당 선거강연회가 있었는데 학생들의 참석을 막기 위해 일요일인 데도 학생들에게 등교를 강요하였다. 경북고등 학생들은 여기에 반발, 교문을 빠져나와 반월당 중앙통을 거쳐 도청

광장으로 진출하여 선언문을 낭독하고 시청 쪽으로 가려다 경찰과 대치하여 50여명의 학생이 연행되는 등 데모가 시작되었다. 이날 검거된 학생은 113명이었다. 1960년 3월 8일15일 인천, 광주, 수원, 마산, 충주, 포항, 서울, 부산 등에서 계속 데모가 발생하였다. 1960년 3월 15일 오후 5시 일천여 명의 시민이 마산 남성파출소 앞에서 소방차와 정면 대결하게 되었다. 이때 정전이 되면서 경찰은 시민들에게 처음 사격을 하였다. 이때의 사격으로 사망 16명, 부상 72명의 희생자가 발생하였고, 연행자는 219명이었다.

경찰은 연행한 학생을 "빨갱이 새끼"라고 하면서 모진 구타와 고문을 시작하였다. 경찰은 이날의 데모가 빨갱이에 의한 데모로 조작하기 위하여 사망한 학생들의 호주머니들에 불온문서를 넣어놓고 불온문서가 학생의 호주머니에서 나왔다고 발표하였다. 이 학생들은 6.25때 부역자라고 발표하여 마산시민을 분노하게 하였다.

4.19때 고등학생은 6.25때 초등학생들로서 부역을 할 수 없었다. 학생들은 "우리가 이대로 어떻게 살아갈 것입니까?"라고 절규하였고, AP통신은 "한국의 민주주의는 썩은 나무에 핀 곰팡이에 지나지 않는다. 마산사건은 침략자의 수법과도 같다."고 논평하였다.

이기붕 권사는 마산사태에 대한 기자의 질문에 "총은 쏘라고 준 것이지 가지고 놀라고 준 것은 아니다."라고 하였다. 1960년 4월 11일 오전 11시 25분, 마산 중앙부두에서 낚시꾼에 의해 김주열군의 시체가 발견되자 마산지청장은 본인이 직접 지휘하여 사체를 인양 도립병원에서 부검을 실시하였으나 압력에 의하여 발표를 못하고 있었다.

시민들이 도립병원에 쳐들어가 김주열군의 시체를 보니 눈에서 뒷머리까지 직경 5cm, 길이 20cm의 최류탄이 박혀 있는 것을 보고 몸서리치지 않은 사람이 없었다고 한다. 2만명의 마산시민들은 오열하며 극

률하게 데모를 하여 마산시를 거의 장악하였고, 경찰도 시민들에게 사격을 가하여 2명이 사망하고, 14명이 부상하였다.

경찰은 데모연행자 중 22명에 구속영장을 신청하였고, 정부에서는 마산에 적색분자가 있어 데모를 선동하였고 군·경·검 합동조사위원회를 조직하였다. 경남지사 신도성씨는 국회조사단에게 "마산 데모는 공산당 수법과 흡사하다."고 하여 공산당이 조종한 것처럼 암시하였다. 부산지점 한옥신 검사는 "마산사건에 공산당 개재는 속단할 수 없다."고 국회조사단에게 언명하였다. 60년 4월 19일 오후 1시, 4천여 명의 고대생들이 교문을 나와 안암동 로타리를 지나 종로를 거쳐 시청 앞에 도착하였고, 수만 군중은 뒤를 따랐다.

국회의사당 앞에서는 10만의 데모대가 몰려 데모를 할 때 중앙청 앞에서 데모를 진압하던 서울시경국장 유충렬은 데모대에 사격을 명하였고, 경무대 앞에서는 내무부장관 홍진기와 대통령 경호실장 곽영주가 사격명령을 내려 학생을 희생시켰다. 학생들이 붉은 피를 토하면서 죽어가자 많은 학생들이 무기를 들기 시작하여 경찰과 총격전이 벌어졌다. 청계천 4가 천일백화점 앞에 고대생들이 도착할 때 이정재의 부하 정치 깡패 100여 명이 갑자기 나타나 쇠파이프, 각목, 벽돌 등으로 학생들을 난타하여 삽시간에 수라장이 되었다.

학생 부상자가 10여명에 달하였고 취재기자 3명도 크게 부상하였다. 대광고등학교 교목은 천여명의 학생을 교내에 집합하여 놓고 하나님께 간절히 기도해 주고 학생들이 교문을 나서 데모에 참가하도록 권하였다. 정부에서는 계엄령을 선포하고 계엄사령관에 송요찬 중장을 임명하였다. 송요찬 계엄사령관은 기자회견에서 "학생들에 대한 보복행위를 불용하며 평화적 시위자는 폭도가 아니라"고 언명하고 "정상이 경미한 학생의 석방과 고문 금지"를 치안국장에서 지시하였고, 보복 경찰을 계엄법으로 처리할 것이며 학생들의 희생자 115명은 유가족에게 인도할 것이다."라고 발표하자 온 국민들은 뜨거운 환영을 보냈다. 건국 이래 처음 듣는 통쾌한 발표였다.

▲ 1960년 2월 18일 반도호텔에서 한국기독교 대표들이 모여 자유당 정권의 절대지지와 충성을 다짐했다. 목회자들이 호텔에서 대우받을 때 학생들은 184명이 죽고 6,000여명 이상이 피를 흘려야 했다.

국민은 국군을 전폭적으로 지지하였다. 경찰은 연행자 704명중 667명을 석방하였다. 국무위원 전원이 사표를 제출하였고, 이기붕도 모든 공직에서 사표 한다고 발표하였다. 이때 이승만 장로의 담화문은 :동족상잔은 통곡할 일이다. 계엄해제를 위해 전략을 다하라."고 하면서 모든 잘못을 자유당에게 넘기려 하자 온 국민은 이승만은 아직도 정신을 못 차렸다고 분개하면서 "부정선거 다시하라."에서 이제는 "이승만은 하야하라."로 구호가 바뀌었다.

4월 25일 258명의 서울시내 교수들이 모여 "학생들의 피해 보답하라.”는 구호 아래 국회의사당까지 행군하여 제자들의 죽음에 동참하자 서울시민은 열열한 환영을 하였다. 4월 26일 파고다공원에 있는 이승만 장로의 동상을 파괴하고 3만여 명의 시민은 “이승만은 하야하라.”고 외쳤다.

이승만도 “국민이 원한다면 물러나겠다.”고 발표하였다. 4월 28일 이기붕, 박마리아. 이강석, 이강욱 등 이기붕 가족이 이강석의 권총에 집단 자살하였고, 이승만도 경무대에서 이화장으로 옮겼으며 후일 하와이로 망명하였다. 이정재, 임화수, 유지광 등 정치깡패와 반공청년단체 대표 신도환과 그의 부하들도 체포되었고 소름끼치는 반공청년단도 해체되었다. 학생 희생자 184명, 부상자 6,000여명으로 이승만 장로는 하나님의 뜻을 이룸보다 영광을 가리고 하나님의 일꾼으로 하나님의 뜻을 위하여 장로와 대통령의 사명을 주었건만 오히려 하나님께 욕을 돌리고 기독교 정부가 학생에 의해 타도되어 한국을 비참하게 만들고 그는 떠나야만 했다.

이승만 장로는 대통령 선서 시 성경 위에 손을 얹고 기도로써 하나님께 감사하였다. 제헌국회 때 이윤형 목사가 개회기도를 하였다. 1952년 제2대 대통령 선거 때 한국 기독교는 이승만을 돕기 위하여 선거대책위원회를 조직하여 그를 도왔다. 1960년 3.15부정선거 때 이승만 장로와 이기붕 권사는 “150만 성도들에게 드리는 말씀”을 올려 선거에 협조를 요청하였다. 1960년 2월 18일 반도호텔에서 열린 교계 지도자 초청모임에서 목사들은 이승만 장로를 대대적으로 지지하였다.

다윗은 자기 아들 솔로몬에게 왕권을 넘겨주고 죽기 전 마지막 유언은 첫째 대장부가 되라. 둘째 법을 지키라. 셋째 배신자를 처단하라. 그리하면 모든 일에 형통하리라(왕상 2:1-9)하였다. 솔로몬은 지켜 나라와 백성이 부귀영화를 누렸으나 이승만 장로는 법을 지키지 않아 그의 말로는 비참하였다. 특히 친일 반역자를 숙청하지 못한 것과 분단을 가져온 것은 도저히 씻을 수 없는 일로 천추만대까지 영향을 미칠 것이다. 목사들은 이승만이 장로이기 때문에 이승만 장로에게 부정을 철저히 지적하여 시정하도록 하고 법을 지키도록 권고했어야 함에도 불구하고 이승만을 대대적으로 찬성하여 이승만 장로와 한국을 비참하게 하고 많은 학생을 희생시키는데 동조하였다.

목사들은 학생들이 불의에 항거해도 전혀 관심이 없었고, 성명서 한 장 없이 침묵하고 있었다. 결국 이승만 장로는 한국을 떠나게 되었고, 이기붕 가족은 집단자살을 하고 184명의 학생과 6,000여 명의 학생이 부상을 당하여 밤이 새도록 탄식해도 목사들은 침묵으로 일관하였다. 이러고도 국가가 잘되고 이 땅에 정의가 실현되어 하나님의 뜻이 이루어지겠는가?

부정부패의 이승만 정부의 앞잡이 노릇을 한 기독교 목사들에게 연세대학교 학생회에서는 "독재자에게 아부한 종교인들은 침묵으로 자숙하라"고 외치며 회개와 각성을 촉구했다. 그러나 그들은 철면피 같이 감각이 없었다. 이승만 장로는 조국의 광복을 위하여 만주와 상해에서 생명의 위협을 무릅쓰고 투쟁했던 독립 운동가들에 대해서는 냉대하고 일본의 앞잡이들인 친일파들에 대해서는 보호와 우대를 하여 민족정기의 싹을 잘라버렸다. 이것은 이승만의 절대 잘못이었다.

이승만은 1925년 독직사건으로 탄핵이 되었고 미국에서도 독립자금 운영에 대해서 규탄을 받았기 때문에 자기 잘못은 생각지 않고 독립 운동가들이 자기의 잘못을 폭로할까봐 천대한 것이 민족의 골수까지 사무친 친일파를 숙청하지 못하고 대한민국에서는 독립 운동가들의 설 곳이 없게 하였다. 이승만 장로의 불법에 대하여 지적한 김창숙 성균관대 총장을 학교에서 쫓아내버렸다. 그러므로 누가 정의롭게 살 것이며 누가 국가를 위해 목숨 걸고 애국을 하겠는가?

이승만은 정절이나 지조나 정의나 애국을 무가치하게 만들고 국민이 해바라기처럼 이리 붙어살고 저리 붙어살게 하는 썩은 정신을 심어 놓았다. 이승만은 장로요, 최인규는 장로교 집사이며 이기붕은 감리교 권사였다. 이승만 정권의 부패에 대해서 기독교가 전적으로 책임을 져야 한다. 이러기에 공산당은 종교를 아편이라고 하면서 종교는 가장 무거운 사회악으로 뿌리를 뽑아야 한다고 주장하면서 기독교를 박해했던 것이다. 그들은 이 사회에 있어서는 안 될 암적 존재들이다.

기독교는 해방이 되어 신앙과 정의에 사는 분이 심히도 적어 하나님과 조국을 배신한 무리들을 정리하지 못하였다.

하나님을 배신하고 민족의 반역자들이 큰 소리를 치는 것은 세계 기독교사에 유래를 찾아볼 수 없는 한국기독교였다. 그로인해 신앙과 정의가 혼돈의 세상이 되었다. 애급의 노예로 있던 이스라엘 백성들이 하나님의 도움으로 해방이 되었으면 하나님께 감사해야 함에도 불구하고 금송아지를 경배하고 불신앙으로 인해 시나이반도 광야에서 모조리 죽게 되었다.

몇 사람만 요단강을 건너 새로운 정신 사상을 가진 사람으로 국가를 건설하려고 하였다. 하나님과 민족을 배신한 일본 앞잡이들도 이승만, 박정희, 전두환 독재자의 앞잡이들을 광야에서 모조리 정리하고 새로운 사람으로 국가와 기독교가 건설되어야 하는데 기독교는 이 일을 해내지 못하였다. 어용 그들은 기독교 교육이 그리스도 안에서 인격의 완성에 두어야 함에도 불구하고 자기들이 어용으로 살았기 때문에 인격의 완성을 외치지 못하고 축복축복 하는 황금만능주의와 출세와 자기과시만 하여 기독교와는 전혀 다른 것을 외쳐 오늘날 기독교가 이토록 부패한 것이다. (히 6:1-2)

어용 그들이 교권을 잡고 있어 정치제도를 개선할 수 없어 교회나 지방회(노회) 총회는 수라장이 되어 고등종교가 하등종교로 전락하고 말았다. 우리는 수라장의 분열 총회를 보고 과연 그들은 하나님을 모시고 있을까. 심히 염려스럽지 않을 수 없다. 의사는 사람의 육신을, 교수는 사람의 지식을, 목사는 사람에게 정신을 지도한다고 하여 성직이 아니겠는가. 하나님과 민족을 배신하고 권력의 시녀들이 어떻게 신앙과 양심과 정신적인 지도자가 되어 강단에서 교인들을 교육시킬 수 있겠는가! 그리고 어떻게 이들에 의해 교단이 운영된단 말인가!

1959년 44회 장로회 총회 분열 후 통합측은 민족반역자 전필순을 용납하고 그를 총회장에 추대하였고 성결교회는 이명직목사를 서울신대 학장으로 추대하였다. 어떻게 이들이 하나님의 일꾼 될 위대한 종들을 교육시킬 수 있단 말인가! 기독교는 이승만 정부의 부정부패의 앞잡이 노릇이나 하는 참으로 부끄럽기 짝이 없는 단체가 되었다.

정의와 화평과 평등과 자유가 기독교 정신이라면 이것을 실천에 옮겨 국가를 건설하는데 이바지하고 하나님의 뜻을 이 땅에 이루어 하나님께 영광을 돌렸어야 했다. 그런데 이승만 기독교정권은 이 모든 것을 싹 뭉개버렸고 기독교는 이 일에 협조자가 되었다.

그런데 한심한 것은 지금도 기독교 목사들은 그런 것을 모르고 오직 자기 과시하는 것밖에 관심이 없다. 이러고서야 하나님의 뜻이 이 땅에 이루어지겠는가. 기독교가 역사의식을 상실하게 되면 역사도 언젠가는 기독교를 상실하게 된다. 이유는 윤리를 떠난 기독교는 존재의 이유가 없기 때문이다. (암 5:21)

기독교의 성장과 함께 국민의 윤리의식도 성장해야 함에도 불구하고 윤리의식은 가면 갈수록 추락하여 기독교의 윤리가 없는지 오래가 되었다. 그리스도 안에서 열매가 없다면 그리스도와는 아무런 관계가 없는(마 7:21) 일반 친목단체이다. 우리는 기독교의 금송아지주의 어용주의, 지방색 분열주의, 자기 과시주의가 만연되어 있는 것을 우리 자신이 너무도 잘 알고 있다. 그들은 개인구원에 집착하여 오직 자기 환상에 도취되어 있다.

4. 기독인의 자세

모세는 바로 왕의 딸의 아들이다. 모세는 궁궐에서 살고 있고 권력도 있어 세상에서 부러울 것이 없는 사람이었다. 그러므로 그는 히브리 국가와 국민에 대해서 도움을 받을 필요가 없으며 관심을 가질 필요도 없었다. 그러나 모세는 자기 조국이 없는 것과 자기 민족이 애굽에서 학대받는 것과 고역을 당하고 있는 것이 너무 가슴 아팠다.

모세는 어느 날 애굽인이 히브리 사람을 치는 것을 보고 못 본 체하고 관심 없이 지나쳐 버려도 되지만 참을 수가 없어 애굽 사람을 쳐죽여 모래 속에 감추었다. 모세는 남의 일에 간섭할 필요가 없지만. 이웃을 내 몸과 같이 사랑하다 결국 살인자가 되어 권력도 부귀영화도 다 버리고 도망 다니는 신세가 될 정조로 자기 국민을 사랑하였다. (출 2:11-15).

모세는 하나님의 부름을 받고 시내 산에서 사십 일 동안 기도하고 있었다. 백성들이 모세가 산에서 내려옴이 더딤을 보고 아론에게 자기들을 인도할 신을 만들라고 하여 아론은 금송아지 형상을 만들고 백성들은 그 금송아지를 가리켜 애굽 땅에서 인도하여 낸 신이라고 하면서 우상을 섬기고 있었다.

하나님께서는 모세에게 "내가 이 백성을 보니 목이 굳은 백성이로다. 그런즉 나대로 하게 하라. 내가 그들에게 진노하여 그들을 진멸하고 너로 큰 나라가 되게 하리라."라고 하셨다. 히브리 백성은 하나님의 심판으로 죽게 되었어도 모세는 출세하게 되었으니 백성이 죽든지 말든지 모세와는 상관이 없는 일이다. 그러나 모세는 하나님께 간절히 간구하기를 "주의 맹렬한 노를 그치시고 뜻을 돌이키사 주의 백성에게 이 화를 내리지 마옵소서. 그리고 그들의 죄를 사하시옵소서.

그렇지 않사오면 원컨대 주의 기록하신 책에서 내 이름을 지워버려 주옵소서."라고 간곡히 간청하였다. 백성들은 하나님을 배신한 자들이요, 금송아지 즉, 하나님보다 우상을 섬겨, 마땅히 벌을 받아야 했으나 모세는 자기는 희생되어도 백성들의 죄는 용서해 주어야 한다고 간청하여 하나님으로부터 용서를 받아냈다. (출 32 1-14).

이것이 바로 기독인의 자세요, 기독교 정신이다. 자기 희생 즉, 능욕을 지고 예수님 뒤를 따르는 것(히 13:11-13). 십자가를 지고 예수님을 따르는 것(마 16:24-26)이다.

권력의 앞잡이가 되어 출세하는 비겁한 인간의 정신은 기독교 정신을 왜곡한 것이요, 어용 기회주의는 국가반역사상이며, 기독교 정신을 부패시키는 정신으로 우리에게 가장 무서운 적이다. 웨슬레는 "누구든지 그리스도께서 우리를 사랑하신 것같이 그의 형제를 사랑하는 사람은 말로만 사랑하지 않고 '열심히 선행' 을 하지 않을 수 없다."고 하였다. 웨슬레는 사회적 성결이 아닌 성결은 성결이 아니다 라고 하며 사랑으로 역사하는 믿음이 기독인의 완전함의 최고라고 하고 믿음이 의인의 명백한 근원이라고 강조하면서 선행은 믿음의 직접적인 열매라고 역설했다. (엡 2;10)

믿음은 끊임없이 선행을 하게 한다. 믿음은 선행을 할 것인가. 말 것인가를 묻지 않는다. 믿음은 이러한 물음을 묻기 전에 벌써 선행을 하게 한다. 성결 또는 사랑의 열매를 맺도록 그리스도를 믿는 신앙을 전해야 한다. 하나님께 감사하는 사랑은 곧 이웃 사랑으로 인도 된다. 성결은 사랑으로 역사하는 믿음이다.

사랑 또는 성결의 삶은 선행의 삶이다. 성결, 사랑, 그리고 선행은 불가분의 관계를 가지도 있다. 아무리 그리스도에게 참여했다고 말할지라도 사랑하지 않는다면 그것은 거짓말을 하고 있다는 것을 의미한다.

비겁하고 이웃에 관심이 없고 자기 과시밖에 모르며 어용사상으로 가득 찬 오늘의 우리 기독교 사상은 너무 많이 왜곡된 것이다. 애굽 왕 바로는 히브리 산파 십브라와 부아에게 "히브리 여인을 위하여 조산할 때 살펴서 남자거든 죽이고 여자거든 살게 주라."고 명하였다.

그러나 그들은 하나님을 두려워하여 왕의 명령을 기역하고 하나님 뜻에 따라 남자를 살렸다. 그로 인해 모세가 죽지 않고 살아서 히브리 민족을 구원하는 지도자가 된 것이다. 하나님의 뜻이 이 땅에 전달되려면 반드시 모세와 같은 용기 있는 자의 희생, 산파와 같은 용기 있는 자의 희생이 있을 때 가능하다. 비겁과 자기 과시밖에 모르는 기회주의자들을 통하여서는 절대 하나님의 뜻이 전달될 수 없으며 정의가 실현될 수 없다. 이스라엘을 독재자 바로의 손에서 구출해 낸 모세 역시 두 산파의 용기 있는 희생정신이 없이는 불가능하였다. 그들은 절대적인 왕의 명령을 거역하면 죽음이 따르고 왕의 명령에 순종하면 출세한다는 것을 알고 있었다. 그러나 그들은 출세보다 하나님 뜻을 선택한 것이다.

그러므로 하나님의 뜻이 이 땅에 이루어진 것이다. 하나님의 뜻이 대한민국 땅에 이루어지기까지는 산파와 같이 하나님 뜻에 살려는 용기 있고 희생정신이 있을때 가능하다.

식민지시대와 이승만 장로의 독재시대 때 얼마라 많은 교역자들이 로마서 13장 1절을 악용 "권력은 하나님으로부터 왔으니 순종하라."하면서 기독교 정신을 왜곡했던가? 하나님의 뜻이 이루어지지 않는다면 정의가 실현될 수 없으며 그런 사회는 부패하기 마련이다. 어용으로 뒤덮인 우리 사회는 부패하지 않은 곳이 없다. 아무리 교회가 많고 기독교인이 많다 해도 능욕을 질 용기가 없는 어용사상을 가지고 이 사회를 개혁할 수 없다. 웨슬레가 감리교 신우회를 조직한 것은 새로운 교파를 만드는 것이 아니라 사회를 개혁하고 성결하게 하기 위함이다.

웨슬레는 거룩한 생활을 통하여서만 개혁은 이루어 질 수 있으며 어디서나 이 메시지가 전파되는 곳에서는 도덕적, 영적 병화가 일어 날 수 있다고 생각하였다.   웨슬레는 기독교인의 삶의 목적은 세상으로부터 물러나는 것이 아니라 세상에 참여하는 것이다고 하였다.

웨슬레는 "산상수훈은 기독교인이 땅의 소금이요, 세상의 빛이라는 것을 강조함으로써 마음의 경건으로부터 실천에 옮아가고 있다. 기독교는 본질적으로 사회적 종교이다. 기독교 신앙을 은둔자의 경건으로 만드는 것은 기독교 신앙의 파괴를 의미한다. 참다운 신앙은 인간 공동체 안에서 성장한다. 하나님께서는 당신으로 하여금 다른 사람들과 한테 어울려 살게 하신다. 이것은 세상 안에 있는 부패를 어느 정도 억제할 수 있는 것으로 주어졌다는 것을 의미한다고 하였다.

웨슬레는 "온전한 사랑은 기독교인이 비기독교인을 접촉하는 데서 성장한다. 고독한 기독교인은 변칙적인 것이다. 거룩한 고독은 거룩한 간음자와 같이 신앙의 왜곡을 나타낸다. 거룩한 생활을 증진하기 위하여 세상으로부터 격리된 삶을 사는 것은 복음의 모순을 내포하고 있다. 거룩한 삶은 세상 안에서 영위된다.

하나님의 뜻을 세상으로부터 물러남으로서만 실현할 수 있다고 사람들로 하여금 믿게 만들어 속이는 것은 하나님 목적을 사탄이 왜곡한 것이요. 지옥의 큰 엔진이다."고 하였다. 우리에게 무관심, 침묵보다 더 무서운 것이 있겠는가. 다윗은 사울 왕의 추격을 피하여 제사장 아히멜렉에게 찾아가 배가 고프니 먹을 것을 달라고 요구하였다.

아히멜렉은 "항용 떡은 없으나 거룩한 떡은 있습니다."라고 하였다.

이 거룩한 떡은 아무나 먹을 수 없는 떡이지만 아히멜렉은 배가 고파하는 다윗에게 거룩한 떡 진설병, 곧 여호와 앞에서 물려 낸 떡을 주었다. 아히멜렉은 율법에 얽매이지 않고 사람을 살리는데 율법을 범해가면서 협력하였다. 다윗은 허기진 배를 채우니 이제 신변의 안전이 걱정되어 아히멜렉에게 무기를 요구하였다.

　제사장 아히멜렉은 거절하지 않고 신변의 안전을 위하여 다윗에게 칼을 주었다. 다윗은 무기를 소지하고 아기스를 떠났다. 그런데 이 내용을 사울에게 아부하여 고한 자가 있어 사울이 화를 내어 제사장 아히멜렉과 그 아비의 온 집 놉에 있는 제사장을 불러 왕 앞에 집합시켰다. 사울 왕이 아히멜렉에게 "네가 어찌하여 다윗과 공모하여 나를 대적하여 그에게 떡과 칼을 주고 그를 위하여 하나님께 물어서 그로 오늘이라도 매복하였다가 나를 치게 하려 하였느냐?"라고 문초하였다. 이때 아히멜렉은 사울에게 아부하여 죽을죄를 졌다고 하지 않고 "왕의 신하 중에 다윗같이 충실한 자가 누군지요? 그는 왕의 사위도 되고 왕의 모신도 되고 왕실에게 존귀한 자가 아니니이까?"라고 하면서 왕의 잘못을 지적하면서 정직한 다윗을 죽이려고 하는 것은 부당하니 죽여서는 안 되며 이것은 하나님을 거역하는 일로 왕이나 국가에 유익을 줄 수 없다는 진언을 하였다.

　왕이 바르게 판단하고 바르게 살아 하나님의 뜻을 이루며 국가를 바르게 인도하라는 뜻으로 사울의 잘못을 지적하였다. 그런데 사울 왕은 아히멜렉의 충성스런 조언을 듣지 않고 오히려 제사장 아히멜렉을 죽였다. 그것도 부족하여 제사장 밑에서 일하는 85명도 함께 죽이고, 놉의 남녀와 아이들과 젖 먹는 자녀들과 소와 나귀와 양까지도 모두 죽였다. 이 결과 이스라엘은 불레셋과의 길보아전투에서 요나단과 아비나답과 말기수 등 사울왕과 아들들이 죽고 이스라엘 병사들도 처참이 죽어 갔으며 사울 왕조의 몰락과 동시에 나라가 둘로 갈리는 불행한 일이 발생하였다(삼상 22:1-23).

　　하나님의 일꾼 목사들은 여당도 아니요. 야당도 아니요. 정치가도 아니며 정치에 관여해서도 안 된다. 또 그렇게 되어서도 안 되나. 그러나 죄에 대해서는 지적해 주고 회개를 권고하여 왕이나 관료나 그 누구라도 정직하게 바르게 살도록 권고를 해야 할 사명이 있다. 왕이나 관료나 사회의 사람들이 잘못하여도 무관심하고 잘못을 지적하지 않는 것은 공범자요(잠 16:30), 그들이 범죄하여 망하게 내버려두는 것은 방조자로서 이보다 더 큰 죄가 있겠는가!(겔 33:8) 이승만은 장로이다.

　　그러므로 목사들은 이승만 장로를 잘 지도하여 헌신적이고 정직한 생활로써 대한민국 전 국민에게 모범을 보이고 하나님께 영광을 돌리며 하나님의 뜻을 받들어 이 땅에서 하나님의 뜻이 이루어지도록 최선을 다했어야 했다. 그래서 하나님은 많은 사람 가운데 기독교 장로를 뽑아 세운 것이 아닌가? 그런데 가장 정직하지 못하고 법을 위반하고 부패한 국가와 사회를 만들었다. 전중앙대학교 총장인 임영신 씨가 자기 재산을 들여 이북에 정탐군을 보내 북한의 군사력을 정탐한 후 이승만 장로에게 보고했을 때 이승만은 그때만이라도 신성모, 채병덕, 그리고 육본 각국장과 일선 4개 사단장을 경무대로 조치하여 방어에 헛점이 없도록 철저히 준비하도록 지시하고 작전국장에게 전차의 공격에 철저히 대비하게 하였으면 얼마나 좋았으랴.
　　만일 전쟁이 발발하였을 때 어떻게 방어하고 어떻게 승리할 것인가를 각 사단장을 불러 철저히 계획을 세우라고 지시했으면 한국전을 사전에 막을 수 있었고, 승리할 수도 있었으리라.
　　그리하여 그 많은 인명피해를 내지 않았을 것이다. 그런데 이승만 장로는 임영신 씨의 조언과 남침 징조에 대한 보고를 묵살하여 엄청난 재난을 자초하였다. 지금은 국가나 사회의 잘못을 지적하여 바르게살기를 간절히 원하는 교역자를 보수주의자들과 어용 교역자들은 '운동권'이니 좌경이니 "라고 매도하며 국가나 사회가 더욱 부패하게 하고 있으니 참으로 한심한 오늘의 기독교가 아닐 수 없다. 정치 집단의 앞잡이 노릇을 하는 기독교라면 이 땅에 과연 존재할 필요가 있는가?

이승만 장로와 국가와 자유당이 썩어가도 그것을 지적하여 바르게 살도록 권고하지 않고 찬양한 것은 국가를 망하게 한 것이요. 이것은 마귀로 하여금 춤을 추게 한 것이다. 이것은 기독교인의 가장 큰 수치이다. 하나님을 섬긴다는 이승만 장로는 많은 국민을 희생시키고 한국에서 쫓겨나 비참하게 세상을 떠났다. 그리고 오늘의 한국을 비참하게 만든 원인이 되었다. 이것이 기독교 정신이요. 이것이 예수님의 정신인가? 이것이 성서가 우리에게 가르쳐 준 교훈인가?

교회와 사회는 뗄 수가 없다. 교회는 사회 안에 있다. 교회가 정직할 때 사회도 정직해질 것이며 사회가 정직할 때 교인은 이중생활을 하지 않을 것이다. 그런데 자기만 잘살기 위해서 사회가 부패하고 교회가 부패해도 무관심하고 있다. 사회가 부패한다면 곧 교회도 부패하게 된다. 교회가 부패하면 마귀는 춤을 춘다. 오늘의 현실이 바로 그런 현상이 아니겠는가? 우리가 이러한 엄청난 사실을 깨닫지 못하는 것이 더 큰 문제이다. 우리 사회와 기독교는 이미 위험 수위에 도달해 있다. 그 증거가 좌파가 극성을 부리고 있는 것이다.

제6장
기독교인의 책임

제6장 기독교인의 책임

Ⅰ. 군부독재자 박정희를 찬양한 목사들

박정희는 1917년 11월 14일 경북 선산군 구미면 상모리에서 박성빈과 백남의의 5남 2녀 중 막내로 태어났다. 그가 태어날 때 아버지는 54세, 어머니는 44세였다.

아버지는 막내 박정희를 잉태할 때 기뻐하기보다 오히려 당황하였다고 한다. 그것은 이미 둘째며느리를 보았으며 큰딸도 출가하여 임신 중에 있고 어머니와 딸이 함께 잉태한 사실을 부끄럽게 생각하였기 때문이었고, 또한 가난한 농가에서 식구 하나가 더 늘어남으로 경제적인 어려움이 있었기 때문이다. 박정희의 집은 외가의 논 네 마지기를 부치고 있었다.

어머니는 잉태한 박정희를 낙태시키려고 쓴 간장 두 그릇을 마셨지만 낙태되지 않아 다시 섬돌이나 장작더미 위에서 뛰어내려 배 속의 어린아이에게 충격을 주어 낙태되게 하려 했으나 그러나 실패하여 결국 출산한 것이 박정희였다. 박정희는 잉태 때부터 환영받은 것이 아니라 어쩔 수 없이 태어났으니 그의 유년시절이 어떠했으리라는 점은 짐작할 수 있으며 그의 성격도 짐작할 수 있다.

1937년 4월 1일 대구사범학교를 졸업하고 곧바로 문경공립보통학교 교사가 되었다. 박정희는 문경공립보통학교 교사로 있을 때(21세) 김호남 여성과 결혼하였다. 박정희는 신부를 상모리 집에 놔둔 채 문경에서 하숙생활을 하였다. 박정희는 월급 때만 되면 학교에 찾아와 월급을 몽땅 가져가 술을 마시는 아버지에 더 이상 견딜 수 없어 1940년 만주로 떠나버렸다. 그는 만주군관학교에 들어가 고향에 있는 처에게 편지 한

장 보내지 않은 사람이었다. 부인은 딸을 낳았는데 그가 바로 박재옥이었고, 박정희가 두번째 이영숙과 결혼한다고하여 첫째부인 김호남씨는 머리를 각고 수덕사 절로 들어갔다. 1942년 4월 박정희는 만주군관학교를 졸업하였고 졸업식장에서 일본 천황으로부터 금시계를 상으로 받고 졸업생을 대표해서 답사를 하였는데 내용은 "대동아 공영권을 확립하는 성전에서 나는 싸꾸라와 같이 훌륭하게 죽겠습니다."라고 하였다.

졸업한 박정희는 일본 육군사관학교에 입교하여 1944년 4월 57기로 육사를 졸업하고 천황에게 충성을 맹세하여 일본 육군 소위로 임관 14연대에 배속되었다가 만주 보병 8연대 소대장이 되어 만리장성 방면 팔로군 소탕작전에 참가하였다.

박정희는 "다카키 마사오(高本正男)"로 조상이 물려준 성을 개명하여 일본성을 가졌다. 해방이 된 후 1946년 9월 24일 경비대에 입대하여 국방경비대 간부후보 제2기생으로 변신 입교 80일간의 교육을 받은 후 12월 14일 졸업과 동시에 대한민국 대위로 임관, 1연대 소대장 중대장을 거쳐 1948년 14연대 반란 시 육사 생도대장으로 있었으나 14연대 진압사령부를 신설할 때 사령부 작전참모보좌관이 되었다.

1946년 10월 1일 38명의 경찰사망을 낳은 대구폭동사건 때 박정희 형인 박상인은 황태성 구미남로당 위원장과 함께 대구폭동을 주동하여 박상인은 경찰과 접전 중 사살되었고, 황태성은 이북으로 도주하였다가 5.16후 월남하여 공화당 사전조직에 김종필과 같이 깊숙이 개입했다는 인물이다. 박상인의 죽음에 충격을 받고 있을 때 영천 장로교회 목사 이재복 목사는 박정희를 설득시켜 형과 같이 좌익이 되게 하였다.

제주도 폭동의 주동자 9연대 문상길 중위, 5연대 오일균 소령, 14연대 반란, 6연대 반란 등으로 좌익에 가담하여 반란을 조종한 자를 색출하여 숙청할 때 박정희는 1949년 2월 8일~13일 고등군법회의에서 이중업

(김수임이 이북으로 탈출시킨, 김일성에 의해 남로당 숙청 때 사형 당함) 남로당 조직책 지령에 따라 이재복(남로당 군사부 특수조직책 목사)군부 조직책에 의하여 육군 내의 조직을 총 담당했으며 군부조직을 통괄했다는 혐의로 김학림, 조병건 등과 함께 검찰의 사형구형에 무기징역을 선고받았다. 박정희 수사를 담당한 김안일, 김득룡, 김득모, 정강 등은 박정희를 설득, 좌익에서 전향하도록 했으며 전향하면서 군내 좌익분자 명단을 제공해 주어 군내 좌익을 숙청하는데 도움이 되어 특무대 과장 김안일 소령(현재목사)과 백선엽 정보국장의 도움으로 이승만대통령의 특별사면이 되었다.

4,700여명의 숙군 중에서 유일하게 박정희만 살아났으나 군복을 벗고 불명예 제대를 해야 했다. 불명예 제대한 박정희는 백선엽의 건의로 채병덕 총장이 허락하여 정보 과장 유양수 소령을 보좌하게 되었다.

박정희는 봉급도 없고, 직책도 없는 문관으로 일하게 되었다. 1950년 6.25 전란 중 정보국장 장도영, 작정국장 강문봉의 건의와 정일권 총장의 허락으로 문관 박정희는 1950년 7월 31일 현역에 복귀 군인의 길을 다시 걷게 되었다.

그리고 1950년 9월 15일 중령으로 승진되었다. 한국전은 박정희로 하여금 출세하게 만들었고, 5.16반란을 가능케 하였다. 1950년 10월 25일, 서울에서 장도영 대령이 9사단을 창설할 때 특별히 요청하여 박정희 중령이 사단 참모장에 보직되었다. 친일파 장교들이 친일파 박정희를 출세하게 만들었다. 그러므로 5.16은 친일파가 득세하게 되어 민족정기를 짓밟는 계기가 되었다.

박정희에게는 일본군 출신이라는 것과 좌익으로 있다 동료의 명단을 제공하고 전향한 배신자의 오명에 대한 압박감, 생명같이 여겨졌던 군에서 예편되어 급료도 직책도 없는 문관으로 일을 한다는 것이 박정희로 하여금 견딜 수 없는 고통을 느끼게 하였다.

장준하씨는 "다른 사람은 몰라도 박정희만은 국민의 지도자가 될 수 없다고 하였다. 박정희는 형님도 빨갱이요, 본인도 빨갱이었기 때문에 대한민국에서는 출세할 수 없는 이판사판의 인생으로 난리가 나던가 아니면 반란을 일으키든가 해야 출세할 수 있는 인물이었다. 박정희는 빨갱이었다는 꼬리표 때문에 진급심사 보직결정 때마다 문제가 되었고, 6.25전란 중에도 한 번도 전투 지휘관이 되지 못하는 치욕으로 그는 6.25동란을 겪었으면서도 자랑할 것이 없는 장교였다.

그는 국가에 공헌한 인물이 아니라14연대 반란에 가담한 반란자이다. 그가 대통령으로 있는 동안 6.25동란의 연구는 환영받을 수 없어 한국전에 대한 연구가 소홀히 되었다.

이승만대통령때도 자랑할 것이 없어 6.25 한국전의 연구가 환영받지 못하여 한일병탄과 6.25 한국전의 연구가 현재까지 소홀한 원인이다. 1950년 7월말 현역으로 복귀 된지 며칠이 안 되어 박정희는 김종필 이영근 중위에게 1936년 2.26일 일본군의 반란사건을 설명하면서 반란의 뜻을 비쳤다. 1950년 12월 12일 둘째부인 이영숙이 도방가고 없자 세 번째 육영수와 결혼하였다.

1951년 5월 10일 전방에서 치열한 전쟁을 하고 있을 때 박정희는 장면총리 비서실장을 지낸 선우종원을 찾아가 "장면박사를 추대, 무력혁명을 하자."고 제의했다. 그러나 선우종원은 완곡히 거절하여 반란 추진은 진척되지 못하였다. 1951년 6월 2~3일 경 이종찬 육군총장과 유재흥 차장, 김종면 정보국장, 양국진 군수국장, 김종오 인사국장이 모여 회의할 때 작전교육국장 이용문이 참석하지 못하여 대신 박정희 차장이 참석하였다.

박정희는 이 회의 때 부산의 원용덕 헌병대를 견제하기 위하여 전남에 있는 이용 연대에서 1개 대대와 거창에 있는 박경원 연대에서 1개 대대 등 2개 대대 전투 병력을 부산에 진주시켜 400여 명의 원용덕 부대를 제압하고 국회에서 이승만을 실각시키자는 제의를 하였다. 이때 이종찬 참모총장은 깜짝 놀라면서 ”군이 정치개입하는 결과가 되지 않겠느냐?“라고 하면서 반대하여 거사는 무산되었다.

전방의 병사들은 치열한 전투 중에 있는데 후방에서는 승리할 수 있는 것은 연구하지 않고 이러한 반란 공모만 하고 있었다. 1960년 3월 20일 경 이종찬 장군은 박정희 밀사를 통하여 한 통의 편지를 받았다. 편지내용은 :함께 혁명을 해서 위기에 처한 국가와 민족을 구해야 되겠습니다.”라는 내용과 혁명의 지도자로 모시겠다는 내용이었다.

이종찬은 깜짝 놀랐고 “군이 정치에 개입한다면 군의 사병화를 촉진하고 파벌을 조성할 뿐만 아니라 끝내 일본처럼 망국을 초래한다.”라고 부당성을 설명하고 밀사에게 화를 내서 돌려보냈다.

1960년 5월 8일 박정희는 윤태일, 김동화 등 4,500여 명에 달하는 병력을 동원하여 이승만 장로를 제거하고 정권을 잡으려는 반란을 조직하였다가 4.19혁명으로 포기하였다.

1961년 1월 12일 육군본부 개인 보안심사위원회가 개회되어 과거의 사상이 의심스럽거나 근무실적이 나쁜 군인으로서 적격이 아니라고 판정된 153명의 장교가 예편된다는 비밀명단이 박정희에게 알려지게 되었고, 박정희 전역 예정은 1961년 5월 말이었다.

그래서 박정희는 이판사판으로 반란을 결심하고 김종필과 함께 반란 조직에 착수하였다.

1961년 5월 16일 새벽2시, 목사 아들인 김윤근 해병 제1여단장은 김광동 군목의 기도 후 부대는 별 저지없이 한강을 통과하여 치안본부와 시경을 점령한 후 시경에 지휘본부를 설치하였다.

1961년 5월 16일 6군단 포병사령관 문재준 대령 부대는 아무런 제지

없이 의정부, 미아리를 거쳐 육본을 점령하였다. 박정희 반란군은 1961 년 5월 18일 오후, 장면 국무총리와 국무위원들이 별관의 국무회의실에 서 무력으로 사퇴하게 압력을 넣어 총 사퇴함으로 반란이 성공하여 폭 력이 정당화 되었다.

6.25의 상처가 아물지 않는 휴전 8년 후의 일이었다. 박정희는 14연 대 반란에 가담하고 그후 3차례나 반란을 일으키려다 뜻을 이루지 못하 고 4번째 반란에 성공하였다. 박정희는 혁명공약 6개항을 선포하였는 데 여섯째 "이와 같은 우리의 과업이 성취되면 참신하고 양심적인 정치 인들에게 언제든지 정권을 이양하고 우리들 본연의 임무로 복귀할 준 비를 갖춘다."라는 혁명공약을 하였다. 3년이 지난 1963년 2월 17일 육 군참모총장 김종오와 이병기, 장성환과 각군 총장과 해병대 사령관, 김 두찬, 최고회의 의원 유양수, 박태준, 김재춘등이 모였고, 뜻을 같이 하 는 박병권 국방부장관, 6.25때 파평산 전투에서 명성을 날린 김진위 수 도방위사령관, 유병현 등은 사정이 있어 참석치 못하였다.

▲ 1961년 6월 21일 5.16 군사반란을 지지해 줄 것을 미국에 애원하는 인사들. 앞줄 좌로부터 한경직, 최두선, 김활란, 정일권

1963년 2월 18일 새벽 2시 이들은 박정희를 만나 "군인이 정치를 하는데는 무리가 있다."라고 하며 혁명공약대로 군을 원대복귀하자고 건의할 때 박정희도 허락하여 1963년 2월 27일 오전 10시 10분 시민회관(현 세종회관) 무대 위에서 "민족과 역사 앞에 거룩한 서약"의 제목 아래 "본인은 민정에 참여치 않겠다"라고 서약하였다.

그리고 돌연 1963년 3월 16일 박정희는 "군정을 4년 더 연장하겠다."라는 성명을 발표하였다. 1963년 5월 27일 박정희는 민주공화국 대통령 후보로 등장하여 두 번이나 대통령을 하였다. 1969년 7월 25일 특별담화를 통해 박정희는 3선개헌의 필요성을 역설하였다. 그리고 1969년 9월 14일 국회별관에서 야당의 결사반대도 불구하고 3선 개헌안을 변칙통과 시켰다.

1971년 4월 5일 공화당 대통령후보가 된 박정희는 유세장 장충공원에서 "이번이 대통령으로 출마는 마지막 기회이다."라고 눈물 흘리며 연설하였다. 그는 "75년 대통령 선거에는 출마하지 않겠다"고 공약을 하고 3번째 대통령이 되었다.

1972년 10월 17일 박정희는 아무런 이유없이 계엄령을 선포하였다. 그리고 헌정을 중단시키고 국회를 해산하고 정당활동을 금지시켰으며 비상국무회의에서 마련된 해괴한 유신헌법 개정안을 1972년 11월 21일 비상계엄령 하에 찬반토론 없이 일방적인 방송국 선전 가운데 국민투표에 의하여 확정시켰다.

유신헌법의 의하여 통일주체국민회의가 1972년 12월 23일 장충체육관에서 2,359명 참석 중 2,357명이 찬성투표를 하여 8대 대통령이 되는 기절초풍의 유신헌법과 선거를 통하여 독재자가 되었다.

1979년 10월 26일 7시 10분 김재규는 유신 말기의 현상을 보고 많은 회의와 고민 끝에 박정희 가슴에 권총을 쏘아 영구 독재자의 길을 막았다. 김재규는 "법을 지키고 공약을 지켜야 할 박정희가 법을 어김으로 법대로 시행했을 뿐이다"라고 하였다. 박정희의 죽음으로 군인의 독재 정치가 끝나는 줄 알고 온 국민들은 기뻐하였다.

II. 용기있는 자와 비겁한 자

박정희가 불법적으로 반란을 일으켜 장면 정부를 몰아냈는데도 기독교 일부에서는 그의 잘못을 지적하기는 커녕 환영하는 추세였다. 1961년 반란을 일으킨지 35일만인 6월 21일, 반란정부를 강력히 반대하는 미국정부에게 반란정부를 지지해 줄 것을 요청하기 위하여 기독교대표 한경직 목사와 최두선, 김활란, 정일권 등이 미국에 도착 애원을 할 정도였다. 박정희가 혁명공약과 2.27선서도 뭉개버리고 대통령이 되어 취임식을 할 때 일본의 자민당 부총재 오노가 "박정희 대통령은 나의 친아들 같은 사람이다."라고 하여 물의를 일으킬 정도로 박정희는 친일파 인물이었다. 1961년 11월 11일 박정희는 케네디의 초청을 받고 도미 중 일본에서 30시간을 체류하는 도중 일본 외무성에 "만주군관학교 교장과 동기생을 만나고 싶다."고 요청하였다.

박정희는 한 요정에서 "나는 정치도 경제도 모르는 군인이지만 명치유신 당시 일본의 근대화에 앞장섰던 지사들의 나라를 위한 정열만큼을 잘 알고 있다. 그들의 지사와 같은 생각으로 일해 볼 계획이다." 하여 일본인들로 하여금 대 환영을 받았다. 박정희는 1965년 6월 22일 일본과 굴욕적인 한일협상을 정식 조인하였다.

한일협상조인 후 전국 교회에서는 전국적으로 철야 금식을 하였다. 1965년 7월 1일 한경직, 김재준, 강신명, 강원용, 함석헌 등 기독교계 인사 116명은 기독교 교역자 연서로 성명서를 발표하였다. 이들은 조직을 구성하여 회장에 한경직, 부회장에 김재준, 총무에 강신명 등을 선출하였다. 그러나 보수교단이라는 단체에서는 한일회담을 지지하였다. 그리고 위의 조직을 반대하고 나왔다.

정부에서 3선 개헌을 발표하자 김재준 목사는 "3선 개헌 반대 범 국민투쟁회"를 조직하여 박형규, 함석헌이 참여하는 가운데 위원장이 되고 "3선 개헌 절대 반대한다."는 성명서를 발표하였다. 정일형, 김옥선, 함석헌, 김재준, 김상돈 등은 염광회를 조직하고 "3선 개헌을 절대 반대한다."고 성명서를 발표하였다.

1969년 9월 3일 평안교회 김윤찬 목사, 여의도 순복음교회 조용기 목사, 대학생선교회 김준곤 목사, 극동방송 사장 김장환 목사 등의 보수교파 라고 하는 242명의 목사들은 대한기독교연합회를 조직하여 회장에 김윤찬 목사를 선출하고 성명서를 발표하였다. 성명서 내용은 "날마다 그 나라의 수반인 대통령과 영도자를 위하여 기도하여야 한다."고 주장하면서 김재준 목사의 3선 개헌 반대 성명서를 반발하고 나섰다.

그리고 그들은 "우리들 기독교인은 개헌 문제에 대한 박정희 대통령의 용단을 환영한다."라고 '3선 개헌 지지와 양심 자유선언을 위한 기독교 성직자 일동'으로 발표하고 또 "강력한 영도력을 지닌 지도체제를 바란다."고 하며 더욱더 강력한 독재를 요구하였다.

대한기독교연합회는 1972년 "유신개헌과 유신헌법을 지지 한다"고 성명서를 발표하였다. 대한기독교연합회 회장인 김윤찬 목사가 이중국적인 미국시민권을 소유하고 있는 것이 발견되어 미국으로 가버리자 대한기독교연합회는 해체되고 교회는 분열되고 말았다.

1975년 지원상과 신촌성결교회 정진경 목사, 홍현설 목사 등이 중심이 되어 대한기독교연합회를 한국기독교지도자협의회로 다시 발촉하고 "서울 선언문"을 발표하였다. 1973년 남산 야외음악당에서 부활절 연합예배를 드린 후 박형규 목사등은 "유신개헌은 절대 해서는 안된다."는 것과 회개를 촉구하는 내용의 유인물을 교인들 일부에게 돌리고 현수막을 준비하여 "3선 개헌 반대"라고 쓰고 시위를 하였다.

박정희 정부에서는 이 사건을 현 정부를 전복하기 위한 내란음모라고 조작하여 발표한 후 박형규 목사, 권오경 전도사, 남상우, 이종관을 구속 10년~5년 선고를 하였고, 김동환 전도사, 나상기, 이상윤, 정명기, 황인성, 서창석을 즉심에 넘겼다.

1973년 5월 20일 박형규 목사는 "한국 그리스도인의 신앙선언"을 발표하면서 유신의 잘못을 세밀하게 지적하였다. 민청학련 배후조종자로 박형규, 김창국, 김동길 등이 구속되고 지학순, 김지하 등도 구속되었으며 윤보선은 불구속 기소되었다.

1972년 12월 13일 오후 11시, 전주 남문교회 은명기 목사는 포고령 위반으로 구속되었다. 은명기 목사 사모님은 행운의 편지를 읽은 후 뜻이 좋아 그것을 복사하여 다른 사람에 주려고 목사한테 보여준 후 은명기 목사가 못하게 하여 복사한 것밖에 없는데 유언비어 날조 죄로 구속되었다. 은명기 목사는 전주시에서 개헌 지도위원으로 위촉되었으나 은명기 목사가 완강히 거절하자 유언비어 날조죄로 구속시켜 버렸다.

1973년 11월 5일 오전 11시 YMCA 1층 양식당에서 천관우 사회로 김재준 목사가 "시국선언"을 낭독하였고, 여기에 지식인 15명이 서명하였다. 1973년 12월 4일 김관석, 김재준, 백낙준, 김수환, 김홍일, 유진호, 이병린, 윤보선, 이인, 한경직, 이희승, 함석헌, 천관우 등은 천관우의 사회로 시국간담회를 가진 후 백남준을 임시의장으로 하여 박정희에게 건의문을 발송하기로 하고 '유신헌법개정 청원 백만명 서명운동'을 하기로 결의하였다.

1974년 1월 15일 백만인 서명운동을 주동하였다고 백기완, 장준하,

김진홍, 이규상, 박윤수, 김경락, 이해학 등은 15년~5년의 징역형 선고를 받았다. 1974년 2월 24일 김동환, 권오경, 김용상, 박상희, 박주화, 이미경, 김매자, 차옥순 등은 성직자 구속 경위를 유인물로 작성하여 전국 교회에 보내려다 우편물 검열 때 발견되어 모두 구속되었다.

1974년 1월 17일 종로5가 기독교회관 KNCC 총무실에서 시국선언 기도회를 가진후 선언문을 낭독하고 유신헌법개정 청원 서명운동을 할때 전원 경찰에 연행되어 동대문경찰서에 감금된 후 구속되었다. 그들은 10년~5년의 징역선고를 받았다.

1975년 박대선 연세대 총장은 "대학은 법과 정치를 초월해서 교육적 인도적 결정을 내릴 책임이 있다."고 강조하면서 시국관련 처벌된 학생들의 복학을 허용해야 한다고 주장하였다. 1975년 2월 9일 KNCC 주최로 신앙의 자유수호를 위한 기도회를 열었다.

1975년 2월 9일 오후 2시, 새문안교회에서 4천5백여명이 모여 기도회를 가졌으며 1975년 2월 11일, 대한예수교장로회(통합) 총회는 성명서를 발표하고 "신앙을 사수하고 국가 장래 비극을 막기 위해 전 교단이 투쟁할 것을 천명한다."고 하였다.

1975년 1월 14일 기독교장로회 총회는 총회장 안광식 목사와 교회와 사회위원회 회장 이해영 목사, 선교활동 자유수호위원장 은명기 목사 등의 공동명의로 성명서를 발표하였다. "유신헌법을 철폐하고 민주헌법으로 개정해야 한다" 는 내용이었다. 1975년 2월 20일 민주수호기독자회에서는 성명서를 발표하고 "유신헌법 철폐하고 박정희는 하야하라."고 외쳤다.

1975년 3월 20일 기독교 8개 교단 교역자 320명은 서울 연동교회에서 '기독교 정의구현 전국 성직자단 모임' 을 갖고 김형태 연동교회 목사를 대표위원으로 선정하고 강신명, 강원용, 김관석 목사 등을 고문으로 추대하였다. 그리고 "유신헌법은 철폐되어야 한다."고 성명서를 발표하였다. 1975년 10월 8일 성결교회 장로인 김옥선 국회의원은 대정부 질의에서 "정부가 월남패망 후 관제 안보대회를 개최하여 강권통치를 강화하고 있다"고 8분 동안 연설하는 도중 공화당의원들의 난동으로 연설이 중단되고 국회안은 수라장이 되었다.

정일권 국회의장은 김옥선 의원을 징계하려고 할때 김영삼 장로의 배신으로 김옥선 장로는 자진 의원직을 사임하고 가까웠던 둘 사이는 영영 멀어졌다.

1976년 3월 1일 명동성당에서 김대중, 문익환, 함세웅, 문동환, 이문영, 서남동, 안병무, 신현봉, 이해동, 윤반웅, 문정현 등이 모여 문익환 목사가 초안한 내용을 서울대 교수 이우정씨가 구국 선언문을 낭독하였다. 그후 그는 구속되어 5년 징역 자격정지 15년을 선고받았다. 윤보선, 정일형, 함석헌, 이태영, 이우정, 김승훈, 장덕필, 김택암, 안충석 등은 불구속 기소되었다.

전북 김제군 백구면 소재의 난산교회 강희남 목사가 1976년 신·구교 월요기도회에서 기도한 내용과 강희남 목사가 "공산주의를 이기는 길은 부정부패의 근원인 유신정권의 뿌리를 뽑는 길이다."라고 하자 이 내용이 긴급조치 9호 위반과 반공법 위반이라고 하며 구속하였다. 강희남 목사는 "박정희 정부는 반란으로 정권을 찬탈하여 합법정부가 될 수 없기 때문에 주민등록증을 발급받지 않았다."라고 하며 신청을 거부하였다. 그는 일생을 고향 농촌에서 목회하였다. 1977년 11월 5일 전주지방법원에서 징영 10년 자격정지 7년의 선고를 받은 강희남 목사는 박정희의 죽음으로 복역 중 석방되었다.

충남부여 홍산교회에서 '제11회 나라와 선교 자유를 위한 구국기도회'가 있었다. 이 집회에서 복음교회 총회장 조용술 목사는 "표리부동"

이라는 제목으로 설교를 하고 집에 가는 도중 경찰에 의해 강제 연행되어 긴급조치 9호 위반 혐의로 구속되었다. 8월 27일 종로5가 기독교 회관에서 '조용술 목사 구속에 대한 연합기도회'에서 오충일 목사가 조용술 목사 구속사건을 보고하였는데 이것이 죄가 되어 오목사도 긴급조치 9호 위반혐의로 구속되었다.

조용술 목사가 십이지장 만성 위궤양 등으로 전북대병원에서 입원수술을 받게 되자 구속정지 결정이 내려 오충일 목사도 같이 석방되었다. 1976년 3월, 고영근 목사가 단양교회에서 부흥회를 하는 도중 연행 구속되었다. 고영근 목사의 사건이 고등법원을 거쳐 대법원에 상고되었을 때 대법원 판사 이일규, 정태원, 민문기, 강안희 등 판사 전원일치로 "고영근 목사의 설교는 공지사항을 인용한 것뿐이다."고 판시 고등법원 징역 2년의 선고를 무죄로 선언하여 판사들의 양심과 용기에 온 국민은 감사하였다.

1977년 11월 26일 전남노회 주최 '농민을 위한 기도회'에서 행한 설교와 기도의 내용이 문제가 되어 고영근 목사는 또 강진경찰서에 연행되어 긴급조치 9호 위반 혐의로 구속되었다. 설교내용은 박정희는 무력으로 정권을 찬탈하고 법을 파괴시켰다는 내용이었다. 고목사는 장흥지원에서 징역 6년을 선고받고 6차례 걸쳐 금식하였다. 고영근 목사도 박정희 죽음으로 석방되었다. 성남시 동산교회 임태평 목사는 주일예배 후 긴급조치 9호 위반 혐의로 구속되었다.

임목사는 다방에서 교인들에게 "육영수의 죽음과 장준하의 죽음에 의혹이 있다."라고 하였는데 이 이야기를 밀고하여 징역 6년을 선고받고 박정희 죽음으로 석방되었다. 예장 산업선교회 실무자 인명진 목사가 청주 도시산업선교회에서 행한 설교가 긴급조치 9호 위반혐의로 구속되었다.

인목사는 미가서 2~6장을 내용으로 설교한 것이 긴급조치 9호 위반이라는 것이었다. 인천 도시산업선교회 총무 조화순 목사는 부산 동일방직 여성근로자들을 위하여 부산에 머물고 있던 중 1978년 11월 6일 부산 YMCA 강당에서 구속자를 위한 기도회에 참석, 설교 후 연행 구속되었다. 설교 내용은 동일방직 똥물사건과 경찰의 추악한 만행,(경찰이 데모하는 여성을 체포하려고 방직공장에 들어가자 근로여성들이 빤스만 입고 옷을 벗어 버린 사건) 연행자들의 고문 내용을 폭로하자 긴급조치 9호 위반이라고 하여 지영 5년을 선고받고 박정희 죽음으로 석방되었다.

YH무역의 여성근로자 170여명은 회사의 폐업에 항의, 마지막 수단으로 신민당사에 몰려가 농성을 하였다.

1979년 8월 11일 새벽 천여명의 경찰은 폭력으로 여성근로자들을 강제로 해산시켰고, 경찰은 무자비하게 근로자들을 탄압하여 김경숙씨가 사망하였다. 정부는 YH사건의 배후자로 인명진 목사, 문동환 목사, 이문영 교수, 고은 시인, 서경석 목사를 구속하였다. 1978년 2월 27일 수도교회 김상근 목사는 3일 동안 가택연금을 당하였고, 20여명의 경찰이 집을 포위하여 공포분위기를 조성하였다. 한빛교회 이해동 목사는 2월 27일 밤부터 8명의 경찰에 의해 가택연금을 당하였고, 안병무 박사도 9명의 경찰에 의해 강제연금 되었다. 서남동 목사는 2월 27일 버스 안에서 끌어내려져 5명의 경찰에 의해 가택연금 되었다. 그는 민중신학을 저술하였다.

이상의 목사들은 1978년 3월 1일 3.1절 행사에 참석치 못하게 하기 위하여 강제로 가택 연금시켰다. 이상의 교역자들은 박정희의 죽음으로 석방되었다. 김재규는 그들에게 은인이기도 하다. 김재규는 법정에서 "나는 법에 의해 처리했을 뿐이다"라고 강조하였다. 김재규에 대해서는 재평가 되어야 한다. 어느 목사는 유신을 뿌리 뽑으려면 박정희를 하야시키는 길 밖에 없다고 판단, 모든 준비를 다 했는데 김재규가 먼저 박정희를 죽임으로 엄청난 고통을 미연에 막아주었다고 김재규에게 감사하는 분도 있다.

　일본 식민지시대 때 교역자들이 감옥에서 많이 죽고 옥고를 치르자 하나님께서 역사하여 일본은 패전시킴과 같이 박정희가 목사들을 많이 구속시키자 박정희는 김재규에 의해 죽게 되어 구속된 교역자들이 석방되었다.　교역자들이 불의에 항의하여 많은 고난을 당할 때 하나님께서 반드시 역사하심을 알 수 있다.

1. 나단의 용기

　우리아는 다윗에게 충성을 다하는 부하였다. 그는 국방을 위해 요압장군이 있는 최전방에서 근무하고 있었다. 그는 집에서 가족과 같이 있는 시간보다 전방에서 있는 시간이 훨씬 많았다. 우리아의 부인 밧세바가 대낮에 목욕을 하고 있을 때 다윗은 목욕하는 밧세바를 보고 자기 부하에게 밧세바를 궁궐에 데려오도록 한 후 동침하여 범죄하였다.　동침의 결과 죄악의 씨가 잉태하여 밧세바의 배가 불러오기 시작하자 다윗과 밧세바는 고민하였다. 그래서 다윗은 한 묘책을 착안하였다.

　전방에 있는 우리아에게 휴가를 주어 집에 오도록 하여 부인 밧세바와 같이 잠을 자게 하여 죄악의 씨가 우리아의 자식이라고 할 계획이었다.　그리하여 최전방에 있는 요압장군에게 지시하여 우리아에게 휴가를 주도록 하였다. 우리아는 휴가차 예루살렘에 도착하여 자기 집에 가기 전 다윗의 부름을 받고 입궐하였다.

　다윗은 그에게 안부를 묻고 집에 가서 쉬도록 권하고 융숭한 대접을 하였다.　그러나 우리아가 궁궐에서 나와 집으로 가지 않고 왕궁 문에서 그 주위의 심복들과 더불어 잠을 자고 있었다. 다윗이 우리아에게 "어째서 집에 가지 않고 경비원과 같이 잤느냐?"고 질문하자 우리아가 하는 말이 "언약궤와 이스라엘과 유다가 영채 가운데 유하고 내주 요압과 내 왕의 심복들이 바깥뜰에 유진하였거늘 내가 어찌 내 집으로 가서 먹고 마시고 내처와 같이 자리일까?" 하고 대답하였다.

다윗은 큰 고민에 빠졌다. 우리아는 충성스럽고 헌신적이고 정직한 장교로서 국가에 절대 필요한 인물이다. 다윗이 잠을 자라면 자고 휴가를 즐기라면 즐기고 집에 가서 잠을 잤다면 죽지 않고 출세할 것이지만 강직한 것이 문제가 되어 우리아는 죽게 된다.

다윗은 고민 끝에 흔히 있는 사건으로 밧세바의 남편 우리아를 죽이기로 결심하고 우리아를 최전방에 보내 적에 의해 죽게 하는 방법을 연구하였다. 다윗은 요압 장군에게 편지 한통을 적어 보냈다.

우리아는 이 편지가 자기를 죽이는 편지인 것도 모르고 충성스럽게 요압 장군에게 바쳤다. 요압 장군은 편지의 내용을 보고 이상하게 생각도 하지 않고 우리아를 최전방에 보내 적에게 죽게 하였다. 다윗은 우리아가 죽었다는 소식을 듣고 큰 고민거리가 해결되어 아예 밧세바를 궁궐에 데려오게 하여 달콤한 사랑에 도취되었다.

세상이 어떻게 돌아가는 줄도 모를 지경이었다. 그리고 다윗은 그를 처로 삼았다. 이 사건은 하나님 보시기에 심이 악하였다. 이 사건은 하늘의 새도 땅의 쥐도 모르게 처리되었으나 나단 선지자는 이 사건 전모를 알고 있었다. 나단은 고민하였다. 위험부담이 큰 사건을 지적할 것인가, 아니면 자기의 안일을 위하여 침묵으로 모른 척할 것인가. 그러나 나단은 위험부담이 많아도 다윗의 죄를 지적하기로 결심하였다.

다윗의 죄를 지적하여 다윗을 회개시켜 하나님으로 하여금 용서받고 바른 길을 걸어가게 하는 것이 다윗을 위하는 길이요, 하나님이 원하는 일이요, 국가와 국민의 재난을 사전에 막는 길이요, 하나님이 나단에게 사명을 부여한 것을 완수하는 길로 판단하고 그는 용기를 내어 다윗 왕을 찾아갔다. 나단은 다윗에게 하나님 말씀을 전하였다. "네가 너로 이스라엘 왕을 삼기 위하여 네게 기름을 붓고 나를 사울의 손에서 구원하고 네 주인의 집을 네게 주고 네 주인의 처들을 네 품에 두고 이스라엘과 유다 족속을 네게 맡겼느니라.

만일 그것이 부족하였을 것 같으면 내가 네게 이것 저것을 더 주었으리라. 그러한데 어찌하여 네가 여호와의 말씀을 업신여기고 나 보기에 악을 행하였뇨. 네가 칼로 우리아를 죽이고, 그 처를 빼앗아 네 처를 삼았도다. 이제 네가 나를 업신여기고 우리아의 처를 빼앗아 네 처를 삼았은즉 칼이 네 집에 영영히 떠나지 아니하리라."고 하였다. 하나님의 말씀을 들은 다윗은 즉석에서 "네가 여호와께 죄를 범하였다."라고 하면서 식음을 전패하고 회개하였다. (삼하 12:1-31)

다윗은 시편 51편에서 "내 죄가 항상 내 앞에 있나이다."라고 하면서 탄식하며 회개하여 죽음에서 구원을 받고 국가도 망하지 않았다. 나단 선지자가 목숨을 걸고 다윗의 죄를 지적하지 않았다면 다윗은 하나님의 심판으로 죽고 말았을 것이며 국가도 멸망하고 말았을 것이다.

다윗의 죄를 지적함은 하나님의 지시오, 다윗을 위하는 길이요, 국가를 위하는 것이다. 목사들이 박정희의 죄를 지적하여 바른 길로 인도하는 것은 목사의 사명이요, 박정희를 위하는 길이요, 바로 국가를 위하는 길이었다. 목사들이 박정희의 죄를 지적하지 않고 침묵하는 일은 그를 죽이는 일이요, 하나님의 사명을 거역하는 일이요, 그를 사랑하는 일이 아니다. 목사들이 박정희의 죄를 보고도 그 죄를 지적하지 않았기 때문에 박정희는 친구의 총에 맞아 비참하게 일생을 마쳤고 최순실 사건이 터진것이다.

이 일은 자기 안일만을 위하여 하나님의 사명을 비겁하게 아첨함으로 그런 결과가 초래되었다. 나단 선지자와 같이 하나님께서 사명을 주실 때 용기있게 독재자에게 죄를 지적하지 못했다. 그리고 오히려 독재자를 찬양했다. 독재자 앞잡이 목사들은 '국가의 안전을 위해서' 라는 어처구니없는 명분으로 어용노릇을 하고 있으나 독재자를 찬양함은 하나님께는 거역이요, 그를 죽음의 길로 재촉하는 일이며 국가의 안전이 아니라 반역이다.

어용 목사들은 왜 하나님의 뜻을 분별하지 못하는가? 진정 하나님의 일꾼인가? 아니면 권력의 앞잡이가 되어 예수 이름으로 부귀영화를 누리는 사탄의 앞잡이인가? 박정희는 폭력으로 정권을 찬탈하고 1963년 2월 27일, 혁명공약을 이행한다고 하며 거룩한 서약을 기만하고 두 번 대통령을 하고도 3선개헌을 하여 또 대통령을 하였다. 그리고 다시는 대통령을 하지 않겠다고 국민과 약속하고 유신을 하여 영구 독재자가 된 것이다. 박정희는 거짓의 대명사이다.

이 어찌 하나님 보시기에 악한 일이 아닌가? 그런데도 목사들은 폭력으로 세워진 군사정부를 지지하였고, 3선 개헌을 지지하였으며 유신을 지지하였다. 어찌 이일이 하나님 보시기에 악하지 않는단 말인가? 어용목사들은 선과 악도 구별 못하는 장님인가? 우리는 정의와 불의, 선과 악, 마귀역사와 하나님의 역사를 혼돈하는 혼돈의 세상에서 살고 있다. 가장 정의로워야 하고 가장 선하고 용기 있어야 할 기독교 공동체가 가장 혼미하여 혼돈에서 살고 있다. 그러므로 기독교는 오늘의 사회에 정의를 부르짖지 못하고 선을 가르치지 못하는 벙어리가 되었으며 이 사회에 예수님의 흔적을 보여주지 못하고 있다. 기독교는 가장 비겁하고 어용집단의 주식회사라고 사회로부터 지탄을 받고 있다.

웨슬레는 "국가를 하나님의 질서 안에 두게 되면 결코 우상화하지 않게되며 인간을 통치하는 주인의 권위를 국가에 부여하지 않게 될 것이다. 하나님의 종으로서의 국가는 결코 시민의 주인이 될 수 없다.

국가는 하나님의 권위 밑에 있는 질서이다. 교회는 항상 국가의 움직임이 독재로 향하지 못하도록 감시하지 않으면 안된다. 누가 국가로 하여금 책임을 다할 것을 촉구할 수 있을 것인가? 누가 억지 형벌 세금부과의 힘, 토지 수용권을 가지고 있는 국가를 도덕적 힘으로 비판할 수 있을까? 교회가 이러한 일을 해야 한다."라고 하였다.

교회가 자기 울타리를 벗어나 밖으로 나올 때에 세상의 빛과 땅의 소금으로 알려지게 된다. 교회가 사회의 누룩이 될 때에 세상은 교회가 그리스도의 구원하는 현존의 성육이라는 것을 알게 될 것이다. 거룩한 누룩으로서 교회는 세계의 프로그램을 변화시켰다.

역사 속의 교회는 로마제국의 독재를 억제하였고, 또 그것은 웨슬레의 부흥을 통하여 영국의 민족적 비극의 추세를 극복하게 하였다. 교회는 세상을 치유하도록 부름을 받았다. 세상을 치유하는 일은 사람들을 영적으로 다시 새롭게 하는 일과 사회 개혁을 통하여 이루어진다. "당신의 나라가 임하소서."라는 기원이 최종적으로 응답될 때까지 계속될 것이다.

이것은 성령의 공동체 안에서 성령의 성화하게 하는 힘에 의하여 온전히 이루어진다 라고 하였다. 목사가 정의와 희생과 용기가 없다면 믿음을 실천할 수 없는 가증스런 위선자가 되고 만다. 어용은 가장 치사스런 인간의 모습이다.

Ⅲ. 군부독재자 전두환의 앞잡이 목사들

국군 안에 있어서는 안 될 사조직인 '하나회'가 있었다. 하나회 회장은 전두환 소장이었으며 핵심은 전두환, 노태우, 정호용 등 육사 11기생이었다. 이는 박정희를 도우면서 박정희가 길러낸 사조직으로 발전하였다. 하나회에 가입된 장성들은 박정희 죽음 다음 권력을 찬탈하기 위하여 혈안이 되었을 때 제일 큰 장애인물이 정승화 육군참조총장이었다. 전두환, 노태우, 정호용, 황영시(장로), 차규헌 등은 정승화 육군참모총장을 제거하기 위하여 12.12반란을 일으켰다. 1979년 12월 12일 오후 6시 30분, 전두환 육군 보안사령관은 수도경비사령부 30경비단장실에서 보안사 인사처장 허삼수 대령과 합수부 본부 2국장 우경윤 대령에게 정승화 총장을 모셔오라고 지시하였다.

우경윤 대령은 정승화 총장과 가까운 사이였다. 허삼수 대령은 정승화 총장 경비담당책임자인 이종민 헌병 중령을 불러 동행하였다.
정승화 참모총장공관경비책임자 이종민 중령은 출발에 앞서 정승화 참모총장 공관 경비병을 자기의 심복으로 교체하였다. 한 대의 승용차에 허삼수, 우경윤, 성환옥, 최석림, 이종민이 승차하였고, 버스에는 헌병 1개 소대가 승차하여 따라갔다. 최석림, 이종민은 총장공관에 도착 즉시 헌병을 시켜 총장경비병을 무장해제 시키고 총장을 향해 사격자세를 하고 있을 때 허삼수와 우경윤이 총장 공관에 들어가 정승화 총장을 체포하려 했다.

정승화 육군참모총장이 "헌병, 헌병!" 하며 다급하게 부르자 정총장과 가까운 우경윤 대령이 정승화 대장에게 "예 제가 헌병입니다. 여기 있는 헌병은 전부 제 말을 듣습니다."라고 하자 정승화 대장은 기가막혀 말이 나오지 않았다 그는 탄식하며 할 말을 잃고 허삼수와 최석림 중령에 의해 강제 연행되어 보안사 서빙고 분실에서 심한 고문을 받았다. 그들은 김재규와 공모를 대라고 협박하였다. 정총장은 어이가 없어 답변할 가치조차 느끼지 못했다. 정승화 육군참모총장이 이 땅에 태어난 것을 탄식하며 이런 자들과 대한민국 하늘 아래서 함께 사는 것을 모욕으로 느낀다고 하였다.

전두환과 노태우 소장은 여세를 몰아 정승화를 지지하고 자기들에게 협력하지 않은 수도경비사령관 장태환 소장과 특전사령관 정병주 소장, 3군 사령관 이건영 등을 강제로 연행하여 보안사 분실에서 조사를 받게 하였다. 정병주 특전사령관은 세상을 탄식하며 송추에서 자살하고 말았다. 박정희는 일본군에 있으면서 반란을 배웠고, 전두환, 노태우는 박정희에게서 반란을 배워 정권을 찬탈하였다.

1980년 5월 17일 오전 9시 국방부 제1회의실에서 전군주요지휘관 42명이 모였다. 그들은 이 자리에서 박정희가 사망하였으나 조용한 국내에 계엄령이 선포된 것을 해제해야 함에도 불구하고 조용한 제주도까지 계엄을 확대하여 국회를 해산하고 정치인을 체포하며 정당 활동을 못하게 하고 각급학교에 휴교조치를 하고 국보위를 설치하여 군인이 정치를 하자는 결의를 하였다.

이때 부산 군수기지사령관 안종훈 소장이 "이렇게 한다고 국민이 승복을 할까"하는 말을 하였다. 그는 이 말로 인하여 보안부대장 백재기 준장에게 연행되었다가 풀려나는 곤욕을 치루고 군복을 벗게 되었다. 1980년 5월 18일, 자정을 기하여 계엄령이 확대되고 즉시 주요인사 체포가 시작되었다.

그리고 각도에 해병대와 공수부대가 증파되었다. 특히 광주에는 공수부대 2개 대대가 증파되었다. 7공수 33대대 권성만 중령은 전남대학교에, 35대대 김일옥 중령은 조선대학교에 주둔하였다. 1980년 5월 18일 오전 9시 경 전남대학교 학생들은 일요일이어서 대부분 도서관에 간다거나 학교에 두고 왔던 소지품을 정리하기 위해서 학교에 가보니 7공수 33대대 권성만 중령 부대가 교문을 지키고 있으면서 막무가내로 학생들의 출입을 저지하고 있었다.

학생들은 자기 학교에 들어가지 못하고 학교 정문 앞에서 "우리 학교인데 왜 못 들어가게 하느냐?" 항의했지만 막무가내였다. 10시경에는 약 200여명이 모여 교문 앞에서 '정의가', '투사가' 를 부르며 "계엄군은 물러가라."고 외쳤다. "왜 군인이 학교에 있으면서 학생들을 학교에 못 들어가게 하느냐?", "군인은 학교에서 물러가라."하니 공수부대 책임자가 학생들에게 "즉시 해산하라. 만일 해산하지 않으면 무력으로 해산시키겠다."고 말하여 학생들은 어리둥절하였다. 군인이 물러가고 학생은 학교에 들어가야 하는데 군인이 학생들에게 물러가라 하니 학생도 군인에게 "군인은 물러가라."고 하였다. 이 말이 끝난 5분 후 공수부대 책임자는 "앞으로 돌격!"하자 특전부대원들은 "악"하면서 학생들에게 돌격하였다.

학생들은 어리둥절하여 도망쳤다. 그러나 후미 학생들을 잡아 공수부대원들은 사정없이 가슴, 어깨, 머리 등 진압봉으로 후려치기 시작하였다. 학생들은 저항할 틈도 없이 공수부대원들의 기습 공격에 피를 흘리며 땅바닥에 뒹굴었다. 학교 정문 앞은 순식간에 수라장이 되었다. 학생들이 실신하면 질질 끌고 가서 운동장에 엎어 놓고 올챙이 포복을 시키고 무릎을 꿇어앉혀 놓으니 처참하기 그지없었다. 도망가서 이 광경을 본 학생들이 군인이 4.19때와 같은 군인도 아니요, 평상시 생각했던 군인이 아니라 군인이 학생을 적으로 생각하고 공격하는 것 같은 인상에 치를 떨었다.

학생들은 골목으로 도망쳐 시내에서 다시 모였다. 1980년 5월 18일 오후 4시 북동 276번지 유동 삼거리에 갑자기 군 트럭 11대가 도착, 일렬종대로 멈추자 지휘자가 차에서 하차하여 스피커로 "거리에 나와 있는 시민 여러분, 빨리 집으로 돌아가십시오. 빨리 돌아가십시오."라고 핸드마이크로 방송한 지 5분 정도 지난 후 지휘자는 공수부대원을 하차시키고 그들에게 "거리에 나와 있는 사람은 전원 체포하라."는 명령을 내렸다. 명령이 떨어지자마자 한국 최강부대는 시민, 학생 할 것 없이 무차별 공격을 시작하였다.

공수부대원들은 그들 눈에 보이는 사람은 머리, 어깨, 가슴, 등 가리지 않고 가차없이 진압봉으로 휘어치고 군화발로 짓이겼다. 순식간에 30여명이 무참히 난타당하며 개 끌려가듯이 끌려가는 모습은 차마 눈을 뜨고 볼 수가 없었다. 공수부대원들은 젊은 사람만 보면 진압봉으로 난타질을 한 다음 피투성이가 되면 끌고 나와 옷을 벗기고 팬티만 입혀 손을 뒤로 묶은 채 길바닥에 엎어 놓고 아랫배로 기어가는 올챙이 포복, 통닭구이, 원산폭격 등의 기압을 주었다.

이 광경을 카톨릭센터 6층에서 본 윤공희 주교와 조비오 신부는 "옆에 총이 있었다면 쏴버리고 싶었다."고 군법회의 법정에서 진술하였다. 이대순 교육감은 "중·고등학생이 이 광을 보았는데 국군에 대해서 어떻게 교육하겠으나?" 라고

▲ 5.18민주항쟁때 이토록 끌려가고 죽어갔다.

했고, 31사단장 정웅 장군(장로)은 공수병들에게 "강경진압을 하지 말라." 라고 지시하였다고 하여 군복을 벗어야 했다. 계엄분소장 윤흥정

중장은 "군복을 입고 있는 것이 부끄럽다."라는 말을 하여 계엄분소장이 소준열 소장으로 교체되었다. 영업용 택시가 지나가자 택시를 정지시키고 손님을 끌어내어 진압봉으로 무자비하게 난타하였다. 손님은 신혼부부로 살려달라고 빌어도 소용이 없었다. 신랑은 눈을 정통을 맞고 쓰러졌다.

5.18민주항쟁 때 이토록 끌려가고 죽어갔다. 군 트럭 안에서 23세 가량의 아가씨가 공수부대원에게 두들겨 맞아 피투성이가 되었고, 아래는 완전히 벗겨진 채 얼굴을 가리고 통곡하고 있었다. 발아래는 그녀가 입었던 속옷이며 치마가 피로 얼룩진 채 찢겨져 있었다.

이 광경을 차마 눈 뜨고는 볼 수 없어 서석병원장인 김상수 박사는 사무장에게 속옷과 가운을 덮어주라고 말해 사무장이 옷을 갖고 나가자 공수부대원은 "누가 옷을 갖다 주라고 했느냐?"라고 하면서 사무장을 몽둥이질하였다. 명노근 전남대 교수는 공수대원들은 광주시민을 적으로 본 것 같다고 증언하였고, 수습위원회에서 집계한 사망자는 212명, 부상자 6,000여명, 폭도로 기소된 자 421명, 행불자는 수를 알 수 없다고 증언하였다.

1980년 5월 19일 19세의 처녀 최미자가 대검으로 가슴이 찔린 것을 오봉석씨가 치료해 주었다고 증언하였다. 적십자 마크를 달고 부상자를 병원으로 옮기던 이광영씨는 헬기에서 쏜 총에 맞아 하반신을 못쓰는 불구자가 되었다.

1919년 3.1운동 때 일본군이 한국 백성을 진압하는 방법과 별다른 차이가 없었다. 녹두서점 앞에서 초등학교 6학년 학생이 공수병들의 총격을 받고 손수레에 실려 가는 것을 보고 5.18시민항쟁에 참가하였다고 경신여고 박효선 선생은 증언하고 있다. 5월 19일 양동 복개상가에서 공수병들이 여고생의 교복을 찢고 유방을 칼로 긋는 것을 보고 도저히 참을 수 없어 시위에 가담하였다고 상황실장 박남선씨는 증언하고 있다. 광주일고 앞에서 여학생의 유방이 난자된 채 죽어있는 것을 보았다고 전옥주는 증언하였다.

공수병에게 성폭행을 당한 두 여대생 중 한명은 대학에 진학하였으나, 분신자살하였고, 한명은 승려가 되었다고 이지현씨는 증언하였다. 1980년 5월 28일 오전 10시 도쿄호텔 다방에서 김옥선, 한원상, 이선교 목사가 모였을 때 한원상 기자가 국보위 소식을 전하면서 "전두환이 상임위원장이 되어 정권을 찬탈하고 있다"는 내용을 설명하면서 "여기에 대한 대책을 해야 한다"라고 하고 헤어져 집에 가다 이선교 목사가 검거되어 많은 고초를 당하였다. 정부에서는 광주사태는 불순분자, 용공분자들의 주동으로 발생하였다고 악선전한 후 이러한 가운데서 김재규를 처형하고 1980년 5월 30일 국보위를 발표하고 전두환이 상임위원장이 되어 정권을 잡기 시작하였다. 그들은 광주사건을 정권잡는 명분으로 삼았다. 정부에서는 5.18 시민항쟁 때 사망자 198명, 행불자 34명, 부상자 1,974명, 기소자 421명이었다고 발표하였으나 누구도 이 발표를 믿으려 하지 않고 있다.

1. 임기운 목사의 죽음

1980년 7월 21일 월요일 13시 경 부산 보안사 분실에서 "목사님이 쓰러지셨습니다."라는 내용의 전화가 부산 제일감리교회 임기운 목사님 댁으로 왔다. 이 전화를 받은 임목사 사모님은 "거기가 어디지요?"하고 물으니 "큰아들인 임정식과 같이 오면 된다."라고 대답하고 끊는 것이었다. 사모님은 가슴이 철렁하여 큰아들 정식이와 같이 보안사 분실에 도착하여 임기운 목사를 보니 이미 의식이 없었다.

7월 21일 국군통합병원에 입원시켰으나 깨어나지 못하여 다시 부산대학병원으로 이송하였으나 1980년 8월 26일 운명하였다. 경찰은 교회와 병원을 철통같이 경계하였다. 임기운 목사는 보안사 분실에 들어간 지 6일만에 의식을 잃었다. 감리교 이천 목사가 보안사 분실 과장에게 "어떻게 해서 죽었느냐?"고 질문하자 보안사분실 과장은 "임기운 목사가 화장실에 갔다 오다가 고혈압으로 쓰러졌다."고 대답하였다. 그러나 임기운 목사는 고혈압이 없었다고 지정병원인 보수동 복음병원 원장 장기려 박사는 증언하고 있다.

이천 목사가 보안사 분실 과장에게 "임기운 목사가 죄가 없어 참고인으로 출두해 달라고 하였으면 일요일에 목사가 교회에 가서 예배를 인도하게 해야 할 것인데 왜 일요일에 교회에 보내지 않았느냐?"고 항의하자 과장은 임목사님에게 교회에 가서 설교를 하고 오라고 해도 조사를 다 받고 가겠다.고 하면서 목사님이 안가셨다고 대답하는 것이었다. 이천 목사는 하도 어이가 없어 목사의 사명은 조사받는 것이 아니라 주일에 예배드리는 것으로 대한민국 어느 목사가 자기 교회에 가서 설교하지 않고 조사를 받으며, 보안사가 무엇이 좋아서 집에 가지 않으며 일주일 동안 조사받았는데도 더 받을 것이 무엇이 있어 조사를 받겠느냐, 왜 과장은 거짓말을 하느냐고 항의하니 과장은 대답을 못하였다.

이천 목사는 과장에게 "임기운 목사의 죄는 무엇이냐?"라고 질문하자 "참고인으로 왔을 뿐이다."라고 답변하였다. 이천 목사는 참고인으로 온 임기운 목사를 왜 죽였느냐고 과장에게 항의하자 과장은 말을 못하였다.

임기운 목사 죽음의 의문점

1) 복음병원 원장 장기려 박사의 증언대로 임기운 목사는 고혈압이 아니었으므로 고혈압으로는 쓰러질 이유가 없다.

2) 임기운 목사의 시신이 국군통합병원과 부산대병원에 있을 때 병원을 경찰이 완전히 봉쇄하여 일반인의 출입을 금지시킨 점.

3) 부산 제일감리교회도 경찰이 완전히 경계하여 일반인의 출입을 통제한 점.

4) 이천 목사를 계속 감시한 점.

5) 감리교 감독들이 부산에 보여 이 문제를 가지고 회의하려고 할 때 보안사령부 군목 문만필 목사(현 강림교회시무)가 감독들을 데리고 보안사 분실에 도착하여 고문에 죽은 것이 아니라고 설득과 회유를 한 점.

6) 이천 목사님만 임기운 목사를 면회시켰을 때 임기운 목사 오른쪽 옆구리에 1센티 정도 크기의 빨간 반점이 2~3개가 있어 이것은 전기 고문한 표시 같다고 증언한 점. 사모님의 증언에 의하면 뒷머리 왼쪽이 3cm가량 찢어져 있었다는 점.

7) 보안사에서 일방적인 부검 결과 고혈압이 아니라 담석중으로 사망하였다고 하였으나 담석중으로는 사람이 거의 죽지 않으며 수술하면 100% 성공하고 담석중이라면 담석을 가족들에게 보여 주어 의문점을 풀어주어야 하는데 담석을 보여 주지 않은 점.

8) 임기운 목사는 "독재는 나라를 망친다. 광주에서 왜 사람을 그토록 많이 죽이느냐"라고 설교를 하여 기관원이 계속 미행하였다는 점.

이상의 상황으로 보아 임기운 목사는 고혈압이나 담석중으로 죽지 않고 고문에 의해 죽은 것이 확실하다. 이 일에 문만필 목사는 같은 동역자로서 억울하게 죽음을 당한 임기운 목사의 의문의 죽음을 덮어두려고 하는 불의에 가담하였고, 부검에 입회한 화양감리교 박민수 목사는 부검의 내용을 묵인하여 불의에 동참하였다. 과연 하나님 보시기에 악한 일이 아닌가? 임기운 목사는 강직한 목사로서 요령을 부릴 줄 몰랐고, 불의를 보고 묵인하지를 못하는 성격이었다. 그리하여 결국 죽게 되었다고 이천 목사(왕십리 교회시무)는 증언하고 있다. 임기운 목사는 대한민국이 정직한 정부가 되기를 소원하다 좋은 세상을 보지 못하고 운명하였다.

그는 1922년 12월 27일 평남 용강군 오신면 석정리에서 출생하였다. 1958년부터 1980년 7월 19일까지 부산 제일교회에서 시무하였다. 임 목사는 부산지방 감리사를 세 번하였고, 부산기독교교회협의회 총무를 역임하면서 1975년부터 사회정의구현 부산지역 기독인회 회장으로 '4.19기념 민주회복을 위한 기도회' 등의 활동을 하였다.

2. 살인만행을 찬양한 목사들

전두환과 노태우를 중심한 신군부는 정권을 잡기 위해 5.18살인만행을 저지르고 1980년 5월 30일 국보위를 발표하였다. 즉 국보위는 국회의 기능과 행정의 권한을 찬탈하여 국보위에서 이끌어 가겠다는 것이다.

여기 국보위 종교담당은 신촌성결교회 정진경 목사이며 입법에는 조향록 목사가 관여하였다. 1980년 8월 6일 서울 롯데호텔에서 국보위 종교담당 정진경 목사와 영락교회 한경직, 입법부 조향록 목사, 김지길 목사 등 22명의 기독교 대표들이 참석한 가운데 '전두환 상임위원장을 위한 조찬기도회'가 호화찬란하게 열렸다. 사회 문만필 목사로 시작된 예배에 조향록 목사의 '국가와 민족을 위한 기도', 김지길 목사의 '한국기독교를 위한 기도'가 이어졌고 국보위 종교담당 정진경 목사는 '전두환 상임위원장을 위한 기도'에서 "구석구석 악을 제거해 주셔서 감사합니다."라고 했다. 김인득 장로의 '군 장병을 위한 기도'에 이어 영락교회 한경직 목사의 설교가 있었다.

설교 내용은 "공의 생활에서는 분배가 중요하며 이를 실천하기 위하여는 사랑과 겸손이 있어야 한다."는 것이었다. 이어서 전두환 소장은 답사에서 "광주사태는 불손분자의 배우조종으로 발생하여 6.25 후 최

대 위기였고, 북의 도발 위험성에서 잘 극복한 것이 가장 큰 일이라고
거짓말을 하고 있었다. 이어서 정성칠 목사의 축도로 예배를 마쳤다.
참석자는 강신명, 지원상, 신현균, 김창인 등 모두 22명이었고, 배후 주

▲ 한경직 조향록 정진경 김준곤 지원상 김지길 김창인 신영균 이봉성 문만필 등 교계
인사들이 전두환을 축복하기 위해 예배를 드렸다.

선은 보안사령부 군목 문만필 성결교 목사였다.

이 조찬기도회는 문화방송, 중앙방송에서 3번 반복 방영하였고, 일
간·중앙신문은 머리기사로 다루어 전두환 소장을 국민들에게 부각시
켰다.

1980년 8월 21일 전군지휘관회의에서 주영복 국방부 장관은 "구국의
일념으로 탁월한 영도력을 발휘, 국가 위기를 수습한 새 역사의 지도
자" 운운하자 참석한 각 군 지휘관들이 전두환 소장을 대통령으로 추대
하여 8월 27일 최규하 대통령을 밀어내고 전두환 소장이 대통령이 되었
다. 전두환은 군인으로서 있을 수 없는 12.12반란을 일으켰고, 5.18만행

을 주도하여 수천 명의 광주시민을 살상하였다. 어떻게 해서 이런 사람이 대통령이 될 수 있는가? 기독교 대표들은 전두환의 죄를 지적하여 바른 길로 인도해야 할 막중한 하나님의 사명을 받았음에도 불구하고 잘못을 지적하는 것이 아니라 오히려 "구석구석 악을 제거해 주어서 감사하다."고 찬양기도를 하여 하나님을 깜짝 놀라게 하였다. 그들은 전두환이 대통령이 되게 하는 앞잡이 노릇을 하였다.

전두환에게 "구석구석 악을 제거해 주어서 감사하다."고 하였는데 구석구석 악을 제거한 것이 무엇인가? 혹 광주민주화항쟁을 광주시민이 잘못해서 진압하고 해결해 주셔서 감사하다는 말인가? 기독교 어용 교역자들은 노동과 자본의 투자 없이 입만 가지고 가만히 앉아서 손쉽게 부를 축적하고 있는 부도덕한 집단이다. 현세에서의 축복과 내세에 대한 공포를 양날 검처럼 교묘하게 휘두르면서 부를 축적하고 있다.

모든 사람이 더불어 행복을 누릴 수 있도록 사회를 개선하는 일에 아무런 관심도 기울이지 않는 기독교는 얼마나 추한가? 오늘의 교회는 예수 이름을 팔면서 자기의 배만을 불리고 있지 않은가? 가장 경계해야 할 출세주의의 노예가 되어 교회당의 평수나 늘리고, 겉모양만 호화롭게 치장하며 자기 과시하는 데만 정신이 팔려 있지 아니한가? 정통성을 의심받고 있는 정권에 대해 종교의 권위를 빌어 정당성을 부여해 주는 역할을 하는 대가로 기독교는 권력이 하사하는 단물에 취해 흐물흐물해지고 있다.

이 땅을 사람답게 살 수 있는 환경으로 만들고자 성직자를 비롯한 수많은 양심적 인사들이 부당하게 감옥에 갇혀 죽고 고생하고 있는 바로 그 순간에 한쪽에서는 용서받을 수 없는 자를 위해 하나님께 기도하고 있는 것이다. 권력에 빌붙어 백성들을 억압하는 독재자의 잘못된 구조를 신의 이름으로 합법화 시켜주는, 그런 거짓 기독교 목사들이야 말로 권력자들보다 훨씬 악하다는 것이 성서의 가르침이다.

3. 세례요한의 용기

이스라엘 왕 헤롯이 자기 동생을 멀리 귀양 보내고 동생이 없을 때 동생의 처인 헤로디아를 취하였다. 하나님 보시기에 '악한 일'을 한 헤롯 왕을 본 세례 요한은 헤롯에게 "동생 빌립의 아내 헤로디아를 취한 것은 옳지 않다."라고 헤롯의 죄를 지적하고 회개를 촉구하였다.

그러나 헤롯 왕은 사울 왕과 같이 회개는 커녕 자기를 위하여 죄를 지적하는 세례 요한의 목을 잘라 소반에 담아 생일잔치에 온 많은 사람들에게 보일 정도로 잔인하였다. 결국 헤롯도 죽고, 국가도 망하고 말았다. 세례 요한은 헤롯의 죄를 지적하지 않고, 무관심과 침묵으로 살 수 있었다. 그러나 그는 헤롯의 죄를 지적하다 죽음을 당했다. 하나님의 일꾼 목사들에게는 독재자의 죄를 지적하다 죽어도 독재로부터 발생하는 인권유린, 부정부패를 막아야 할 사명이 있다.

독재자의 일이 하나님 보시기에 악한 일일 때는 어떠한 시련이 온다 해도 저항하여 부패를 막아야 한다. 목사들은 자기가 하는 일이 선한 일인지 악한 일인지 정확히 판단해야 하며, 하나님 보시기에 좋은 일인지 나쁜 일인지 판단을 해서 하나님 보시기에 나쁜 일일 경우 해서는 안 될 것이다. 만일 하나님 보시기에 나쁜 일인 것을 알고도 행한다면 하나님을 섬기는 사람이라고 할 수 없다.

전두환 살인집단을 놓고 "하나님 감사합니다."라고 예배를 드린 것은 하나님 보시기에 좋은 일이라 할 수 있을까? 하나님이 원하시는 일인지 반대하는 일인지 이것도 분별하지 못한다면 한국교회는 장님이 인도하는 집단이 아닐까? 정승화 전 육군참모총장은 대한민국 하늘 아래서 전두환 등 신군부 세력과 같이 사는 것을 모욕이라고 하였고, 정병주 특전사령관은 세상을 탄식하며 자살하였다.

광주에서는 공수부대에 의해 죄없는 사람들이 죽어가고 있었는데 목사들은 침묵하였고, 일부는 전두환 등 신군부를 찬양하고 있었다. 각 교단에서 "이 모든 일은 하나님 보시기에 선하지 못하다."는 한마디의 성명서가 있어야 했다. 그러나 10년이 지난 지금까지 성명서 한 장이 없다. 그리고도 하나님의 사명을 다하였다고 하겠는가? 그리고 이 땅에 정의가 실현되기를 바랄 수 있을까? 청소년들이 훌륭해지고 이 사회에 하나님이 뜻이 이루어지겠는가? 그리고 이 국가가 잘되기를 바라고 안정되기를 기대할 수 있겠는가?

총회장이나 총회 임원, 지방회 임원, 그리고 총대가 되기 위해서는 얼마나 애를 쓰는가. 그러나 국민의 아픔을 현장에서 눈물을 흘리며 본 적이 있는가? 예수님께서는 교회 건축을 하려면 세계 최대의 교회를 건축하여 과시할 수 있었고, 부흥사가 되려면 최고의 부흥사가 될 수도 있었다. 예수님은 결혼도 잘할 수 있었고, 교회에서 생활비도 최고로 받아 판공비를 1억 이상 쓸 수도 있었다. 그리고 자식을 낳아 유학을 보내고 신년 축복대성회를 열어 "축복, 축복"하며 잠실체육관을 초만원으로 만들 수도 있었다. 그러나 예수님은 이 모든 영화와 출세, 자기과시를 포기하였다. 그것은 다만 남의 죄 문제를 해결하기 위해서였다. 주님은 공포의 고문 속에서 죽으셨다. 이것이 기독교 정신이다.

예수님은 죄가 없는 분이다. 남의 죄에 대해서 간섭할 필요가 없는 분이다. 우리는 예수님의 제자로서 예수님의 뒤를 따라가는 사역자들이다. 예수님은 남의 죄 문제를 가지고 모든 영화 출세를 포기하고 돌아가셨다. 그렇다면 우리도 다른 사람의 죄 문제에 관심을 가져야 하며 심각하게 생각하고 또 예수님과 같이 자기를 포기하고 죽어야 하지 않겠는가? 예수님의 생활과 현재 우리들의 사고방식과 생활과는 너무도 차이가 멀지 않은가? 우리가 남의 죄 문제를 가지고 예수님과 같이 심각하게 생각했다면 결코 우리 사회는 달라졌을 것이다.

백주에 출근하는 여고 선생이 인신매매단에 붙잡혀 돈 50만 원에 팔려가는 우리 사회이다. 우리 사회 어느 한 곳 썩지 않은 곳이 있는가? 그래도 전혀 관심이 없다. 예수님은 제자들만을 위해서 죽지 않으셨다. 인류 전체의 죄인을 위해서 죽으셨다. 우리 사회의 죄를 어찌 남의 일로 취급하여 무관심하단 말인가?

노동자들이 생활이 어려워 고통을 당하든 말든, 학생이 통곡하다 견디지 못하여 분신자살을 하든지 말든지, 수배 학생들이 몇 년을 숨어 다니는 고통을 받든지 말든지, 양심수 선생들이 고통을 당하든 말든 사회가 썩든 말든 옆에 교회가 죽든지 말든지 전혀 관심이 없다. 이보다 더 큰 죄가 또 있을까?

오직 자기 교회, 자기 식구만 무사 안일하고 출세와 자기과시 외에 전혀 관심이 없다. 교회는 목사가 출세하는 곳이 아니다. 자기를 과시하는 곳도 아니다. 히틀러 나치즘에 항거한 것은 법조계나 교수들이나 대학생이나 의학계가 아니다 오직 유일하게 투쟁한 곳은 독일 고백교회뿐이었다. 고 조지포렐은 말하고 있다. 이것은 교회가 윤리적 힘을 지니고 있기 때문에 성령의 공동체는 발언할 수 있다는 것이며 예수님의 빛이 되라는 명령의 실천이다고 하였다.

기독교인이 죽음을 두려워하거나 가족에 매여 용기가 없거나 자기과시에 대한 욕심으로 꽉 차있을 때 그는 분명 하나님의 뜻을 이룰 수 없다. 한국의 기독교는 전두환의 잘못을 지적해서 바르게 살도록 했어야 함에도 불구하고 지적은 커녕 협조하고 찬양하고 침묵으로 끝났으니 하나님의 뜻이 이 땅에 이루어지겠는가. 그 많은 교회, 그 많은 목사, 그 많은 교인은 목사의 과시욕을 충족해 주는 일에 만족하고 있다. 오늘의 한국 현실은 기독교인들의 용기 없는 데서 비롯되었음을 알고 책임을 통감해야 할 것이다.   영국에서 웨슬레의 부흥운동은 프랑스식 혁명을 기독교 복음으로 이룬것이다 라고 할레비는 말하고 있으며 웰만 위너는 "산업혁명까지 영향을 주었다"고 한다. 또 "영국의 가난과 실업을 영적 목표로 향하게 이끌어 승화 시켰다"고 한다.

웨슬레는 "영국과 제국 안에 있는 많은 인간의 가치와 사회 가치를 희생이라는 대가를 지불하고야 제국의 영광을 획득하게 되었다고 파악하고 영국 제국은 다른 나라의 사람들인 노예들의 희생 위에 그와 같은 국력을 신장시키기 보다는 차라리 영국 제국이 없어지는 편이 더 좋다"고 선언했다. 국가 자체가 이익이 인권을 부정할 수 있는 적절한 이론적 근거가 될 수 없다. 시민의 자유와 종교의 자유를 희생시키면서 얻은 개인의 이익과 제도의 이득은 결코 정당화 될 수 없다고 하였다.

그런데 우리는 다른 나라가 아니요, 자국의 군인에 의해 광주의 시민들이 그토록 참혹하게 죽어갔고, 또 가해자들이 정권을 잡을 때도 그들의 잘못을 지적하지 않았으며 지지와 찬양과 침묵으로 일관하여 기독교 생명의 단절을 의미하는 것은 아니겠는가?

우리는 어용목사들이 한국에서 살 수 없도록 그들을 규탄해야 함에도 불구하고 어용들에게 붙어살아야 출세하는 세상이 되었기에 협조하고 찬양하여 그들이 살 수 있도록 하는 어용사상을 가진 국민과 교인과 교역자들의 사상이 더 무섭고 큰 문제가 아닐 수 없다. 확실히 현재 우리의 사상에는 엄청난 문제가 있다. 선과 악을 구별 못하는 세상에서 살고 있지 않은가? 하나님께서 우리들에게 원하시는 것이 무엇일까?   염소와 황소의 번제일까?(사 1:11, 마5:2) 안식일과 월삭을 지키는 일일까?(사 1:13)천사의 방언을 하는 일일까?(고전 13:1) 산을 옮기는 믿음을 가진 능력 행하는 자일까?(고전 13:2마7:21-23)자기 목숨을 버리고 재산을 바쳐 헌금하여 교회를 세우는 일일까?(고전13:3)하나님은 우리들에게 무엇을 원하실까? 하나님께서 진정 우리들에게 원하시는 것은 사랑이다. 그렇다면 사랑은 무엇인가.

사랑은 오래참고, 온유하고, 투기하지 않고, 자랑하지 않으며 교만하지 않고, 무례히 행치 않는다. 자기 유익을 구치 않고, 성내지 않으며 악한 것을 생각지 않고, 불의를 기뻐하지 않는다. 모든 것을 참으며, 믿으며, 바라며, 견디는 것이 곧 사랑이다.

사랑은 곧 인격을 말한다.(고전13:4-8). 방언도 패하고 예언도 패하나 오직 제일은 사랑 곧 인격이다. 그러므로 하나님께서 우리에게 제일 원하는 것은 바로 사람이 되라는 것이다(마 5:13-16) 하나님은 주여 주여 3창을 한다고 좋아하지 않고 목사 노릇하면서 귀신을 쫓아내고 주의이름으로 권능을 행하는 것을 원치 않는다(마 7:22) 하나님이 진정 우리에게 원하시는 것은 번제도 아니고 천천의 수양도 아니고 만만의 강수같은 기름도 아니며 나의 아들을 바치는 것도 내 몸의 열매를 원하시는 것이 아니라 오직 공의를 원하시며 인자를 사랑하며 겸손히 하나님과 동행하여(마 6:6-8) 사는 삶이 하나님의 뜻이며 (마 7:21)이러한 열매를 하나님은 그토록 원하신다(마 7:19). 히브리기자는 "그리스도의 초보를 버리고 죽은 행실의 회개함과 하나님께 대한 신앙과 세례들과 안수와 죽은 자의 부활과 영원한 심판에 관한 교훈의 터를 다시 닦지 말고 완전한데 나아갈지니라"고 하였다(히6:1-2).

그런데도 기독교는 완전한데 나아가는 교육을 시키지 못하고 있다. 하나님은 우리에게 "모든 사람으로 더불어 화평함과 거룩함을 쫓으라. 이것이 없이는 아무도 주를 보지 못하리라" (히 12:14)하였고 하나님 날이 임하기를 바라보고 사모하는 자는 어떠한 사람이 되어야 하는가 "거룩한 행실과 경건함으로 하나님을 섬겨라"고 하였다.

도덕성을 떠난 기독교는 상상도 할 수 없다. 그런데 우리들은 믿음만 강조하지 완전에 대해서는 관심조차 없다. 하나님은 그리스도 안에서 인간들이 새로운 피조물이 되어(고후 5:17) 예수님을 닮아(골 3:10, 빌 2:5-11) 완전한 자가 되기를 원하신다(골 1: 18). 되지 못한 인격을 가지고 목사된 것을 빙자하여 어용노릇을 하는 것은 (마 7:22))하나님을 모독하는 일이다. "목사 되기 전에 사람이 되라"는 것이다.

예수님은 하늘의 영광을 포기하시고(요 1:14) 이 세상의 영광도 포기하시고(빌 2:5-11) 남의 죄를 위해 능욕을 지셨다(히 13:11-14). 그러므로 우리도 능욕을 지어야 하며(히 13:12) 고난도 받아야 하고 (빌 1:29, 롬 8:11) 십자가를 져야 한다(마 16:24). 그러나 어용 목사들은 출세하기 위하여 능욕을 외면하고, 고난도 십자가도 외면하고 출세주의자가 되어 독재자의 앞잡이가 노릇을 하고 있다.

어용 목사들은 신사참배를 권장하고 징병제를 찬양하며 독재자를 찬양하였다. 그들은 하나님의 이름을 빌어 출세하는 자들로 하나님의 영광을 가리고 하나님을 모독한 자들로 이 사회에 기생충 같은 자들이다. 나무는 열매로 알듯이 그 사람의 믿음과 인격은 그 사람의 행위를 보고 알 수 있다(마 7:15-23).

십자가를 질 때 부활의 역사가 일어난다. 그러나 십자가를 외면하는 곳에는 부활의 역사는 있을 수 없다(벧후 1;5-11).

4. 이웃을 외면한 제사장들

1980년 8월 4일 전두환은 사회 불량배를 소탕하여 민심을 얻으려고 박정희와 같은 방법으로 삼청교육을 실시한다고 사회악 사범 소탕 계엄포고 13호를 발표하였다. 8월 6일 16,599명, 8월 15일까지 30,578명을 추가 검거하여 삼청교육을 시켰다. 일반 교육장이 아닌 군부대에서 교육을 받았다. 삼청교육대 총 입소자 39,786명 중 고교생 980명, 대학생 1,309명, 교수 및 교사 13명, 언론인 35명, 의사 7명, 약사 3명, 종교인 41명, 공무원 32명, 출판업 68명이었고 나머지는 사회인이었다. 이들 중에는 유신을 반대한분들과 불의에 항거한 분들도 많이 있었다.

28사단(사단장 김춘배 현 축협부회장)에서 교육을 받은 임창근은 너무도 배가 고파 소세지를 훔쳐 먹다가 발각되어 혹독한 기압과 매를 맞고 비참하게 죽었다.

▲ 1987년 6월항쟁 (이 많은 시민의 함성이 좌경이란 말인가?)

임근실은 땅바닥에 떨어진 밥알을 주워 먹었다고 모진 기압과 매를 맞고 그도 또한 비참한 죽음을 당하였다. 오관선은 '느티나무 돌기 선착순 열명'을 하는데 세치기 하였다고 찝차 뒤에 묶어서 매달고 운동장을 끌려다니다가 죽었다.

거의 이런 식으로 해서 죽은 사람이 449명, 부상자가 2,678명이었다. 대한민국 하늘 아래서 하나님의 형상을 닮은 사람이 이토록 비참하게 죽어갔다. 상상이나 할 수 있는 일인가! 누가 이 많은 사람을 죽일 수 있는 권한이 있는가! 정권을 세치기 해서 마땅히 죽어야 할 사람이 누구인데……. 삼청교육대에 가서 정신교육을 받아야 할 사람이 진정 누구란 말인가! 하나님 보시기에 심히 '악한 일'을 해도 목사들과 기독교 단체에서는 이 죄를 전혀 지적한 일이 없다.

오히려 삼청교육대에서 교육받은 자들이 배가 고파 죽어가고 매를 맞아 병들어 가는데 목사들은 그들에게 설교하고 세례를 주었다고 자랑하였다. 강도 만난 이웃을 외면한 제사장과 같이 그들의 죽음과 고통을 외면하여 우리는 같은 공범자가 되었다(눅 10:25-37).그런데 어떻게 이 땅이 정의로운 사회, 안정된 사회, 하나님의 뜻이 이루어지는 사회가 되겠는가?

더욱더 기막힌 것은 전두환 집단의 죄를 지적하기는 커녕 찬양을 하고도 그들은 지금껏 큰 교회에서 목회하고 있으나 누구하나 규탄하는 사람도 없다. 하나님 보시기에 악한 일인지 선한 일인지조차 분별하지 못하는 자들이 어떻게 교인들은 가르치겠는가?(렘 5:30-31) 그들이 가르친다고 교인들이 인격의 감화를 받겠는가? 그들은 자기과시를 위해 허공에 외치고 있지 않은가?

기독교는 오늘 우리 사회의 현실 문제를 절대 외면해서는 안된다. 조선총독부, 김일성, 이승만, 박정희, 전두환 독재에 항거하기보다 그들의 앞잡이 노릇을 한 목사들이 오늘의 현실을 이토록 만들어 놓고 침묵과 외면으로 일관해 오면서 불의에 항거하는 목사들을 '좌경'이니 '정치 목사'니 하며 매도하여 자기 신변을 보호하고 있다. 참으로 어처구니없는 일이다. 어용과 어용사상을 이 땅에서 몰아내지 않고는 절대 이 땅에 하나님의 뜻을 이룰 수 없을 것이며 부패를 막을길이 없다. 5공화국의 부정부패의 죄를 지적, 항거하다 피 흘린 사람이 얼마나 많은가! 광주의 거 사망자 212명, 부상자 6,000여 명, 구속자 3,000여명 이었다. 그후 전두환 독재에 항거한 사람이 제외하고도 2,500여 명이 검거되었고 이 중 2,700여 명이 기소되어 3년 이상 옥고를 치른자가 772명이다. 지명 수배자 270여 명, 의문에 죽은 자가 임기운 목사 외 35명이며, 억울한 세월 기막힌 세상의 한을 참지 못하고 분실 자살한 사람이 김세진 군 외 41명이었다.

1987년 4월 15일, 전두환이 헌법을 수정, 장기집권을 선포하자 1987년 6월 10일 온 국민은 일제히 일어나 불의에 항거하였다. 기독교는 이들에게 '폭도' 니 '운동권' 이니 '좌경' 이니 '나쁜놈들' 이라고 얼마나 많은 매도를 하였는가! 그리고 비겁하게 방관만 하고 있지 않았는가? 이웃의 아픔을 외면하고 지나쳐 버린 제사장과 같이 오늘의 목사들은 하나님 말씀을 선포한다고 하면서 진리를 외면하고 있다.

25년 군사독재를 종식시키며 또한 부정부패를 종식시키고 대한민국 건국이래 민족정기를 되살릴 수 있는 절호의 기회인 13대 대통령 선거 때 또 충현교회 김영삼 장로와 천주교 신자 김대중의 싸움으로 종식시키니 못하고 열화같은 국민의 함성이 외면되어 한과 좌절을 남겼다. 그리고 유신본당이라고 자처하는 김종필까지 정치에 참여시켜 국민의 소망을 뭉개버렸다. 더욱더 김영삼 장로는 민자당에 합당 둔갑을 하여 국민들에게 좌절을 주었다.

1992년 12월 3일 63빌딩에서 한국기독교 교역자협의회, 한국 장로회 협의회, 평시도 단체협의회, 전국적으로 조직된 나라사랑협의회 주최로 전국에서 1,000여명의 교역자들이 참석하여 조찬기도회 때 "신앙인이 역사의 주인공이 되어야 한다" 라고 하면서 14대 대통령 후보 김영삼 장로를 지지하여 말썽을 일으켰다. 14대 대통령에 김영삼 장로가 당선

되었으나 민정당을 엎고 당선되었기 때문에 신한국건설이니 부정부패
일소니 개혁을 부르짖고 있으나 기득권층의 반발로 심히 어려울 것으
로 본다. 정권은 여당과 야당이 서로 바꾸어져야 개혁이 되는 것이지 그
렇지 않고는 어렵다. 그러므로 30년이 가까운 군부독재 기득권층을 몰
아내고 개혁을 한다는 것이 어렵기 때문이다.

1992년 12월 11일 오전 6시 부산시 남구 대연3동 초원 복 집에서 김
기춘 전법무부장관은 부산시내 기관장 모임에서 "다른 사람이 대통령
이 되면 부산 경남 사람들은 영도다리에서 빠져죽자" 하면서 지역감정
을 부추겨 김영삼 장로를 대통령에 당선시키려 하는 망국적인 활동을
하고 있었다.

1993년 2월 28일 김수환 천주교 추기경은 한국일보 기자와의 대담에
서 14대 대통령 선거 때 김대중을 지지 했는데 이유는 그가 되면 지역감
정이 크게 해소된 것으로 판단했기 때문이라고 하였다. 그러면 김기춘
씨 사건 때 그들은 단호히 비판하면서 천주교를 동원하여 목사들 조찬
예배와 같이 김대중씨 지지대회를 왜 하지 않고 선거가 끝난 두 달 후에
서야 김대중씨를 지지한다고 했을까?

김수환 추기경은 70년대 초 부활절 강론에서 "박정희는 비민주적이
다"하면서 유신을 반대하고 도덕적 잘못과 법을 지키지 않는다고 지적
하여 박정희의 간담을 써늘하게 하였다.

그 후 재야 운동권은 활력을 찾아 74년 천주교 성직자들이 모여 '정
의구현 정의사제단'을 구성하여 박정희 독재정부에 저항하였고 박종철
군 고문사건 때 이들은 결정적인 활동을 하여 전두환의 헌법 개정 음모
와 체육관 투표를 막는 87년 6월 항쟁의 원동력이 되어 평화적 정권교
체가 되도록 하였다. 이로인해 김영삼 장로가 대통령이 되는 길을 열어
주었다.

5. 개인구원과 사회구원

맥가브란(D. Mcagavran) 박사가 지적한대로 교회의 사명(mission of the church)이 무엇일까? 우리는 여기에 대해서 두 가지 의견을 갖고 있다. 그 하나는 "교회사명은 개인구원이다."라고 주장하는 것과 다른 하나는 "교회는 개인구원과 사회참여(soical action)이다."라고 주장하는 것이다.

그러면 교회 사명을 어떻게 정의할 것인가? 세계 복음주의자들은 1974년 7월 16일 세계복음화 국제대회를 스위스로잔에서 가졌다. 이 모임의 중요 목적은 전도와 사회책임이다. 이 모임에서 다음과 같은 선언문을 채택하였다. "우리는 전도와 사회적, 정치적 참여가 우리 그리스도인들의 의무의 두 부분인 것을 인정한다. 왜냐하면 이 두 가지는 다 같이 우리가 믿는 신관, 인간관의 표현이며 또한 이웃을 사랑하고 예수 그리스도께 순종하는 우리의 신앙의 필연적인 표현들이기 때문이다." 라고 고백하면서 "지금까지 사회문제에 대하여 등한시 했던 것과 때로는 전도와 사회에 대한 관심이 서로 배타적인 것인 양 생각했던 일에 뉘우침을 표명하고" 신학적으로 정리하였다. 이것이 세계 복음주의자들이 로잔에 모여 교회의 사명이 무엇인가를 분명하게 선언한 것이다. 로잔언약을 요약하면 다음과 같다.

우리는 하나님이 모든 사람의 창조자이신 동시에 심판자이심을 믿는다. 그러므로 우리는 인간 사회 어디서나 정의와 화해를 구현하시고 인간을 모든 종류의 압박에서 해방시키려는 하나님의 권념에 참여해야 한다. 하나님은 영원하시며 세상의 창조주요, 주님으로서 성부, 성자, 성령, 삼위일체 하나님으로서 모든 것을 당신의 뜻에 따라 통치하시는 분이시다. 동시에 하나님은 구속자이시다. 하나님은 모든 사람을 이처럼 사랑하사 어느 누구도 멸망하기를 원치 않으시며 모두가 회개하기를 원하신다.

예수 그리스도는 유일하신 하나님의 아들이요, 동시에 사람으로서 죄인을 위하여 자기 자신을 대속물(ransom)로 바친 분이다. 하나님과 인간 사이의 유일한 중보자는 오직 예수 그리스도이시다. 지금은 아버지께서 그리스도를 세상에 보내신 것 같이 그리스도는 구속 받은 그의 백성을 세상으로 보내신 것이다. 이 사실은 그리스도께서 그러했듯이 그의 백성들도 세상으로 깊숙이 값지게 침투해 들어갈 것을 요구한다. 하나님은 선지자들을 이스라엘에 보내시고 그의 아들을 세상에 보내셨다. 그의 아들 그리스도는 사도들과 70문도를 보내셨다. 또한 하나님은 성령을 교회에 보내시고 오늘날 우리들 마음속에 성령을 보내셨다.

그러므로 교회를 예수님이 봉사하신 그 완전한 모델을 따라 종으로서의 교회가 되어야 한다. 교회의 사명은 당연히 전도와 사회참여를 종합한 것이어야 한다. 사람은 하나님의 형상으로 창조되었기 때문에 인종, 종교, 피부 및 문화, 계급, 성 또는 연령의 구별없이 모든 사람이 타고난 존엄성을 지니고 있으며, 따라서 사람은 서로 존경받고 섬김을 받아야 하며, 누구나 착취당해서는 안된다. 이 점을 우리는 등한시하여 왔고 때때로 전도와 사회참여가 서로 상반되는 것으로 잘못 생각한 데 대해 참회해야한다.

사람의 화해가 곧 하나님과의 화해가 아니며 사회행동이 곧 전도는 아니며 정치적 해방이 곧 구원은 아닐지라도 그것을 우리는 인정한다. 왜냐하면 이 두 가지는 다 같이 하나님과 인간에 대한 우리의 교리, 우리의 이웃을 위한 우리의 사랑, 그리고 예수 그리스도에 대한 우리의 순종의 필수적 표현들이기 때문이다. 그러므로 우리는 악과 부정이 있는 곳이라면 어디서나 이것을 공박하는 일을 무서워해서는 안된다.

우리가 주장하는 구원은 우리의 개인적, 그리고 사회적 책임을 총체적으로 수행하도록 우리를 변화시키는 것이어야 한다. 행함이 없는 믿음은 죽은 믿음이기 때문이다. 하나님은 선과 악 어느 곳에서든지 선을 사랑하고 악을 미워하시기 때문이다.(시 7:9, 11:4, 33:5). 정의를 사랑하고 악을 미워하신다(시 45:7, 히 1:9)고 하신 말씀은 구약에서는 그의 왕에 대하여 쓰여졌고, 신약에서는 주 예수에 적용되었다.

사람은 하나님의 형상대로 창조되었다(창 1:26). 그러므로 인간이 지상에서 유일한 존재인 것이다. 인간에게 타고난 존엄성과 가치가 있다면 이는 바로 사람이 하나님의 형상으로 지음을 받았다는 점이다. 살인이 엄청난 죄인 것은 바로 하나님이 자기 형상대로 사람을 지었음이다. 또한 모든 사람은 하나님을 닮은 존재로서 존엄성이 있기 때문에 인간은 존경을 받고 섬김을 받고 또한 사랑을 받아야 한다(레 19:18, 눅 6:27)는 것이며, 착취당해서는 안되는 것이다. 우리가 인간을 모독하는 것은 곧 하나님을 모독하는 것이다.

신약성경에는 두 가지 명령이 있다. 하나는 전도요, 다른 하나는 선한 일이다. 이 둘 중 그 어느 하나도 무시하거나 부정하는 것은 바로 교회를 절름발이로 만드는 것이 된다. 그러나 전도가 교회 선교에서 우위성을 차지함은 물론이다.

그리스도인의 선교가 애당초 폭넓은 선교를 해온 것임을 안다. 곧 그들은 우리 주님의 본을 따라 복음을 전파하고 가르치며 약한 자를 고치는 일을 하였던 것이다.(미 9:35), 그러므로 교회는 초창기부터 사람의 삶 전방에 관여하여 문화와 사회, 정치 제도의 질을 향상시키며 건설하는 등의 일을 수세기 동안 해온 것이다. 교회가 인류 발전의 과정에 있어 중립을 취하며 무관심으로 일관해 오지는 않았다.

교회 선교에 대한 성서적 근거는 선교가 아버지께서 그리스도를 보내셨듯이 그리스도께서 하나님 백성을 세상에 보내실 때 부여한 희생적인 봉사의 책임이다. 예수 그리스도는 말씀과 행위를 사용하셨다. 누가복음 4장 18~19절을 보면 예수께서 자신의 사명을 말씀하심에 있어서 영적인 필요와 육체적인 필요를 모두 언급하셨다. 즉 예수께서 모든 성과 촌에 두루다니사 저희 회당에서 가르치시며 천국 복음을 전파하시며 모든 병과 모든 약한 것을 고치시니라(마 9:35, 행 10:38) 예수 그리스도는 아버지께서 자기를 세상에 보내신 것과 같이 그의 제자를 세상에 파송하셨다(요 20:21).

그러므로 세상에 보냄을 받은 제자들은 그리스도의 사명을 계승해야 한다. 또한 하나님과 이웃을 사랑하라는 계명을 순종하며(마 22:38)모든 족속으로 제자를 삼으라는 (마 28:19-20) 대 분부를 순종하는 가운데 그리스도가 남겨주신 본을 따라야 한다. 우리가 서로 사랑하라는 큰 계명을 신중히 받아들이면 받아들일수록 교회의 사회에 대한 관심과 책임 문제를 회피할 수 없게 된다.

전도와 사회에 대한 관심은 함께 이루어져야 하며 이 둘은 모두 한 복음에 본질적인 두 면으로 받아들여져야 한다. 그러므로 사랑의 계명은 사회에 대한 관심을 말하고 대 분부는 전도만을 의미하는 양 예수의 대 계명과 대 분부를 양분시키는 것은 도움이 되지 않는다.

새로운 신자들을 가르침에 있어서 예수를 따른다는 것이 필연적으로 제자로서의 대가를 지불해야 하며 따라서 사회 경제 또는 정치적 불의에 대항해야 한다는 것을 가르치지 못한다면 이는 대 분부 (the preat com-mission)를 왜곡하는 것이다.

이와 마찬가지로 '네 이웃을 사랑하라.' 는 계명을 말하면서 길이요 진리요 생명이신 예수 그리스도에 대한 언급을 등한히 한다면 이 역시 계명을 바르게 이해했다고 볼 수 없다. 그렇다고 해서 전도와 사회참여를 언제나 동시에 시행해야 한다는 말은 아니다. 전도와 사회참여를 양극화하는 것은 반대지만 일의 전문화를 반대해서는 안 된다.

선한 일은 교회에서 제자를 만드는 사역 없이 이루어지리라고는 기대 할 수 없다. 제자를 만드는 사역은 결국 사회 정치적인 변화를 초래한다. 그러므로 전도가 우위성을 갖게 된다. 바울은 "그가 약하나 그가 가진 무기는 아무리 견고한 성이라도 무너뜨릴 수 있는 하나님의 강한 무기를 가지고 싸운다는 것을 알았다"고 하였다.

사람이 구속받은 하나님의 백성이 되기 위해서는 거듭나야 한다고 확실히 믿는다. 사람은 그리스도에게 복종함으로써 마음이 깨끗해져서 (벧전 1: 32) 그리스도께서 분부하신대로 모든 사람을 위한 참 사랑을 가질 수 있다. 사회문제의 근원이 사람의 죄, 곧 탐욕이 마음에 뿌리를 잡고 있으므로 그의 죄 문제를 씻음을 받아야 하나님과 화해하며 마침내 이웃과 화해를 이루며 하나님 일과 사회 일을 할 수 있다는 것이다.

사람의 변화가 없이 사회의 근본적인 변화를 기대한다는 것은 부질없는 일이다. 예수께서 말씀하신 대로 예수님의 말씀에 거하면 참 주님의 제자가 되고(요 8:31) 우리가 과실을 많이 맺으면 하나님께서 영광을 받으실 것이다 (요 15:8). 교회가 새로워지고 성결해질 때만이 하나님께서 맡기신 사명을 완수할 수 있다.

그리스도인들은 그들의 삶과 하는 일을 통하여 세상의소금과 빛이 되어야 한다. 즉 그리스도인들은 인류의 한 부분이면서 하나님께서 보내신 교회의 일원으로서 사회에 대한 책임이 있다는 것이다. 기독인이 세상에 보냄을 받았다고 세상에 동화되어서는 안 되며(롬 12:1-3) 그렇다고 세상과 구별한다고 하여 세상을 외면해도 안 된다.(요 17:15, 고전 5:10). 등불을 켜서 말 아래 두는 사람이 없듯이 성결한 마음을 가지고 혼자 사는 것은 성결의 삶을 나타낼 기회가 없다(마 5:15).불은 가정과 교회와 거리에서 어둠을 밝히는 데 필요하다.

이와같이 성결한 삶은 가정과 교회와 사회에서 입증되어야 한다. 교회가 그 자신의 존엄성을 지키고 있지 않다면 세상은 그 메시지에 유의하지 않을 것이다. 세상이 우리가 설교하는 바를 경청해 주기를 원한다면 우리는 각자가 원하는 바를 외칠 뿐만 아니라 실천해야 한다. 십자가에 못 박히신 그리스도를 전해야한다(고전 1:23). 십자가를 전파하는 교회는 스스로 십자가의 흔적을 지녀야 한다(갈 6:14). 곧 자기부정, 자기겸비, 자기십자가가 있어야 한다.

그렇지 않으면 그 교회가 전도의 걸림돌이 된다(고후 6:3). 교회는 사회의 정의의 실현지로서, 하나님의 대언자로서 남아 있기 위하여 정부의 권력 남용에 대하여 사랑으로 지도해야 한다.

하나님께서는 그리스도께서 죄와 불의와 억압을 이기신 그 승리를 거듭난 신자들로 구성된 그의 몸 된 교회를 통하여 확장해 나가기를 원하신다. 우리들이 그와 더불어 세상의 빛과 소금이 되기를 원하신다. 그러므로 그리스도인들, 곧 교회는 사회가 그릇행하여 나갈 때에 잠잠함으로 그에게 부과된 책임을 회피해서는 안되는 것이다.

교회는 한 사건이 발생하면 그에 대한 교회의 입장을 밝히는 성명이 나옴이 바람직하다. 교회는 인간과 세상을 향한 하나님의 의도(intention)를 보여주는 본보기가 되어야 한다. 그러므로 한 사회가 부패할 때 그 책임은 나빠지는 사회에 있는 것이 아니라 나빠지는 것을 막아야 할 소금의 책임을 이행치 못한 교회에 있다. 교회는 사회참여 방법에 있어서 예수님께서 택하신 그 형태에 의하여 결정지어져야 한다. 즉 폭력, 거짓, 시기, 인격 멸시 등의 도구를 사용하려 해서는 안 된다. 교회가 사회참여에 있어 적극적으로 취할 형태는 '종의 자세(setvanthood)'이다. 바로 교회는 종의 자세를 가져야 한다.

또한 교회가 사회참여를 할 때 선교 활동에 지장을 받은 일을 해서는 안 된다. 즉 교회는 어떤 특정한 문화나 사회적, 또는 정치적 체계나 이

데올로기와 제휴하여 서는 안 된다. 교회는 세상에 보냄을 받았어도 세상에 속한 사람이 되어서는 안 되기 때문이다(롬 12:3, 요 17:16). 그러므로 사회참여의 선행적 조건은 바로 성결이라 할 수 있다.

칼헨리는 "기독교는 이 타락한 사회에서 정의를 지키며 무질서를 막기 위하여 하나님께서 정부를 세우신 것을 믿는다. 이상적인 것은 국가의 질서와 테두리 안에서 그리스도인들이 정의를 위한 일을 수행해 나가는 것이다."고 하였다. 바젤서신이 선언한 대로 국가의 처사가 하나님의 법에 위배될 때 우리는 사람에게 순종하기보다 하나님께 순종해야 한다. 권세는 하나님께로 나지 않음이 없으니 모든 권세는 하나님으로부터 위임되어 있는 것이다.

세상의 왕은 그 통치자가 누구이든 간에 하나님께서 뜻이 있어 세우신 것이다(단 5:1, 롬 13:1). 그러므로 신자는 정권에 굴복해야 한다. 그러나 국가가 국민의 생명과 재산을 보호하고 국민의 복지를 증진하고 법과 정의를 지키며 불의를 억압하고 질서를 지키게 하기위하여 봉사하며 하나님의 도구로서 권력을 백성과 하나님을 위하여 선하고, 정의롭게 사용할 때만 굴복해야 한다(마 22:21). 국가의 행위가 법과 정의를 어기고 하나님을 거역하고 하나님의 형상대로 지음 받은 인간을 학대한다면 마땅히 우리는 권력자에게 복종해서는 안 되며 하나님 편에서 복종해야 한다(행 4:19, 엡 6:12).

우리는 권세 있는 자들이 불의를 행할 때는 어떠한 희생이 따른다 해도 항거하고 복음에 충성해야 하며 권세 있는 자들이 자신들을 위하여 불법적인 특혜나 특권을 누릴때 우리는 저항을 해야 한다. 국가는 정의를 지키는 기관일 뿐 정의를 규정짓는 분은 오직 하나님이시다. 그러므로 그리스도인들은 늘 하나님께서 규정하신 정의의 내용을 염두에 두면서 하나님께서 관여하고 있는 곳에서 예언자적인 역할을 해야 한다.

분명히 구약 성격에 나오는 예언자들이나 신약의 사도들은 개인의 구원만 아니라 사회정의에 관해서 관심을 갖고 있었다. 사회가 부패하면 그 사회의 영향에서 교회도 벗어나기 어렵기 때문에 사회의 정의가 실현되고 교회는 사회로부터 오는 오염을 막기 위하여 소금의 역할을 해야 한다. 하나님께서 마귀가 지배하는 타락한 사회에 정의를 실현하고 부패를 막으며 무질서를 회복하여 마귀를 몰아내 하나님의 자녀가 이 땅에 살면서 하나님께 영광을 돌리며 사는 것을 보호하기 위하여 대통령을 세우고 권력을 주신것이다.

1558년 사형선고를 받고 조국을 떠나야 하는 존 녹스(John Knox)는 귀족들에게 호소하는 공소장을 보냈다. 그리고 반 폭군론에서 "첫째, 하나님의 법에 어긋나는 명령을 하는 왕에게 복종해야 하는가? 둘째 하나님의 법을 무시하는 왕에게 항거하는 것이 타당한가. 셋째, 국가를 망치고 백성을 억압하는 왕에게 항거하는 것이 타당한가?"라고 하여 민주주의 기초사상을 이루었다. 국가의 권력은 하나님의 위임으로 절대 권력이 있을 수 없다. 권력자는 하나님의 청지기이다.

그러므로 하나님과 국민의 뜻에 따라 권력을 선하게 사용해야 한다. 권력은 정의와 선과 법에 의해서만 사용되어야 한다. 만일 권력이 하나님을 거역하는 일이나 하나님의 백성을 탄압하는 일이나 권력자가 자신을 위하여 악하게 휘두르는 경우 기독인은 불복으로 항거해야 한다.

존·녹스는 권력이 하나님의 뜻에 역행하는 일에도 무조건 복종하라는 것은 신성모독이라고 강조하였다. 칼 바르트와 틸리히는 히틀러에게 항거하다 망명생활을 했고, 본회퍼는 아예 히틀러를 죽이려다 체포되어 사형을 당하였다.

독일 고백교회는 히틀러에게 적극적으로 항거하였다. 스탈린에게 항거하다 수많은 교역자가 시베리아로 유배되어야했고, 조선총독부에 항거하다 박봉진 목사 외 수많은 교역자가 죽음을 당했다. 워싱턴의 독립전쟁, 크롬웰의 혁명, 오랜지 공의 화란 독립전쟁, 링컨의 남북전쟁 등은 법과 정의와 하나님의 뜻을 거역하는 권력자에게 저항한 좋은 에이다. 우리는 하나님을 위해서, 그리고 이 땅에 정의를 실현하기 위해서 우리 몸을 항시 번제로 드릴 수 있는 준비가 되어야 한다(롬 12:1). 그래야만이 하나님의 뜻이 이루어진다.

6. 웨슬레의 교회사명

"네 마음을 다하고 목숨을 다하고 뜻을 다하여 주 너의 하나님을 사랑하라 하셨으니 이것이 첫째되는 계명이요 둘째는 그와 같으니 네 이웃을 네 몸과 같이 사랑하라 하였으니 이 두 계명이 온 율법과 선지자의 강령이니라"(마 22;37-40)고 하였다. 온 마음과 목숨과 뜻을 다하여 하나님을 사랑할 것과 자기를 사랑하는 것과 같이 이웃을 사랑하는 것이 강조된 것이다. 사랑이 두 계명에는 불가분의 관계이다. 온전한 사랑은 도덕적 완전이다. 도덕적 완전은 온전한 사랑의 상태이다. 하나님께 감사하는 사랑은 곧 이웃 사랑으로 나타난다.

누구든지 그리스도께서 우리를 사랑하신 것 같이 그의 형제를 사랑하는 사람은 말로만 사랑하지 않고 열심히 선행을 행한다. 웨슬레는 하나님의 형상을 닮은 인간을 강조하면서 인간의 존엄성을 강조하였다. 웨슬레는 "사회적 성결이 아닌 성결은 성결이 아니다"라고 강조하면서 사랑으로 역사하는 믿음이 기독인의 완전의 최고라고 하였다. 믿음이 의인의 명백한 근원이라고 말하면서 선행은 믿음의 직접적인 열매라고 하였다. 믿음은 끊임없이 선행을 하게 한다. 믿음은 선행을 할 것인가, 말 것인가를 묻지 않는다. 믿음은 이러한 물음을 묻기 전에 벌써 선행을 한다. 그러므로 성결 또는 사랑의 열매를 맺도록 해야 한다.

사랑 또는 성결의 삶은 선행의 삶이다. 성결, 사랑, 그리고 선행이 불가분의 관계이다. 아무리 그리스도에게 참여했다고 말할지라도 사랑하지 않는다면 그것은 거짓말을 하고 있다는 것을 의미한다. 변화 받은 사람은 삶의 질을 높이고 사회 정의를 실현하며 정당하고 성실한 일을 한다. 마음이 깨끗한 사람은 하나님을 볼 수 있을 뿐 아니라 사회가 그 속에서 하나님을 볼 수 있는 편지가 된다.

웨슬레의 윤리적 메시지는 개인적인 동시에 철저하게 사회적이다. 그의 사랑의 교리는 민족과 교회를 개혁하려는 그의 일생 동안의 노력의 중심에 있었다. 산상수훈은 기독인은 땅의 소금이요, 세상의 빛이라는 것을 강조함으로써 마음의 경건으로부터 실천에 옮아가고 있다. 기독교는 본질적으로 사회적 종교이다. 기독교 신앙을 은둔자의 경건으로 만드는 것은 기독교 신앙의 파괴를 의미한다. 참다운 신앙은 인간 공동체 안에서 성장한다. 하나님의 뜻이 세상으로부터 물러남으로써만 실현 될 수 있다고 사람들로 하여금 믿게 만들어 속이는 것은 하나님의 목적을 사탄이 왜곡한 것이다. 기독인의 삶의 목적은 세상으로부터 물러나는 것이 아니라 세상에 참여 변화를 주는 것이다.

아버지께서 나를 세상에 보내신 것 같이 나도 저희를 세상에 보냈다(요 17:15-18)고 말씀하신 예수께서 세상에 계셨던 것과 같이 기독인도 세상 안에 있다. 기독인은 세상을 본받는 자가 아니라(롬 12:3) 세상 앞에서 진리를 보여주어야 하는 본이다. 예수께서는 그러한 본보기가 되셨다. 기독인은 세상에 사는데 필요한 도덕적 힘과 온전함을 소유하고 있다. 기독인은 수도원 생활을 하는 성인과 같이 세상으로부터 격리된 삶을 사는 것이 아니다. "너희는 소금이다. 너희는 빛이다."라고 예수님께서 말씀하셨다. 성화는 남·녀의 삶을 은둔적인 것으로 만들지 않고, 세상 안에서 사는 포괄적인 것으로 만든다. 기독인의 성화는 한 사람을 위하여 사는 삶을 의미하는 것이 아니라 많은 사람을 위하여 사는 삶을 가리키는 것이다. 기독인의 성결의 삶이 사회적인 것을 인정하는 한 그것은 또한 개인적이라는 것을 주장한다.

웨슬레는 성결을 강조함으로써 구원받은 사람은 삶에 변화가 있어야 한다고 말하고 성령 충만으로써 온전한 성결을 해야 한다고 주장하였다. 이 성결은 마음과 생활의 성결이다. 곧 신자가 죄에서 씻음을 받음이요, 적극적인 면에서는 온전한 사랑과 능력있는 봉사를 의미한다. 웨슬레의 성결운동은 사회정의를 실현하는데 있다.

웨슬레의 성결사상은 본질에 있어서 윤리적이며 사회적이다. 웨슬레의 성결에는 단순한 성결이 아닌 오로지 사회적 성결(social holiness)이 있을 뿐이라고 강조하였다. 웨슬레가 주장하는 기독교 본질은 사회적 종교이다. 웨슬레는 전도와 사회참여를 모두 중요시 하면서 전도의 우위성을 강조한다. 웨슬레는 그 자신이 전도와 사회 참여를 병행하였다. 그의 신앙운동은 사회개혁과 직결되며 그의 사회참여는 성결론과 직결된다. 사랑으로 활동하는 믿음은 그 자체가 사회적인 것이다.

그리스도의 복음은 단순한 종교가 아니라 사회적 종교이며, 성결은 개혁을 낳게 된다. 성결복음 자체가 하나님과 수직관계, 개인적인 동시에 수평적인 면, 곧 사회성을 지니고 있다. 성결의 복음은 개인의 경건과 사회관심을 분리하지 않는다. 따라서 구원은 개인구원과 사회복음으로 구분하여 분리될 수 없는 것이며, 이를 분리시키는 것은 신약성서의 복음을 파괴시키는 것이다. 영혼 구원은 개인적인 사랑과 사회정의를 포괄하고 있기 때문이다. 구원이란 개인, 사회, 세계, 그리고 우주를 회복시키는 하나님의 역사를 말한다.

웨슬레의 사회개혁은 세상 속에서 활동하시는 하나님의 구원의 역사에 의하여 만들어진 고상한 도덕적 맥락 속에서 발행한다. 민족과 교호의 개혁은 성서적 성결이라는 말이 내포하고 있는 온갖 구원의 넓이를 가지고 있는 성서적 성결을 선포함으로써 확실히 이루어진다.   교회란 무엇인가? 보편적인 교회는 하나님에 의하여 세상으로부터 불러냄을 받은 모든 사람들이다. 이들은 한 성령에 의하여 한 몸으로 하나의 믿음, 하나의 희망을 갖고 있다. 성도가 하나님으로부터 은혜를 받았으면 그것을 다른 사람들에게 전달해 주어야 한다. 거룩한 말과 행실로 다른 사람들에게 영향을 주어야 한다.

참다운 교회는 누룩과 같이 사회를 변혁시킨다. 이러한 일은 단지 사람의 영혼을 구하는 것만이 아니라 파탄된 인간의 삶을 치료하고 배고프고 병들고 가난한 사람들에게 희망을 회복시켜 주는 것이다. 교회는 세상 안에서 사회를 구원하는 현존으로서 이 사업에 참여하여야 한다. 여기에서 우리는 참으로 그리스도의 모방자가 되어야 한다. 웨슬레는 살해되거나 짐승처럼 학대받고 있는 흑인을 옹호하기 위하여 창세기 4장 10절의 성경 구절을 인요하면서 "네 아우의 핏 소리가 땅에서부터 내개 호소하느니라."고 하였다. 너의 형제의 피가 너를 고발하면서 호소하고 있다고 하였다.

웨슬레는 실제로 사회에 참여하는 일을 하였다. 그는 음주, 홍수회, 밀수, 도박, 도적 등에 대해서 지적하고 시정하려고 시도하였다. 1767년 선거 때는 선거부패를 지적하면서 공정한 선거를 호소하는 유인물도 발행하였다. 편물공장, 빈민학교, 의료원 등을 설치하여 운영하였다. 웨슬레는 "교회가 설교만 하는 곳이 아니다"라고 하면서 교회를 고아원, 노동자 휴게실, 교역자 수양소 등으로 활용했다. 그리고 그는 노예 매매에 강력히 반대하였다. 이상 로잔언약과 웨슬레 윤리사상을 검토한 결과 기독교의 전도와 사회 참여는 기독교의 의무이다.

오늘의 한국교회 목사들이 사회에 관심이 없고, 불의에 항거하는 용기가 없이 비겁하여 권력의 앞잡이가 되고 도덕성을 타락시키며 물량주의 자기 과시욕에 꽉 차있는 이유는 3.1운동 후 일본정부의 앞잡이들이 사회 참여가 비성서적이라는 잘못된 교육을 한 탓이다(마 15:8). 그리고 믿기만 하면 구원받는다는 것과 일곱 번씩 일흔 번을 용서해 준다는 하나님 말씀의 악용으로 기독교 윤리의 부재현상 때문이다.

그로 인해 사랑은 무조건 덮어주고 용서해 주고 감싸 주는 것이라고 잘못된 이해를 하여 해방 후 민족과 하나님 앞에서 골수까지 사무친 민족반역자 친일파들을 용서해주고 이승만, 박정희, 전두환 독재자들의 앞잡이들을 처벌 없이 용서하고 "털어서 먼지 안 나는 사람 있나"라고 하는 의식 때문에 오늘의 최순실 사건과 같은 부패를 낳게 되었다.

웨슬레가 실천했듯이 성결은 개혁이다. 개혁을 위해 내가 먼저 거듭나고 성결하여 선한 행실로 많은 사람 앞에서 그리스도의 증인이 되며 죄인과 어용은 어떠한 일이 있어도 처벌이 될 대 기독교 부패를 막을 수 있고, 타락된 도덕성을 회복할 수 있고 한국의 교회는 찬란히 빛날 것이다.

맺음말

맺음말

고종의 무능과 친일파들에 의해 나라가 망하여 국민과 성도들은 견디기 어려운 시련을 당하였다.

한반도를 점령한 일본은 조선에 총독부를 설치하였다. 조선총독부는 기독교 신앙인들에게 천황을 경배하게 하여 신앙과 민족정기를 말살하려고 하였다. 기독교 목사들은 일본 정부에 항거하기보다 "신사참배는 국민의례다."라고 하면서 신사참배를 하였고 교인들에게도 권고하였다. 그리고 황국신민이 된 것을 감사하며 조상이 물려준 성까지 갈아버리고 글도 일본글을 쓰고 말도 일본말을 하여 일본사람이 되었고 일본을 자기들의 조국이라고 하였다.

일본 정부는 조선 젊은이들을 미군과 싸우는 데에 총알받이가 되게 하기 위한 징병제를 발표하였다. 이에 온 국민이 놀라고 통곡하고 있을 때 일부 기독교 지도자 목사들은 징병제를 찬양하여 조선의 젊은이들의 죽음의 길을 찬양하였다. 그들은 미군과 싸우기 위한 무기구입헌금도 하였으며 교회 종을 무기생산에 사용해달라고 바치기까지 하였다. 그리고 그들은 "미국을 타도하자. 일본은 망하지 않는다."고 외치면서 "영·미 공격에 필승하게 해주시요"라는 기도를 전국 교회에 부탁하면서 영구히 일본의 지배를 받기 원하였다.

기독교 목사들이 징병제를 찬양할 때 조선의 젊은이 21만 명이 개 끌려가듯 징병에 끌려가 죽거나 포로가 되었고, 징용으로 200여만 명이, 정신대로 20여만 명이 끌려갔다. 그들은 짐승같은 대접을 받으며 비참한 생활을 하였다. 현재도 그들은 얼마나 많은 비참한 세월을 보내고 있는가! 지금까지 생사조차 알 수 없고 보상조차 받지 못하며 귀국도 못하고 이역만리 타국에서 고향을 그리며 안타깝게 살아가고 있는 동족의 고통을 친일파, 특히 징병제를 찬양한 목사들은 알고 있는지…….
친일파 목사들은 죽음의 길로 가는 동족을 찬양하였으니 살인 협조자
들이 아닌가! 그들이 어떻게 용서받을 수 있단 말인가? 일본이 패전하
여 해방되었을 때 회개와 반성은 고사하고 그들은 너무나 뻔뻔스러웠
다. 처벌 받기는커녕 오히려 큰 교회에서 목회를 하고 있다. 과연 이래
서야 되겠는가?

1944년 8월 24일 드골 장군 휘하 자크리클레르 장군 전차부대는 최선
발부대로 제일 먼저 파리에 입성하였다. 그들은 4년만에 고국의 땅을
밟았다. 그들이 제일 먼저 한 일은 민족정기를 바로 세우는 일로써 나
치스를 위해 협력한 자들을 처단한 것이었다. 그들은 1만1천여 명을
즉결 처형하였고, 정기 재판소가 설치된 뒤에도 767명이 사형되었으며,
3만 9천여 명이 투옥되었고 4만여 명이 시민권을 박탈당하였다. 힘이
없어 강제로 독일 병사에게 몸을 판 여자들조차 머리를 잘라버리고 옷
을 벗긴 채 "독일 놈에게 몸을 팔았다."고 표지를 붙여 시내로 끌고 다
녔다. 살기 위하여 어쩔 수 없이 독일군에게 부역한 자들도 여생을 시민
들에게 멸시를 당하며 숨겨가도록 하였다. 1차 대전의 영웅 패당 원수
는 나치스와 협력하여 비시 괴뢰정권을 이끌었다고 하여 종신형을 선
고받고 섬 유배지에서 복역 중 사망하였다. 그리고 그의 유해를 국립묘
지에 묻지 못하게 하였다.

독일에서는 뉘른베르크 전범 재판소에서 나치스 현역들을 처형하였
고 재판이 끝난 후에도 독일 국민들은 '나치스범죄추궁센터'를 설치,
1982년말까지 37년 동안 88,000여명을 기소하여 그중 6,400여명에게
유죄판결을 하여 사형 12명, 무기 158명, 유기 6,000여명을 숙청하였고
현재까지도 나치스 범법자들을 추적하고 있어 형사처벌에 시효가 없
다. 나치스에 협력한 목사들도 가차없이 처단하여 교회와 공직에서 축

출했으며 현상학의 거두 하이데거도 나치스에 협력하였다고 하여 일생 동안 얼굴을 들지 못하게 하였다. 프랑스와 독일에서는 독재자 히틀러에게 협력한 자들을 뿌리를 뽑아 민족정기를 살려 다시는 어용이 살 수 없도록 하여 국가의 질서와 기강을 잡아 도덕성을 회복하여 선진국이 되었다. 그런데 우리나라는 어떠했는가?

1948년 8월 17일 해방 후 3년을 끌어오던 반민법 초안이 국회의사 일정에 상정되어 9월 7일 제36차 본 회의에서 141명 중 찬성 103표, 반대 6표로 절대적 다수로 통과되었다. 국회를 통과한 반민법은 전문32조로 정부에 이송되어 1948년 9월 22일 이승만 대통령의 서명으로 공포되었다. 이승만 장로는 친일파 숙청에 가장 앞장을 서야 할 분이 반민법은 비민주적이라고 반대하고 나왔다. 그러자 1948년 8월 27일 반민법이 국회를 통과할 무렵 "국회에서 친일파를 엄단하라고 주장하는 자는 공산당이다"라는 내용의 유인물이 방청석에서 본 회의장에 투하되어 소란을 피워 구속되었으나 그자는 곧 석방되었다.

1948년 9월 23일 서울운동장에서 만주에서 항일무장 세력을 토벌한 이종형은 막강한 재력과 대한일보사의 언론을 등에 업고 반공 구국 총궐기 국민대회를 열고 "현재 대한민국을 지지 보위하는 자는 애국자로 규정하고 따라서 8.15 이전 행동에 구해하지 말고 포섭할 것"이라고 결의하면서 "반민법은 망민법이다"라고 하면서 반민법 철폐를 요구하며 오히려 큰소리를 치고 있었다. 이에 국회에서는 이런 모임에 정부 고관이 참석하고 경찰이 시민운동을 하고 있으니 정부는 책임을 지라고 요구하였다. 반민특위는 7,000여명의 친일 반역자를 파악 검거하기 시작하였다. 10월 8일 박홍식, 10일 이종형, 13일 방의석, 최린, 김태석, 14일 이승우 등이 검거되고 기독교 목사들은 장로교 정인과, 김길창, 차재명, 홍병선, 정남영, 신홍우, 박희도, 윤치호, 김활란, 감리교 정춘수, 김이선, 양주삼, 김동안 등이 검거되어 친일 반역자 검거에 한창이었다. 그런데 이승만 장로는 돌연 1949년 1월 6일 방송담화에서 "범죄자의 수량을 극히 단축하도록 하라"고 하였다. 그러나 반민특위 부원장 김상돈은 즉시 반대하고 1월 25일 일본 경찰출신 수도청 수사과장 노덕술을 체포하였다.

이때 이승만 장로는 노골적으로 노덕술을 석방하라고 종용하였다. 그러나 노덕술은 수도청 고문치사 사건으로 수배가 내려진 악질분자였다. 왜정 출신 경찰 간부 수명은 백민태를 시켜 반민특위 요원을 암살할 음모를 세우고 있을 때 백민태가 29일 검찰에 자수하므로 세상을 깜짝 놀라게 하였다.

1949년 2월 2일 이승만 장로는 반민특위 활동을 반대하는 담화를 발표하였다. 1949년 2월 15일 이승만 장로는 "반민특위자가 구금, 고문함은 위법이다"라고 하면서 반민특위를 반대하자. 온 국민과 국회를 깜짝 놀라게 하여 국회에서는 참석 119명 중 반대 6명, 기권 11명, 찬성 48로 이승만 장로의 담화 발표취소를 결의하였다.

이승만 장로는 "반민특위위원을 대통령이 임명하여 조사해야 한다."는 정부 측 개정안을 49년 2월 24일 제39차 본회의에 상정하였으나 59 대 80으로 폐기하고 말았다. 반민특위활동을 강력히 저지하는 단체는 이승만 장로를 중심해서 친일반역자들과 일경출신의 경찰 간부들이었다. 이들은 서울시경 사찰과장 최운하를 조종하여 49년 6월 2일 국회의사당 앞에서 국민계몽협회 간부 손빈 이하 600여 명이 반민특위 해산을 외치는 데모를 하게 하였다. 6월 3일 반민특위 사무실에서 "반민특위 해산하라"는 데모를 해도 경찰은 데모를 해산하려고 하지 않고 또한 반민특위에서 경찰에 데모 진압을 요청해도 경찰은 출동을 하지 않고 있자 반민특위 특경대가 공포를 쏘며 진압하고 주동자 20여 명을 체포하여 조사하니 시경 사찰과장 최운하와 사찰주임 조응선이 배후 조종자

로 나타나서 특경에서는 즉시 이들을 구속하였다. 사건이 여기에 이르
자 시경산하 사찰경찰들은 신분보장을 요구하며 사표를 제출하였다. 6
월6일 중부서장 윤기병은 오전 7시 중부서 경찰 40여 명을 인솔 지휘하
여 특경 사무실 주변에 매복시켰다가 특경 직원 24명과 다른 직원 35명
을 연행 1명을 구금하고 22명을 폭행하여 중경상을 입혔다.

　이 사실을 보고 받고 달려온 검찰총장 권승열씨까지 무장해제를 시
켰다. 이 사실이 보도되자 온 국민과 국회는 벌집을 쑤셔놓은 듯 하였고
국회는 즉시 정부 각료 총사직을 요구하고 내무차관, 치안국장, 시경국
장, 중부서장 등을 고발하자 친일파 내무차관 장경근은 "특경대가 정식
발령된 경찰이 아니며 경찰권을 불법 행하여서 상부 지시로 하였다"고
국회에서 답변하였다. 이런 식으로 제안된 시간을 넘기기 위하여 지연
을 시키면서 이승만 장로는 1950년 6월 20일까지 공소시안을 1949년 8
월 31일로 단축하자는 정부 측 개정안이 국회에 상정되어 7월 6일 본회
에서 통과되자 공소시한이 50일 밖에 남지 않아 7,000여 명을 검거하여
조사할 수 없어 특위 위원장 김상덕 이하 전원이 사표를 냄으로 반민특
위 활동이 끝이 나고 말았다.

　반민특위는 영장 408건 발부, 305명 체포, 221건을 기소, 사형 1명, 무
기 1명, 유기 징역 10명의 판결을 내렸으나 1950년 봄 전원 석방되고 말
았다. 이렇게 되어 국가를 팔아먹고 자기민족을 박해한 친일 민족 반역
자들을 처단해야 함에도 불구하고 그들을 처단하지 못하여 우리 민족
의 자존을 스스로 포기하고 일본침략을 합법화시켜주어 1910년 국친일
보다 더 부끄러운 일이 되었다. 친일 반역자를 처단하지 못함으로 이제
는 자손들에게 "애국을 하라. 법을 지키라. 정의롭고 용기있게 살라" 외
국군이 침입하면 저항하라 라고 하지 못하는 국가가 되었고 자기 유익
을 위해서는 국가에 반역을 해도 된다는 나라가 되어 대한민국은 민족
정기가 말살된 나라로서 수치스러운 나라가 되고 말았다. 그로인해 한

국에서는 총독부의 만행이나 동척회사 사건이나 주한 일본군의 만행에 대한 연구와 정신대 징병제 등에서 희생된 연구가 거의 없게 되어 일본인들로 하여금 조롱거리의 나라가 되었다. 이승만 장로는 정권 12년동안 친일 반역자들을 각료로 기용하여 도저히 용서받을 수 없는 일을 자행하였다. 이승만 장로 12년 동안 친일반역자 장관 전체 96명 중 30명으로 31%나 되었다.

총리 2대, 장면 : 1938년 2월 9일 조선지원병제 축하회 발기인 1938년 10월 20일 국민정신 총동원 조선연맹 산하 비상시국 신생활 개선위원회 위원 고에즈까, 유형기, 조동식과 함께 강원도 순강반이 되었다.

4대, 백두진 : 조선은행에 근무하면서 침략경제 전선의 제일선에서 주도적으로 역할함.

내무부 : 장관 19명중 7명 42% 11대 박한성, 12대 김형근, 13대 이익홍, 14대 장경근, 17대 김익환, 19대 홍진기

재무부 : 9명중 4명 45% 3대 백두진, 4대 박희현, 7대 인태식, 9대 송인상

법무부 : 9명중 5명이 총독부 재판소 출신, 3대 이우익, 5대 조진만, 7대 조용순, 8대 이호, 9대 홍진기

국방부 : 7명 중 2명 4대 신태영 일본육사 26기 7대 김정열, 일본 육사 54기 국방경비대 기간인 군사영어학교 졸업생 98%가 친일 장교들이었고 한국전 당시 채병덕, 정일권, 이종찬, 백선엽, 박정희 등은 친일파 장교였으며 6.25를 사전에 막지도 못하였고 미국의 막강한 군사력의 도움으로 북진 때 통일도 시키지 못한 무능한 어용장교들이었다.

문교부 : 6명주 1명 4대 이선근

농수산부 : 15명중 4명 26% 5대 임문항, 12대 정낙훈, 13대 정운갑

상공부 : 10명중 5명 50% 5대 이재형, 6대 안동혁, 10대 구용서
부흥부 : 4명중 2명 3대 송인상, 4대 신현확(TK 마피아 주도세력)
사회부 : 5명중 1명 2대 이윤영

장면 정부의 제2공화국은 60%가 친일 반역자였고 박정희 정부의 제3공화국은 본인이 일본 육사출신으로 일본 천황에게 충성을 맹세한 자이므로 더 설명이 필요 없는 정부였다.

제헌국회 4.8% 2대 국회 9.2%, 3대국회 9.6%, 4대국회 10.5%로의 국회의원들이 친일반역자 출신들이다. 친일 반역자들은 조국과 민족을 반역한 대가로 얻었던 경제적, 정치적 기득권을 소유하여 제1공화국, 제2공화국, 제3공화국에서 주도적으로 역할을 함으로 자주적 독립에 엄청난 장애요인이 되었고 해방 후 혼란의 원인이 되어 6.25동란의 원인이 되었으며 그들은 6.25동란도 막지 못하고 조국에 분단을 남겼다.

그리고 온갖 만행과 부정축재와 3.15부정 선거를 가져왔고 5.16반란을 일으켜 법과 정의와 인권을 유린하고 그들은 무조건 반공주의자 극단 우익이 되어 친미주의, 출세주의, 사대주의, 어용주의 세상을 만들어 오늘의 부패현실을 낳게 하였고 국민의 가치관과 의식구조를 말살하고 말았다.

조국을 위해 몸 바친 독립 운동가들과 그의 자손들은 불행한 유산을 그대로 상속받아 살기가 어려운 곳이 대한민국이다. 이런 속에서 어떻게 도덕성이 회복이 되며 인간미가 넘치며 법을 지키고 정의로운 사회가 되겠는가! 우리는 법이나 윤리나 양심이나 상식이나 도덕이나 이성이나 믿음에 의해서 사는 사회가 아니라 출세와 본능에 의해서 사는 의식없는 국민들이 되었다. 우리의 골수까지 사무친 친일 반역자들을 철저히 숙청하여 민족정기를 바로 세우고 어용이 살 수 없는 세상을 만들어 국가의 질서와 기강을 바로 잡고 도덕성을 회복해서 함에도 불구하

고 해방 된지 42년이 지난 오늘날까지 친일 반역자들을 처단하지 못하고 어용 천국을 만들었다. 또한 이승만 독재자를 지지하고 박정희, 전두환을 지지하여 어용들을 애국자로 혼동하는 세상이 되어 대한민국은 부패 할대로 부패하였다.

대한민국에서 제일 급하고 제일 먼저 해야 할 일은 어용을 처단하고 도덕성을 회복하는 일이다. 이것을 이루지 못한다면 엄청난 민족의 시련이 우리를 기다리고 있을 것이다. 친일 반역 교역자들이 주기철 목사를 파직하고 그 가족을 산정현교회 목사관에서 몰아내고도 서울에서 버젓이 목회를 하고 있는데도 아무런 규탄도 없는 장로교단, 양주삼 목사가 아직까지 존경을 받고 있는 성결교단 이명직 목사를 교부로 모시고 있는 성결교회 등 기독교는 어용의 천국으로 민족정기를 좀 먹는 단체로 오늘의 현실문제를 낳았다.

기독교는 이에 대한 책임을 면키 어렵다. 징병제를 찬양하고 신사참배를 권고하고 황국신민된 것을 감사하고 성경과 하나님을 부인하는 해산성명서에 서명한 이명직 목사가 서울신학대학 학장이 되어 학생을 가르쳤으니 그의 제자들의 사상이 어떠하겠는가! 그러기에 성결교회 역사와 문학연구회에서 출판한 성결교회 인물전을 보면 이들을 대대적으로 칭찬하기를 '사부요 교부' 라고 하기까지 침이 마르도록 칭찬하고 있으며 성결교가의 작사가가 이명직 목사인데도 누구 한 사람 말하는 목사들이 없다. 이러한 이명직 목사를 칭찬하며 출세하고 나쁘다고 하면 교단에서 왕따 당하는 교단 풍토가 되었다.

1939년 신흥우 목사는 동양지광 잡지에 조선기독교의 국가적 사명이라는 제목으로 "조선을 사랑한다는 것은 일본제국을 사랑하는 것이며 금일 우리는 종교인이기 전에 조선인이기 전에 일본인이라는 것을 망각해서는 안 된다. 천황폐하의 충성스런 적자로서 오직 일본을 사랑한다. 제국의 국책에 순응협력 돌진하라.

이것이 조선기독교 교도에게 주어진 신의 명령이다"고 하였다. 해방이 되어 신흥우 목사는 회개는 커녕 국회위원에 출마할 정도로 양심이 마비되었다.

신흥우 목사는 1912년 YMCA총무였고 1939년 동양지광 2월호에서 "천왕폐하에게 충성을 다하자"고 선동하였고 그는 해방이 되어 공산집단인 기독교 민주동맹 고문으로 인민군 서울입성을 환영했고 반민특위의 검거 대상에서 풀려나 자유당에 소속되어 국회의원에 출마할 정도가 되어도 누구하나 제지하는 사람이 없는 대한민국 기독교 사회가 되었다. 처단되어야할 친일 반역자들의 회개와 반성이 없이 교단이 분열되자 이만규, 최문식, 이재복 등 다수의 교역자들이 기독교에 반기를 들어 친일파 숙청과 분열의 해결방법은 사회주의적 혁명밖에 없다고 판단하여 대구폭동과 14연대 반란을 주동하여 김일성으로 하여금 남침케 하여 대한민국을 사회주의 국가로 만들려고 하였던 것이다.

김일성이 민족반역자, 친일파를 뿌리 뽑아 숙청하자 북한의 친일파들은 살기 위하여 모두 월남하였다. 그리하여 남한은 그야말로 친일파 천국이 되었고 그들은 즉시 살기 위하여 반공투사와 친미파가 되었으며 어용 기회주의자들이 되어 극우 극좌의 혼란한 사회를 유발하였다.

공산주의자들은 종교는 아무 필요도 없는 것이며, 종교라는 아편을 가지고 몽매한 사람을 매혹시켜 많은 재물을 착취하여 거대한 교회 건물을 짓고 목사들이 호화롭게 살고 있으니 당연히 이 재산을 빼앗아 인민을 위하여 사용해야 한다고 주장한다.

김일성이 1946년 교회 재산을 몰수해도 기독교에서는 큰 저항없이 하나님께 헌당한 하나님의 재산을 넘겨주었다. 그들은 또 신이 인간을 창조한 것이 아니라 인간이 신을 만들어 신을 조롱하고 있으며 신의 이름으로 출세와 생활의 도구로 삼고 있어 종교는 쓸데없는 망상의 산물이며 순진한 자들을 착취하는 아편이라고 주장한다.

그러면서 공산주의는 종교를 추방함으로 가장 합리적으로 사회를 건설한다고 주장하고 있다. 김일성이 강양욱 목사를 통하여 기독교 집단을 하나로 묶는 기독교도연맹을 조직하도록 지시하자 강양욱 목사는 김익두 목사를 회장으로 추대하여 기독교도연맹을 조직하니 북한 목사들은 거의가 별 저항없이 가입하여 김일성을 찬양하였고, 인민군의 서울 입성을 찬양하였다. 그들은 또한 인민군에게 비행기 전차를 사서 국군을 이기는데 써달라고 헌금도 하였다.

이승만 장로는 하나님의 도움으로 대한민국의 대통령으로 뽑혀 귀한 사명을 맡았다. 그러므로 오직 하나님의 영광과 예수님의 고난에 동참하여 정직하고 헌신적으로 법을 준수하며 국정을 돌보아 모범적인 국가의 기틀을 마련했어야 했다. 그런데 이승만 장로는 골수까지 사무친 민족반역자들을, 자기 하나 출세하겠다고 그들을 숙청이나 처벌하지 않고 오히려 자기편으로 끌어 들여 엄청난 잘못을 저질렀다.

그리고 국방에 조금만 힘을 썼어도 인민군의 남침을 사전에 막을 수도 있고 승리할 수도 있었으며 통일할 수도 있는 절호의 기회를 무능하고 부패하여 엄청난 환난과 분단을 겪게 하여 국민들에게 한을 남겼다. 병사들에게 먹을 쌀을 빼돌려 장병 20만 명이 굶어 죽거나 굶어서 병들게 한 국민방위군 사건, 부산정치파동, 3선 개헌, 3.15부정선거 등으로 불의와 부정을 보다 못해 4.19학생의거가 일어나자 발포하여 184명을 죽게 하고 60,000여 명의 부상자를 발생하게 하여 도저히 용서받을 수 없는 일을 자행하였다.

이승만 장로가 하나님 보시기에 합당한 일을 하지 않을 경우 엘리야나 세례요한과 같이 목숨을 걸고 그의 잘못을 지적하여 바른 길을 가도록 해야 할 사명이 목사들에게 있음에도 이승만 장로에게 바른 길을 가도록 지도한 목사들이 없어 이승만 장로와 국가가 비참하게 되었다(겔 4:18). 정동감리교회 김인영 목사는 이승만 장로가 출석하는 교회의 담임목사요 남궁혁 목사는 이승만 장로와 절친한 사이였으며 창신교회 박치순 목사도 가까운 사이였다. 이승만 장로는 때때로 영락교회와 다른 교회도 출석하였다.

그런데 그들이나 다른 목사들도 이승만 장로의 죄에 대해서는 목숨 걸고 지적하지 않고 하나같이 침묵으로 일관하여 5.16을 가능케 하였으며 불교가 극성을 부리게 하였고 좌파 남로당이 움직이기 시작하여 하나님의 영광을 가리웠고 그로인해 하나님을 숨어 계시게 하였다.(사 45:15).

하나님은 이승만 장로를 통하여 대한민국을 만세반석 위에 기틀을 만들어 기독교 국가로 만들려고 하였으나 그는 하나님의 뜻을 외면하고 자기 권력에 몰두하여 하나님의 영광을 가리고 민족의 정기를 말살하였다. 이일에 기독교 목사들이 협력하여 이승만 장로가 더욱더 함정에 깊이 빠지게 했다. 한국 기독교는 그 책임을 면할 길이 없다.

하나님은 박정희 때 차지철 집사를 통하여, 전두환 때 장세동, 안연태 집사를 통하여 바른 길로 인도하려 하였으나 그들도 하나님의 뜻보다 자기들의 욕심에 눈이 어두워 박정희, 전두환을 바른 길로 인도하지 못하였다.

소수의 목사들이 이승만, 박정희, 전두환에게 죄를 지적하여 바르게 살기를 원하며 그들에게 영광이 길을 걷도록 하였으나, 오히려 그들은 옥고를 치러야 했고 수고가 헛되었으며 기독교 단체에서는 그들에게 '운동권'이니 '정치목사'니 하며 매도하였다.

이 땅에 태어나서는 아니 될 박정희와 전두환 정부가 태어나도록 기독교 목사들은 길을 만들어 주었고 축복해 주며 지지해 주었다. 그들은 옳고 그름과 정의와 불의, 참과 거짓을 혼돈하게 만들었다. 그로 인해 이 땅에는 총과 힘이 정의가 되었고 돈이 정의가 되었으며 어용들의 세상이 되어 어느 한 곳 썩지 않은 곳이 없게 되었다.

국가의 근본이 법이요 정직이요. 인간 삶의 근본이 정직이며, 사랑의 근본이 정직임에도 불구하고 기독교는 부정직한 자들의 정권을 지지해 주어 부패의 온실이 되게 하였다. 교회가 권력의 들러리가 된다면 교회는 그 존재 의미를 이미 상실하고 독재자의 앞잡이 집단이다. 그러므로 권력자는 부패하고 사회는 범죄로 충만하여 '범죄와의 전쟁'을 선포해야만 했다. 기독교는 국가와 현 사회의 범죄에 대해서는 관심조차 갖지 않고 오직 "축복, 축복!"하며 자기 성장으로 인한 자기과시에 만족하고 있다. 기독교 목사들은 호화찬란한 호텔에서 경호원들의 안내를 받으며 '조찬기도회'라는 명목으로 이승만, 박정희, 전두환, 그리고 일본과 김일성까지 찬양과 축복을 해주어 더욱더 이 땅에 범죄가 극심하게 했고 사람이 살 수 없는 세상이 되게 되었다.

천주교의 신사참배는 그들의 교리에 위배되지 않는다고 해서 신사참배를 하여 잘못을 범했으나 기독교 목사들처럼 징병제를 찬양하고 황국신민을 찬양하지는 않았다. 북한에 기독교도연맹 가입 권고를 거부했으며, 이승만, 박정희, 전두환 독재자들을 찬양하지 않았다.

기독교 어용목사들은 출세하기 위하여 지조없는 창녀같이 아무나 지지하고 찬양을 해 주었다. 그들이 이 사회에 과연 소금과 빛의 역할을 감당했는가? 그들이 외친들 교인들에게 인격적 감화가 오겠는가? 예리하지 못한 화살이 과녁을 향해 날아간다고 해서 박히겠는가! 그들이 이 사회정신을 변화시킬 수 있겠는가! 기독교 정신은 구리파와 미국 사회를 지배하고 있으며 유대교는 유대인의 정신을 지배하고 힌두교는 인도 사회를, 마호메트교는 아랍을, 불교는 태국을, 유교는 동양 사회를 지배하고 있지 않은가! 우리 사회는 정치·경제·교육·법조 등 어느 한 곳 썩지 않은 곳이 없다. 이 썩은 사회를 기독교가 지도할 수 있다고 생각하는가? 현재 우리 기독교의 정신이 무엇인가? 어용 기회주의, 분열, 출세주의, 사대주의, 기복주의 정신이 아닌가? 이 썩은 사상을 가지고 이 썩은 사회를 어떻게 변화시키고 지도할 수 있겠는가?

이렇게 썩었기 때문에 기독교인이 1,000만이요 목사가 5만이라고 자랑하지만 이 사회를 변화를 시키지 못하여 우리 사회는 범죄의 천국이 된 것이다. 그 증거가 최순실 사건이다. 도끼 빠진 자루만으로는 나무를 자를 수 없지 않은가? 우리는 도끼 없는 자루만 가지고 나무를 자르려는 어리석음을 범하고 있다. 우리는 도끼를 찾아 자루에 끼우는 일이 시급하다.

마귀를 공격할 무기, 이 사회를 지도할 기독교 정신을 조속한 시일 내에 되찾는 일이 시급하다 (왕하 6:5). 인생은 구름 같고 들의 꽃과 같으며 손 넓이만한 인생이라고 가르치며 하나님을 떠나서는 인생의 의미가 없다고 가르치면서 인생이 무엇이 관대 독재자의 앞잡이 노릇이나 하며 구차하게 총회장과 출세하려고 하는가? 동물(動物)의 희생, 곧 번제로 구약의 사람들은 용서를 받았고 예수님의 희생으로 신약 사람들이 구원받고 현재의 우리가 구원받고 있는 것이 아닌가! 우리의 희생, 곧 자신을 드리는 번제만이 이 사회의 죄를 해결할 수 있으며 마귀의 역사를 물리쳐 정의로운 사회, 하나님이 원하시는 사회를 이룩할 수 있지 않겠는가! 동물의 번제, 예수님의 번제 없이 구원이 있을 수 없듯이 우리의 번제 없이 이 사회의 죄를 해결할 수 없다.

어용 목사들은 자기를 희생시켜 번제를 드리지 못한다면 번제단을 발로 차지는 말아야 할 것이 아닌가? 어용 목사들은 독재자에게 빌붙어 사는 기생충과 같은 인간들로서 독재자의 죄를 지적하여 바른 길을 가도록 할 용기가 없다면 목회나 할 일이지 범죄의 앞잡이 노릇을 하면서 하나님의 영광을 가리고 범죄의 협조자가 되어 이 땅을 범죄의 소굴이 되게 하고 있다. 우리는 그들을 절대 용서해 주어서는 안 되며 어용 사상을 몰아내는 데 열심을 다해야 할 것이다.

모든 것은 기초가 든든해야 한다. 나라의 기초사상이 어용 출세주의

요 기독교 사상이 어용 출세주의라면 언젠가는 또 무너지고 말 것이다. 그러므로 6.25동란도 발생했고, 4.19혁명이 실패했고, 5.16, 12.12 사건 5.18이 발생했고, 10.26사건 후 민족정기를 되살릴 수 있는 절호의 기회를 잃어버리고 말았다. 우리에게 제일 급하고 절대적인 것은 이 땅에서 어용·기회주의자들을 몰아내고 도덕성을 회복하는 번제가 필요하다. 어용을 몰아내지 않고는 교회의 화평이나 법의 회복, 질서 회복, 도덕성 회복을 절대 기대하기 어렵다. 우리 사회는 법과 질서와 도덕성이 마비된 지 오래다. 도덕성이 마비된 사회는 곧 붕괴되고 만다. 박근혜 대통령이 대포폰을 사용했다니 어떻게 얼굴을 들고 살겠는가!

전두환 정부의 5.18만행과 삼청교육대에서 하나님의 형상을 닮고 하나님의 사랑을 받고 대한민국에서 살 권리가 있는 그 많은 사람들이 무참히 희생되어 한을 남겼는데도 각 교단에서는 이에 대한 죄를 지적하는 성명서 한 장 없이 침묵으로 일관하였다. 그러고도 우리가 하나님의 사명을 다하였다고 하며 이 땅에서 범죄가 사라지기를 바랄 수 있는가? 기독교 목사들은 독재자를 축복해 주고 부자를 우대하고 정직한 생활과 용기 있는 생활 예수님 고난에 동참하는 생활에 대해서는 외면하였다. 의를 위해 고난 받는 것이 하나님의 처벌로 인식되었고 시민 대중과 근로자의 고통을 믿음이 적은 결과로 돌려버리고 관심조차 없었다.

특히 조용기 목사와 일부 부흥강사라는 자들은 한국 기독교정신을 엉망으로 만들었다. 진정 기독교가 지금과 같이 어용사상을 몰아내지 못하고 어용사상이 기독교 안에서 춤춘다면 기독교와 한국의 장래를 하나님께서는 어떻게 인도하실지 매우 궁금하다.

일본은 태평양전쟁의 패배로 경제가 토탄에 빠졌으나 6.25동란으로 다시 경제가 활성화 되어 경제 대국이 되는 계기가 되었다. 태평양전쟁이 끝난 지 47년이 지난 현재 정치 경제 군사에서 세계 대국이 되어 어느새 한국에 심각한 위협적인 국가로 등장하였다.

일본은 PKO법안을 야당이 반대하는 가운데 강제로 국회를 통과시키고 1992년 4월 야꾸시 신사에 참배하고 캄보디아에 자위대를 파견함으로 경제 군사 정치 등에서 아시아에서 영향력을 행사하고 유엔 정전 감시단에 자위대를 참가시켜 평화유지군이 되어 파병할 수 있는 자격을 얻어 한국에도 언제든지 상륙할 수 있게 되었다.

일본은 한국이 싫든 좋든 간에 아시아를 주도할 정도의 경제와 군사에서 대국이 되었다. 경제면에서는 '92년 1,000억불의 흑자 국가로서 계속 10년 동안 흑자나라가 되어 한일 외교가 굴욕적이라고 하나 일본은 자본과 기술의 힘을 바탕으로 한국에 압력을 가해와 한국이 국가의 자존심을 버리고 일본에 머리를 숙이던가 아니면 독자적으로 살아가던가 둘 중의 하나를 택하라고 강요하고 있다.

일본 그들은 19세기는 영국이 20세기는 미국이 21세기는 일본이 해가 지지 않는 나라가 될 것이라고 장담하면서 2000년대는 태평양지역에서 일본이 미국보다 군사력이 우위에 있을 것이라고 장담하고 있음으로 이점에 대해서는 미국도 위협적으로 판단하고 있으며 그중 제일 먼저 피해를 보는 나라는 한국으로 보고 있다. 우리는 노동자들이 피땀 흘려 번 외화를 매년 일본과의 무역 적자 메우기에 정신이 없다.

이것은 한국인 공업화 과정에서 어쩔 수 없이 기계류를 수입해야 하지만 그것만은 아니라 학생들의 80% 카세트가 일산이며 교회 마이크의 80%이상이 일산인 데 우리는 탄식하지 않을 수 없다.

우리는 36년 동안 엄청난 민족의 시련을 받아 왔는데도 일본산이라면 정신을 못 차리는 쓸개빠진 정신 때문에 우리는 이미 일본 경제의 식민지가 되었다.

1965년 한일 국교가 정상화 된 후 지금까지 661억불이 적자가 되어 일본이 경제 대국이 되는데 결정적인 역할을 하였다. '60년도 50%, '70년도 79, '80년도 102%의 '84년도 54억불 '88년도 39억불, '90년도 59억불 '91년도 '87억불의 천문학적 무역작자를 보고 있다. 우리의 무역 전체의 적자는 일본과의 무역적자 때문이다. 일본은 '71년 미쓰야 비밀작전을 극비 중에 세웠다.

이 작전은 한국에서 내란이 발생하던가 아니면 북한 인민군이 남침하던가 아니면 지진이 나면 일본 자위대는 유엔 평화유지군이 되어 한국에 상륙하여 승리를 거둔 다음 47년 전과같이 점령군으로 한국에 계속 주둔한다는 것이다. 그들은 한반도를 다시 점령하기 위하여 밤낮으로 연구하고 있다. 일본인들의 의식구조는 "힘이 정의다"라는 관념이 정착되어 패자는 승자에게 절대복종해야 하며 패자는 이의를 제기할 수 없다는 사고방식이다. 그러므로 그들의 의식구조 속에는 내가 잘못해서 '뉘우친다 회개한다' 라는 용어 자체가 없는 민족으로 오직 승리와 돌격이 있을 뿐이다. 그들은 넘치는 국력을 가지고 그냥 있을 국민성이 아니다. 실은 북한과 같이 위협적인 존재다.

우리가 약간의 경제성장 가지고 꿈속에서 해매고 있을 때 우리의 시련은 시시각각 오고 있다. 한국은 38선과 부산 앞바다에 철벽방어를 해야 한다. 그러나 친일 어용들은 부산 앞바다에서 그들을 환영하면서 앞잡이가 되어 부산과 대구를 거쳐 서울로 안내할 것이고 어용과 좌파들은 인민군이 서울을 점령하면 또 환영예배를 드릴것이다. 그러므로 우리에 가장 무서운 적은 출세주의, 사대주의인 어용사상이다. 어용들은 비겁하고 정의도 없으며 쓸개도 버리고 자기 유익과 출세라면 언제든지 하나님도 조국도 동역자도 배신할 자들이다. 그들은 출세를 위한 것이라면 사탄의 앞잡이도 주저하지 않는다(왕상 22:6. 20-23). 어용들을 이 땅에서 몰아내지 않고는 하나님의 뜻도 도덕성 회복도 절대 불가능하다.

참고문헌

참고문헌

성결교회 인물전, 서울, 이정사, 1990.

오영필. 성결교회 수난기, 서울, 기독교대한성결교회 출판부, 1971.

민경배. 한국 기독교리사, 서울, 기독교서회, 1982.

김광수. 한국 기독교순교사, 서울, 기독교문화사, 1979.

장병욱. 6.25공산남침과 교회, 서울, 한국교육공사, 1983.

이장식. 기독교와 국가, 서울, 대한기독교출판사, 1981.

김남식. 신사참배와 한국교회, 서울, 새순출판사, 1990.

김성화. 단군신전과 신사참배, 서울, 아가페, 1985.김경진. 순교성자 주기철 목사, 서울, 을지문화사, 1988.

임종국. 실록 친일파, 서울, 돌베개, 1991.

임종국. 친일논설선집, 서울, 실천문화사, 1987.

김상욱 공저. 친일파, 서울, 학민사, 1990.

한국독립운동사, 서울, 한국일보사, 1998.

김창순공저. 한국독립전쟁사, 서울, 삼광출판사 1989.

국방부전사편찬위원회, 한국전쟁사, 서울, 동아출판사 1967.

중앙일보사. 한국전쟁 실록 민족의 증언, 서울, 중앙일보사, 1976.

공고부. 광복 20년

현암사. 제2차세계대전, 1971.

김양선. 한국기독교 해방10년사, 서울, 총회종교교육부, 1956.

문상희. 한국교회의 수난사, 사상계, 1965. 9.

안이숙. 죽으면 죽으리라, 서울, 신망애출판사

이상용. 한구기독교연감, 서울, 경천애인사, 1964.

유완식공저. 북한30년사, 서울, 현대경제일보사, 1975.
김창순. 북한 15년사, 서울, 지문각, 1961.
김남식. 남로당 연구, 서울, 돌베개, 1984.

조선전사, 평양, 북한 사회과학원 연사 연구소, 1981.
조선일보 취재팀. "도큐멘터리 5.16군사혁명" 월간조선 1982. 3.

4.19의 민중사, 서울, 학민사, 1984.
이호운. 나라와 그의 인생(대전 : 감신출판사, 1965)225쪽.

애국동지후원회. 「한국독립운동사」, (서울).
최석주. 「인생백경」, (서울)
박안식. 「용기와 관용의 역사」(서울)
서명원. 「한국교회성장사」, (서울 : 한국교회성장사) 1989.
레온 힌슨저 이희숙 역 「웨슬레의 윤리사상」 (서울 : 전망사 1987).
최광선 저 「한국 기독교회사」 (서울 : 도서출판 칼빈서적 1991)
김흥수 엮음 「일제하 한국기독교와 사회주의」
　　　　　(서울 : 한국기독교역사연구소 1991)
김승태 엮음 「한국 기독교와 신사참배문제」
　　　　　(서울 : 한국기독교역사연구소 1991)
기독교 대한 성결교회 역사편찬위원회 「한국 성결교회사」
　　　　　(서울 기독교 대한성결교회 출판부 1992)

〈각 주〉
1)「한국독립운동사」(서울 : 한국일보사, 1990), II 82쪽.
2)「한국독립운동사」(서울 : 한국일보사, 1990), 236쪽.
3) 이영헌저, 「한국기독교사」(서울 : 컨콜디아사 재판 1980), 198쪽.
4) 오영필 편, 「성결교회 수난기」(서울 : 기독교대한성결교출판부,

1971), 23쪽.

5) 애국동지후원회. 「한국독립운동사」(서울), 159쪽.

6) 최석주, 「인생백경」(서울), 160쪽.

7) 박안식, 「용기와 관용의 역사」(서울). 281쪽.

8) 서명원, 「한국교회성장사」(서울 : 대한기독교서회, 1970), 89쪽.

9) 최 훈, 「한국재건교회사」(서울 : 성광문화사, 1979), 62쪽.

10) 동양지광, 1939년 2월호, 74쪽.

11) 동양지광, 미, 영 타도 특집, 1942년 4월호, 8쪽.

12) 박경식, 「일본제국의 조선지배」(서울:청아출판사, 1986),
        548-559쪽.

13) 「한일기독교교류사」(서울 : 혜선문화사, 1980), 262쪽.

14) 이영헌, 「한국 기독교사」(서울 : 컨콜디아사, 1978), 205쪽.

15) 조선예수교장로회총회, 제27회 회의록 19쪽.

16) 기독교조선감리회 제2회 회의록 67쪽, 1934.

17) 기독교조선감리회 제3회 회의록 68쪽, 1938.

18) 이성림, 「한국감리교사」(서울 : 대한기독교출판사 1982), 290쪽.

19) 이성삼, 일본기독교조선감리교단, 「기독교 백과사전」293쪽.

20) 이호운, 「나라와 그의 생애」(대전 : 감신출판사, 1965), 225쪽.

21) 1943년 1월 28일자 매일신보.

22) 동아일보, 1925년 10월 27일자.

23) 동양지광, 1944년 2월호 49쪽.

24) 기독교신문, 1942년 5월 13일자.

25) 기독교신문, 1942년 5월 20일자.

26) 기독교신문, 소화 17년, 1942년 9월 23일자.

27) 1942년 1월호, 동양지광.

28) 1941년 9월 3~5 매일신보.

29) 1943년 11월 8일 매일신보 요약.

30) 1942년 3월호 동양지광.

31) 1941년 9월 12~14일 매일신보

32) 1942년 10월호, 동양지광.

33) 레온 희슨, 이희숙 역「웨슬리의 윤리사상」
　　　　　　(서울, 전망사 1987), 185쪽.

34) 레온 희슨, 이희숙 역「웨슬리의 윤리사상」
　　　　　　(서울, 전망사 1987), 60쪽.

35) 레온 희슨, 이희숙 역「웨슬리의 윤리사상」
　　　　　　(서울, 전망사 1987), 110쪽.

36) 성결교회 역사와 문화연구회,「성결교회 인물전」
　　　　　　(서울 : 일정사 1990). 45쪽.

37) 김양선,「한국기독교해방 10년사」
　　　　　　(서울 : 총회종교교육부 1956), 46쪽

38) 장병욱,「6.25 공산침략과 교회」
　　　　　　(서울 : 한국교육공사, 1983), 105쪽

39) 1946년 조선중앙연감 평양

40) 김양선,「한국기독교해방10년사」
　　　　　　(서울 : 총회종교교육부 1956), 68쪽.

41) 1950년 8월 8일 노동신문.

42) 1950년 8월 8일 노동신문.

43) 1950년 8월 8일 노동신문.

44) 전택부,「한국교회발전사」(서울 : 대한기독교출판사 1991),
　　　　　　297쪽, 재인용

45) 한상동, 현황 한국교회,「신학지남」1950, 2월호, 12면

46) 장병욱, 155쪽

47) 이선교,「한국전 다시 써야한다」(서울 : 가람문학사 1990), 169쪽

48) 장병욱,「6.25공산남침과 교회」(서울 : 한국교육공사 1983), 193쪽

49) 조철,「죽음의 세월」(동아일보 1962년 3월 29일-6월 14일),
　　　내외문제연구소
50) 김광수,「기독교순교사」193쪽.
51) 레온 휜슨, 이희숙 역「훼슬리의 윤리사상)
　　　(서울 : 전망사 1987), 8쪽
52) 레온 휜슨, 이희숙 역「훼슬리의 윤리사상)
　　　(서울 : 전망사 1987), 126쪽
53) 레온 휜슨, 이희숙 역「훼슬리의 윤리사상)
　　　(서울 : 전망사 1987), 164쪽
54) 레온 휜슨, 이희숙 역「훼슬리의 윤리사상)
　　　(서울 : 전망사 1987), 16쪽
55) 레온 휜슨, 이희숙 역「훼슬리의 윤리사상)
　　　(서울 : 전망사 1987), 113쪽
56) 레온 휜슨, 이희숙 역「훼슬리의 윤리사상)
　　　(서울 : 전망사 1987), 123쪽
57) (서울 : 동아일보 1987) (월간 신동아 10월호), 342쪽
58) 레온 휜슨, 이희숙 역「훼슬리의 윤리사상)
　　　(서울 : 전망사 1987), 61쪽
59) 레온 휜슨, 이희숙 역「훼슬리의 윤리사상)
　　　(서울 : 전망사 1987), 71쪽
60) 이승우,「에리직톤의 초상」(서울 : 살림 1990), 176쪽
61) 레온 휜슨, 이희숙 역「훼슬리의 윤리사상)
　　　(서울 : 전망사 1987), 152쪽
62) 레온 휜슨, 이희숙 역「훼슬리의 윤리사상)
　　　(서울 : 전망사 1987), 159쪽
63) 레온 휜슨, 이희숙 역「훼슬리의 윤리사상)
　　　(서울 : 전망사 1987), 181쪽

다시 써야할
한국기독교사

다시 써야할 한국기독교사

- 지은이 | 이 선 교
- 펴낸이 | 이 선 교
- 펴낸곳 | 도서출판 현대사포럼
- 초판인쇄 | 2017년 3월 15일
- 등 록 | 제7-340호 (2007년 5월 14일)
- 주 소 | 01037 서울시 강북구 삼양로 486 (수유동)
- 전 화 | 010-5320-2019
- E-mail | adsunlight@hanmail.net

- 총 판 | 영상복음 (사무장 최득원)
- 주 소 | 04549 서울시 중구 을지로 18길 12
- 전 화 | 02-730-7673 / 010-3949-0209
- 팩 스 | 02-730-7675
- E-mail | oyh0419@naver.com
- http://www.media153.kr
- 입금처 | 국민은행 009-01-0678-428
    우리은행 1002-433-077709

※ 절찬리에 전국서점 판매중. 잘못 만들어진 책은 교환해 드립니다.

ISBN 978-89-94096-08-7   정가 16,000원